존재론적탐구시리즈 106

공동체와 삶을 함께 일구는 교과교육

- 인권교육을 중심으로 -

박세원 · 장하영

교육과학사

서문

오늘날 지식은 사물, 기술, 정보, 제도, 몸, 환경과 복잡하게 융합된 실체로 인간사회에 존재한다. 4차산업혁명 시대의 지식은 다양한 사물과의 융합적 네트워크를 통해 인간의 삶, 문화, 정체성을 인간 자신보다 더욱 강력하게 형성시키고 있다. 앞으로 보게 될 인간과 인공지능(혹은 인공지능 로봇)과의 전면적 관계 맺기는 인간의 몸과 의식, 그리고 삶을 더욱더 기계화, 공학화, 인공화하는 방향으로 이끌어 갈 것이다. 앞으로의 사회에서는 스스로 정보를 수집하고, 사유하고, 판단하고, 실천하는 인공지능 및 로봇들이 인간의 몸, 삶, 문화, 환경, 정체성에 깊숙하게 파고들어와 급속도로 인간의 지식을 자신의 언어성으로 지시하고 지배해 나갈 것이다.

하지만 학교에서의 지식교육은 아직도 분과적 교과교육 형태로 이루어지고 있으며, 학습자의 삶, 문화와 직접적인 연관 없이 수행되고 있는 것이 현실이다. 하지만 지식이 1) 인공지능 및 인공지능 로봇의 자율적 판단과 행동에 의해 지배되고, 2) 사물, 몸, 뇌, 기술, 정보, 법, 환경과 융합적으로 연결되고, 3) 이러한 지식이 몸으로 살아갈 수밖에 없는 인간의 자율적, 질적 삶의 구성에 엄청난 존재론적 문제와 위기들을 가져올 것이라는 점을 고려할 때, 인간의 자연성, 자율성, 공동체성을 지키고 일구어낼 수 있는 교과교육에 대한 새로운 패러다임이 필요하다. 유치원에서 대학에 이르기까지 학생들이 학교라는 공간에서 보내는 대부분의 시간은 교과교육을 공부하는 시간이다. 인간의 발달을 결정짓는 이 학습의 시간이 대학입시, 자격증시험,

공무원시험, 입사시험을 위한 준비의 시간으로 전락되어서는 곤란하다. 오히려 이 시간은 자신의 관심사를 공동의 관심사와 목적으로 형성하면서 대화공동체 문화를 친구들과 함께 형성하는 가운데 자신의 원과 재능을 키워가는 시간으로 거듭나야 한다. 대화교육은 앞으로 맞이하게 될 기술지배사회(technocratic society)에서 인류가 바람직한 사회적, 개인적 성장과 진보를 창조할 수 있는 길을 열어줄 것이라고 우리는 믿고 있다.

본 저서는 교과수업에서 학습자가 자신의 관심사를 공동의 관심사로 가져와 대화를 통해 소통의 공동체와 자아실현을 함께 구현할 수 있는 과정과 방법론을 교육자들에게 제공하기 위한 것으로 루소, 듀이, 메를로-퐁티, 가다머, 나딩스, 김종문의 '삶 중심 대화철학' 전통에 기반하고 있다. 특히 '대화적 보살핌'의 정신이 깃든 가정, 교실, 직장, 마을, 그리고 지구촌의 구현을 위해 평생을 한마음으로 매진하신 대구교육대학교 윤리교육과 김종문 교수님과 스탠퍼드대학교 교육학부의 넬 나딩스(Nel Noddings) 교수님은 교과교육과정과 수업의 변화를 통해 공동체와 삶을 함께 일굴 수 있는 교육방법을 일구는 일에 선구적인 혜안과 체계적인 학문적 업적을 구축하셨다. 본 저서는 지금은 고인이 되신 김종문 교수님과 나딩스 교수님이 집대성하신 대화교육의 정신과 맥을 교과교육 분야에서 이어가기 위한 노력의 일환으로 연구, 창작되었다.

구체적으로 이 책은 '삶 중심 인권교육'이라는 주제를 중심으로 다양한 교과교육을 융합적으로 수행하는 과정에서 대화공동체 형성을 일구는 방법을 소개하고 있다. 서양에서 인권의 개념은 사실 수메르 문명에서 전수되었다. 메소포타미아 지역은 유프라테스, 티그리스 강이 범람하여 생긴 비옥한 토양을 경작하면서 가장 일찍 농경문화, 도시공동체, 문자, 문명과 문화를 일군 곳이다. 하지만 이들 강 유역을 제외한 지역은 살기에 척박하였고, 강의 범람과 가뭄은 대규모 노동집약적 생산활동을 요구했기 때문에 이곳은 끊임없이 도시국가 간의 전쟁과 백성에 대한 지배계층의 노동 착취가 일어났다. 이에 따라 백성들은 현실에서의 끊임없는 전쟁과 인권 말살로부터의 해방을 갈망하였는데, 그들의 체험은 크게 두 가지 사상성으로 형성되었다. 첫째는 현세에서 체험하는 고통, 불안, 권태로부터 심리적 해방을 위해 '공의로운 심판자 및 구원자로서의 절대자', '피안처로서의 유토피아'를 서사화하는 종교성의 창조이고, 둘째는 백성을 끊임없이 억압하는 지배계층에 대한 불신과 인권 투쟁의 역사이다. 서양의 주류 사상과 학문의 기원은 그리스에서 시작되지만, 그리스의 주류 사상과 학문은 다시 메소포타미아에서, 그리고 그것은 다시 수메르 문명에서 비롯되었다.

이렇게 수메르 문명에서 시작된 인권 회복의 역사성은 공의로운 절대자 숭배와 유토피적 구원이라는 인권적 주제, 그리고 노예사회, 봉건사회, 시민사회, 공산사회의 개념으로 진행되어 온 계급 투쟁이라는 인권적 주제를 서양 역사 속에 고스란히 담아 전수시켰다. 이러한 서양사회의 인권 찾기 여정은 현재 민주주의(democracy), 법치주의(rule of law), 자유주의(liberalism), 세계주의(globalism)라는 소중한 문화적 유산으로 상징화되었지만, 이러한 언어들은 '투쟁을 통한 법제도 확립'에 기초한 인권 찾기에 초점화되면서 의도치 않게 다양한 사회적 문제들을 야기시키고 있는 것도 사실이다. 본 저서에서는 인간 개체의 자유와 다양성의 존중이라는 서양의 인권 개념은 적극 받아들이지만, 투쟁과 법이라는 경로보다는 삶의 교감과 이해에 기초한 대화공동체 구성을 통한 인권교육을 주요 방법론으로 도입한다. 동양의 '가족'과 '식구(食口)' 개념을 교실과 학교 교육에 적극 도입하여 조직의 구성원들이 가족이나 식구처럼 서로의 삶을 관찰하고, 대화하고, 함께 공동의 관심사와 목적을 형성하게 도우면서 '우리'의 개념을 형성하도록 돕는 인권교육을 구현하고자 하였다. 따라서 본 저서에서 인권교육은 자신의 인권을 투쟁이나 법을 통해 실현하는 것이 아니라 타자와 함께 서로의 삶을 교감, 이해, 수용하면서 먼저는 정을 쌓고, 그 정을 바탕으로 서로의 인권을 지켜줄 규범과 규칙을 공동의 관심사와 목적으로 함께 만들어 가는 인권교육을 지향하고 있다.

이 책의 1부는 박세원의 글로, 1) 미래사회에서의 존재론적 문제들을 해결할 수 있는 지식교육을 위해 교과교육의 성격이 왜 공동체성과 삶을 함께 일구는 문화교육으로 바뀌어야 하는지, 2) 교과교육이 학습자의 삶과 공동체 문화 속에서 대화적으로 발현되고, 구성되고, 환류될 수 있는 삶 중심 교육의 의미, 원리, 방법이 무엇인지 소개한다. 2부는 장하영의 글로, 삶 중심 교과교육을 통해 학습자가 자신의 삶과 학급문화를 대화공동체로 창조, 유지, 발전시켜 나가는 교육 및 연구 방법론을 '대화공동체 형성을 통한 삶 중심 인권교육'이라는 제목으로 소개한다. 장하영은 그의 글에서 삶 중심 수업의 준비, 계획, 실행, 평가, 글쓰기를 체계적으로 수행하는 현장 교육 및 연구 방법을 교사나 연구자들에게 체계적으로 보여준다.

우리는 본 저서가 학교에서의 교과교육이 학생들의 삶과 공동체성을 함께 일구면서 아동의 학습권, 교사의 교육권, 학부모(보호자)의 양육권을 함께 지키는 문화교육의 길을 열어가는 데 조금이나마 기여하길 바란다. 점점 더 '남'이 되어가는 지금의 교실, 학교 공동체가 아이들의 입에서 가고 싶은 '우리 교실', '우리 학교'라는 이름으로 아이들의 몸, 의식, 삶에 아로새겨지길 소망하며…

2025년 6월

박세원, 장하영 드림

차례

제1부:

공동체문화와 삶을 함께 일구는 교과교육 방법론

박세원

Ⅰ. 4차산업혁명 시대의 지식교육에 대한 문제 제기[1]

인간의 지식이 어떤 성격을 가지고 있는지를 잘 반영하고 있는 실체는 기술이다. 그래서 기술의 변화 과정과 결과를 분석해 보면 지식이 이 사회와 어떤 영향을 주고받는지 알 수 있다. 모든 기술의 발명과 적용은 인간과 사회의 존재성에 영향을 미치고 변화를 일으킨다. 1차산업혁명 시기의 기술은 주로 인간의 몸 바깥에 존재하는 사물이었다. 물론 그 당시에도 기술은 인간의 삶, 환경, 사회, 심리, 세계관과 상황적으로 깊은 영향을 주고받았지만, 기술이 전면적이고, 세계적인 국면으로 인간의 삶에 강력하게 영향을 주지는 못했다. 2차산업혁명으로 인한 대량생산과 분업화는 인간이 삶을 영위하는 환경을 상당 부분 인공적 환경으로 바꾸어 놓았고, 각종 노동 및 인간 소외 현상을 본격적으로 일으켰다. 3차산업혁명은 인간의 지식구성, 정보활용, 의사소통을 상품의 영역으로 끌어들여 이윤화, 인공화하기 시작하였다. 한편, 세계경제포럼(World Economic Forum)을 창시하고 '4차산업혁명'이라는 용어를 대중화한 클라우스 슈바프(Klaus Schwab)는 새롭게 생성되고 있는 산업시대의 특징을 다음과 같이 강조한다.

1 1부의 글은 필자의 글 '삶 중심 교육을 통한 교과교육과 문화교육의 융합에 관한 제언', 「현장초등교육연구」, 5(2), 00-00(박세원, 2023)의 전문과 '학생의 자기 문제화에 기초한 바른생활과 단원재구성 전략', 「초등도덕교육」, 37, 155-185(박세원, 한정희, 2011)의 일부를 활용하여 이 글의 맥락에 알맞게 수정·보완·발전시켰음.

> 이전의 산업혁명은 인류를 동물의 힘으로부터 해방시켰고, 대량생산을 가능하게 했으며, 수십억 명의 사람들에게 디지털 능력을 제공했다. 그러나 4차산업혁명은 (이들과) 근본적으로 다르다. 물리적 세계, 디지털 세계, 생물학적 세계를 융합하여 모든 학문, 경제, 산업에 영향을 미치고, 심지어 인간이라는 것이 무엇을 의미하는지에 대한 도전적인 아이디어까지 융합하는 다양한 신기술이 그 특징이다.
>
> (Schwab, 2014: 8)

슈바프의 지적처럼 오늘날의 지식은 물리적, 생물학적, 디지털 세계가 융합될 뿐만 아니라 학문, 경제, 산업 또한 융합적으로 연결되어 있어서 지식의 융합적 구성, 해결, 적용 능력이 그 어느 때보다 전면적이고, 전문적이고, 실제적으로 이루어져야 하는 시대를 살고 있다. 또한 인공지능, 인공지능 로봇과 함께 살아갈 미래사회는 인간의 몸과 의식, 심리와 환경, 언어와 사물, 삶과 정체성을 전면적이고 복잡하고 강력하게 표준화, 공학화, 기계화하면서 수많은 존재론적 문제를 제기할 것으로 예측된다. 예를 들어, 인공지능, 인공지능 로봇은 가정, 학교, 마을, 직장뿐만 아니라 가상적, 물리적 공간 안에서 인간의 사고, 행동, 삶을 상시적으로 관찰, 분석하면서 데이터를 축적, 관리할 것이며, 그렇게 인간의 사적이고 질적인 삶은 자율적 사고와 실행을 수행하는 기계체들에 의해서 강력하게 통제될 가능성이 크다. 그 가운데서 몸으로 존재하는 인간의 체험적, 의미적 지식 구성 역시 표준화, 공학화, 기계화된 내용과 형식으로 구조화될 것이다. 이렇게 질적으로 변화하는 지식의 특성을 고려할 때 우리나라 학교교육은 총체적인 진단과 개혁이 필요하다고 판단된다. 왜냐하면 학생들은 여전히 과도한 입시 중심 교육에 얽매여서 자기 흥미와 재능을 체계적인 삶의 진로와 사회적 역량으로 개발해 나가기 어려운 현실 속에 처해 있기 때문이다.

학생들은 저마다 자신이 가진 기질, 성격, 재능, 흥미, 세계관, 환경이 독특하다. 하워드 가드너(Howard Gardner, 1993)가 다중지능이론에서 밝히듯이, 인간은 세계와 상호작용하면서 자기 삶의 문제를 해결해 나가는 지능이 제각기 다르기 때문에 교육 방법도 그들의 독특한 발달적 특성에 맞게 수행되어야 한다. 논리적-수학적 능력을 발휘하여 세상을 해석하고 삶의 문제를 해결하는 사람이 있다면, 그저 선한 마음으로 세상을 바라보고 문제를 해결하는 사람도 있다. 공감력은 부족해도 의사소통 및 표현력이 뛰어난 사람이 있고, 반대로 공감력은 뛰어나지만 표현력이 부족한 사람도 있다. 그 외에도 세상에는 오감이 한껏 열리는 사람, 직관력이 뛰어난 사람, 운동기능이 좋은 사람, 손재주가 뛰어난 사람, 용기가 있는 사람도 있다.

그런데 이러한 독특성은 지능에만 국한되는 것이 아니다. 학생들이 가진 기질, 성격, 원(願), 세계관, 환경들도 제각기 다르다. 따라서 학교교육은 제각기 다른 학생들의 발달적 특성, 재능, 흥미를 존중하면서 교육을 수행할 수 있어야 한다. 학교교육에서 이루어지는 교과 및 비교과교육은 학생들이 가진 저마다의 독특성과 흥미를 찾고, 그것을 그들 자신의 진로와 역량으로 개발시키는 과업에 책임을 다할 수 있어야 한다. 이것은 제각기 독특한 학생의 흥미와 재능을 찾아 꽃피우는 교육이라고 말할 수 있다.

이러한 교육은 필자가 2015년 핀란드 교육부를 방문하여 교육국장과 나누었던 대화를 떠올리게 한다. 필자는 그해 핀란드의 영재교육과 평등교육에 대해 조사하기 위한 교육연수 팀의 일원으로 핀란드 교육부를 방문했다. 그때 인터뷰에 응한 한 명의 교육국장은 영재교육과 평등교육은 다른 개념이 아니라고 말하면서, 어떤 교육 서비스를 학생들에게 똑같은 양으로 제공하는 것이 평등은 아니라고 설명했다. 학생은 저마다 다른 재능과 관심사를 가지고 있고, 그 독특한 재능과 관심사를 찾아 자신의 삶을 살 수 있도록 교육 서비스를 제공하는 것, 그것은 영재교육인 동시에 평등교육이라고 말했다. 또한 그는 핀란드 초등교사는 담임을 맡은 반 학생들과 3년 이상 함께 진급하는 경우가 허다하다고 말했다. 그 이유는 담임교사가 수년에 걸쳐 제각기 독특한 학생들의 흥미, 재능, 환경, 적성을 체계적으로 관찰해서 그들이 자신에게 적합한 진로를 찾아 성장하도록 돕기 위해서라고 했다. 각각의 학생이 가진 발달성과 환경을 이해하면서 그들이 각자의 흥미와 재능을 바탕으로 자기다운 성장을 이끌어 나갈 수 있기를 바라는 한 교육행정가의 힘 있는 목소리는 마음의 메아리가 되어 지금도 필자의 삶에 공명되고 있다.

아동기에서 청소년기에 이르는 유치원, 초등학교, 중학교, 고등학교 시기는 인간이 신체적, 정서적, 사회적, 심리적, 지적, 인성적 발달을 이루는 중핵적 발달 시기다. 또한 이 시기는 인간이 자기와 세상에 대한 호기심을 순전하게 발현, 탐구, 성찰, 실천하면서 자기다운 생명성, 정체성, 진로, 역량을 적극적으로 개발하는 시기이다. 하지만 지금의 입시 중심 교육은 학생들로 하여금 '좋은' 직업, 학교, 점수의 기준과 수준을 일방적으로 부여하고, 그 기준과 수준에 기초해 인간을 평가하고 서열화하는 것을 심화시키고 있다. 이로 인해 학생들은 학교에서 자신의 생명성, 흥미, 재능, 가치, 정체성을 자율적으로 탐구, 표현, 공유, 구현하는 것에 집중하기 어려운 실정이다. 해가 갈수록 첨단의 교육정보, 교육기술, 교수자료, 교수방법, 교육과정이 다양한 재정지원을 통해 학교에 도입되고 있지만, 실상 학교는 저마다 독특한 학생들의 발달성, 재능, 흥미에 근거해 그들이 학습의 소재를 자율적으로 선택하고 구성해 나가는 학습권을 제공한다고 보기는 어렵다.

학교, 교사, 교육과정, 교수방법이 존재하는 이유가 무엇인가? 이들이 존재하는 이유는 학생들의 삶을 위해서이지 그 역이 될 수는 없다(박세원, 2009). 왜냐하면 삶의 주체가 학생이기에 교육의 주체도 학생이어야 함은 자명하기 때문이다(Dewey, 1916). 교육은 과정적으로나 결과적으로나 각자의 학생들이 삶을 자신의 흥미와 재능을 바탕으로 찾고 일구는 것에 기여할 수 있어야 한다. 아울러 우리나라가 처한 온갖 교육의 문제들을 해결하기 위해서는 교육의 본질적 주제가 무엇인지를 찾고, 그곳에서부터 하나씩 하나씩 꼬인 실타래를 풀어나가야 한다. 현재 학교에서 첨예한 이슈가 되고 있는 학생권, 교권, 인권, 학교 폭력, 역량교육, 시민성, 인성 등의 문제들을 해결하는 것도 이 대주제의 틀 속에서 문제의 성격을 해석하고, 탐구를 통해 대안을 찾고, 합의를 통해 해결해 나가야 바람직하다. 필자는 그 교육의 기본적 주제가 '학생들이 자율적으로 자기 흥미와 재능을 개인적 진로와 사회적 역량으로 개발시키는 것'이라고 본다. 학생들이 교실과 학교에서 이 주제를 성공적으로 일구어 나갈 수 있어야 교사도 직업인으로서 삶의 의미를 찾을 수 있고, 부모나 보호자, 기업이나 사회도 학교교육과 교사의 권위를 존중하게 될 것이다. 교육자들이 이 교육의 기본적 주제를 긍정할 수 있다면, 우리는 교육과 수업의 목적, 원리, 방법을 새로운 방향으로 재구성할 수 있다.

그런데 이 대주제에 기반해 재구성해야 할 핵심적인 대상 영역은 바로 교과교육이다. 왜냐하면 학교교육의 전반적인 교육활동은 교과교육을 중심으로 계획, 실행, 평가되고 있기 때문이다. 이 글은 1) 학교에서 교과교육과 비교과교육이 어떻게 수행되어 왔는지를 역사적 관점에서 이해하고, 2) 그 이해에 기초해 학교교육, 특히 교과교육이 '학생들이 자율적으로 자기 흥미와 재능을 개인적 진로와 사회적 역량으로 개발시키는 것'이라는 교육적 주제에 부합하도록 이루어져 왔는지 논하고, 3) 학교에서 이루어지는 교과교육과 비교과교육 모두가 학생들의 삶과 문화를 융합적으로 창조할 수 있는 삶 중심 교육의 철학적 기초와 원리를 찾고, 4) 교과교육이 학습자의 삶과 문화에서 발현하고, 구성되고, 환류될 수 있는 삶 중심 교육 방법론을 구체적으로 제시한다.

Ⅱ. 공교육의 성격에 관한 역사적 탐색과 개혁의 필요성

전 세계적으로 공교육이 처음으로 도입된 곳은 메소포타미아 지방으로, 대략 기원전 2000년경에 'edubas'라는 서기관학교(scribal school)로 인식되고 있다. 길가메시 서사시(Epic of Gilgamesh)는 최초의 문학 소설로 인식되는데, 이 서사시의 가장 오래된 수메르 번역은 우르 3왕조(2150~2000 B.C.)라고 달리(Dalley, 2009: 41-42)는 보고한다. 고고학 전문가인 스카르, 파간, 골든(Scarre, Fagan, Golden, 2021)은 메소포타미아 지역은 일찍부터 많은 잉여 농산물이 생산된 지역으로 기원전 3000~4000년경에 이미 라가쉬, 움마, 우르 등 인구가 1만 명이 넘는 대도시들이 다수 형성되었다고 한다. 이러한 대규모 집단사회를 유지하기 위해서는 문자교육이 필수적으로 요청되었다. 인간은 문자를 쓰기 위한 도구, 즉 "물표, 물표함, 점토판, 갈대 첨필, 도장, 원통 인장" 등을 만들었고, "이 도구들을 활용한 문자를 발명해 냈다"(김산해, 2021: 62-63). 그렇게 쐐기 형태의 설형문자가 수메르 우루크에서 최초로 발명되었고, 점토판에 새겨진 문자를 바탕으로 종교 제례, 읽기, 쓰기, 도서관학, 공무, 상업, 도량, 법전, 군사학, 문학 등 다양한 영역에서 공교육이 자연스럽게 형성되었다. 특히 "아시리아의 아슈르바니팔(Ashurbanipal) 왕은 공교육 기관인 점토판 도서관을 만드는 등 문화적으로 큰 기여"를 했는데, 지금도 그의 "점토판 도서관에서 발견된 3만여 점의 점토판은 메소포타미아 역사 연구의 필수적인 자료"가 되고 있다(양정무, 2018: 481).

고대 이집트 역시 종교 제례를 중심으로 한 서기관교육을 중심으로 공교육이 형성되었다(Smith, 1955). 아울러 이스라엘과 이슬람에서는 종교교육을 중심으로 공교육이 발생하였다. 이스라엘의 경우 토라(Torah)를 읽고 배우고 가르치고 쓰는 교육이 주가 되었으며, 이슬람 교세의 확장은 메디나를 시작으로 바그다드, 모로코의 페스(Fez) 등으로 독립적인 종교학교가 발생해 나갔다.

한편 인도에서는 산스크리트어를 활용한 베다 교육 시스템과 팔리어와 산스크리트어를 활용한 불교 교육 시스템을 중심으로 교육이 이루어졌다고 한다(Smith, 1955). 인도 교육에서는 경전 및 제례의 암기와 수행이 기본적 내용이었지만 문학, 공무, 의학, 역사, 전쟁, 철학 등 다양한 분야의 도제식 교육 또한 활발하게 이루어졌다. 그런데 인도 교육에서 특이한 점은 힌두교와 불교 모두 참된 진리를 스스로 묻고 깨우치고 실천하는 것을 중요하게 여겼기 때문에 학습자의 인성, 사회성, 영성 교육이 중요한 교육의 목적이 되었다는 점이다. 특히 힌두교의 경우, 우파니샤드(Upanishads)를 활용한 대화식 문답교육은 학습자의 자기 수양을 강조하였다.

고대 중국에서도 하나라 때부터 제례, 문학, 궁술을 중심으로 관료를 가르치는 학교가 만들어졌으며, 상나라 때부터 관 주도의 공립학교가 보편화되어 관리직 자녀들을 중심으로 제례, 문학, 정치, 음악, 궁술 등을 가르쳤다(Smith, 1955). 주 왕조부터 발전하기 시작한 유교는 이후 2000년 동안 중국의 정치, 사회, 문화의 뿌리가 되었다.

고대 공교육의 태생과 발전 과정을 살펴보면 몇 가지 특성이 드러나는데, 그것들은 1) 대규모의 도시 및 국가 체제를 효율적으로 관리하기 위한 사서교육의 필요성에 의해서 대두되었고, 2) 그 사서교육의 주된 내용은 종교 제례 및 종교교육이었고, 3) 종교 제례 및 종교교육을 중심으로 정치, 경제, 사회, 문화, 예술, 군사 영역의 공무교육이 일관성 있게 체계화되었고, 4) 교육의 대상은 나라의 종교와 정치를 지배하고 있는 소수의 지배계층 남성들을 중심으로 이루어졌다고 볼 수 있다. 결론적으로 공교육은 4000년 전 메소포타미아를 시작으로 이집트, 인도, 황하 등 고대문명 발생지에서 잉여 농산물, 전쟁, 종교, 문자언어에 기반한 대규모 사회의 질서를 유지하기 위한 수단으로 생겨났다고 볼 수 있다.

하지만 이것은 인류의 긴 생존 과정을 보면 아주 최근의 일에 불과한 것도 사실이다. 뇌과학자이자 교육학자인 그레이(Gray, 2008)는 학습의 양상을 농경사회 이전과 이후로 구분하면서 공교육의 교육 내용과 방법에 대해 흥미로운 주장을 펼친다. 그는 수렵·채집문화 속의 아이들은 훌륭한 어른이 되기 위한 방법을 놀이와 탐험을 통해 스스로 학습해 나갔다고 주창한다. 그는 수렵·채집문화에서 어른들은 아이들에게 스스로 놀고 탐험할 수 있는 거의 무제한의 자유를 허용했는데, 그 이유는 그러한 활동이 아이들의 자연스러운 학습 방법임을 인식했기 때문이라고 추정한다. 더 나아가 그는 수렵·채집문화는 인간으로 하여금 동식물, 환경, 자연, 도구, 협력에 관한 폭넓고, 창의적이고, 융합적인 지식과 기술 습득을 요구하였고, 따라서 학습은 언제나 그들이 구체적 삶과 문화 가운데서 수행되는 문제해결의 연속이었다고 지적한다. 그리고 그는 이 사회에서는 일과 휴식은 명확한 구분이 없었고, 모두 놀이에 가까웠다고 말한다. 그런데 농경사회가 되면서 아이들은 가족을 돌보기 위해 노동을 수행하고, 사회계층이 생기면서 노예나 노비 신분으로 전락된 사람들은 절대적 노동 착취를 당하는 구조에 처하게 되었다고 그는 주장한다.

한편 근대에 들어와서 종교개혁 이후인 16세기 무렵 유럽, 특히 독일에서 신교도들에 의해 보편적 의무교육 및 공교육에 대한 인식과 논의가 점차 확산되기 시작한다(Waynes, 1985). 하지만 실질적인 보편적, 의무적 공교육은 산업혁명 이후인 18세기 후반부터 본격적으로 도입되었다. 노동자들은 자본가들이 필요로 하는 지식과 기능을 익혀야 했고, 그들이 요구하는 노동을 공장에서 분업적으로 수행하게 되었다. 이로 인해 의료, 건강, 육아, 교육 등 다양한 영역에서 노동자들의 복지에 대한 문제들이 제기되면서 영국을 중심으로 사회보장 제도가 처음으로 도입되었고, 아동들에게 학습의 공간을 부여해야 한다는 생각 또한 급속하게 퍼져나가기 시작한다.

이후 국가가 더욱 중앙집권화 되면서 학교는 좋은 시민과 군인을 길러내는 곳으로 인식되기 시작했고, 시민들을 도덕적이고 지적인 시민으로 양육하고자 하는 개혁가들이 나타났는데, Gay(2008)는 이들을 중심으로 교과교육이 체계적으로 도입되었다고 설명한다. 하지만 이들은 학생들이 무엇을 배워야 하는지를 분명하게 정하고, 그들이 생각하는 진리나 사고방식을 학생들의 마음에 심어주거나 주입해야 한다고 믿었다고 한다. 그에 의하면 농장과 공장에서 학생들에게 과업을 수행하게 했던 방법들이 학교에서 반복, 암기, 실천이라는 학습 개념으로 재탄생되었다는 것이다.

또한 그레이(2008)는 농경사회에서 시작해 산업혁명으로 이어진 사회의 기술공학화 과정에서 아이들의 놀이와 흥미는 억압되었다는 주장을 편다. 그에 의하면 19, 20세기를 지나면서 공교육의 성격은 다소 인간적이고, 세속적이고, 교과 내용도 확대되지만, 의무교육의 학습 기간은 더욱 늘어났다고 지적한다. 어른들처럼 학생들도 일주일에 5일 동안 출근 시간이 있고, 숙제를 해야 하고, 학교 교육과정에 의해 통제당한다고 그는 주장한다. 더구나 학생들은 학교에서 배워야 할 내용은 물론 학습하는 공간, 시간, 그리고 동료들을 자신이 결정하지 못하는 피동적 존재로 교육받는다. 또한 학습은 놀이가 아니라는 것을 주입받기도 한다. 그레이는 다음과 같이 말한다.

> 만약 표준적인 학교들이 어떻게 지금의 모습이 되었는지 이해하려면, 우리는 학교가 논리적 필요나 과학적 통찰의 산물이라는 생각을 버려야 한다. 대신 학교는 역사의 산물이다. 역사적 관점에서 바라볼

때 학교교육의 참 모습을 이해할 수 있다.

(Gray, 2008: 2)

역사적 관점에서 학교교육의 성격을 이해해야 한다는 그레이의 관점은 공교육의 탄생과 유지가 지배계층과 엘리트들이 주도해 온 정치 질서의 보존과 유지를 위한 도구적 성격이 강함을 지적하는 것이다. 그것은 교과교육의 도입, 성격, 목적, 내용, 방법, 평가에도 마찬가지로 적용된다는 것이 그의 주장이다. 학교교육, 더 구체적으로는 교과교육의 도구적 성격으로 인해 학생들은 자신의 삶과 문화 가운데서 학습 소재를 찾아 자기 삶의 문제해결로서 학습을 수행하는 것을 억압받는다. 하지만 인류는 태고부터 몸의 체험과 집단생활에 기반해 학습을 수행해 왔고, 그 존재 구조는 지금도 본질적으로 변한 것은 없다. 특히 지식이 인간의 삶, 문화, 환경, 몸, 언어, 기술, 환경과 분리될 수 없이 융합되어 존재하는 4차산업혁명 시대의 지식교육은 탈체험적, 탈맥락적, 기술공학적 교육에서 벗어나 오히려 태고의 수렵 · 채집문화 속에서의 자연적인 학습방식을 적극 회복하는 것이 필요하다. 그렇지 않을 경우, 인간은 온갖 존재들이 복잡하게 얽힌 자기 삶과 문화를 지혜롭게 탐구, 해석, 구성, 발전시키는 주체로 살지 못하고, 그저 인공지능과 법체계의 공학적 지시성에 순응하고 종속되어 버리는 객체로 전락되고 말 것이다.

듀이(Dewey, 1981: 452) 역시 “교육은 사회의 진보와 개혁의 근본적인 방법이다”라고 말하면서 “단순하게 법의 집행이나 특정 처벌을 통한 제재, 또는 기계적이거나 외형적인 변화에 기반한 개혁은 일시적이고 효과가 없다”고 지적한다. 그는 “사회를 재구축하는 단 한 가지 확실한 방법은 삶 가운데서 일구어 가는 사회적 자각을 공유하게 만드는 과정으로서의 교육”인데, 이 “사회적 자각에 기초한 개인의 활동을 조정하는 것이 교육의 역할”이라고 주장한다. 따라서 자기 삶의 생존과 문제해결 과정으로 학습을 수행하는 것,

가족, 또래, 마을, 학교를 비롯한 공동체 문화 속에서 학습의 소재가 발현되고 탐구되고 환류하는 것, 자신이 원하는 소재로 학습을 수행하면서 일과 놀이의 엄격한 구분이 없는 학습을 경험하는 것은 학생 개인의 자기다운 삶의 구성을 위해서, 그리고 이 사회가 직면한 다양한 존재론적 문제들을 해결할 수 있는 사회적 역량을 길러준다. 이 점을 고려할 때, 학교교육은 이제 사회질서의 보존 기능을 넘어서 사회의 바람직한 성장을 위한 개혁적, 창조적 기능에 관심을 더욱 기울여야 할 때이다.

Ⅲ. 교과교육과 문화교육의 융합적 지평 열기

학교에서 교육활동을 말할 때 흔히 사용하는 말이 '교과교육'과 '비교과교육'이라는 용어이다. 이 말이 내포하는 바는 교과교육은 학교교육의 주된 교육의 내용과 목적이고, 비교과교육은 교과교육에 보조적인 역할을 담당한다는 것이다. 그만큼 교과교육은 그 형태와 내용은 다를지라도 역사적으로 공교육의 중핵적 역할을 오랫동안 담당해 왔다.

유럽과 미국에서는 19세기 중반에 들어 의무교육이 법제화되면서 공교육 또한 교과교육 중심으로 체계화되기 시작했다. 하지만 공교육의 적용은 상위계층을 중심으로 이루어졌으며, 노동자 계층은 많은 혜택을 받지 못하는 상태였다. 교수방법이나 교육과정에 대한 성격도 지역적으로 편차가 많았으며, 교사는 엄격한 도덕적 행동의 모델로 인식되었다(Urban, Wagonor Jr. & Gaither, 2019).

한편 20세기에 들어서면서 유럽은 새롭게 산업화된 경제체계로 인해 생산적이고 지속적인 노동력 공급이 필요해졌다. 따라서 산업과 사회가 요구하는 교사교육, 체계적이고 형식적인 학교체계와 국가교육과정이 점차 요구되기 시작했다(Waynes, 1985). 이에 따라 공교육의 체계화에 대한 역사적, 내용적, 학문적 연구 역시 20세기 초부터 지금까지 활발하게 전개되어 왔고, 그 성과 또한 누가해 오고 있다. Watson(1909), Crabb(1928), Musgrove(1968), Popkewitz(1987), Goodson(1990), Apple(1993) 등은 그 사례들 중 일부이다.

굿슨(Goodson, 1990: 59)은 영국의 경우, 19세기 초엽에 첫 공식적인 중등학교가 설립되었는데, 이때 설립된 교과목은 "영어, 문학, 외국어, 지리, 역사, 수학, 과학, 그리기, 공작(Manual Work), 체육이었고, 여학교에서는 가사교육(Housewifery)"이었다. 그리고 이 교과목들에는 주당 배당 시간이 할당되었다. 한편, 그에 의하면 1909년 이후 50년의 기간 동안 학교의 교과목과 교과내용은 외부의 사회적 권력에 의해 크게 좌우되지는 않았다고 한다. 하지만 1960~70년 사이에 교육과정에 대한 사회적 구성과 국가 통제를 위한 체계화 작업이 탄력을 받으면서 학교의 교육과정은 자원의 패턴화, 그리고 재정, 시험, 자료, 진로 등의 영역에서 체계적인 문서화 작업이 이루어졌다(Goodson, 1990). 이 문서화에 영향을 미친 사회적 권력들은 처음에는 정부, 학회, 대학, 지역교육부서에서 시작되었지만, 20세기 후반과 21세기 초에는 기업, 이익단체, 시민단체, 교사단체, 부모단체 등 다양한 주체들로 확대·재생산되는 경향을 보인다.

한편 프랭클린(Franklin, 1990)은 미국에서의 학교교육과정 구성에 관한 접근은 영국에서보다 폭넓다고 지적한다. 영국에 비해 교육의 역사적 전통이 약하고 다문화사회로 이루어진 미국의 경우, "특히 '학교에서 무엇을 가르쳐야 하는가?'라는 의문과 논쟁이 반드시 필요한 절차가 될 수밖에 없었다"고 그는 지적한다(Franklin, 1990: 63). 이러한 논쟁은 교육당국자, 교육자, 이후에는 단위교육청, 여러 정치 및 시민단체를 중심으로 확대되었고, 그에 따라 교과목뿐만 아니라 교과목의 성격, 내용, 목적, 평가, 방법 또한 다양한 교육주체들의 활발한 학문적, 실제적 논의를 바탕으로 구성되었다고 그는 보고하고 있다.

이와 함께 공교육의 내용 체계에도 변화가 일어나기 시작하였다. 공교육이 체계화되기 이전의 교육은 해당 교과 영역에 전문적인 지식을 가지고 있는 학자나 성직자가 주로 담당해 왔으나, 공교육이 체계화되면서 교육철학, 학습발달, 학습내용, 교수법, 학습심리에 대한 내용이 체계화되기 시작했다.

그 이유는 첫째, 특정의 소수 학생들이 아니라 국가의 전 시민을 대상으로 교육의 적용 범위가 넓어졌기 때문이며, 둘째, 이로 인해 교육자들은 20세기 초중반에 다양한 분야에서 폭넓은 공교육의 문제, 성격, 목적, 범위, 내용, 방법, 평가에 대한 이슈를 만나고 해결해야 하는 구조적 조건에 처해 있었기 때문이다. 그 구체적인 예들은 평등, 장애, 학습자 중심 교육, 학습평가, 탐구학습, 전인교육, 대중교육 등이 있다. 이 시기에 몬테소리, 페스탈로치, 듀이, 피아제 등의 학자들이 수행한 임상적 연구와 개념화는 교육학의 체계화와 공교육의 성격 형성에 지대한 영향을 미쳤다. 이들의 영향으로 공교육은 단지 기존 사회질서의 보존 기능을 넘어서 사회의 이상, 평등, 자유, 개혁, 성장을 주도하는 창조의 동력으로 인식될 수 있었다.

한편 비교과교육(extra-curriculum)은 교과 이외의 활동으로 교과교육을 보조하는 역할을 오랫동안 담당해 왔다. 황순희(2019: 11-12)는 Massoni(2011)와 Pascarella et al.(2005) 등의 연구를 언급하면서 19세기 미국에서 처음 시작된 비교과 활동은 교과교육을 보조하는 수단으로 도입되었으며, 한 세기가 지나서야 비교과교육은 교과교육만큼이나 그 중요성이 부각되었고, 현재는 다양한 유형의 비교과 활동들이 학교 현장에서 개발, 적용되고 있다고 지적한다. 김진숙은 우리나라의 비교과교육 교육과정의 역사를 아래와 같이 간략히 정리한다.

> 우리나라 국가 교육과정에서 비교과 교육과정이 생긴 것이 1954년의 제1차 교육과정부터이며, 총론 편제표에 특별활동의 명칭과 시수가 제시되었고, "특별활동이라 함은 교육 목적 및 교육 목표를 달성하기 위하여 필요한 교과 이외의 기타 교육활동을 말한다."라고 하여 '교과 이외의 기타 교육활동'으로 정의되었다(문교부, 1954: 제6조). 이후 비교과 교육과정에는 특별활동 외에도 시기에 따라 반공·도덕 활동

이(문교부, 1963), 또는 재량활동이 포함되어 있었으며 2009 개정 교육과정부터 창의적 체험활동 1가지로 통합되었다.

(김진숙, 2022: 59)

위의 분석을 살펴보면, 비교과교육은 처음에 특별활동으로 도입되었고, 이후 재량활동, 창의적 체험활동으로 이름이 바뀌면서 위상이 높아지는 것을 알 수 있다. 교육부(2009, 2015)는 비교과교육(혹은 창의적 체험활동)은 교과교육과 상호보완적 관계에 있으며, 나눔과 배려를 할 줄 아는 창의성과 인성을 겸비한 미래 지향적 인재 양성을 목적으로 한다고 서술하고 있다. 하지만 여전히 학교교육에서 비교과교육은 교과교육에 비해 보조적인 교육으로 인식되는 경향이 강하다. 현재 비교과교육은 교과교육만큼이나 그 중요성은 새롭게 인식되고 있지만, 비교과교육에서 지향하는 나눔, 배려, 창의성, 인성 등의 교육내용이 학생들의 삶이나 문화에서 자생적으로 발현, 유지, 구현되는 것이라기보다는 독립적인 수업이나 프로그램을 통해 실시되고 있다.

이렇게 본다면, 비교과교육 역시 교과교육과 마찬가지로 학생들의 학습이 그들의 삶과 문화 속에서 자생적으로 발현, 구성, 환류되고 있다고 보기는 어렵다. 하지만 지식이 다른 사물과 융합적으로 존재하는 현대사회에서 비교과교육의 성격은 교육기관에 의해 일방적으로 계획되는 수업이나 프로그램 수준을 넘어설 필요가 있다. 오히려 비교과교육은 학생들의 자치 및 동아리 활동처럼 학습자들이 자신의 문화 속에서 각자의 삶을 관심과 문제로 학습의 소재를 찾고, 그것을 타자와 함께 공동의 관심사, 문제, 목적으로 형성하고, 대화적으로 공동의 문제를 해결하면서 생명력 있는 공동체 문화를 창조하는 것으로 이어져야 바람직하다. 문화교육은 학생들이 자신의 문화 속에서 사회적 삶의 주제, 신념, 역할, 정체성을 자신의 개인적 삶의 문제로 가져와 타자와의 관계 속에서 함께 탐구, 성찰, 실천, 공유하면서 개인적, 사회적 삶을 유기적으로 창조, 유지, 발전시키는 교육을 의미한다. 이 지점에서 필자는 비교과교육은 문화교육으로 그 정체성이 재구축되어야 하며, 이러한 문화교육은 교과교육과 분리되어 이루어지기보다는 학습자가 자신의 삶과 문화 한가운데서 학습의 소재를 가져와 공동의 목적, 실현, 경험을 창조해 나가는 교과교육(혹은 지식교육)을 통해 자연스럽게 구현될 수 있다.

듀이(1925)는 인간은 자연조차도 혼자만의 경험이 아니라 사회화된 유기체로, 즉 집단과 사회의 일부로 만난다고 지적한다. 하물며 오늘날 4차산업혁명 시대가 요구하는 지식은 단지 학문적이거나 개념적인 지식 체계의 이해와 적용에 머물러서는 곤란하다. 슈바프(2016)의 지적처럼 4차산업혁명 시대에는 지식이 물리적, 지식적, 생물학적 차원과 융합해서 존재하며, 지식은 기술, 사물, 몸, 자연, 의식, 문화, 언어, 정체성을 서로 분리할 수 없는 융합적 실체로 급격하게 형성시키고 있다. 따라서 인간이 직면하는 다양한 삶의 문제들 역시 이들을 서로 분리해서 해결할 수 없고, 이들 간의 다층적, 중층적, 융합적 실체들을 유기적으로 이해하고, 실생활에서 대화적으로 해결 가능한 문화적 지식의 이해, 구성, 해결 능력을 필요로 한다. 그리고 이러한 문화적 지식의 이해, 구성, 해결 능력은 학교교육에서의 지식교육이 학습자의 삶과 문화에서 발현, 구성, 환류될 것을 요구한다. '문화적 지식교육'의 성격을 구체적으로 진술하면, 1) 학습자의 삶, 문화와 융합되는 지식교육, 2) 인간의 삶과 사회의 문제를 창의적으로 해결할 수 있는 지식교육, 3) 교과 간의 구분보다는 교과 사이의 통섭적이고 융합적인 지식교육, 4) 사회 구성원 간의 의사소통과 공유를 통해 대화 및 보살핌 공동체 형성에 기여할 수 있는 지식교육, 5) 인간의 지적, 심리적, 사회적, 인성적, 신체적 발달이 분과적이지 않고 융합적인 지식교육, 6) 현대사회가 요구하는 자기관리 역량, 심미성 역량, 창의성 역량, 지식정보처리 역량, 협력적 소통 역량, 공동체 역량이 융합적으로 습득되는 지식교육이다.

지식과 지식교육의 개념이 탈맥락적 지식의 암기나 적용이 아니라 문화적 지식으로 바뀐다는 것은 교과교육 역시 탈맥락적 지식교육이 아니라 학생들이 실제 자신의 삶과 문화 속에서 흥미와 재능을 바탕으로 학습 내용을 주체적으로 구성하는 형태로 그 성격이 바뀌어야 함을 뜻한다. 교과교육의 교수방법 역시 학생들이 배워야 할 교과지식의 내용 체계를 교과서와 같이 탈맥락적인 상황에서 학습하는 것이 아니라 교과학습 자체가 학생의 삶과 문화 속에서 발생하고, 형성하고, 환류되는 방식으로 학습될 수 있도록 재구조화하는 것이 필요하다. 필자는 이 과업을 '삶 중심 수업을 통한 교과교육과 문화교육의 융합적 존재 지평 열기'라고 부른다.

이러한 융합적 존재 지평 열기에 관한 필요성은 우리나라 2015, 2022 개정 교육과정의 핵심역량 목표에서도 쉽게 확인된다. 2022 개정 교육과정에서 학습자의 핵심 역량들을 살펴보면, 자기주도성, 창의성, 심미성, 지식정보처리, 협력적 의사소통, 공동체성으로 진술하고 있다(교육부, 2022). 그런데 이러한 역량들은 단지 교과적 지식을 열심히 이해하고 적용하는 것으로 습득되는 것은 아니다. 오히려 이들 역량들은 학습자가 자신이 몰입한 관심사를 학습의 소재로 가져와서 스스로의 힘으로 학습을 동기화, 문제화, 목적화, 계획화, 활동화, 해석화, 정리화, 전이화시킬 수 있어야 하고, 학습자가 자신의 삶과 문화 속에서 학습 소재를 찾아 친구들과 함께 삶의 의미를 탐구하고, 공유하고, 실현하는 학습 과정에서 자연스럽게 성취될 수 있고, 각각의 역량들은 독립적으로 습득되는 것이 아니라 학습의 과정에서 융합적으로 습득되는 성격이 강하다.

예를 들어, 학생들이 국어 수업 상황에서 단지 교과서에 주어진 설명문 글을 주장하는 글로 바꾸는 탈맥락적 학습활동을 요구받는다면, 이러한 지식은 학생의 삶과 문화와 동떨어진 지식교육이 된다. 이 교과수업을 학생의 삶, 문화와 융합적인 수업으로 재구성하려면 다음과 같은 절차를 밟을 수 있다. 그 예시적 절차는 1) 학생들은 자신이 꼭 이루고 싶은 직업(진로, 일, 꿈)이 무엇인지 제각기 찾아 친구들에게 소개하고, 2) 그 직업이 하는 일에 대한 조사활동을 바탕으로 설명하는 글을 작성하여 친구들에게 발표하고, 3) 자신이 꿈을 이루었다는 가정하에서 그 직업이 이 사회에 기여할 수 있는 점을 찾아 주장하는 글을 창작하고, 4) 그 창작품을 발표회, 전시회, 좌담회를 통해 소개하고, 5) 서로의 생각과 바람에 피드백으로 반응하면서 응원하는 사연을 적어 공유하는 방식으로 수업을 설계할 수 있다. 이러한 수업 설계는 학습의 소재가 학생의 삶에서 힘 있게 발현되고 구성되도록 하며, 학생들이 서로의 삶의 이야기를 친구들과 공유하는 과정은 서로를 이해하고, 수용하고, 지지하는 대화 및 보살핌 공동체 문화를 창조하게 돕는다.

이 수업 과정을 삶과 문화의 융합 측면에서 좀 더 자세하게 살펴보자. 먼저 이 수업이 학습자의 삶의 형성 과정이 되는 이유는 학생들의 학습이 자신이 원하는 소재로 개별화되어 각자의 흥미에서 발현하기 때문이다. 그리고 학생 각자가 원하는 학습 소재의 선택은 그들 스스로 동기화, 문제화, 목적화, 계획화, 활동화, 해석화, 정리화, 전이화하면서 자기다운 삶을 구성하게 하며, 그 과정에서 학생들은 자신이 원하는 직업이 무엇이고, 어떻게 그 꿈을 실현해야 하고, 그 꿈의 실현이 자신에게 어떤 삶의 의미가 되는지를 체험하고 성찰하는 시간이 될 수 있다. 다음으로 이 수업이 학생이 살아가는 문화를 새롭게 형성하는 문화교육이 될 수 있는 이유는 자신의 관심사를 공동의 관심사로 적극 가져와 서로의 감정과 생각을 대화적으로 표현하고, 반응하고, 공유하는 경험을 하고, 그 과정에서 친구들과 생각과 감정을 존중하고, 배려하고, 격려하는 체험을 하기 때문이다. 이뿐만이 아니라 발표회, 전시회, 좌담회를 통해 학생들은 수많은 직업들을 새롭게 알게 되고, 그 직업들을 꿈꾸고 일구어 나가는 친구들의 다양한 모습들을 공유하고 지지하는 과정에서 다양성을 품은 '우리'로 살아가는 문화 공동체를 형성하는 참여적 시민으로 성장할 수 있기 때문이다. 이러한 삶의 공유적 문제해결 과정에서 학생들은 바람직한 지식정보처리 능력뿐만 아니라 자기주도성, 심미성, 창의성, 인성, 참여성, 의사소통력, 공동체 형성 능력을 융합적이면서도 자연스럽게 형성할 수 있게 된다.

교과교육이 학습자의 삶을 중심으로 문화교육과 융합되는 교과교육 사례는 다양할 수 있다. 1) 자신이 보살피고 싶은 생명(사람, 식물, 동물)을 각자 선택해서 그 생명을 꾸준히 보살핀 경험을 친구들과 공유하는 도덕 수업, 2) 자신이 발견한 우리 마을 시설물의 문제점을 주민의 입장에서 관찰하면서 '살기 좋은 우리 마을 설계 프로젝트'를 수행하는 사회 수업, 3) 우리 마을에서 지저분한 곳을 제각기 찾아 아름다운 공간으로 창작하는 미술 수업, 4) 자신이 좋아하는 친구에게 소품을 창작하여 선물하는 실과 수업, 5) 학생들의 신체적 조건을 상호적으로 이해하면서 함께 즐겁게 운동할 수 있는 게임 방법을 찾는 체육 수업, 6) 닭이 건강하고 행복하게 살아갈 수 있는 환경, 먹이, 관리 방법을 조사하는 과학 수업, 7) 닭을 위해 다양한 도형 모양으로 사육장을 만드는 수학 수업도 삶, 문화, 지식이 하나되는 수업의 예들이다. 이렇게 교과 수업이 학습자가 자신의 삶과 문화 속에서 스스로 소재를 찾아 학습을 전개하는 과정으로 변화되고, 자신이 수행한 학습 결과를 서로 표현하고 대화하고 수용하면서 함께 공유하는 수업이 된다면, 학생들은 독립적인 비교과학습을 받지 않더라도 삶과 사회의 다양한 문제들을 주체적이고, 참여적이고, 대화적이고, 융합적으로 해결할 수 있는 사회적 문제해결력을 습득할 수 있게 된다.

Ⅳ. 삶 중심 교육과 교과 · 문화교육의 융합적 교육원리

프랑스의 몸 철학자 메를로-퐁티(Merleau-Ponty)는 "학문은 사물을 조작하면서, 그것[사물] 속에 살기를 포기했다"고 지적하면서(Merleau-Ponty, 1960: 121), 탈신체적, 탈맥락적, 탈생명적 학문과 지식의 성격을 비판한다. 그의 이 표현은 지식과 학문은 사물이 생명적으로 전개하는 대화적 삶 가운데 존재할 수 있어야 함을 강조한 말이다. 그의 지적처럼 이제 학교교육 역시 교육의 패러다임을 탈맥락적인 교과 지식을 교육하는 곳이라기보다는 학생들이 공동체 속에서 자신의 흥미와 재능을 함께 찾고 개발하면서 자기 삶과 공동체를 생명적, 맥락적, 융합적으로 형성하는 문화교육으로 재개념화하는 것이 필요하다. 그리고 비교과교육의 경우, 독립적으로 그것의 교육과정이나 교육활동을 수립하여 교육하는 것보다는 교과교육 자체가 문화교육적 성격을 내포할 수 있도록 삶 중심 교육을 수행하는 것이 필요하다. 학생들의 교과학습 소재를 자신의 삶과 문화 속에서 찾고 구성하고 적용해 나가도록 한다면, 교과교육은 개인의 삶을 성장시키는 것은 물론이고 이 사회를 긍정적이고 바람직한 방향으로 발전시킬 수 있는 강력한 문화교육적 역동을 일으킬 수 있다.

교과교육을 지식의 전수가 아니라 삶 중심 교육을 통한 문화교육의 성격으로 구현할 수 있는 교육원리는 메를로-퐁티(Merleau-Ponty, 1945), 듀이(Dewey, 1938), 나딩스(Noddings, 2002), 가다머(Gadamer, 1960)의 삶과 대화의 교육철학을 바탕으로 확립될 수 있다.

먼저 메를로-퐁티(1945)는 몸으로 존재하는 모든 개별자는 언제나 생명적으로 삶을 투사하는데, 그로 인해 나, 사물, 공간, 시간은 객관적이거나 기계적이거나 분절적일 수 없고, 생명체인 몸들이 전개하는 상호적 투사와 그로 인한 서로 간의 교차와 얽힘을 통해 누벼진 의미의 상황적 풍경 속에서 그들은 체험적, 맥락적, 대화적, 생명적으로 융합되어 있다고 주장한다.

> 신체가 대상이 아닌 〈세계에 대한 하나의 관점〉이 될 때, 지각 경험의 공간-시간적 구조는 되살아날 것이며, 객관적 사유 일반은 무너질 것이다. 객관적 사고에 의해 제기된 문제는 결국 우리로 하여금 즉자가 아닌 투사로서의 신체를 깨닫도록 이끌 것이다.
>
> (Merleau-Ponty, 1945: 63)

메를로-퐁티는 신체를 객관적인 대상이 아니라 세계를 지각하고 의미를 구현하는 주체로 인식할 때, 세계에 대한 인간의 지각과 의미 구현 또한 진실하게 회복될 수 있음을 말하고 있다. 메를로-퐁티에 의하면 우리가 무언가를 지각한다는 것은 바깥에 존재하는 무언가를 객관적으로 지각하는 것이 아니라 나, 세계, 시간, 공간, 원(願), 정신, 언어, 존재가 내 살(flesh)에서 서로 얽히고 누벼진 생명적 풍경이 말하는 것을 지각하는 것이다. 그는 이렇게 살에 누벼진 생명적 풍경의 융합성이 어떤 실체인지를 그의 생애 후기에 아래의 비유들로 설명한다.

> 사물들이 차지하고 있는 공간과 시간은 사물을 포착하는 사람, 자신의 조각들, 그의 공간화, 그의 시간화의 조작들로서, 그것은 공시적으로, 통시적으로 배분된 개체들의 다수성이 아니라 동시적인 것과 연쇄적인 것이 어우러진 부조이고, 개체들이 차이화에 의해 형성되고 있는 공간적-시간적 과육이다. 여기서, 저기서, 지금, 그때, 사물들은

> 더 이상 그들 고유의 시간과 장소에 자체로서 있지 않다. 사물들은 나의 살의 비밀에서 방산된 장소성과 시간성의 빛살들의 끝에서만 존재한다. 그리고 사물들의 견실성은 정신이 내려다보는 순수 대상에 든 견실성이 아니며, 그것은 내가 사물들 가운데 그 하나로 있는 한도에서, 나에 의해 내부로부터 느껴지는 견실성이다.
>
> (Merleau-Ponty, 1964: 165)

그는 개별자에 대한 인식은 인식자의 생명적 공간화, 시간화의 결과이며, 다수성이 아니라 동시적이고 연쇄적인 부조로 내 몸에 견실성으로 저장되고 발화되는 의미체라고 주창한다. 그리고 그 의미체가 발화하는 것은 인간의 외부에서 주어진 어떤 순수 정신이 아니라 나와 세계의 몸들이 서로의 부름과 화답으로 누벼낸 상호적(혹은 융합적) 정신임을 역설한다. 메를로-퐁티에게 나와 세계는 따로 분리된 것이 아니라 서로의 생명적 부름과 화답을 통해 살에 누벼진 공존재성의 풍경을 가지는데, 그렇게 생명적으로 누벼진 공존재성은 구성원들의 대화적 삶을 돌보는 정신을 담게 된다. 그의 지적에서 우리는 1) 인간의 존재 구성 학습이 왜 학습자의 신체적(혹은 내면적) 생명성의 진동적 발현에서 구현되어야 하는지, 2) 그 구현이 어떻게 상호교감을 바탕으로 한 대화적 부름과 화답을 통한 공존재성의(혹은 문화적) 구현이 되어야 하는지 잘 보여준다.

메를로-퐁티는 1945년에서 1952년까지 소르본대학교에서 아동 교육학 강의를 수행하였는데, 그는 특히 피아제(Piaget)가 아동이 상호작용하는 사회적, 문화적, 역사적 상황성의 중요성을 무시하고 단지 특정 발달 단계를 획득해 나가는 것으로 환원시킨 것의 문제점을 『Child psychology & pedagogy』의 전 권에 걸쳐 지적하고 있다(Merleau-Ponty, 2001: 34-40, 141-143, 185-193, 202-208, 384-385, 407-412). 이에 더하여 그는 아동들은 객관적 사고교육을 받는 과정에서 예술적, 표현적, 신체적 언어성을 상실하며, 그로 인해 아동들은 자신에게 내재한 무한한 가능성, 창의성 또한 상실한다고 지적한다(Merleau-Ponty, 2001: 7-20). 이 강의들을 통해 메를로-퐁티는 아동교육이 그들의 신체성, 생명성, 흥미, 발현성, 맥락성, 융합성에 기초해 이루어져야 하며, 아동의 삶, 문화와 떨어진 탈맥락적 지식교육은 몸의 진동과 교감을 잃게 하는 바람직하지 않은 교육임을 일관되게 강조한다.

다음으로 듀이는 메를로-퐁티보다 이전에 이미 경험과 교육의 관계적 의미를 학습자의 삶의 맥락성, 발현성, 상호작용에 근거해 체계화하였는데, 그는 학습이 학생들의 경험 속에서 이루어져야 함을 다음과 같이 주창한다.

> 더욱이 학교에서는 다양한 교과목들에 대한 분류가 이루어진다. 사실들은 그것들이 경험 속에서 원래 차지하고 있던 위치로부터 강제로 뜯겨져 나와 어떠한 일반적인 원리에 맞도록 재배열된다. 그것은 아동의 경험 속에서는 일어나지 않는 사건이다. 사물들이 각기 별개의 것으로 분리된 채로 아동의 경험 속에 들어오는 법은 없다.
>
> (Dewey, 1938/2001: 140)

> 모든 영역의 지식을 얻었으나 자기 자신의 자아를 잃어버리는 것은 종교에서 그러한 것처럼 교육의 경우에도 참담한 파멸을 가져온다. 더욱이 교과의 내용은 외부에서 아동에게 주어질 수 있는 것이 절대 아니다. 배운다는 것은 능동적인 활동이다. 그것은 마음의 바깥으로 나아가는 일을 수반한다. 그것은 내부로부터 생겨나는 유기적인 동화의 작용을 수반한다. 말 그대로 우리는 아동의 입장을 취해야만 하며, 아동의 입장에서 출발해야 한다. 학습활동의 질과 양을 결정하는 것은 교과의 내용이 아니라 아동 자신이다.
>
> (Dewey, 1938/2001: 143)

듀이의 삶 중심 교육관은 1) 자기 흥미를 목적화할 수 있는 삶의 문제 해결적 상황성(situation), 2) 자신의 관심사를 세상과 대화적으로 탐구하고, 공유하고, 구성할 수 있는 교호작용(transaction), 3) 그리고 그러한 대화적 교호작용을 통해 개인과 문화의 진보와 성장을 융합적으로 일구어 나가는 시간성(temporality)을 교육적 조건으로 상정하는데, 그는 아동의 흥미와 목적에 의해 만들어 나가는 이 성장의 학습 플롯을 "경험적 연속성(experiential continuum)"이라고 부른다(Dewey, 1938: 38). 그에게 교과교육 역시 각자의 삶에서 발현, 구현, 귀결되는 순환성, 자신의 관심사를 다른 사람들과의 대화적 교호작용을 통해 자율적으로 공유할 수 있는 문화의 생성, 그리고 인간의 삶의 구성과 문화적 구성을 생명적으로 융합할 수 있는 교육적 상황성을 구축하는 것이 중요하다. 듀이는 교과교육이 탈 맥락적인 지식과 정보 교육이 아니라 삶의 한가운데서 인간의 성격, 인격, 더 나아가 그의 자아실현에 기여할 수 있어야 함을 다음과 같이 명료하게 지적한다.

> 아동이 출발점이고 중심이고 도달점이다. 아동의 발달과 성장을 이상으로 삼아야 한다. 이것만이 표준을 제공한다. 모든 교과목들은 아동의 성장에 공헌해야 한다. 교과목들은 성장에 필요한 것들을 제공하는 것만큼 가치를 인정받을 수 있는 도구들이다. 성격이나 인격이 교과의 내용보다 중요하다. 지식이나 정보가 아니라 자아의 실현을 목적으로 삼아야 한다.
>
> (Dewey, 1938/2001: 143)

그 다음으로 보살핌의 윤리(ethics of care)를 집대성한 나딩스(Noddings, 2002)는 인간이 바람직한 자기 성장을 구현할 수 있는 교육문화에 대한 이론을 체계화하였는데, 그의 이론은 문화교육에도 깊은 통찰을 제공하고 있다. 그에 의하면 인간은 영아기, 유아기, 아동기, 청소년기 동안 어른의 구체적이고 책임 있는 보살핌(care) 속에서 자라야 한다고 주장한다. 그는 보살핌을 받는 사람(the cared for)과 보살핌을 주는 사람(the carer)을 구분하면서, 부모, 교사, 어른이 아동들을 그들의 입장에서 이해, 공감, 수용, 지지하는 대화와 보살핌을 실천하는 교육문화의 중요성을 지적한다(Noddings, 2002). 여기서 대화와 보살핌은 인간이 책임 있는 어른으로 성장하는 데 있어서 필수적인 교육적 방법이자 조건이 된다. 부모, 교사, 어른의 교감적 대화와 책임 있는 보살핌을 받은 아동들은 자신은 물론 세상을 있는 그대로 믿고, 소망하고, 사랑할 줄 아는 어른으로 성장하게 된다. 나딩스(2002)는 다음과 같이 말한다.

> 보살핌 이론가들은 사회적, 윤리적 미덕의 모범이 되는 사람들에 의해 적절하게 보살핌을 받는 아동은 스스로 그러한 미덕을 발달시킬 가능성이 있다고 믿는다.
>
> (Noddings, 2002: 1)

> 대화는 보살핌 모델의 가장 기본적인 구성 요소이다. 진정한 대화는 끝이 없다. 대화에는 토론 중인 주제뿐만 아니라 항상 다른 참여자에 대한 관심이 포함된다. 보살피는 사람과 보살핌을 받는 사람이 상호적으로 전념하면 아무리 이념적 차이가 크더라도 그들은 이념적 격차를 넘어서 서로 연결된다.
>
> (Noddings, 2002: 16-17)

이렇게 어른으로부터 자기 존재를 있는 그대로 이해, 수용, 지지 받은 아이들은 자신에 대해서뿐만 아니라 자신을 있는 그대로 수용하고 보살펴 준 세상(혹은 타자)에 대해서도 긍정성, 개방성, 열린 태도를 가지고 자신과 세상을 보살피는 활동에 자연적으로 참여하게 된다고 나딩스는 지적한다(Noddings,

2002). 자연적 보살핌(natural caring)을 주고받는 관계 형성을 수행할 수 있는 대화 및 보살핌의 문화를 창조하는 것은 인간이 자기다우면서도 책임 있는 어른으로 성장하는 중요한 기초적 배경이 된다.

여기서 한 가지 흥미로운 것은 나딩스(2002)가 말하는 보살핌은 집단가치(community values)로 전수되는 덕목이 아니라는 점이다. 오히려 보살핌은 인간이 서로의 신체, 삶, 마음을 직접적으로 마주하면서 내면으로부터 진동하는 자연적 보살핌을 체험적으로 학습하고 생명적으로 교류하는 것이 특징적이다. 나딩스(2002: 37)는 "보살핌의 윤리는 집단가치를 넘어서고", "집단과 집단 간에 선을 긋고 우리가 다른 사람들로부터 보호받아야 한다는 오개념에 휩싸이지 않게 돕는다"고 말한다. 그의 교육은 철저하게 체험적, 생명적, 발현적, 맥락적, 대화적 상황에서 정스럽고 정의로운 공동체 문화를 책임 있게 형성할 수 있는 삶 중심 교육의 경로를 제공하고 있다.

그의 이론은 교과수업과 교실 문화에도 일관되게 적용될 수 있다. 교사가 교실에서 관찰과 대화를 통해 학생들의 기질, 성격, 재능, 관심, 세계관, 환경을 그들의 입장에서 이해하고, 그들 각자가 원하는 학습 소재로 공부를 전개해 나가도록 도우며, 학습의 과정에서 학생들이 자신의 정서, 감정, 생각을 자유롭게 친구들과 교사에게 표현하도록 격려하고, 그들의 표현에 이해, 공감, 지지를 통해 돌보는 활동을 수행한다면, 학생들은 교사의 안정된 품속에서 긍정적인 정서, 감정, 사고를 형성하고, 자기다운 원, 성격, 능력, 삶을 주체적으로 형성하며, 다른 사람들을 더욱 적극적으로 이해, 공감, 수용, 지지하면서 자신은 물론이고 타인을 책임 있게 돌보는 성인으로 성장해 나갈 수 있다. 나딩스의 보살핌의 개념을 바탕으로 예비교사교육, 교사교육, 상담, 교육과정, 보살핌 공동체, 문화교육으로 발전시킨 국내의 대표적인 학자는 이미식을 들 수 있다(이미식, 1999, 2001, 2003, 2004, 2011, 2014a, 2014b). 특히 그는 교사가 교실을 대화의 공간으로 구축하는 것은 1) 아동의 자율적 삶의 구성을 촉진하고, 2) 도덕적 문제에 대해 상호 간 의사소통이 이루어지고, 3) 인격적 관계를 형성하고 경험하게 하여 학생의 개인적 삶과 문화 공동체를 융합적으로 구성할 수 있다고 주창하며 이와 관련된 체계적인 현장 연구 및 교육 방법론을 제공하고 있다.

마지막으로 가다머는 인간이 자신의 삶, 관계, 문화를 형성하는 실체와 방법이 대화라는 것을 철학적, 방법론적으로 집대성하였다. 가다머에 의하면 "대화는 두 사람이 서로를 이해하는 과정"으로 "모든 진실한 대화는 각자가 다른 사람에게 자신을 열고 그의 견해를 가치 있게 받아들이고", "그가 말하는 바를 이해하는 것으로 그의 세계에 들어가야 한다"고 지적한다(Gadamer, 1960: 288). 몸으로 살아가는 인간은 우리의 밖에 존재하는 객관적인 진리를 찾거나 세울 수는 없으며, 최선을 다해 타자를 그의 입장에서 이해하고 소통하면서 해석을 수행해 나가야 한다. 그렇게 진리는 객관적인 방법론을 통해 실체로 찾을 수 있는 것이 아니라 자신의 선입견을 서로에게 펼쳐 열면서 대화를 통해 구성해 나가는 것에 달려 있다고 가다머는 지적한다. 그렇게 상호적 대화를 통해 구성된 전통은 서로의 존재가 생명적으로 얽혀진 공존재적 선입관인데, 여기서 중요한 것은 우리가 선입관이 고착되지 않고 상대방에게 자신의 선입관을 펼쳐 열면서 해석학적 순환(hermeneutic circle)의 과정을 통해 새로운 선입관으로 지속적으로 재형성해야 한다는 점이다.

이러한 상호 이해와 대화는 그 과정 자체가 윤리적 공동체 형성에 기여한다. 가다머는 이해가 가지는 도덕적 의미를 다음과 같이 설명한다.

> 이해는 도덕적 지식의 미덕적 변형이다. 그것은 나 자신에 대한 염려가 아닌, 상대방에 대한 염려라는 사실에서 그 의미가 드러난다. 결과적으로 그것은 도덕적 판단의 방식이다. 이런 종류의 판단을 활용해서 상대방이 행동하는 구체적인 상황에 우리 자신을 위치시키는 것

> 은 이해가 무엇인지 분명히 드러내 준다. 그리고 여기서 문제가 되는 것은 (이해라는 것이) 일반적인 종류의 지식에 관한 것이 아니라 특정 순간에 그 지식이 구체화되는가에 관한 것이다.
>
> (Gadamer, 1960: 288)

위의 지문에서 가다머는 이해는 타자에 대한 염려이며, 그의 구체적인 상황에 자신을 위치시켜 판단하는 것이라고 지적한다. 가다머는 "경험의 진리는 항상 새로운 경험에 대한 지향성을 내포한다"고 지적하면서 "그것을 '경험한' 사람은 근본적으로 독단적이지 않은 사람"이고, "경험의 변증법은 확정적 지식이 아니라 경험 그 자체에 의해 촉진되는 체험에 충실히 열린 상태이다"라고 지적한다(1960: 318). 그에게 이해는 언제나 구체적인 만남의 상황 속에서 타자의 신체적, 맥락적, 생명적 부름에 진정성 있게 화답하는 것이라고 할 수 있다. 이렇게 자신의 선입관을 상대방에게 온전히 펼쳐 열며 서로의 지식, 감정, 정서, 그리고 삶을 대화적으로 교감하고 누벼낸 공존재적 선입관은 정신적 전통이 되고, 이러한 전통은 그 속에서 삶을 영위하고 있는 구성원들로 하여금 그 정신적 주제로 서로를 다시 만나고 대화하면서 공존재적 삶을 영위하게 이끈다.

그런데 가다머가 이해와 대화의 존재론적 의미를 이야기할 때 또 한 가지 강조하고 있는 것은 타자와의 대화뿐만 아니라 자기와의 대화이다. 그는 1999년 '위기의 교육-미래를 위한 기회'라는 주제로 열린 강연회에서 학교교육에서 중요시해야 하는 것은 "의사소통"이고, 그 의사소통에서 다시 중요하게 다루어야 하는 것은 다른 사람과의 의사소통뿐만 아니라 끊임없이 "자기 스스로를 도야해" 나가는 "자기교육"이라고 지적한다(2000: 13). 인간이 타자대화와 자기대화를 생명적으로 수행하면서 공존재적 정신이 담긴 문화적 전통을 창조하는 대화공동체는 점점 더 탈신체화, 탈맥락화, 탈생명화, 기술공학화, 인공화되어 가는 현대사회가 민주적이고, 자유주의적이고, 보살핌이 있는 공동체성을 유지할 수 있는 경로를 제공해 줄 것이다. 가다머는 이해와 대화의 길을 통해서 인간은 "기술공학의 진보에서 파생되는 위험으로부터 살아남을 수 있을 것"이라고 지적한다(2000: 35).

가다머의 대화 전통을 교육의 핵심 개념으로 형성한 우리나라 대표적인 학자는 김종문이다. 김종문은 나와 너의 대화적 상호작용을 통해 바람직한 대화적 문화와 자기 정체성을 융합적으로 형성하는 대화교육이 윤리교육은 물론 교육의 기본 구조가 될 수 있음을 지적하고 있다(김종문: 1988, 1992, 1994, 1998, 2003, 2004). 김종문은 인간 본연의 삶이 대화라고 말한다. 그는 "대화 그 자체가 삶의 질을 성숙시키고 문화를 창조하는 힘"이라고 말하면서 삶과 문화를 일구는 교육의 본질이 대화교육임을 20여 년 동안 많은 현장연구를 수행하면서 개념화하였다. 그의 대화교육 전통은 이후 박세원(2004, 2010, 2021), 이연수(2011, 2015, 2018, 2019), 김영희(2015), 제갈원(2016), 황미향(2022), 장하영(2023)으로 이어지며 우리 사회가 당면한 삶과 사회의 문제를 해결하려는 본질적인 교육 및 연구 방법론으로 재구축되고 있다.

메를로-퐁티, 듀이, 나딩스, 가다머의 교육철학은 시대와 맥락을 다를지라도 인간이 자기 삶의 맥락에서 붙들린 흥미를 공동의 관심사로 가져와 세상과의 이해와 대화를 통해 삶과 문화를 생명적으로 누벼나가야 한다는 사유를 공유하고 있다. 필자는 이들의 교육철학을 '삶 중심 교육'이라고 부른다. 이들의 이론들을 종합해서 지식교육이 인간의 삶과 문화를 융합하고, 인간의 지성, 삶, 문화를 생명력 있고 대화적으로 창조할 수 있는 교과교육의 융합적 원리들을 다음과 같이 재개념화한다.

1. 신체적 교호작용을 활용한 교과교육

오늘날의 우리 사회가 많은 물질적 진보, 민주적 절차, 제도적 평등을 이룬 것은 사실이지만, 그 과정에서 과연 우리는 더 행복한 삶을 살고 있을까? 진정 민주사회, 평등, 인권은 구현되고 있는 것인가? 필자는 이 질문에 긍정적으로 답하지 못하겠다. 옛날 마을에서 사람들은 직접적으로 서로를 마주하고, 느끼고, 반응하면서 공유적 삶의 의미를 함께 영위했다. 하지만 지금은 몇 년이 지나도 이웃이 누군지 모르는 경우가 흔하다. 오히려 이웃과의 접촉을 될 수 있으면 피하는 경우도 많은 것이 현실이다. 싫든 좋든 하나의 생활공동체 속에서 구성원들이 신체적 상호작용을 한다는 것은 사회의 바람직한 유지와 발전, 그리고 인간 삶의 성장에 있어서 중요한 역할을 한다. 왜냐하면 인간은 가정, 학교, 마을, 직장 등의 생활공동체 속에서 서로의 눈과 눈, 몸과 몸, 삶과 삶을 마주하면서 친밀감과 정을 형성하고, 그러한 공유적 경험에 기반해 이해, 믿음, 나눔, 배려 등의 문화적 구성 능력을 체득하기 때문이다. 이러한 문화적 구성 능력들은 구성원들로 하여금 이웃과 함께 살아갈 규범, 축제, 의례, 규칙을 창조하게 할 뿐만 아니라 종국적으로는 사회의 조직들을 건강하게 유지, 발전시키는 데 있어서 결정적인 역할을 한다.

듀이(1981: 450)는 아동 발달에서 활동적 측면이 수동적 측면에 선행하고, 표현, 근육적 발달, 움직임이 의식적 인지에 선행해야 한다고 지적한다. 메를로-퐁티(1948)는 인간이 구성하는 의미는 곧바로 경험이 되는 것이 아니라 세계-내-존재(being-in-the world)라는 문법 구조 속에서 체험하는 경험에 반응하는 과정에서 그 경험이 세상을 조직화하는 활동에서 비롯된다고 본다. 이렇게 신체적 교호작용을 통해 서로의 삶을 동작과 오감으로 인지하고 표현하고 소통할 때, 뒤따르는 인간의 추상적, 언어적 실체의 성격 또한 자연스럽고, 융합적이고, 정스럽고, 전인적인 모습으로 형성될 수밖에 없다. 한 가지 예로 마을의 각종 문제나 이슈들을 공유적으로 탐구하고 해결하는 것은 인류가 태고 때부터 지속시켜 온 소중한 문화교육적 전통이었다. 하지만 현재 우리나라에서는 서양 문물의 분별없는 도입으로 인해 소중한 전통문화들이 급격히 와해되고 있다. 마을도, 직장도, 심지어는 가족 사이에서 구성원들의 바람직한 성장을 돌보았던 정, 규범, 의례, 축제의 문화들이 해체되고 있다. 신체를 통해 서로의 삶을 마주하고, 반응하고, 공유하는 문화가 없으니 인간은 서로를 더욱 쉽게 경계하고, 불신하고, 갈라치고, 정죄하고, 공격하게 된다. 인간관계가 '우리'가 아니라 '남'이 되어 가는 것이다. 사회의 조직들이 건강하게 유지, 발전되기 위해서는 정, 규범, 법이라는 세 박자가 조화를 이뤄야 한다(박세원, 2020). 하지만 '우리'가 아닌 '남'이 되어가는 사회에서는 정과 규범의 자리가 급격하게 무너지고, 그 자리를 법과 규정들이 빠르게 잠식해 나가고 있다.

교실과 학교라는 곳은 모든 시민들이 유치원, 초등학교, 중학교, 고등학교까지 총 13년 동안 공동체 문화를 형성하는 장소이며, 그들은 자율적인 공동체 형성의 경험 속에서 자아성과 시민성을 조화롭게 일구어 나갈 수 있다. 따라서 교실 및 학교 수업에서 학생들이 서로의 삶의 이야기를 공동의 관심사로 가져와 직접 만나고 공유하면서 공동체적인 수업, 활동, 놀이, 행사, 의례, 규칙을 창조하는 체험을 충분히 한다면, 인간 사회는 더욱 살기 좋은 공간으로 유지, 발전하게 될 것이다.

2. 상호적 관심, 이해, 대화를 활용한 교과교육

'나'는 언제나 '너'를 전제로 성립되는 말이다. 부모는 자녀를, 교사는 학생을, 친구는 친구를 전제로 한다. 그래서 '내가 나를 산다'라는 삶의 주제는 언제나 '너는 너를 산다'라는 또 다른 삶의 주제가 내포된다(박세원, 2022). 인간이 자기 삶을 일구는 것은 언제나 사회 속에서만 가능하다. 그래서 인간이 학습을 전개하는 것 역시 사회적 구성 가운데서 일어나야 바람직하다. 사회의 구성원들이 공동체를 일구는 바람직한 경로는 상호 이해와 대화일 것이며, 따라서 교육자들은 학생들의 교과 학습 역시 시험 준비하듯 고립된 채 이루어지지 않도록 하고, 그들이 자신의 삶과 문화 속에서 상호 이해와 대화를 통해 나, 세계, 시간, 공간, 정신, 언어를 하나의 공존재적 풍경으로 누벼나가도록 지도해야 바람직하다.

이러한 공존재성의 존재 풍경을 학생 스스로가 자신의 살에 의미 있게 담아낼 수 있게 하기 위해서 교육자는 학생들의 제각기 다른 관심사들을 지속적으로 관찰하면서 그들이 그것을 상호적 관심, 이해, 대화로 학습에 참여할 수 있는 대화적 상황성을 마련해야 한다. 이때 무엇보다 중요한 교사의 역할은 "학생들의 흥미가 무엇인지에 대한 교사의 지속적이고 주의 깊은 관찰이다"(Dewey, 1981: 451). 그 다음으로 교사는 학생들의 개별적 관심사들을 학급 공동체 속으로 가져와 적극 공유하게 돕는 수업 및 생활 문화를 구축해야 한다. 교사가 교실을 학생들의 상호작용적 공간이 될 수 있게 돕는 구체적인 방법들은 1) 학생들의 관심, 꿈, 성격, 기질, 재능, 세계관, 환경을 그들의 입장에서 꾸준하게 관찰하고, 2) 그렇게 관찰한 결과를 바탕으로 단원 수업의 목표, 내용, 과정, 방법을 계획하고, 3) 단원 수업의 흐름도를 학생들과 함께 협의, 절충하고, 4) 학습의 소재를 학생들이 자율적으로 선택하여 전체 단원을 스스로의 힘으로 동기화, 문제화, 목적화, 계획화, 활동화, 해석화, 정리화, 전이화해 나가도록 돕고, 5) 자신의 생각, 느낌, 가치, 원을 교사나 친구들에게 자유롭고 지속적으로 표현, 수용, 공유하고, 6) 학생과 학생, 교사와 학생들이 대화를 통해 다음 수업의 내용과 방법을 함께 협의하고, 7) 집단대화, 집단창작, 집단 피드백, 돌려읽기, 창작발표회, 전시회, 공연, 면담회 등을 통해 수업 과정과 결과를 함께 구성하는 기회를 제공하는 것이다.

이렇게 교실과 학교라는 조직이 학생들로 하여금 자신의 관심사를 공동의 관심사로 가져와서 상호적 이해와 대화를 통해 공유적 삶의 의미와 목적을 형성할 수 있을 때, 학생들은 타자를 객체화, 수단화, 조작화하지 않고, 상호 이해와 대화를 통해 서로를 보살피고, 정, 규범, 규칙, 의식(rites) 등 인간이 공동체적 삶을 함께 살아가는 데 필요한 문화양식을 창조하는 책임 있는 시민으로서의 지식, 태도, 역량을 갖출 수 있게 될 것이다.

3. 자기 흥미를 공동의 목적으로 형성하는 교과수업

흥미(interest)에 대한 듀이의 철학을 논하면서 맥더모트(McDermott, 1981: 429)는 흥미의 세 가지 속성을 다음과 같이 지적하고 있다. 흥미는 첫째, "능동적이고, 투사적이며, 추진력이 있어서" "역동적이며", 둘째, "목적 지향적이어서" "항상 그것이 지향하는 목적, 도달점, 목표가 있으며", 셋째 "주관적이어서" "가치의 내적 실현이나 감정을 표현한다." 따라서 '사이에 존재한다(to be between)'라는 'inter-esse'의 어원은 "그것의 인식된 가치 때문에 어떤 활동에 참여적이고, 몰입되고, 착수된다는 의미를 가진다"고 지적한다. 듀이(1934: 278)는 흥미에 기반한 "경험이 성숙하는 과정에서 활동은 점점 더 획득되어야 할 종결점에 의해 조절되며, 목적은 연속된 활동들을 지속하면서 공통된 주제가" 되고, "그 주제는 활동들을 참된 연작(series), 즉 하나의 목적을 향한 명확한 시작과 지속적인 흐름을 가진 활동의 코스로 전환시킨다"고 지적한다. 그의 지적은 무언가에 대한 흥미는 자연스럽게 삶의 목적을 발현시키는데, 그것은 모든 사물과 활동을 존재케 하고 그들을 하나의 주제로 통섭한다는 의미를 뜻한다.

인간이 조직 속에서 자신의 흥미와 공동의 흥미를 함께 구현한다는 것은 어렵고 도전적인 과제이다. 그럼에도 불구하고 그것은 사회적 동물인 인간이 반드시 일구어 나가야 하는 숙명적 과제이다. 몸으로 존재하는 인간은 자기 삶을 구현해야 하는 운명을 가지는 동시에 그것을 언제나 너(혹은 세계)와의 상호작용을 통해 일구어 나가야 하는 숙명을 가지기 때문이다. 따라서 인간은 우리 속에서 나를 만들어 가는 대화공동체 문화를 바람직하게 형성해야 하며, 그 대화공동체 문화를 형성하게 돕는 것은 대화학습이다(김종문, 1988, 2003, 2004). 김종문은 "대화의 활동에 의해 인간은 새로운 합의를 끌어내고 합당한 응답을 하면서 도덕적 삶을" 살며 그 과정에서 "다양한 개성과 아이디어를 표현하는 문화 창조의 삶을 구성해 나간다"고 지적한다(김종문, 2004: 95). 자기 흥미를 공동의 목적으로 만들어나가는 수업의 성격 역시 본질적으로 대화교육적일 수밖에 없다.

몸을 가진 인간에게 '나의 원을 산다'는 것은 가장 기초적인 삶의 주제이기에 자기 원을 구현하는 것 역시 교육의 가장 기초적이고 중요한 기초 구조가 된다. 그리고 자기 흥미를 목적화하는 원을 구현하는 가장 기본적인 학습 조건은 자신이 '붙들린' 흥미로운 소재로 학습을 시작하는 것이다. 그래서 수업 상황에서 교사는 어떤 학습 제재(thematic topic)의 범위(boundary or delimitation)나 기준(criteria)은 사전에 정하더라도 학습의 시작 소재(entry topic)만큼은 학생 스스로가 선택하도록 하는 것은 삶 중심 교육에서 가장 기본적이면서도 중요한 조건이 된다. 교사는 학생들이 자신이 붙들린 소재를 배경으로 스스로 학습을 주체적으로 전개해 나갈 것인데, 이때 교사의 중요한 역할은 학생들로 하여금 자신의 학습 과정과 결과를 친구들과 함께 공동의 흥미와 목적으로 공유, 창조할 수 있도록 돕는 것이다.

여기서 학생의 개별적 흥미를 공동의 흥미와 목적으로 형성하도록 돕는 방법들은 짝 및 모둠활동, 돌려읽기, 나눔활동, 발표회, 전시회, 축제, 토론회 등이 있는데, 이러한 공유적 활동들은 교실 및 학교 문화 창조에 생명적인 역동을 발생시킬 수 있다. 그 이유는 자신이 원하는 소재로 교과 탐구를 시작할 때 학습자는 그것에 성실하게 몰입할 수 있으며, 자신의 탐구심, 경이, 의문, 목적, 결과, 의미, 기대, 그리고 새롭게 알게 된 것을 친구들과 공유하고 싶은 동기가 지속적으로 유지될 수 있기 때문이다. 그로 인해 학생들은 다른 친구들이 같은 제재를 어떻게 수행하고 있는지 궁금해할 것이며, 이러한 과정에서 학생들은 서로의 활동, 표현, 해석에 깊은 관심을 가지고 소통하거나 나눌 수 있다.

V. 교과교육과 문화교육의 융합적 교육 방법론

본 장에서는 앞에서 정리한 메를로-퐁티, 듀이, 나딩스, 가다머, 김종문의 삶과 대화 중심 교육철학에 기초해 교과교육과 문화교육을 융합하는 구체적인 방법론을 소개한다. 여기서 제시된 아이디어는 듀이의 교육철학에 뿌리를 두고 발전시켜 온 아동 중심 교육(child-centered education), 프로젝트 학습(project learning), 쿠레레 방법(the method of "currere"), 발현적 교육과정(emergent curriculum) 등의 아이디어들과도 겹치는 부분이 많다. 하지만 이 장에서 언급하는 전략들은 기본적으로 듀이가 생전에 이미 구축한 아이디어들이기에 주로 듀이의 문헌에 기초해서 설명과 논의를 전개한다.

1. 신체적 상호작용을 통한 교실문화의 구축 전략

1) 신체적 노작활동에서 추상적 학습에로의 확장

듀이(1938: 63)는 아동들에게 반성적 시간은 "더 많은 (구체적) 활동 시간이 주어진 후에, 그리고 뇌의 활용을 제외하고 손이나 몸의 다른 부분들을 활용한 학습활동을 통해 얻어진 것을 조직화할 때" 주어져야 한다고 주장한다. 몸으로 살아가는 인간은 항상 몸의 오감과 동작을 활발하게 활용하면서 학습을 수행해야 자신의 자기다운 생명성을 세상과 발현, 교류할 수 있다. 이것은 감각운동기(영아기), 전조작기(영아기), 구체적 조작기(유치원 ~ 초등학교 5

학년) 학생들의 학습에서는 필수적이다. 감각운동기에 속하는 영아들은 대체로 오감과 동작을 통한 수업이나 교육활동을 수행해야 한다. 유아기의 경우, 노작활동이 주가 되지만, 구어(口語)를 통한 교육활동을 활발하게 수행할 수 있다. 그리고 유치원과 초등학생 대부분의 경우, 학년이나 발달 단계에 따라서 언어 활용 능력이 큰 차이가 있지만, 문어(文語)를 통한 수업을 전개할 수 있게 된다. 그렇지만 구체적 조작기에 속하는 아동들의 경우, 반드시 자신이 흥미로워하는 학습 소재를 바탕으로 신체 및 노작활동을 수행한 후 형식적(혹은 추상적) 조작을 할 수 있도록 학습을 구조화해야 한다. 그 이유는 학생의 흥미에서 발현된 신체적 노작활동들은 학생들로 하여금 1) 자신의 생명성을 발현하면서 자기다운 삶을 구성하게 돕고, 2) 미적, 가치적, 감정적, 심미적, 이성적, 실천적, 예술적 차원의 지식을 융합하게 돕고, 3) '지금-여기(here-and-now)'의 삶을 살게 돕고, 4) '신체적 원'(혹은 직관)과 '의식적 원'(혹은 성찰)이 분열되지 않도록 돕고, 5) 정서, 감정, 사고, 실천 사이에서의 통섭성을 유지하고, 6) 그들이 학습을 통해 구성하는 지성, 인성, 태도, 역량, 실천이 융합적 실체가 되도록 하는 중요한 배경이 된다. 형식적 조작기로 넘어가는 청소년, 그리고 청년, 장년, 노년의 경우에도, 비록 이들 대부분은 추상적인 활동으로도 수업을 성공적으로 수행할 수 있지만, 적극적인 신체 및 노작활동을 중심으로 추상적 개념을 형성하도록 도와야 대화적, 소통적, 융합적 지식 구성력을 갖출 수 있다.

2) 예술적 표현과 의식적 성찰을 통한 대화 활동

듀이는 『경험으로서의 예술』에서 마음은 "몸과 독립된 실체가 아니라 몸이 자연과 삶의 속성들을 적극적으로 관여하는 경험"(1934: 263)과의 융합 속에서 표현되어야 하는데, 그 이유는 "인간 본성의 감각적 양상과 지적 양상,

감정적 양상과 이상적 양상, 상상적 양상과 실천적 양상 사이의 내적인 심리적 구별은 없기"(1934: 147) 때문이라고 지적한다. 여기서 듀이는 신체적 감각과 의식적 사고, 감각적 직관과 의식적 성찰 사이에는 진실한 통섭성이 있어야 함을 강조한다. 그런데 그는 "예술은 인간에게 진실을 말한다"(1934: 349)라면서 이러한 통섭성은 오감과 직관을 활용한 예술적 표현을 통해 타당성 있게 전이될 수 있다고 설명한다.

듀이의 지적처럼, 학생들은 신체나 노작 활동을 통한 탐구활동을 수행한 이후에 그것을 통해 느끼고, 반응하고, 가치를 부여한 결과를 오감과 직관을 활용하여 표현하는 예술활동으로 활발하게 전개해야 한다. 이러한 예술활동은 그리기, 만들기, 꾸미기, 동영상 만들기, 연주, 역할극 등 다양한 매체와 움직임을 활용할 수 있어야 바람직하다. 예술적 표현은 자신의 내면세계를 있는 그대로 외연화하는 생명적 표현활동으로 자신과의 대화, 타자와의 대화를 진실성 있게 수행하는 중요한 배경이자 경로가 된다. 특히 자신의 순전한 마음(혹은 원, 의미)을 담은 표현물을 친구들과 공유하는 것은 서로가 서로를 진실하게 이해하고, 수용하고, 돌보는 배경이 되어준다.

그런데 이러한 자기대화와 타자대화의 역동이 일어나기 위해서 가장 중요한 전제는 학생들이 자신의 관심사를 학습 소재로 선택하여 스스로 발전시켜 나갈 수 있는 미적, 예술적 경험들이다. 왜냐하면 자신이 흥미를 가진 관심사를 중심으로 학습 경험이 이루어져야 학생들은 자신의 학습 결과를 다른 사람에게 소개하고 싶고, 다른 친구들의 글이나 작품에 대해 관심을 가지게 되고, 상호적 대화를 통해 학습에 대한 이해의 지평을 넓히고, 자신의 학습을 지속적으로 발전시키는 데 열정을 발휘할 것이기 때문이다.

한편 신체 및 노작 활동, 오감과 직관을 활용한 표현 및 대화활동을 수행하고 나면, 그 결과를 깊이 성찰하면서 구어(口語)나 문어(文語)를 활용한 의미화, 개념화, 내면화 활동을 수행하고, 그 결과를 다시 친구들과 공유해야 한다. 이 성찰적 공유의 과정에서 학생들은 사회적 삶에 대한 지식을 활발하게 재구성하면서 공동체 생활에 대한 다양한 나눔, 활동, 의식, 예절, 규범, 규칙을 협력적으로 생성하고, 참여하고, 실천하는 시민으로 성장하게 된다. 학생들의 학습이 신체 및 노작 활동에서 오감과 직관을 활용한 표현활동, 의식적 성찰과 대화활동으로 자연스럽게 전이되는 과정은 그들의 생명성이 억압되지 않고 세상과 소통하는 체계적인 경로를 제공한다. 이러한 학습 경로를 통해 자기대화, 타자대화가 상호적 학습 역동을 일으킬 때, 학생들은 자신과 타자를 이해, 수용, 지지하는 능력을 삶 가운데 자연스럽게 형성할 수 있게 되고, 그러한 대화 및 보살핌의 공동체 문화를 창조, 유지, 발전시키는 능력 또한 자생력 있게 갖추게 된다.

2. 이해와 대화를 통한 교실문화 구축 전략

1) 자발성에 기초한 짝활동, 모둠활동의 구성

듀이(1916: 416)는 "무엇보다 우선적으로 학교는 그 자체로 공동체적 삶이 되어야 한다"고 말하면서 "사회적 인식과 관심들은 단지 공동의 경험을 구성하는 주고받음이 있는 사회적 매개를 통해 개발될 수 있다"고 설명한다. 교과수업에서 자발성에 기초해 짝이나 모둠을 형성하고 관계성을 유지, 발전시키는 공동 경험의 구성은 학생들에게 바람직한 사회활동에 참여하는 중요한 교육활동이다. 먼저 짝활동은 학생들이 자신의 친밀한 학생을 선택하여 함께 학습활동을 전개하는 것인데, 이것은 그들이 학습의 과정과 결과를 안전하게 공유할 수 있도록 해 준다. 따라서 짝활동은 1) 사적인 경험을 친구들과 공유하거나, 2) 깊은 대화와 나눔을 통해 함께 하는 즐거움을 제공하는 장점이 있다. 반면에 3명 이상의 모둠활동의 경우, 비교적 규모 있는 집단적 학습활동을 지속적으로 수행할 때 필요하다. 모둠활동을 구성할 때, 학생들은 학습 상황에 알맞게 1) 관심 소재나 주제에 따라, 2) 자신이 원하는 친구들과 함께, 3) 혹은 무작위 추첨이나, 4) 근거리 위주로 모둠을 구성할 수 있다. 짝이나 모둠을 구성할 때, 교사는 일방적으로 모둠 구성원을 결정하기보다는 그들이 자발적으로 구성하도록 허락하는 것이 필요하다. 그러한 자발적 모둠 구성은 학생들로 하여금 자율적이고 참여적 시민으로 조직을 형성, 유지, 발전시키는 문화시민으로 성장할 수 있게 돕는다. 그런데 자율적 짝 및 모둠 구성이 가능하려면 학생들이 자신이 원하는 소재로 단원을 시작, 전개, 종결할 수 있는 '학습 선택권'을 주어야 한다. 왜냐하면 그러한 학습 소재 선택권은 학생들로 하여금 자발적으로 짝이나 모둠활동을 구성하고 운영하는 것을 가능하게 하는 내재적 동기가 되기 때문이다.

2) 스케치북 및 패들릿 포트폴리오 공유와 상호피드백의 일상화

삶 중심 교육은 삶과 교과, 교과와 문화, 교과와 교과를 분리될 수 없는 방식으로 학습자의 삶에 융합시킨다. 왜냐하면 자신이 원하는 소재로 학습활동을 전개할 경우, 학생들이 창작하는 표현물은 자기 삶의 의미를(혹은 생명성을) 지속적인 삶의 플롯과 이야기로 구성해 나가게 돕기 때문이다. 이때 학생들이 수행한 학습 내용과 결과는 스케치북이나 패들릿 포트폴리오에 모두 누가해 나가면 좋다. 스케치북 포트폴리오는 아날로그식 학습 방식으로 스케치북 안에 1) 자신이 창작한 표현물, 2) 친구들이 피드백한 포스트잇, 3) 조사 및 토의 내용, 4) 교사의 피드백을 일일이 붙여가는 기록물 보관집이라 할 수 있다. 패들릿 포트폴리오는 스케치북과 비슷한 방식으로 누가해 나가지만 온라인상에서 보관, 공유, 피드백하는 형태의 보관집이다. 학생들이 포트폴리오에 누가하는 기록물은 자신의 삶의 형성 과정을 생명력 있게 담을 수 있도록 할 것이며, 자신의 삶에 반응하고 공감하는 다른 친구들의 생명성 또한 고스란히 담도록 도울 것이다. 이것은 서로의 생명성이 대화적으로 누벼지며 학습이 삶의 의미적 풍경으로 창조되는 과정이다. 학생들은 매주 수업 시간에 자기 삶을 탐구, 성찰, 실천한 과정과 결과를 포트폴리오에 누가하고, 돌려읽기와 피드백을 통해 학습 결과를 친구들과 공유하며, 그것을 통해 얻은 통찰을 자신의 삶을 새롭게 계획, 실천하는 데 적용한다면, 그들은 서로의 삶을 깊고 폭넓게 이해하고, 표현하고, 반응하고, 수용하고, 지지하는 공동체 문화를 형성하는 문제해결력을 갖출 수 있다.

3) 발표회, 전시회, 토론회를 통한 학습결과의 공유와 정리

학생들은 자신의 학습 결과를 주기적으로 발표회, 전시회, 면담회, 토론회 등을 통해 전체적으로 공유할 수 있는데, 이러한 활동들은 반 전체 학생들이 공동의 관심사, 소재, 주제 속에서 서로의 삶을 이해, 수용, 지지하면서 교실을 하나의 구심점이 있는 문화조직으로 형성하는 기회를 제공한다. 발표회는 자신의 학습 결과를 역할극, 버스킹, 드라마, 공연 등 다양한 형식으로 친구들에게 발표하고 서로 피드백을 받는 것을 말하고, 전시회는 자신이 구성한 학습 내용을 예술작품이나 프로젝트 형식의 결과물로 창작하고 소개하고 감상하고 피드백을 나누는 시간이다. 면담회는 친구들이 수행한 학습 결과물에 대한 궁금증과 질문을 던지고 답하면서 지적인 폭과 깊이를 넓혀가는 활동이고, 토론회는 학습에서 생기는 다양한 문제나 의제를 의논, 협의, 조사, 결정해야 할 때 수행하는 학습 양식이다. 이들 전체 활동들은 다 같이 학생들이 그동안 배운 학습 내용이나 문제들을 하나의 결과물(혹은 표현물)로 창작하고, 그것을 전체 세팅에서 공유하는 과정에서 학반 전체의 관심사, 문제, 목적, 의미, 정체성으로 형성하게 돕는다. 학생들은 지금껏 개인별, 짝별, 모둠별로 수행한 학습의 문제, 의제, 결과, 의미를 전체 활동으로 가져와 공동의 목적으로 재형성하는 과정에서 이해, 대화, 절충을 통해 공동체를 바람직하게 창조, 유지, 발전시키는 사회적 역량을 갖추게 된다.

3. 자기 흥미를 공동의 흥미와 목적으로 만들어 가는 수업 전략

1) 교사에게 성취기준 및 교과 재구성 권한 부여

각 교과에서 성취기준의 내용과 영역을 지나치게 세분화할 경우, 교사는 학생들의 상황과 맥락을 반영한 맞춤형 교육과정을 구성하기 어려워진다. 왜냐하면 수업 시간은 한정되어 있는데 가르쳐야 할 교과 내용이 너무 많아지기 때문이다. 이것은 학생들의 입장에서도 마찬가지인데, 학생들이 자신의 흥미에서 자발적으로 발현시킬 수 있는 소재를 선택해 학습을 전개하기 어렵고, 주어진 내용들을 의무적으로 학습해야 하는 상황은 학생 스스로 학습을 동기화하는 것을 어렵게 만든다. 내재적으로 동기화되지 못한 학습은 뒤따르는 학습의 문제화, 목적화, 계획화, 활동화, 해석화, 정리화, 전이화를 추동시키는 학습 동력을 떨어뜨린다.

삶 중심 교육과정을 구성하는 데 있어서 또 하나의 문제점은 학생들이 학습할 단원과 차시의 내용과 방법을 세밀하게 지시하는 교과서를 들 수 있다. 공교육자로서 교사가 반드시 충족해야 하는 의무는 교과별 성취기준과 배당 차시의 충족이기 때문에 교사는 교과서의 학습 내용을 철저히 다루어야 하는 것은 아니다. 그럼에도 불구하고 학생과 교사가 수행할 학습의 코스를 지나치게 세부화한 교과서를 무시하고 수업의 내용과 방법을 자율적으로 계획, 실행, 평가한다는 것은 교사들에게는 현실적인 어려움이 있다. 따라서 앞으로 정부에서 각 교과의 교육과정을 수립할 때에는 1) 성취기준의 영역과 내용을 지금보다 더 일반적이고 융합적인 형태로 체계화하고, 2) 교과 간 통합이나 융합적 재구성에 관한 자율권을 교사에게 실질적으로 제공하고, 3) 학급의 맥락을 반영해 교사들이 자율적으로 교과 내용과 방법을 창작하고 시간 운영을 할 수 있는 법적 권한을 현실적으로 구체화하는 것이 바람직하다.

2) 학생에게 단원 학습 소재에 대한 선택권 부여

학생의 흥미에서 출발하는 학습은 그들로 하여금 무언가에 붙들리는 미적 차원에서 학습과 삶을 발현시키기 때문에 학습의 진실성, 주체성, 자율성을 융합적으로 구현하는 데 기여한다. 마르쿠제(Marcuse, 1978: 19)는 "미 형식은 '기존하는 것'과는 상대적으로 예술의 자율성을 창조한다"고 지적하면서 미적 체험은 인간이 진정성 있게 삶의 진실을 만나고 자율적으로 그 진실을 일구어 나가게 돕는 기본이 됨을 강조한다. 삶 중심 수업에서 교사는 항상 학생들에 대한 이해를 바탕으로 단원 수업을 설계한다. 따라서 교사는 해당 학습 제재에 대해 학생들이 가지고 있는 선행 지식, 태도, 기능에 대한 사전 이해를 먼저 수행한 후 그들의 발달과 상황에 알맞은 교육 내용, 방법, 활동 주제를 찾아야 한다.

이 사전 이해는 설문과 뒤따르는 면접을 통해 수행될 수 있는데, 교사는 각각의 학생들이 본 제재를 수행함에 있어서 흥미로워할 수 있는 활동 주제 및 학습 소재들을 다수 찾고, 그 예들을 학생들에게 소개하면서 각자가 성취기준의 영역 안에서 자신이 붙들리는 학습 소재를 선택하도록 도와주어야 한다. 이때, 개인적인 장애, 기질, 성격, 세계관, 관심, 학업성취도가 독특해서 흥미로운 학습 소재를 선택하는 것을 어려워하는 학생들이 있을 경우, 따로 집중관찰, 개방형 설문, (집단) 면접을 실시하여 모든 학생들이 자신이 몰입한 소재에서 학습을 시작할 수 있도록 배려해야 한다. 삶 중심 수업에서는 학생들이 자신이 원하는 학습 소재를 선택하는 것이 가장 기초적이고 중요한 학습 조건이며, 여기까지가 교사의 주된 역할이 된다. 그 이후로는 대부분의 학생들이 자신의 학습을 자율적으로 구성해 나갈 수 있는데, 이때부터 교사의 주된 역할은 그들의 학습 과정을 관찰하고 면접하면서 대화자로 그들의 학습 과정에 동행하고, 개별의 관심사를 공동의 관심사로 형성해 나가도록 지도하는 것이다. 모든 학생들이 자신이 원하는 소재로 학습을 전개할 때, 그들은 삶과 교과, 교과와 문화, 교과와 교과를 융합하면서 공부와 삶이 하나되는 지식을 체득할 수 있다.

3) 학생들과 함께 단원 학습 플롯을 절충

사전평가를 통해 학생들의 맥락과 상황, 그리고 그들이 원하는 학습 소재를 파악하고 나면, 교사는 이들을 반영하여 해당 학반의 맥락에 알맞은 단원의 학습 주제, 플롯, 활동들을 구상한다. 첫 수업이 시작될 때, 교사는 전체 활동 및 차시별 활동들을 학생들에게 소개한다. 이때 학생들이 원하는 특별한 학습활동들이 있다면, 교사는 그들과 협의, 절충하면서 자신이 미리 계획한 학습 주제, 플롯, 활동들을 재구성해야 한다. 전체 학습과정을 교사와 협의, 절충하는 것을 통해 학생들은 학습의 주체, 나아가 삶의 주체로 자신의 성장을 일구어 나갈 수 있다. 이 과정은 학생들로 하여금 교사, 친구들과 대화, 협의, 절충하면서 공동체적 삶을 구성하는 능력을 체험적으로 습득하게 한다. 이를 위해서 교사의 수업 계획은 차시가 아니라 단원에 기초하여 설계되도록 해야 한다. 왜냐하면 학생들이 자신의 흥미를 목적화하고, 학습의 전 과정을 하나의 이야기적 삶으로 구성하고, 친구들과 함께하는 공동체적 학습문화를 창조하기 위해서는 한 가지 제재를 여러 차시에 걸쳐서 자율적이고 협력적으로 구성할 수 있는 수업 세팅이 요구되기 때문이다.

4) 학생들과 함께 차시별 학습 내용과 방법을 구성

듀이(1981: 446)는 "학교는 반드시 현재의 삶, 즉 아동이 가정, 이웃, 또는 놀이터에서 수행하고 있는 실제적이고 생기 넘치는 삶을 대표할 수 있어야 한다"고 말한다. 학생들이 다음 차시에서 배울 내용과 방법을 자율적으로 협의하고 선택하는 것은 그들이 자기 삶의 구성은 물론이고 친구들과 함께 대화공동체를 형성하는 데 있어서 중요한 방법론적 가치가 있다. 교사가 한 차시를 마칠 때마다 '차시예고'를 통해 다음 시간에 학습할 것을 일방적으로 결정한다면, 학생들의 입장에서는 학습에 대한 자기 선택권을 빼앗기는 것과 마찬가지이다.

삶 중심 수업에서는 다음 차시에 배울 학습 내용과 방법을 학생들 스스로 계획하고 선택할 수 있는 자율성이 주어져야 한다. 왜냐하면 학생들에게 학습 선택권과 자율성이 주어지지 않는다면, 우리는 그 수업을 삶 중심 수업, 학습자 중심 수업, 문제해결 수업이라고 부를 수 없기 때문이다. 이때 교사의 역할은 학생들이 성취기준의 범위를 벗어나지 않는 범위 내에서 최대한 자신이 원하는 학습 내용과 방법을 선택하여 수행할 수 있도록 협의, 조율하는 것이다. 교사가 아무리 훌륭한 수업 방안과 기술을 가지고 있더라도, 다음 수업의 내용과 방법을 일방적으로 결정하는 것은 바람직한 교육문화라고 할 수 없다. 학생들의 선택에 도움이 될 수 있는 대안적 교육 방안들을 찾아 그들에게 소개하는 것까지는 가능하지만 말이다. 학생들이 매 차시마다 스스로의 의지로 다음 차시에 배울 내용과 방법을 자율적으로 선택할 수 있을 때, 그들은 자기 삶은 물론이고 자신이 살아갈 공동체 문화를 생명적으로 일구는 책임 있는 삶의 주체로 성장하게 된다.

Ⅵ. 삶 중심 교육과정의 의미와 유형

1. 삶 중심 교육과정의 개관

삶 중심 교육의 기원은 인간의 본성인 자연성을 회복하고자 했던 루소에서 시작된다. 자연성을 지향하는 루소의 교육적 신념은 "자연에서 오는 최초의 감정의 움직임은 언제나 곧다. 그 사실을 이론의 여지가 없는 준칙으로 세워놓자. 따라서 인간의 마음에는 선천적으로 사악함이 없다"라는 그의 표현에서 찾을 수 있다(Rousseau, 1762: 161). 교육, 교육과정, 교사, 학교가 존재하는 이유는 궁극적으로 학생의 발현적 삶의 구성을 위한 것이기에 교육이라는 인간 행위는 가르치는 사람들의 관점이 아니라 학습자의 발현성에 기초하여 이루어져야 한다는 것이 삶 중심 교육 역사의 근본 주제이다. 루소에 의해 제기된 삶 중심 교육은 이후 듀이에 의해서 이론적, 방법적, 실천적 토대를 갖추게 되었다. 이와 같은 맥락에서 듀이는 전통적 교육을 다음과 같이 비판한다.

> 그것은[전통적인 교육은] 성숙을 향하여 서서히 나아가고 있는 어린 세대들에게 성인의 기준과 성인의 교과, 그리고 성인의 방법을 부과하는 교육이다. 성인과 어린 세대의 간극은 너무나도 커서 어린 세대에게 요구되는 교과나 학습의 방법, 그리고 행위의 방식은 어린 세대의 현재의 역량을 기준으로 보면 지나치게 이질적인 것이다. 그러한

> 것들은 어린 학습자가 현재 지니고 있는 경험의 범위를 벗어나는 것이다.
>
> (Dewey, 1938: 22)

학생의 관점을 바탕으로 교육이 전개되어야 함을 강조하는 듀이는 "빨강을 잡으려면, 빨강이 아니라 빨갛기도 한 '대상'을 잡아야 하듯이, 도덕을 잡으려면 도덕이 아니라 도덕적이기도 한 '삶'을 잡아야 한다."고 말한다(Dewey, 1909: 78). 듀이에게 있어서 교육에 대한 모든 논의는 학생의 삶의 맥락에 기초해야 한다. 그의 생각에 기초해 볼 때 어떤 형태의 문서화된 교육과정도 학생의 삶과 그의 발현적 성장보다 중요하게 다루어져서는 안 된다. 교육자보다 학습자의 삶을 먼저 생각하는 것이 교육의 참된 모습이기에 학생의 삶에 대한 이해를 배경으로 이루어지는 교사 주도의 교육과정 구성은 교육의 과정에서 필수적인 사항이다. 교사는 학생의 개별적, 전체적 삶과 발달을 이해하면서 그들이 제각기 자기다운 성장을 일구어 나갈 수 있게 도울 수 있는 최적의 역할을 수행할 수 있다.

그런데 교사 주도의 교육과정 구성에 대한 이론적, 방법적, 실천적 토대는 듀이에 의해 제기되고 구축되었으나, 그것이 체계적인 교육 운동으로 전개된 것은 1970년대 William Pinar에 의해 전개된 교육과정 재개념화 운동(reconceptualist movement)에서 비롯된다. 듀이 이후 그의 아동 중심 교육철학을 교육과정 재개념화 운동으로 전개한 학자가 파이너(Pinar)이다. 그는 '말이 행로를 달린다'는 뜻의 라틴어 'currere'의 의미를 새롭게 해석하면서, 교육과정은 삶의 여행이나 순례(pilgrimage)에 비유될 수 있다고 말한다(Pinar, 1975). 그는 교육과정이 학생과 교사의 삶과 떨어진 어떤 문서의 내용일 수 없으며, 학습자와 교육자가 학습과 교육이라는 교호작용을 매개로 형성하는 공유적 삶의 여정, 즉 교육적 삶의 구성 과정으로 존재해야 함을 지적한다.

한편 코넬리와 클랜디닌(Connelly & Clandinin, 1988)은 교육을 학습자의 자기 문제 해결 과정이라고 본 듀이의 주장들을 교육과정이라는 용어로 재개념화하면서, 교육과정의 구성 요소를 학생, 교사, 가르칠 것(subject matter), 환경의 네 가지로 제안한다(Connelly & Clandinin, 1988). 그들은 교육과정의 궁극적 주체는 학생이지만 학생들의 삶을 성장으로 이끄는 데는 교사의 실존적 성장이 핵심적 요소라는 흥미로운 주장을 한다. 그들에게 있어서 교육은 교사가 학생으로 하여금 자신의 삶의 문제를 대처하고 해결하도록 가르칠 것과 환경을 조직화하면서 만들어가는 공유적 삶의 이야기이다. 즉 학생이 자신의 삶의 목적과 의미를 형성하는 삶에는 반드시 교사 역시 자신의 삶의 목적과 의미를 형성하는 학습 플롯도 대화적으로 꿰어져야 한다는 것이다.

교육과정 재개념화 운동들은 시대나 상황에 따라 그 강조점이 약간씩 다르기는 하지만, 이들을 관통하는 일관된 공통점은 다음과 같다. 첫째, 교육의 내용, 방법, 형식을 외부에서 학생들에게 일방적으로 부과하는 개념에서 벗어나 학습자가 자신의 체험성, 발현성, 맥락성을 바탕으로 스스로의 힘과 의미로 학습의 내용, 방법, 형식을 구성하는 개념으로 전환시켰다. 따라서 교육과정이란 학생이 배워야 할 것들을 미리 결정하여 외부에서 부과하는 문서나 내용이 아니라 교사가 학생의 삶과 맥락을 이해하고, 그 이해를 반영한 수업을 함께 계획하고, 학생들이 자율적이고 협력적으로 교육적 삶을 형성하도록 돕는 삶의 구성과정으로 해석된다. 둘째, 학생의 자기다운 교육적 삶을 구성하도록 돕기 위해서 교사는 교육과정의 수행뿐만 아니라 계획과 평가 영역에 있어서도 주도적 역할을 담당해야 한다는 점이다.

교육과정 구성에서 교사의 주도적 역할이 필요한 핵심 근거는 교육이 학생의 개별적 삶과 발달성에 기초해 발현적으로 전개되어야 한다는 당위성에서 비롯된다. 아무리 체계적이고 효율적으로 국가 교육과정을 개발한다고 하더라도, 또 아무리 교육청과 단위학교가 교육 여건을 충실히 조성한다고 하더라도, 교육과정 실행의 종국적인 몫은 교사의 것이다. 학교라는 공간에서 학생 각자의 삶을 이해하면서 그 이해에 기초해 교육을 계획, 실행, 평가할 수 있는 교육 주체는 언제나 교사밖에 없다. 바로 이 점이 교사가 전문직이어야 하는 이유이며, 그의 교육활동에 충분한 자율성이 보장되어야 하는 근거이다. 교사의 전문성은 어떤 특정 기능이나 지식에 기인하는 것이라기보다는 학생 각자에 대한 온전한 이해를 바탕으로 개별적이고 전체적 수준에서 학생들의 자율적인 학습활동을 전개하도록 돕는 '대화자', '지지자', '코디네이터'로서의 능력에 기인한다.

교사가 교육과정을 구성할 때 무엇보다 중요한 과업은 제각기 독특한 학생들의 발달, 흥미, 재능에 대한 이해에 기초하여 그들 각자가 원하는 학습을 자율적으로 선택하고 수행해 나가도록 돕는 것이다. 그럼에도 불구하고 교사는 문서로서의 교육과정, 학부모의 요구, 단위 학교의 교육목표 등과 같이 또 다른 교육 주체들의 요구들도 충분히 고려할 수 있어야 한다. 왜냐하면 학교에서 이루어지는 교육의 과정은 교사가 자신의 교육 이상을 실현시키는 활동이라기보다는 다양한 교육 주체들이 서로 협조하고 타협하면서 함께 만들어 나가는 절충적인 활동이기 때문이다. 공립학교 교사는 자신의 이상대로만 교육활동을 전개할 수는 없다. 교육법으로 고시된 문서로서의 교육과정, 관할행정부서인 교육부와 시도교육청, 학교장, 학부모 및 보호자, 학생들의 요구 등 다양한 교육 주체들 또한 학교교육의 내용과 방법에 직 · 간접적으로 개입되어 있기 때문이다.

이같이 공교육에서 교육의 주체는 다양하지만, 교육을 함에 있어서 가장 중요한 대주제는 학생들이 주체적으로 자신의 발달, 흥미, 재능을 개인적 진로와 사회적 역량으로 개발하는 것이다. 그리고 교사는 학생의 제각기 다른 삶에 대한 이해를 기초로 이 교육적 대주제를 가장 주도적으로 구현할 수 있는 위치에 있기 때문에 교사는 학교 교육과정의 계획, 실행, 평가에 있어서 가장 중요한 주체가 된다. 따라서 교사는 이 대주제에 기초해 다른 교육 주체들과 소통, 절충하면서 자신의 교육활동을 전개할 수 있는 능력과 태도를 갖추고 있어야 하며, 정부는 교육과정의 주된 주체로서 교사의 교권을 제도적으로, 현실적으로 확립시켜 주어야 한다.

2. 교육과정 구성의 유형과 삶 중심 교육과정

교육과정 유형의 선택은 학생과 교사가 처한 맥락이나 교사의 의도에 따라 다양할 수 있고, 그에 따라 다른 의미나 효과를 가져올 것이다. 교사의 교육과정 구성은 국가 교육과정과 학생의 삶 사이에서 이루어지므로, 그 유형들을 내용을 강조하는 것부터 학생의 삶을 강조하는 순서로 분류해 보면 대체로 다음의 4가지 유형으로 분류될 수 있다.

〈표 VI-1〉 교육과정 구성의 4가지 유형

내용 / 유형	개요	특징	장점	사례
내용 통합 교육과정	학생들이 배워야 할 내용을 통합적인 상황에서 학습되도록 하기 위함	각 교과 단원의 목표, 내용, 학습 방법, 시간이 비교적 균등하게 반영됨	기존의 교과별 성취기준이나 제재(혹은 단원)의 내용을 효율적으로 반영함	서로 연관이 있는 과학의 생물 영역과 도덕의 생명 존중을 통합하여 지도함
주제 중심 교육과정	학생들이 필요한 학습 주제를 찾고, 그와 관련된 교과, 제재를 찾아 구성함	생활과 교과 간의 통합적 탐구를 통해 적극적인 실천적 지식을 구성함	문제해결학습을 통해 삶과 교과 내용을 실제적으로 이해, 적용하는 능력을 기름	우리 마을의 문제점을 찾아 해결하는 '마을 꾸미기'를 위해 사회, 미술 교과를 통합하여 지도함

내용 / 유형	개요	특징	장점	사례
발현적 교육 과정	학생이 자신의 흥미, 관심, 선택에 기초해 학습 내용과 방법을 스스로 구성함	학생이 학습 소재, 내용, 방법의 선택은 물론 학습 플롯 구성에서 주체가 됨	순전한 몰입과 탐구를 통해 교과적 지식이 삶의 의미, 정체성으로 구현됨	'봄'에 관해서 공부하고 싶은 소재들을 협의를 통해 찾고 자율적으로 학습을 구성함
삶 중심 교육 과정	자신의 내재적 흥미나 원을 자기 및 타자 대화를 통해 구현하거나 회복하면서 대화공동체를 일굼	자기 및 타자 대화를 통해 내면의 흥미나 원을 만나고 공유하면서 공동체와 자기 삶을 함께 일굼	일방적인 사회화에서 벗어나 내면의 흥미나 원을 자기 삶과 문화를 자율적, 대화적으로 구성함	자기가 원하는 생명체를 자율적으로 선택해 탐구하고 돌보는 과정을 함께 표현, 공유하면서 대화공동체를 형성함

1) 내용 통합 교육과정 구성

내용 통합 교육과정 구성은 가장 초보적인 형태의 교육과정 구성 방법으로 각 교과의 제재 및 교과서 단원의 목표와 성격에 맞추어 서로 연관 있는 학습 제재 및 내용들을 통합하여 교육하는 방법이다. 내용 통합 교육과정 구성은 학문적 지식이 분절되지 않고 통합적으로 학습될 때 학생들은 더욱 의미 있고 효율적으로 지식을 습득하고, 더 나아가 자신과 세계에 대한 이해를 확장시킬 수 있다는 신념에 근거한다(Beane, 1997: 2). 내용 통합은 아직 형식적 조작기로 넘어가지 않은 유 · 초등학생들에게는 발달성상 반드시 요구되는 형태의 교수방법이다.

내용 통합 교육과정 구성의 목적은 주로 학생들이 배워야 할 학습 내용을 단절적이거나 폐쇄적인 상황보다는 통합적인 상황에서 학습하는 것이 더 의미가 있거나 효율적일 때 선택될 수 있다. 이때 각 교과 단위 간의 목표, 내용, 시간은 될 수 있는 한 대등한 비율로 통합하기 때문에 각 단위의 학습 내용을 거의 빠짐없이 다룰 수 있다는 이점이 있다. 내용 통합 교육과정 구성은 교과 간, 단원 간의 내용 통합 구성으로 나뉘는데, 예를 들어보면, 교과 간 통합은 도덕과 '인간과 자연의 공생' 관련 제재를 미술과 '우리 마을 꾸미기' 관련 제재와 통합하여 지도할 수 있고, 단원 간 통합은 도덕과 내의 '배려' 관련 제재와 '우정' 관련 제재를 상호 통합하여 지도하는 것을 들 수 있다.

2) 주제 중심 교육과정 구성

주제 중심 교육과정 구성은 교사가 자신이 가르치고 있는 학생들에게 필요하다고 판단되는 학습 주제(theme)를 찾고, 그 주제와 관련된 교과, 제재(혹은 단원)를 통합하여 구성하는 유형이다. 주제 중심 교육과정 구성은 교과적 지식 내용을 효율적으로 습득, 적용하려는 내용 통합 교육과정 구성이 지나치게 학문 중심 교육이라는 비판에서 시작되었다. 이 접근에서 학생들은 특정 주제를 중심으로 삶과 교과들 간의 통합적 탐구활동을 전개하면서 적극적인 지식의 생산과 적용, 탐구 능력의 확대, 지식의 맥락적 분석과 이해, 실천적 참여를 증진시키는 것을 목적으로 한다(Beane, 1997: 4-18). 여기서 교사가 활용할 수 있는 주제는 과학 · 기술 윤리교육, 환경교육, 마음 표현, 농사짓기, 예절교육, 식물 기르기 등 비교적 자유롭다. 또한 학습 소재는 교사로부터 나올 수도 있고 학생들로부터 나올 수도 있다.

이 유형을 중심으로 교육과정을 구성하는 과정은 대체로 다음과 같다. 먼저, 교사는 자신이 가르치는 학생들의 성장에 가장 필요하다고 판단되는 학습 주제를 선정한다. 이때 교사는 설문, 면접, 관찰 등을 통해 자신이 구상하는 주제가 학생들의 성장에 어떻게 적용되어야 할 것인지 진단해야 한다. 다음으로, 교사는 선택된 주제가 학생들의 발달성과 성장에 적합하도록 그 교육적 의미, 중요성, 목적, 성격, 내용, 방법 등을 보다 세련되게 다듬는다. 그 다음으로, 교사는 해당 학년의 교육과정을 분석하면서 자신이 선택한 주제가 국가 교육과정의 목적과 내용에 잘 부합하는지, 상충하지 않는지, 또 절충할 수 있는지에 관해 살펴보아야 한다. 이러한 문제들이 해결되면 교사는 선택된 주제와 관련 있는 교과, 제재(혹은 단원)를 추출한다. 이때 각 단위(교과, 제재)의 목표는 선택된 주제 목표와 충분히 절충할 수 있어야 하는데, 이 절충의 정도가 교육과정 구성의 성격과 범위를 결정한다. 어떤 경우든 상관없이 교사는 국가 교육과정의 목표를 적극적으로 구현하거나 적어도 충족할 수 있는 범위 내에서 교육과정 구성에 임해야 한다.

선택된 주제와 국가 교육과정 간의 절충 문제가 해결되면, 교사는 절충된 목표가 적절히 구현될 수 있도록 추출된 교과나 제재들을 하나의 일관된 학습 플롯과 활동으로 계획하고 조직화한다. 이때 수업 이외의 일상적 활동(과제, 조사학습, 실천기록장 쓰기, 저널 쓰기, 식물 기르기 등)도 같이 계획하는데, 그 이유는 주제 중심 교육과정 구성의 경우 수업 이외의 일상적 활동을 폭넓게 활용하는 것이 대체적으로 더욱 바람직한 교육적 의미나 효과를 가져오기 때문이다.

교육활동을 조직화할 때 교사는 교육의 목적성과 중요성, 학습활동의 일관성과 누가성(accumulativeness), 아동의 발달성, 교수방법과 자료의 적절성, 안전성, 윤리성을 충분히 고려해야 한다. 주제 중심 교육과정 구성의 경우 초등학교 중・고학년은 교과 간의 분절과 많은 학습량으로 인해 대체로 최대 50차시까지 자율적 구성이 가능하다. 하지만 초등학교 저학년은 교과 간의 통합적 성격이 강하고 중・고학년에 비해 적은 학습 분량으로 인해 대체로 최대 150차시까지 자율적 구성이 가능하다. 대규모의 교육과정 구성 작업을 효과적으로 수행하기 위해서 교사는 학교, 학생, 그리고 교사 자신의 사정을 충분히 고려해야 하며, 너무 많은 학습량이 한 시기에 집중되지 않도록 주의해야 한다. 또한 교사는 기초적이고 난이도가 높은 학습활동은 시작 부분에, 심화 활동과 난이도가 높은 활동은 전개 부분에, 종합・정리 활동은 결말 부분에 배치하는 것이 바람직하다.

주제 중심 교육과정 구성은 대체로 학생들에 대한 이해에 기반해 교사가 미리 가르치고 싶은 학습 주제를 정해 국가 교육과정과 절충하는 경우와 국가 교육과정을 분석하는 과정에서 학습 주제를 형성하는 경우, 두 가지 경로로 그 방향성이 나뉜다. 어떤 경로를 선택하건 교사의 주제 중심 교육과정 구성은 학생들에 대한 이해와 성장, 그리고 국가 교육과정의 요구라는 두 축을 모두 만족하는 범위 내에서 이루어져야 한다. 이 교육과정 구성은 유치원, 초등학교는 물론 중학교, 고등학교에서 국가 교육과정의 내용을 크게 벗어나지 않는 범위 내에서 탐구력, 창의성, 자율성, 표현력, 실천성 등 학생들의 다양한 학습 능력을 집중적으로 향상시키는 데 유용한 교육과정 구성 방법이다.

3) 발현적 교육과정 구성

삶 중심 교육과정은 유아교육을 중심으로 발전되어 온 발현적(혹은 생성) 교육과정(emergent curriculum)과 그 철학적 기초와 방법론적 궤를 같이 한다. 왜냐하면 발현적 교육과정은 듀이의 교육철학과 방법론에 뿌리를 두고 발전해 온 교육방법이기 때문이다. 발현적 교육과정 구성은 유치원과 초등학교 저학년에서 용이한 교육과정 구성 방법인데, 학생들 스스로가 자신의 흥미, 관심, 선택을 바탕으로 학습 내용과 방법을 자발적으로 구성하는 교육과정 구성 유형이다. 윤은주는 발현적 교육과정은 "유목적적 몰입"과 "삶으로서의 학습"의 정신을 바탕으로 하는 것이 주제 중심 재구성과 구별되는 성격이라고 지적한다(2006: 188-191). 즉 발현적 교육과정 구성에서 의문을 제기하고 학습활동을 선택하는 것은 학생의 자기 흥미와 목적, 그리고 선택에 기인한다.

발현적 교육과정 구성 활동은 교사에게는 가장 어려울 수 있는 교육과정 구성 작업인데, 그 이유는 학습 내용과 방법이 학생들의 흥미, 목적, 선택에 따라 결정되어야 하는 동시에, 그것이 국가교육과정의 목표와 내용을 충족해야 하기 때문이다. 따라서 교사는 먼저 국가 교육과정에 대한 분석과 이해를 배경으로 때에 따라 학생들과 적절하게 절충할 수 있는 판단력과 분별력이 요구된다. 다음으로, 교사는 학년 교육과정의 목적, 성격, 내용을 담보할 수 있는 수준에서 예상 대주제와 소주제들을 추출하고, 그에 따른 학습활동의 일관적이고 체계적인 전개를 치밀하게 계획해야 한다. 하지만 실제 학습 내용과 방법은 학생들의 선택에 의해 결정되므로 교사의 사전계획은 실제 이루어진 학습과는 상당히 다른 양상으로 나타난다. 이 교육과정 구성의 장점은 학습이 학생들의 삶과 목적성에 근거해 이루어지므로 학습의 자기동기화가 잘 이루어질 수 있다는 것과, 학생들의 학습이 단절되지 않고 계속적이고 누가적인 방식으로 진행될 수 있다는 것이다. 하지만 학생의 삶에 대한 항상적 이해, 개별적 수준과 전체적 수준의 학습활동 사이의 조율, 배우게 될 학습 내용과 방법에 대한 학생들과의 절충, 또 국가교육과정에 대한 해박한 지식을 필요로 한다는 점에서 교사에게 집중적인 노력과 많은 시간을 요구하는 교육과정 구성 방법이다.

현재 발현적 교육과정은 공교육에서는 '생성 교육과정'이라는 용어로도 활용되고 있지만, 상세화된 교과별 성취기준의 적용, 학습 과정과 내용을 지시한 교과서의 활용, 많은 업무량, 교육과정 구성에 대한 교사의 자율성 부족 등의 문제들이 제대로 극복되지 않고 있는 상황에서 발현적 교육과정의 본질적 의미를 공교육에서 구현한다는 것은 현실적으로 요원하다. '학습자 중심 교육', '프로젝트 학습', '과정중심 평가', '맞춤형 교육과정'이라는 교육 운동들도 이러한 현실적 문제들을 극복할 수 있어야만, 학생들의 발현성이 의미 있게 구현될 수 있다.

한편 현재 전국적인 파급 효과를 보이고 있는 IB(International Baccalaureate)

교육과정은 발현적 교육과정이라기보다는 주제 중심 교육과정에 가깝다. 왜냐하면, IB 교육과정은 첫째 비록 초학문적 성격을 가지고 있지만 분명한 외재적 성취기준들을 바탕으로 학습 주제를 선정하고, 둘째, 비록 학생들의 자율적 탐구에 기반한 역량 기반 학습을 지향하지만, 학습의 소재가 학생 각자의 삶과 문화에서 자생적으로 발현, 구성, 환류되는 것이라고 하기는 어렵기 때문이다. 하지만 IB 교육과정은 비록 지금 당장은 많은 현실적 문제들을 안고 있지만, 자체적으로 독립적인 국제적 교육 인증 시스템을 갖추고 있기 때문에 장기적으로 우리나라에서 분과적 교과 및 및 교과서 중심의 교육과정 운영을 극복할 수 있는 실제적인 경로와 모델이 될 가능성이 있다.

4) 삶 중심 교육과정 구성

삶 중심 교육과정 구성은 그 철학적 뿌리와 방법론적 궤를 발현적 교육과정과 같이한다. 삶 중심 교육과정은 듀이의 교육철학에서 지향하는 것처럼 학습자가 발현하는 몰입, 흥미, 목적을 존중하고 교사는 학생의 자율적 자기구성을 돕는 대화자, 지지자, 코디네이터로서의 교육적 역할을 한다. 듀이는 억압적인 전통적 교육을 극복되어야 할 학습자의 환경으로 인식하고, 그 환경에 대한 체계적인 비판을 통해 학습자 자신의 생명성, 자연성을 일구어 내기 위한 교육 방법론을 집대성하였다. 그럼에도 불구하고 삶 중심 교육과정은 인간이 처해 있는 환경적 조건과 그에 따른 인간의 언어 및 정체성 발달을 듀이보다 더 심층적으로 바라본다.

듀이의 경우, 전통적 교육에 대한 비판은 일관되게 유지하고 있지만, 인간에 대한 낙관론적 견해 또한 일관되게 유지한다. 듀이에게 중요한 것은 학습자가 자신의 흥미를 목적화할 수 있는 교육적 상황(situation)을 제공하는 것이다. 그러한 교육적 상황이 주어지면, 학습자는 자연스럽게 자신의 흥미를 세상과 교호(transaction)하면서 자기답고 공유적인 삶의 목적성을 시간성(temporality)으로 구현할 수 있다고 듀이는 믿고 있다. 따라서 듀이에게는 교육자가 학습자로 하여금 자신의 흥미와 목적성을 살 수 있는 교육적 상황을 지속적으로 제공하는 것이 교육의 주된 목적이자 조건이다. 나머지는 학습자 자신의 몫으로 믿고 남겨둔다. 여기서 듀이가 말하는 학습자의 흥미와 목적성은 철저하게 학습자의 의식적 차원을 의미하며, 그가 말하는 교육적 상황은 학습자가 대화공동체 속에서 서로 교호하면서 자신의 흥미를 공동의 흥미와 목적으로 형성해 나가도록 돕는 학습 환경을 의미한다.

하지만 삶 중심 교육과정은 학습자의 흥미와 목적성, 교육적 상황에 대한 듀이의 가정, 그리고 학습자의 체험성, 발현성, 대화성에 기초한 방법론적 관점은 그 궤를 같이 하지만, 학습자의 상황성에 대한 존재 구조를 바라보는 관점에는 차이점이 있다. 첫째, 인간이 살아가는 환경은 거대한 기호언어 체계의 범주적, 표준적, 조작적 지시성들이 다층적이고, 중층적이고, 융합적으로 얽힌 언어적 가치 체계라는 점이다. 따라서 인간은 실제 세계를 있는 그대로 만날 수 없고, 모든 사물과 현상을 범주적, 표준적, 조작적으로 정의하고 강제하는 언어적 가치 체계의 색안경들을 겹쳐 끼고서 자신과 세계를 인식, 해석, 구현할 수밖에 없다. '우등생'이라는 말을 예로 들어보자. 우등생이라는 말은 '성적이 우수한 학생을 이르는 말'로 범주화, 표준화되며, 사회에서는 '우수한 성적을 유지하여 타의 모범이 되는 역할을 하도록 기대를 받는다. 이렇게 인간이 고안한 언어는 그것이 명사이든, 수식어이든, 동사이든, 조사이든 상관없이 어떤 존재를 하나의 범주 안에 귀속시키고, 표준화된 의미를 부여하고, 그 의미를 문화적이거나 법적으로 지시 내지 강제한다.

둘째, 인간의 의식과 몸은 발달 과정에서 이 거대한 조작적(operative) 기호언어 체계의 지시성에 의해 상당 부분 사회화되는데, 이 과정에서 억압이나 식민화 현상도 일어난다. 한 가지 예를 들면, 유아기에는 자기 내면의 순수한 원을 장래 희망으로 살고자 하던 아이가 초, 중, 고등학교에 진학하면서 외부의 평가 기준을 자신의 삶의 의미나 정체성으로 삼으면서 자기 내면의 원을 억압하는 사례를 들 수 있다. 외부에서 기대하는 '좋은 직업', '명문 대학', '우수 학생', '모범 학생'을 자신의 삶의 의미나 정체성으로 여기면서 정작 자신의 내면이 원하는 삶을 심각하게 억누르고 몸을 소진시키는 사례는 주위에서 흔하게 볼 수 있다. 명문 대학 타이틀을 얻기 위해 끊임없이 자신을 다그치고, 남과 비교하고, 그 대학에 가지 못하는 자신을 받아들이지 못하거나 자학한다면, 그는 기호언어 체계에 의해 식민화된 자아성을 가지고 스스로를 억압하고 있는 상태에 있다고 할 수 있다.

사물을 범주화, 표준화하면서 그것에 '좋고 나쁨', '옳고 그름', '정상과 비정상', '해야 할 것과 하지 말아야 할 것', '성공과 실패', '우수와 미흡'이라는 가치 체계를 조작화하는 기호언어 체계는 분업화된 거대사회의 질서 유지를 위한 필수 장치이다(박세원, 2020). 개인의 기질이나 학습 환경에 따라서 억압과 식민화에 대한 개별적 편차는 존재하겠지만, 인간은 사회화 과정에서 전방위적으로 경험하는 기호언어 체계의 언어적 지시성을 1) 자신의 발화 구조와 역동으로 재생성하고, 2) 자기 흥미와 목적으로 받아들이게 되고, 3) 그 받아들임으로 인해 인간은 자기 생명성의 순전한 발현과 교호가 상당 부분 그것에 의해 억압받거나 식민화된다. 이로 인해 인간은 자기 내면의 순전한 원을 망각하면서 자기를 잃어버릴 수 있는 유일한 생명체가 되고, 따라서 그는 자신의 원이 무엇이고, 자신이 누구인지를 다시 묻고 답하는 실존적 해명을 통해 자기 정체를 되찾는 삶을 살 수밖에 없다.

박세원(2020: 45-85)은 인간의 언어 및 정체성 발달 과정은 대체로 신체언어(신체적 자아)-기호언어(기호적 자아)-실존언어(실존적 자아)-영성언어(영성적 자아)의 발달 단계를 거친다고 말한다. 첫째, 신체언어(신체적 자아) 단계는 인간이 다른 동식물들처럼 신체언어를 통해 자신의 생명성을 세상과 전반성적,

본능적, 직관적으로 표현하고, 소통하고, 구성하는 시기를 말한다. 이 단계에서 인간의 몸, 마음, 생각, 행동, 삶에는 본질적인 분열 없이 자기 생명성이 일관되게 흐르고 작용한다. 둘째, 기호언어(기호적 자아) 단계는 인간이 다양한 사회화 과정과 기호언어 체계의 지시성을 동화하는 과정에서 그것의 외재적 언어성(혹은 평가기준들)을 자기 삶의 목적, 의미, 정체성으로 받아들이게 되고, 그에 따라 자기 생명성이 몸, 마음, 생각, 삶으로 자연스럽게 흘러나오는 것이 억압되거나, 더 나아가 자신의 의식과 몸이 그 언어성에 의해 식민화되는 시기를 말한다. 이 단계에서 그 억압의 강도가 클 경우, 인간의 몸과 의식은 서로 분열되고, 그에 따라 몸에 뿌리내린 생명성은 무의식(혹은 잠재의식)의 방에 갇히고, 인간은 자기 내면에서 전해 오는 원을 만나지 못하거나 자기 정체성을 잃을 수도 있다. 셋째, 실존언어(실존적 자아) 단계는 기호언어 체계의 지시성과 억압으로 인해 자신의 생명성을 잃거나 제대로 소통하지 못하는 인간이 '나는 누구인가?(존재론)', '나는 무엇을 믿어야 하는가?(인식론)', '나는 어떻게 살아야 하는가?(방법론)', '나는 무엇을 원하는가?(생명론)'의 실존적 물음을 던지고 해명하는 삶을 통해 몸에 뿌리내린 자기 생명성을 회복해 나가는 시기이다. 넷째, 영성언어(영성적 자아) 단계는 인간이 실존적 탐구를 통해 자신의 신체성(혹은 생명성)을 다시 회복하면서 의식과 몸의 분열적 삶의 주제나 의미를 통섭하는 시기이다. 이 단계에서 인간은, 비록 기호언어 체계의 환경과 지시성에 항상적으로 영향을 받고 살지만, 자기 생명성을 몸, 마음, 생각, 삶에 일관된 의미로 누비고 살게 하는 능력을 회복하는 동시에 자신이 삶을 영위하고 있는 가정, 학교, 직장 등 다양한 기호언어 체계를 생명적이고 대화적인 기호성을 가진 언어 체계로 변화시키는 참여적 시민으로서의 능력 또한 갖추게 된다.

인간의 언어 및 정체성 발달을 고려할 때 삶 중심 교육과정 구성의 목적은 자명해진다. 그것은 학습자가 1) 교실이라는 대화공동체 속에서 어린 시절부터 예술적 표현과 문어적 표현의 융합, 직관과 성찰의 융합, 신체적 이미지텔링과 의식적 스토리텔링의 융합적 삶의 구성을 일구고, 2) 학습자 스스로가 '나는 누구이고, 무엇을 원하고, 믿고, 어떻게 살아야 하는가?'라는 실존적 물음을 자기대화, 타자대화를 통해 묻고 해명하면서 자신의 생명성(혹은 자연성)을 지켜나갈 수 있게 돕고, 3) 더 나아가, 비록 자기 존재성을 상당 부분 잃어버리더라도, 실존적 대화를 통해 자기 존재를 되찾아 갈 수 있도록 돕고, 4) 그 과정에서 가정, 학교, 마을, 직장, 또래 등 자신이 살아가는 다양한 기호언어 체계를 대화적 생명성으로 재구성하는 참여적 능력을 갖추도록 돕는 것이다(박세원 외, 2024).

Ⅶ. 삶 중심 단원교육과정 구성의 절차와 방법

삶 중심 교육과정 구성은 학생이 학급이라는 학습 공동체 속에서 체험성, 발현성, 대화성에 기반해 자기 삶의 문제를 스스로 던지고 해명하고 구성하는 과정을 통해 자기다우면서도 대화적인 삶을 구성해 나가는 교육과정 구성 방법이다. 인간의 삶은 끊임없는 자기문제의 해결과정이며(Dewey, 1938; Popper, 1994), 교육은 인간으로 하여금 학습 공동체 속에서 자신의 삶을 자율적이면서도 대화적으로 구성하도록 돕는 인간 활동이다. 따라서 교사는 학생들에게 그저 문서로서의 국가 교육과정이 부과한 지식, 태도, 기능을 일방적으로 교육하고 습관화시켜서는 곤란하며, 학생이 자신의 삶의 문제를 바탕으로 자유롭고 대화적으로 학습을 전개할 수 있도록 도와야 한다. 그리고 개별적 학습 소재 선택을 통한 자기동기화를 바탕으로 전개되는 삶 중심 학습을 통해 학생들은 자신의 삶의 맥락에서 부딪히는 실제 삶의 문제를 해결하는 능력을 자기답게 형성한다.

그런데 자기동기화를 바탕으로 이루어지는 삶 중심 교육과정 구성은 1) 우리나라 국가 교육과정의 내용 체계나 성취기준이 상당히 상세화되어 있다는 점, 2) 교과서가 학습자의 맥락과는 상관없이 획일적인 학습 과정과 내용 요소를 제시한다는 점, 3) 과도한 업무로 인해 교사가 학생들에 대한 맥락적 이해와 교육과정 구성에 할애할 수 있는 시간이 부족하다는 점, 4) 예비교사 시절부터 맥락적 학생 이해와 교육과정 구성에 대한 실천적 경험이 부족한 점을 고려할 때 극복해야 할 현실적, 제도적 문제점들이 많다.

현재 초등학교에서 가장 많이 이루어지는 교육과정 구성은 주제 중심 교육과정 구성인데, 이 교육과정 구성은 특정 학습 주제를 프로젝트 형식으로 집중적으로 탐구하는 과정에서 학생들의 탐구력을 현저히 증진시킬 수 있는 강점이 있다. 하지만 여러 교과나 제재들을 하나의 주제를 중심으로 묶어내는 것조차 현장 교사들에게는 많은 시간과 노력이 필요한 것이 현실이기 때문에 주제 중심 교육과정 구성은 주로 학위과정 연구, 연구학교, 연구대회 및 교과연구회에서 이루어지는 특별한 사례연구에 제한되는 경향이 강하다. 내용 통합 재구성 또한 성취기준이나 교과서에서 제시되어 있는 학습 내용들을 모두 다루어야 한다는 현실적 부담감 때문에 교과 교육과정의 요구에는 충실히 부합할 수 있지만, 주제 중심 교육과정에서의 집중적 탐구나 발현적 교육과정에서의 학생 흥미를 충분히 담보하기가 어렵다.

이에 따라 필자는 지난 20여 년간 1) 학생들이 자신이 원하는 개별 학습 소재를 바탕으로 스스로 학습의 전 과정을 소재화, 동기화, 문제화, 목적화, 계획화, 활동화, 해석화, 정리화, 전이화해 나갈 수 있는 수업, 2) 국가 교육과정의 요구를 충족할 수 있는 수업, 3) 주제 중심 프로젝트를 통한 탐구 중심 수업, 4) 교사들이 현장에서 용이하게 활용할 수 있는 맥락적 교육과정 구성 및 수업 실현을 모두 가능케 하는 현실적인 교육과정 구성 방법을 현장 연구를 통해 찾아왔다. 삶 중심 단원교육과정 구성은 그러한 현실적 문제에 대해 필자가 20여 년간 십여 차례의 공적 교육과정 현장연구와 대학원 학생 지도를 통해 개념화한 교과교육 방법론이다. 아래에는 위의 네 가지 필요를 충족할 수 있는 삶 중심 단원교육과정 구성의 절차와 방법을 '안전한 우리 마을 만들기'라는 2학년 2학기 수업 사례를 활용하여 소개한다.

필자는 학생의 자기동기화에 기초한 삶 중심 단원재구성 단계와 그에 따른 내용을 수업 흐름도에 따라 다음과 같이 제안한다.

〈표 Ⅶ-1〉 단원재구성 절차와 핵심 개념

단계	내용
준비 단계	학생의 삶 전반에 대한 지속적인 이해와 학습 주제 생성
	국가교육과정 제재 및 성취기준 분석
	제재 이해 정도에 대한 사전평가(지식 + 태도 + 기능)
	수업의 범위, 목적, 플롯 구성
시작 단계	전체 학습의 목적과 과정에 대한 동기유발
	흥미에 기초한 개별적 학습 소재 선택
	전체 학습 플롯의 제안 및 절충
전개 단계	본 활동 → 정리 → 다음 차시 협의로 연결되는 수업 흐름도
	구체적-반성적-수렴적 활동의 학습 단계
	대화적 절충과 누가성에 기반한 학습활동 전개
	지식-태도-실천의 융합적 학습
	생활 속 실천을 대화적으로 공유, 반성, 계획하는 수업
	이해 → 교수로 이어지는 사중평가
정리 단계	전시회, 발표회, 공연회를 통한 개념화
평가 단계	제재 이해 정도에 대한 사후평가(지식 + 태도 + 기능) 사후설문 + 사중평가 + 학생별 포트폴리오 + 면접

1. 준비 단계

1) 학생의 삶 전반에 대한 지속적인 이해와 학습 주제 생성

교사가 학생들을 위한 교육과정을 설계할 때 가장 기초적으로 수행해야 할 것은 학생들의 발달과 삶 전반에 대한 지속적인 이해이다. 공교육자인 교사에게 제재별 성취기준에 부합하도록 교과수업을 계획하는 것은 수업의 필요조건이라 할 수 있고, 학생들의 다양한 발달과 맥락적 조건들을 반영해 최적화된 수업을 일구어내는 것은 수업의 충분조건이라고 할 수 있다. 교사가 교육활동을 전개할 때 가장 기초적으로 다루어야 할 일은 '무엇을 어떻게 가르칠 것인가?'에 대한 답을 찾는 것이 아니라 '학생이 어떻게 존재하는가?', '학생이 무엇을 (배우기를) 원하는가?', '학생이 해당 학습 제재에 대해 어떤 지식, 태도, 기능, 실천을 수행하고 있는가?'를 그들의 입장에서 이해하는 것이다. 왜냐하면 교사는 학생을 위해, 교사의 교수 행위는 학생의 학습을 위해 존재하는 것이지 그 역이 될 수는 없기 때문이다.

학생의 삶, 관심사, 발달, 재능, 학습 실태에 대한 온전한 이해를 위해서 교사는 평소에 학생이 가진 기질, 성격, 능력, 관심, 선행지식, 환경 등을 관찰, 면접, 대화, 작품 분석 등을 통해 꾸준하게 탐구하고 기록화해 나가는 것이 무엇보다 중요하다. 특별히 교사가 학생의 다양한 발달적 특성, 개별적 관심사, 교우관계, 교실의 문화적 역동을 이해하고 그들과 대화의 관계를 유지하는 것은 학생들에게 필요한 학습 주제를 생성하고, 해당 주제의 목적, 성격, 내용, 방법을 구성하도록 돕는다.

2) 국가교육과정 제재 및 성취기준 분석

다음으로 공교육자가 교과수업을 계획할 때 수행해야 하는 작업은 학생들에게 필요한 학습 주제와 관련된 국가교육과정의 제재 및 성취기준을 찾아 분석하는 작업이다. 국가가 교사에게 요구하는 가장 기초적이면서도 핵심적인 요구 사항은 교과별 제재의 내용과 시수, 성취기준에 부합하여 교육활동을 수행하라는 것이다. 이때 교사는 1) 교과서 형식처럼 각 교과 내 제재에 따라 단원을 설계할 수도 있고, 이와는 달리 2) 교과 내 제재들을 통합해 단원을 설계할 수도 있고, 3) 교과 간 제재들을 통합해 단원을 설계할 수도 있다.

모든 성취기준은 제재별로 구성되기 때문에 성취기준에 대한 평가는 그 제재가 수행되기 사전, 사후에 체계적으로 실시하고, 전후 비교를 유기적으로 수행하는 것이 중요하다. 하지만 단원의 매 차시마다 성취기준이나 수준을 정해서 평가하는 것은 바람직하지 않다. 왜냐하면 삶 중심 수업은 가야 할 길이 미리 정해진 패키지 여행이 아니라 학생과 학생, 교사와 학생이 매 차시마다 대화, 절충, 배려를 통해 앞으로 가야 할 길을 함께 정하는 배낭여행의 성격을 가지기 때문이다. 또한 두 개 이상의 제재를 통합할 경우, 교사는 특정 차시에 특정 제재(혹은 성취기준, 내용)를 적용하거나, 지식, 태도, 기능 영역을 나누어 수업해야 한다는 선입관을 내려놓아야 한다. 삶 중심 수업에서 학생들은 다양한 제재(혹은 성취기준, 내용)를 융합적으로 학습하며, 지식, 태도, 기능 영역에 대한 뚜렷한 구분도 없다. 다만 교사는 자신의 학반에서 구현할 활동 대주제 및 플롯이 교과의 제재별 성취기준의 내용 및 영역 목표를 충족할 수 있는지 점검하고, 평가하고, 재구성할 수는 있어야 한다.

3) 제재 이해 정도에 대한 사전평가(지식+태도+기능)

그 다음으로 교사는 단원교육과정을 설계하기 전에 사전설문, 관찰, 면접을 실시하여 해당 제재에 대한 학생의 학습 실태를 파악하고 그들의 학습이 개별화될 수 있도록 전략을 구상해야 한다.

먼저 사전설문 문항에 들어갈 요소는 1) 해당 제재에 대해 학생들이 가지고 있는 이미지, 지식, 태도, 기능, 실천의 양상과 2) 자기동기화를 바탕으로 한 개별화 학습 전략을 구체화하기 위한 것으로 나뉜다. 아래는 초등학교 2학년 2학기 '안전한 우리 마을 만들기' 단원에서 활용될 수 있는 사전설문 사

례를 소개한다. ①~⑥번은 질적 설문(혹은 개방형 설문)이며, ⑦~⑨번은 양적 설문이다.[1]

① 우리 마을에서 위험한 곳, 사고가 났던 곳, 사고가 날 뻔한 곳을 모두 적어 봅시다.「사전」
② '안전'하게 생활해야 하는 이유를 아는 대로 적어봅시다.「사전, 사후」
③ 내가 '안전'하게 생활하는 모습을 친구들에게 소개해 주세요.「사전, 사후」
④ '안전한 생활'이라고 하면 생각나는 말을 아는 대로 적어봅시다.「사전, 사후」
⑤ 우리 마을에서 위험한 곳 중 내가 특별히 친구들에게 소개하고 싶은 곳은 어디인가요?「사전」
⑥ 그 위험한 곳에 대해 친구들에게 소개하는 그림을 그리고 글도 적어봅시다.「사전」
⑦ 나는 안전한 생활이 무엇인지 알고 있다(지식)「사전, 사후」
⑧ 나는 안전하게 생활하는 데 관심이 있다(태도)「사전, 사후」
⑨ 나는 평소에 안전하게 생활하는 사람이다(실천)「사전, 사후」

1 초등학교 1학년 학생의 경우, 특히 1학기에는 설문조사가 불가능하기 때문에 꾸준한 관찰과 간단한 면접 및 집단대화를 통해 사전평가를 수행하는 것이 바람직하다. 2, 3, 4학년 학생들에게 설문을 실시할 경우, 교사는 1) 해당 문항을 하나씩 읽어주고, 2) 질문과 응답을 상세히 주고받아야 하며, 3) 해당 문항에 대한 그들의 응답을 순회관찰을 통해 확인하고, 4) 그들이 제대로 응답했는지 모두 확인한 후에야 다음 문항으로 넘어가야 타당도가 높은 응답을 얻을 수 있다. 한편 2학년을 대상으로 한 양적 설문의 경우 2학기부터는 5척도(매우 그렇다, 그렇다, 모르겠다[혹은 보통이다], 아니다, 매우 아니다)를 활용할 수는 있지만, 1학기에는 3척도(그렇다, 모르겠다[혹은 보통이다], 아니다)로 제시하는 것이 더 바람직하다. 학습력이 잘 갖추어진 학생들의 경우, 1학년 2학기부터 짧은 설문은 가능하지만, 설문은 대체로 3학년부터 그 효과를 볼 수 있다.

문항 ①은 구체적 문항으로 학생들이 자신의 마을에서 위험한 장소를 체험적으로 인식한 구체적 범위, 소재, 개념을 알아보기 위한 것이다. 구체적 조작기의 학생들은 문항 ①과 같이 흥미롭고, 체험적이고, 구체적인 사실에서부터 시작하여 추상적 사고로 설문, 면접, 학습을 전개해 나가야 한다. 문항 ②는 학생들이 안전한 생활에 대해 가진 태도를 알아보기 위한 질문이다. 문항 ③은 학생들이 안전한 생활에 대한 기능과 실천 양상이 어떤지를 알아보기 위한 문항이다. 문항 ④는 안전에 대한 학생들의 개념을 알아보기 위한 질문이다. 문항 ⑤는 본 단원 수업에서 자신이 관심을 가진 소재를 선정할 수 있도록 돕기 위한 개별화 전략 문항이다. 이 문항에 대한 분석을 바탕으로 교사는 학생 각자가 한 명의 낙오자도 없이 자기 동기화된 소재를 바탕으로 개별화 학습이 전개되도록 도울 수 있어야 한다. 이때 교사는 집중적인 질문과 상담 그리고 예시 제공을 통해 학생들에게 폭넓은 선택의 기회를 주고, 그들의 고충에 귀 기울이고, 적절한 대안적 활동들을 제안하는 것이 매우 중요하다. 문항 ⑥은 학생들이 자신이 탐구하고자 하는 소재에 대해 어떤 지식, 태도, 기능을 가지고 있는지 파악하여 그들이 전체적, 개별적 수준에서 필요한 학습 내용과 방법을 찾기 위한 문항이다. 한편 문항 ⑦~⑨의 경우, 생명에 대한 자가-보고(self-report) 형식의 양적 설문이다. 문항 ⑦은 지식, 문항 ⑧은 태도, 문항 ⑨는 실천에 대해 묻는 문항이다.

위의 설문지에서 문항 ①, ⑤, ⑥의 경우, 사전설문에만 실시하는데, 이 문항들은 학생들이 '안전한 생활'을 제재로 공부할 때, 각자 자신이 원하는 학습 소재로 수업을 전개해 나갈 수 있도록 돕기 위해서 만들어졌다. 따라서 문항 ①, ⑤, ⑥을 제외한 나머지 모든 문항들은 1) 사전, 사후 설문을 실시하여 코딩 작업을 수행하고, 2) 그 결과를 전후 비교하면서 학생들이 개인별, 모둠별, 전체적 차원에서 제재 성취기준을 얼마나 어떻게 성취하였는지 파악해야 한다.

그런데 설문은 학생들의 대체적인 경향성을 알아보는 데는 유용하지만 한 번밖에 묻지 못한다는 단점이 있다. 하지만 실제 설문을 해 보면, 학생들의 응답에 대해 불분명하거나 추가 질문이 필요한 경우가 대부분이며, 따라서 교사는 설문을 기초자료로 활용하여 추가적인 대화나 면접을 반드시 병행해야 한다. 아울러 교사는 위의 설문 활동과 뒤따르는 면접이나 집단대화를 본 차시 전에 별개 활동으로 수행하지 않고 시작 차시에 넣어서 실시해도 좋다. 이것은 사후설문도 마찬가지인데, 이 경우 교사는 물론 학생들 역시 사전 및 사후 조사 활동을 추가적인 과제로 느끼지 않기 때문에 부담이 적다. 또한 이 경우, 학생들도 자기 진단을 통해 다음 학습으로 전개해 나가는 것이 자연스럽고, 교사 역시 학생들의 진단평가를 기초로 다음 수업을 그들과 함께 계획할 수 있다.

4) 수업의 범위, 목적, 플롯 구성

이렇게 학생들의 실태와 개별 선호도를 설문과 추가적인 개별 면접과 관찰을 통해 이해한 후에 교사는 전체 단원 수업의 범위, 목적, 플롯을 구성하고, 학습 성취기준과 내용을 제각기 다른 학생들의 요구, 발달, 흥미, 능력, 맥락에 알맞게 재구성해야 한다. 이때 교사는 국가가 공교육자에게 요구하는 제재의 내용과 시수, 그리고 성취기준의 상세 내용은 반드시 충족시켜야 한다. 이러한 맥락적 수업 구성의 예를 들면, 학생들이 곤충을 함부로 죽이는 습관이 만연해 있는 상황을 들 수 있다. 만약 현재 교육과정 제재에는 그 내용을 다룰 수 있는 구체적 제재가 없다면, 교사는 도덕교과의 '자주'와 과학교과의 '생태계' 제재를 통합해서 생명존중이라는 주제를 교육할 수 있다.

마지막으로 교사는 제재에 대한 학생들의 개인별 성취수준과 학습 소재에 대한 선호도를 바탕으로 개인별, 짝별, 모둠별, 전체적 학습경로를 그들의 맥락에서 구체적으로 구상하고, 그 구상을 구현할 수 있는 단원 활동주제를 선정하고, 차시별 학습활동들도 설계해야 한다. 이때, 활동주제는 요리하기, 합창, 마니토 등 매우 구체적인 것으로 선정하고, 활동명은 '나의 수호천사 되기 작전', '엄마의 행복 바구니 채우기', '나의 버스킹 공연 이야기' 등 학생들이 흥미롭게 몰입할 수 있는 활동 메타포를 창작해 작명하는 것이 효과적이다. 또한 교사는 개별 관심사를 공동의 관심사로 수렴할 수 있는 다양한 교수학습 활동과 전략들을 활용할 수 있어야 한다. 다만 여기서 교사가 계획한 단원 활동주제와 차시별 학습활동들은 잠정적인 것이며, 이후 시작 단계에서 학생들과의 협의를 통해 절충되고 재구성된다.

2. 시작 단계

1) 전체 학습의 목적과 과정에 대한 동기유발

수업을 시작할 때 교사는 먼저 학생들이 전체 단원 학습의 목적, 과정, 방법을 자기 동기화할 수 있는 동기유발 자료를 효과적으로 창작해야 한다. 이때 주로 사용되는 동기유발 자료는 이야기, 동화, 그림책, 동화구연 자료들이다. 왜냐하면 삶 중심 수업에서 학생들이 특정 단원의 학습을 체험하는 것은 자기 흥미를 목적화해 나가는 이야기적 삶이 되기 때문이다. 따라서 교사는 학생들이 본 단원에서 배울 학습의 목적, 과정, 방법을 이야기적 삶으로 구성해 나가는 이야기 동기유발 사례를 직접 창작해서 활용하는 것이 바람직하다.[2] 왜냐하면 교사가 학생들의 맥락을 반영하여 직접 창작한 교육 자

2 삶 중심 단원교육과정 실행의 장면에서 특정 학생들의 맥락과 발달을 고려하여 동기유발 동화를 제작한 사례는 『공부와 삶이 하나되는 수업 어떻게 할 것인가?: 삶 중심 수업의 원리, 방법, 사례 Ⅰ』 (2024, 박세원 외)에 실린 7가지 사례들을 참조 바람.

료들은 학생-자신, 학생-학생, 학생-교사, 학생-텍스트, 학생-사물 간의 생명들이 서로를 부르고 화답하면서 공유적 생명성을 누벼내게 하는 매체(媒體)가 되기 때문이다. 학생들은 그들을 향한 교사의 정신이 담긴 이야기 매체와 교감하는 과정에서 교육적 삶을 전개해 나가는 이야기 속 주인공의 삶을 추체험함으로써 자신 역시 본 학습 사건의 주인공이 되어 시작, 전개, 결말이 있는 하나의 이야기적 삶을 구성하고 싶은 학습 동기와 목적을 내면화하게 된다.

교사는 이러한 이야기 자료를 학생들의 구체적 맥락, 필요, 발달성에 알맞게 구성해야 하는데, 이때 활용할 수 있는 이야기 소재들은 1) 교사 자신의 자전적 삶의 이야기, 2) 유명한 실제 삶의 이야기, 3) 영화, 다큐, 책에서 만난 이야기, 4) 학생들의 삶 속에서 해결되어야 할 문제, 5) 교실, 학교, 마을 등에서 마주하는 동식물, 물건, 공간, 사건, 6) 학생들이 공동으로 체험하는 흥미로운 사건 등을 들 수 있다. 이러한 소재들을 학생의 맥락적 상황에 알맞게 교사가 직접 제작해서 활용하는 것은 학생들로 하여금 본 단원의 학습 목적을 자신의 의미와 목적으로 내재화하는 데 큰 도움이 된다. 여기서 동기 유발을 위해 제작하는 이야기 자료는 단원의 목적과 과정을 내재화하는 것에 더하여 학생들에게 해결해야 할 미션을 제안하여 강력한 문제 해결 의지를 가질 수 있도록 구성되는 것이 바람직하다.

2) 흥미에 기초한 개별적 학습 소재 선택

다음으로 교사는 학생 각자가 자신이 원하는 학습 소재를 선택할 수 있도록 사전에 설문, 면접, 관찰 등 다양한 실태조사를 수행하고, 그들이 자발적으로 학습 소재를 선택하지 못할 경우를 대비해 다양한 대안적 학습 소재들을 찾아 제공할 수 있어야 한다. 수업이 학생들의 삶에 의미가 있는지를 결정짓는 가장 중요한 요인은 학생들의 학습이 처음부터 끝까지 자기 동기화에 기반할 수 있는가에 달려있다. 특히 구체적 조작기인 초등학교 학생들의 발달성을 고려할 때, 그들이 학습 소재를 그들 각자의 삶의 맥락과 흥미로부터 자발적으로 선택하게 하는 것과 적극적인 체험과 노작 학습을 수행하게 하는 것은 무엇보다 중요하다. 그 이유는 체계적인 추상적, 논리적 사고를 전개할 수 있는 청소년, 청년, 장년과 달리 초등학교 학생들은 자신이 관심을 가지고 있는 구체적 삶 속에서 학습의 소재를 찾고 발전시켜야 하며, 신체를 통한 구체적 노작활동으로 무언가를 느끼고, 무언가에 가치를 부여하고 미적으로 반응하면서 앎을 형성하는 것이 그들의 발달적 특성이기 때문이다.

이를 위해서 교사는 먼저 사전에 수행한 실태조사를 배경으로 모든 학생들이 단원이 종결될 때까지 흥미롭게 학습을 전개할 수 있는 개별 과제를 선정하도록 치밀하게 관찰하고 도움을 주어야 한다. 학생 각자의 흥미, 체험에 기반하지 않은 채, 모든 학생들에게 오염된 물속에 죽어있는 물고기 그림이나 동영상을 보여주면서 생명존중을 학습자들의 자기 문제로 내면화하기는 어렵다. 따라서 삶 중심 수업에서는 단 한 명의 학생이라도 자신의 관심사를 배경으로 학습 소재를 선택하지 못하는 경우가 없도록 교사는 철저히 준비해야 한다. 예를 들어 '안전한 우리 마을 만들기'를 주제로 한 단원 수업의 경우, 교사는 '자신이 사고 날 뻔했던 경험', '사고를 본 경험', '우리 마을에서 위험한 곳'이 있는지 학생들에게 질문해 볼 수 있다. 이 경우, 학생들은 저마다 마을에서 한 가지 이상 위험한 곳을 알고 있을 가능성이 크다. 교사가 해당 제재의 범위 안에서 어떻게 하면 학생들 모두가 제각기 흥미로운 학습 소재로 공부를 시작할 수 있을지 치밀하게 계획한다면, 학생들은 자신의 개별 관심사를 바탕으로 마을의 위험한 곳을 소개하고, 안전하게 지낼 수 있는 방법을 찾고, 실천하고, 홍보하는 학습 과정으로 자연스럽게 발전시켜 나갈 수 있다.

한편 교사의 다양한 지원과 노력에도 불구하고 자신이 원하는 학습 소재를 선택하는 것이 어려운 학생들도 많다. 소극적 성격, 주의력 부족, 다혈적 기질, 학습 부진, 불안, 자폐, 성격 장애, 인지 장애 등의 요인을 가지고 있는 학생들의 경우, 1) 개별 면접, 지속적 관찰을 통해 그들이 발달적 특성이 무엇인지 이해하고, 2) 장기적으로 집중할 수 있는 학습 소재를 치밀하게 찾고, 3) 부모(혹은 보호자), 특수교사, 교과전담교사 등과의 협의를 통해 그들이 자신의 학습 소재를 발현시켜 나갈 수 있는 방법을 체계적으로 지원할 수 있어야 한다. 필자의 경험에 비추어 볼 때, 교과서를 활용한 수업에 적응을 하지 못하는 대부분의 학생들은 1) 매우 생활적이고, 구체적이고, 흥미로운 자기 관심사를 학습 소재로 선택하고, 2) 자신의 관심사에 기초해 단원의 차시들을 자주적이고 유기적으로 연결하면서 학습을 진행하고, 3) 그 과정에서 수행한 관찰, 표현, 내러티브를 학습의 내용과 방법으로 활용하고, 4) 부모, 상담교사, 전담교사와의 체계적인 협력 플랫폼을 활용하여 교육을 수행하면 효과적이다.

개별적 학습 소재의 선택은 학생으로 하여금 자기 동기화에 기반한 학습을 수행하도록 도움으로써 그들을 수동적 학습자에서 벗어나 적극적 학습자로 변화시키는데, 그 결과는 대체로 다음과 같은 양태로 나타난다. 첫째, 학생들은 조사, 발표, 표현, 토론, 역할극, 협동학습 등 뒤따르는 학습활동들에 적극적으로 참여한다. 둘째, 학생들은 자신이 원하는 학습을 전개하기 때문에 서로 간에 적극적이고 개방적인 방식으로 학습을 대화, 비교, 공유한다. 셋째, 학생들은 자기주도적 학습을 이어가기 때문에 교사는 매 차시마다 동기유발을 위한 시간을 따로 설정할 필요가 없다. 넷째, 교사는 협의를 통해 학생들 사이나 차시 사이를 절충하거나 조율하는 것만으로도 성공적인 수업을 수행할 수 있다. 이러한 자기 동기화에 기초한 학습의 전개는 학생들이 자신의 흥미와 재능을 자주적으로 개발하는 동시에 함께 어울려 살아가는 대화공동체 문화를 창조하는 능력을 함양하게 하는 근본적인 동력이다.

3) 전체 학습 플롯의 제안 및 절충

마지막으로 교사는 준비 단계에서 계획한 단원 활동주제 및 차시별 학습 활동을 학생들에게 제안하고, 그들과 협의, 절충하는 시간을 가진다. 이때 교사는 질문하기, 대안 활동 제시, 협의 등을 활용하여 교과 교육과정의 성취기준을 벗어나지 않는 범위 내에서 학생들이 원하는 학습 소재, 활동, 내용, 방법으로 학습을 전개할 수 있도록 지원해야 한다. 전체 학습 플롯에 대한 협의와 절충의 시간은 학생들로 하여금 학습과 삶의 주체로 수업에 참여하는 기회를 제공하도록 하여 공부와 삶이 하나되는 수업을 일구어 나가게 돕는다.

학생들이 수업의 주체로 참여하는 것은 바람직한 일이지만, 교사가 학습권을 학생들에게 제공하는 것은 실천적인 지혜를 필요로 한다. 왜냐하면 교사는 현실적으로 다음과 같은 물음과 마주할 것이기 때문이다. '학생들이 과연 자율적으로 학습에 몰입할 수 있을까?', '질서가 없는 학습이 되지나 않을까?', '내가 과연 학생들의 자율성을 믿고 기다려 줄 수 있을까?', '삶 중심 수업을 하면 교과별 성취기준을 만족하지 못할 수도 있지 않을까?', '교과서의 내용을 다 다루지 못하는 문제는 어떻게 할까?' 아무리 유능한 교사라 할지라도 이 문제들을 해결하는 방법들을 사전에 모두 터득한 후 학습권을 학생들에게 제공할 수는 없다. 오일러(Oyler, 1996)가 지적하듯이, 교사는 학습권을 실천적으로 학생들에게 양도하는 과정에서 하나씩 하나씩 위의 문제를 체험적으로 만나고 시행착오를 겪어가면서 해결해 나갈 수밖에 없기 때문이다.

하지만 필자의 많은 임상 경험에 비추어 볼 때, 교사들이 이들 문제에 대해 지나친 걱정을 할 필요는 없다. 학생들은 처음에는 1) 자신의 학습 소재를 선택하고, 2) 전체 학습의 주제, 내용, 방법을 제안하고, 3) 다른 학생들, 교사와 학습 의제에 대해 대화를 나누고, 4) 협의, 배려, 절충을 통해 공유적 학습 경험을 만들어 나가는 것을 어려워한다. 그래서 초기에 교사는 많은 인내심과 기다림이 필요하다. 하지만 몇 번의 시행착오를 거치고 나면, 학생들은 의외로 스스로 학습 소재를 찾고, 공동의 의제를 던지고, 대화와 절충을 통해 공동의 관심사를 일구는 활동을 익숙하게 수행한다. 중요한 것은 학생들이 개별적 소재 선택에서 발현해 나가는 학생들의 자기다운 존재 구성에 대한 교사의 믿음, 소망, 인내이다.

3. 전개 단계

1) 본 활동 → 정리 → 다음 차시 협의로 연결되는 수업 흐름도

삶 중심 단원교육과정에서는 시작 단계를 지나 전개 단계에 이르면 전통적 수업과는 확연히 다른 차원의 수업이 이루어진다. 왜냐하면 삶 중심 교육과정에서 모든 수업은 학습자가 자신이 원하는 소재, 내용, 방법을 사전 협의를 통해 미리 결정한 다음에 수업에 참여하기 때문이다. 따라서 전통적 수업에서 흔히 보는 동기유발, 공부할 문제(혹은 학습 목표) 제시, 학습활동 안내와 같은 절차가 삶 중심 수업에서는 따로 없다. 교사는 수업을 시작할 때 간단하게 지난 시간 협의된 내용을 소개한 후, 바로 본 활동을 시작하면 된다.

삶 중심 수업에서 이루어지는 본 활동의 성격도 매우 흥미로운데, 그 이유는 본 활동에서 다루어지는 학생들의 학습 내용은 거의 대부분 교사가 준비한 것이 아니라 학생들이 삶 속에서 생성한 자기 이미지나 내러티브이기 때문이다. 수업은 학생들이 자신의 삶 가운데서 직접적으로 탐구한 학습 결과를 서로 소개하고, 창작물로 표현하고, 함께 공유하고, 서로에게 배운 점을 기록하고, 다음 차시에 공부할 내용이나 생활 속에서 실천하고 싶은 것을 계획하는 방식으로 이루어진다. 특히 학생들은 단원이 전개되는 전 과정에서 자신과 친구들의 이미지나 내러티브를 공유하고 포트폴리오에 누가해 나가면서 전체 학습 플롯의 성격을 자기 이야기로 구성해 나간다. 이렇게 자신의 체험성, 발현성, 맥락성에 기초해 구성하는 학습 결과물(혹은 창작물)은 공부와 삶, 몸과 의식, 지식과 실천을 분리할 수 없는 생명석, 대화석, 융합적 실체로 구성하도록 돕는다.

한편 전개 단계에서 교사의 주된 역할은 학생들에게 많은 것을 준비해 가르치는 것이 아니라 그들이 자신의 관심사에 몰입해 학습하는 과정에서 창작한 학습 결과를 친구들과 적극 공유할 수 있도록 돕는 데 있다. 따라서 삶 중심 수업에서 교사는 매 차시마다 동기유발 자료를 준비하거나 인위적인 수업 자료를 찾거나 제작하지 않아도 되며, 일방적인 지식 전달 방식의 수업을 해야 하는 압박감도 거의 없다. 교사는 학생들이 창작한 작품이나 내러티브를 학생-학생 사이에서 풍부하게 공유할 수 있도록 관찰자, 대화자, 지지자의 역할을 수행하면 된다.

본 활동을 마치고 나면, 교사는 미니 전시회, 발표회, 돌려읽기, 패들릿 담벼락 활용, 줄줄이 발표 등의 정리 활동을 통해 학생들이 본 활동에서 배운 것을 자유롭게 해석하고 공유하면서 정리활동을 수행하도록 돕는다. 삶 중심 수업에서는 교과서를 활용한 일반적이거나 전체주의적인 해석과 정리는 이루어지지 않는다. 민주사회, 자유사회, 다문화사회에서 학습에 대한 해석과 정리는 학생들의 다양성을 존중할 수 있어야 바람직하다. 중요한 것은 학생들이 자신의 선입관을 상대방에게 펼쳐 열면서 대화적으로 서로의 학습 결과를 공유, 합의, 절충하는 민주적 태도와 의사소통 역량이다.

마지막으로 교사는 다음 차시에 학습할 내용과 방법을 일방적으로 결정하거나 예고하지 않고, 성취기준의 범위 안에서 학생들과의 협의를 거쳐 합의해 나가야 한다. 예를 들어, 한 차시를 마칠 때 학생들은 자신이 다음 차시에 수행하고 싶은 학습활동을 새롭게 고안할 수도 있고, 본 차시에서 수행한 활동을 다음 차시에도 지속하고 싶어 할 수도 있다. 그런데 교사는 학생들의 요구가 교육과정 성취기준의 범위를 지나치게 벗어난다고 판단할 수 있다. 이때는 교사가 자신의 상황을 분명하게 전달하면서 학생들과 대화 및 절충을 수행해야 한다. 아무튼 학생들이 다음 차시에서 배울 학습 내용과 방법을 스스로 선택할 수 있을 때, 수업은 학생의 '학습권'을 참되게 보장하는 수업으로 거듭나게 된다. 이렇게 수업이 학생들이 원하는 삶의 구성이 될 수 있을 때 1) 학생들의 공부와 삶은 분리되지 않는 실체로 융합하며, 2) 개별의 관심사와 공동의 관심사 역시 대화적 실체로 융합하며, 3) 개인적 진로와 사회적 역량을 융합적으로 학습하며, 4) 자기관리, 창의성, 심미성, 지식정보처리, 협력적 의사소통, 공동체 역량은 삶 중심 학습의 결과로 자연스럽게 주어지게 된다.

2) 구체적-반성적-수렴적 활동의 학습 단계

초등학생들의 학습은 구체적 활동-반성적 활동-수렴적 활동의 순차적 전개가 필요하다. 바람직한 아동들의 학습방법을 언급하면서, 듀이(1938)는 아동들의 학습이 추상적 개념을 외부적으로 주입받는 것을 통해 이루어지는 것이 아니라 자신의 삶과 흥미에 기반한 활발한 신체활동을 먼저 경험하고, 그 후에 주어지는 진지한 반성(reflection)을 통해 학습이 구성되도록 도와야 한다고 주장한다. 듀이의 학습 개념은 피아제의 인지발달론적 관점과도 그 맥락을 같이한다. 피아제(1969) 역시 인간의 인지발달은 외부에서 부과되는 지식을 수동적으로 인쇄하는 것이 아니라 능동적으로 인지구조를 재구조화하고 재구성한다고 본다. 특히 전반적으로 구체적 조작기에 속하는 초등학교 학생들은 흥미에 기반한 구체적 노작활동을 통해서 체계적이고 추상적인 개념을 구성할 수 있는 시기로, 이 단계의 학생들은 자신의 경험 세계, 구체적 흥미, 신체활동과 맞닿는 학습활동이 본질적으로 필요하다. 따라서 초등교사는 학생들의 경험과 흥미에 공명할 수 있는 구체적 학습활동을 먼저 실시하고, 그 활동을 개별, 짝, 모둠, 전체 세팅에서 진지하게 해석, 반성하는 시간을 가지면서 개념화하는 학습활동을 구상해야 한다.

박세원, 한정희(2011)가 삶 중심 단원교육과정으로 구성한 2학년 2학기 '안전한 우리 마을 만들기' 단원의 경우, 1차시(2시간)에는 조사학습, 2차시(2시간)에는 표상활동 및 그림지도 붙이기, 3차시(2시간)에는 역할극, 4차시(2시간)에는 홍보물 제작 및 전시회, 전체 소감 및 발표로 이어지는 수업을 진행하였는데, 이 전개 단계의 학습 흐름도는 구체적, 반성적, 수렴적 활동의 순서이다.

이 활동 순서를 자세히 소개하면 다음과 같다. 1차시에 학생들은 '자신이 사고 날 뻔했던 경험', '사고를 본 경험', '우리 마을에서 위험한 곳' 등을 주제로 실제 관찰할 대상지를 선택하고, 참여 관찰을 통해 마을에서 그곳이 왜 위험한지 조사한다. 이때 안전을 위해 부모님이나 보호자에게 학습의 목적, 내용, 과정을 자세히 안내한다.

2차시가 되면, 학생들은 작은 종이에 위험한 장소와 상황을 그림 그리기를 통해 표현하고, 그곳이 위험한 이유와 내가 지킬 일 등을 소개한다. 다음으로 교사는 전지에 그림지도를 그려 칠판에 붙인 후 학생들의 발표 후 그들의 그림을 모두 그림지도에 붙인다. 그림지도 붙이기 활동 후에 교사는 학생들이 조사한 위험지역을 그들과 함께 유형별로 정리한다. 마지막으로 학생들은 주민들의 관점에서 위험 지구들을 비판적으로 분석하면서 그곳이 어떤 모습으로 바뀌어야 하는지, 또 나는 어떻게 안전한 생활을 해야 하는지를 반성하고 토론한다. 이때 학생들은 위험지역의 분류, 비판적 분석, 반성과 토론을 체계적으로 수행할 수 있는데, 그 이유는 1차시에서 자신이 원하는 학습 소재로 구체적, 체험적 학습활동을 적극적으로 수행하기 때문이다.

3차시가 되면, 학생들의 작품 중에서 가장 인상 깊은 소재를 모둠별로 선정하여 역할극 활동으로 발전시킨다. 여기서 교사는 학생들의 다음 학습 내용을 일방적으로 선정하지 않고 학생들과 협의하는 과정에서 그들의 흥미, 관심, 합의에 기초해 다음 활동이 선정되도록 배려해야 한다. 역할극 학습활동에서 학생들은 1) 먼저 비슷한 학습 소재나 관심사를 가진 학생들과 함께 모둠을 구성하고, 2) 어떤 소재나 내용으로 역할극을 창작할 것인지 협의하고, 3) '만약 내가 그 사고를 당한 사람이라면….', '위험한 횡단보도에 신호등이 있었다면….'과 같이 다양한 가정적 상황에서 자신의 경험을 재구성하는 활동을 전개한다. 학생들은 토론을 통해 이야기를 꾸미고, 간단한 극본을 만들고, 역할극을 시연하고, 친구들의 피드백을 받는 순서로 재구성 활동을 이어간다.

이 수업에서 학생들은 그들의 관심사에 따라 역할극이 아닌 다른 재구성 학습활동을 대안적으로 수행할 수 있다. 예를 들어, 학생들은 '교통안전 연구원'이 되어 위험한 장소를 안전한 장소로 바꾸는 프로젝트를 할 수도 있다. 교통안전 전문가로서 그들은 위험 지구를 체계적으로 분석하고 안전지역으로 만드는 방법을 고안해 보며, 모둠별 연구물을 그림 형식으로 전체 학생들에게 소개할 수 있다. 교사는 이렇게 다음 차시에 수행할 수 있는 흥미로운 대안적 학습활동을 학생들에게 제안할 수 있는데, 이때 선택은 언제나 학생들의 몫으로 남겨두는 것이 중요하다.

4차시가 되면, 교사는 학생들이 자신들만 안전할 게 아니라 부모님, 친구, 형제자매, 1학년 동생들에게 우리 마을에서 위험한 장소와 안전생활을 안내하고 홍보하는 참여적 활동으로 발전시킨다. 이 과정에서도 교사는 임의로 홍보 대상을 선정하지 않고 학생들이 원하는 홍보 대상을 자기 스스로 선정할 수 있도록 배려하면서 자기문제 의식을 고취시켜야 한다. 또한 학생들은 포스터, 안내문, 그림, 시, 만화, 동영상, 조형물, 차트, 편지 등 다양한 방법으로 홍보물을 제작할 수 있는데, 교사는 2학년 수준에서 가능한 표현 방법의 예시를 시・청각 자료를 바탕으로 체계적으로 제공하면서 학생들의 흥미도와 선택 가능성을 확대시켜 주어야 한다. 이때도 교사는 학생들에게 한 가지 표현 방법을 강요하지 않고 각자의 흥미에 따라 자신이 원하는 표현 방법을 선택하도록 해 주면 학생들의 자기동기화가 지속적으로 유지된다. 학생들은 자신이 제작한 홍보물을 부모님, 친구, 형제자매, 1학년 동생들에게 직접 전달하면서 교통안전을 홍보하는 시간을 가진다. 이러한 사회적 참여를 통해 학생들은 사회 변화를 주도하는 실천적 시민으로 성장한다.

마지막 단계에서 학생들은 교통안전 홍보를 실천하고 난 후 학습의 전 과정을 함께 토론하고 공유하는 시간을 가지면서 단원을 정리한다. 이때, 학생들은 그동안의 학습 과정에서 1) 찍어두었던 사진, 2) 창작한 학습물이나 편지, 3) 교사나 친구들에게 받은 포스트잇이 담긴 스케치북 포트폴리오를 친구들과 공유하면서 1) 무엇을 새롭게 알았고, 2) 어떤 추억과 의미가 있었고, 3) 장차 어떻게 자신의 생활을 변화시켜 갈지에 대한 자신의 의견을 친구들과 공유한다.

삶 중심 학습의 진행에 있어서 중요한 것은 1차시에서 4차시까지 수업의 흐름도, 소재, 내용, 대상, 방법을 교사가 일방적으로 정하지 않는 데 있다. 교사가 국가 교육과정의 범위 안에서 학생들과 지혜롭게 학습의 내용, 방법, 대상을 절충하며 그들을 공부의 주체로 초대하는 것이 삶 중심 수업의 주된 관심사이다.

3) 대화적 절충과 누가성에 기반한 학습활동 전개

대화적 절충과 누가성을 바탕으로 한 학습활동의 전개는 학생들의 학습이 외부적 개입에 의해 단절되지 않고 그들의 흥미와 목적에 기반해 대화적으로 연결하고 심화시켜 가도록 돕는 것을 의미한다. 먼저 절충의 경우, 교사가 학생이 수행할 학습의 활동, 내용, 방법을 독단적으로 선정하지 않는 것이 중요하다. 교사는 모든 차시의 학습활동을 계획할 때 학생들이 자신의 흥미와 자발성에 기초해 선택할 수 있는 대안적 학습 내용과 방법들을 다양하게 준비하고, 그들이 필요로 할 때 제안할 수 있어야 한다. 듀이는 교육과정의 계획에 대해 다음과 같이 말한다.

> 교육의 계획은 각각의 경험이 자유롭게 이루어져 개성이 있는 독특한 것으로 성립하도록 충분히 융통성이 있는 것이면서도 경험이 지니는 힘이 계속적으로 발전할 수 있는 방향을 안내할 만큼 충분히 확고한 것이어야 한다.
>
> (Dewey, 1938: 82)

이것은 박세원, 한정희(2011)가 삶 중심 수업을 수행하는 과정에서 뚜렷하게 발견할 수 있었다. 이 단원에서 학생들은 우리 마을의 위험한 곳을 조사하여 발표하고, '위험한 곳이 안전한 곳이 되려면?'이란 주제로 이루어진 역할극을 통해 안전한 생활의 의미와 방법을 구성하는 활동을 1~3차시까지 진행하였다. 그리고 4차시 활동으로 담임교사와 학생들은 다른 사람에게도 안전한 생활을 알리는 활동을 하자고 절충한 상태였다. 이때 우리는 옆 반 1학년 학생들을 대상으로 홍보활동을 한다면, 학생들이 흥미로워 할 것이라는 생각을 하고 있었다. 하지만 정작 알리고 싶은 홍보 대상이 누구인지 학생들에게 직접 물어보니, 그들의 대답은 어머니, 아버지, 동생 등 가족 구성원을 답한 학생들이 96%를 차지하고 있었으며, 1학년 학생이라고 답한 학생은 1명밖에 없었다. 만약 이 수업에서 우리가 1학년 학생을 대상으로 '교통안전 홍보하기' 수업을 진행했더라면, 아마도 학생들의 학습 동기유발은 물론이고 그들이 지금까지 누가해 온 학습의 의미를 내면화하는 것도 미흡했을 것이다. 하지만 다행히도 실제 수업에서 우리는 학생들에게 자신이 홍보하고 싶은 대상이 누구인지 대화를 통해 물었고, 그 결과 그들이 스스로 홍보 대상을 선택하도록 절충할 수 있었다.

이와 아울러, 교통안전을 홍보하는 방법 또한 학생들에게 일방적으로 부과하지 않고, 선택 가능한 다양한 예들을 미리 제시하여 그들이 자신의 관심과 능력에 맞는 표현 방법을 선택하도록 도왔다. 그 예들은, 그리기, 만들기, 포스터, 그림지도 제작, 홍보 동영상 제작, 시 창작, 개사하기, 교통안전 노래 부르기 등이었다. 실제 한 학생은 같은 반 친구가 교통사고를 당할 뻔했던 학교 앞 횡단보도를 선택해 그곳이 언제, 어떻게, 왜 위험한지 관찰한 후 안전하게 횡단보도를 건널 수 있는 방법이 담긴 동영상을 제작하였다. 기자가 되는 것이 꿈인 이 학생은 어머니와 함께 백화점에서 남색 코트를 사고, 마이크를 구하고, 가죽장갑과 스카프를 착용하고, 파마와 화장을 한 후, 실제 횡단보도 앞에서 앞의 모든 내용이 담긴 동영상을 제작하였다. 이렇게 삶 중심 수업에서는 학습활동의 대상, 내용, 방법을 교사가 일방적으로 선정하지 않고 사전설문에서부터 종결 차시에 이르기까지 학생들에게 무슨 활동을 어떤 방법으로 공부하고 싶은지 대화적으로 묻고, 협의하고, 절충한다. 이러한 대화적 절충을 통해 각각의 학생들은 자기동기화를 바탕으로 다음 학습을 자기주도적으로 전개하고 연결해 나갈 수 있다.

학습활동 선택에 대한 학생들과의 대화적 절충은 그들의 학습이 강력하게 누가해 나가도록 돕는다. 누가성(accumulativeness)이란 앞에서 배운 학습이 단절되지 않고 뒤따르는 학습을 더욱 풍부하게 심화시킬 수 있는 배경이 되어주는 속성을 가리킨다. 이를 위해서 교사는 전체 토의, 설문, 개별 면담, 관찰, 작품 분석 등의 탐구를 수시로 전개하면서 전체, 모둠, 개별 수준 모두에서 학생들의 학습이 누가될 수 있도록 도와야 한다. 예를 들면, '안전한 우리 마을 만들기' 단원에서 교사는 학생들이 1) 안전하지 않다고 생각하는 장소를 교사 및 친구들과의 협의 과정을 통해 찾고, 2) 그곳이 어떻게 위험한지를 그림으로 창작한 후 친구들과 함께 토의하며 그림지도에 붙이고, 3) 친구들과 함께 우리 마을의 위험한 곳을 함께 찾아 창의적으로 정리하고, 4) 그곳에서의 안전한 생활과 관련한 역할극 소재를 모둠별로 합의하고, 5) 역할극에서 수행할 역할과 대본 구성을 구성원들 간에 절충하고, 6) 친구들과 함께 역할극을 연습한 후 소감회를 나누고, 7) 마을에서 안전한 생활을 할 수 있는 홍보물을 함께 창작하고 전시회를 통해 나누는 과정은 학생들이 대화적 절충과 누가성을 바탕으로 다음 차시 학습 내용과 방법을 자율적으로 연결해 나가는 학습 플롯을 잘 보여준다. 이렇게 교사는 학습의 준비 단계에서부터 정리 단계까지 학생들이 자신의 흥미를 공동의 목적으로 형성해 나갈 수 있도록 대화적 절충에 지속적인 관심을 기울여야 한다.

4) 생활 속 실천을 대화적으로 공유, 반성, 계획하는 수업

생활 속 실천을 대화적으로 공유, 반성, 계획하는 수업은 학생들이 생활 속에서 실천한 내용을 수업에 가져와 공동의 관심사와 목적으로 함께 공유하고, 반성하고, 계획하면서 상호 간의 학습을 증진시키는 학습 전략이다. 교사는 수업을 전개할 때 '나는 가르치는 사람이고 학생은 지식을 전수받을 대상'이라는 선입관을 가지기 쉽다. 그런데 학생의 관점에서 수업을 바라볼 때는 사뭇 다른 양상이 나타난다. 학생에게 교사는 다른 학생들과 마찬가지로 그저 자신이 상호작용하는 하나의 대상이자 관계일 뿐이다. 사실 학생들은 그들 서로 간에 호기심, 탐구, 대화, 발표, 관계성에 대해 일반적으로 생각하는 것 이상의 많은 관심을 가지고 있다. 또한 그들은 서로 생각, 감정, 표현을 대화적으로 교류하면서 교사의 직접적 교수만으로 배울 수 없는 다양하고 깊이 있는 학습을 수행한다. 이와 아울러, 대화적 공유는 학생들 간의 지속적인 피드백과 동기유발을 강화하는 중요한 경로이자 학습 문화이다. 또한 대화적 공유는 그 자체만으로도 학생들의 바람직한 인격 형성에도 크게 기여하는데, 이 공유의 과정을 통해 그들은 타인에 대한 개방성과 긍정성을 갖게 되고, 다양성을 존중하며 배려, 협동, 대화, 친절, 존중, 배려, 보살핌의 공동체를 형성하도록 돕는다. 삶 중심 교육에서 수업은 '학생들을 가르치는 공간'이 아니라 그들이 생활 속에서 실천한 내용을 가져와 함께 표현, 공유, 반성, 계획하는 '표현 및 대화의 공간'으로서의 성격을 더 강하게 띤다.

학생들 간의 대화적 공유를 위한 기초활동으로 교사는 학생들이 자신의 관심사에 초점화된 활동을 자유롭고 적극적으로 이어가도록 유지시켜 주어야 한다. 왜냐하면 학생들이 자신의 흥미에 기초해 앎, 실천, 이야기, 의미를 창조해 갈 때 학습의 결과를 다른 사람들과 적극적으로 표현하고, 나누고, 공유하고 싶은 의지가 생기기 때문이다. 이 과정에서 교사는 학생들의 활동에 적극적인 관심과 체계적인 피드백을 제공해 주어야 하는데, 그러한 관심과 피드백은 지시나 교정이 아니라 중립적인 입장에서 그들의 자발적 탐구를 촉진하는 것이어야 한다. 이를 위해 교사는 질문하기 → 공감하기 → 스스로 문제 해결하기 → 지지하기로 이어지는 대화적 공유를 잘 수행해야 한다. 발달적으로 볼 때, 초등학생들은 특히나 권위자의 인정과 수용 그리고 구체적 피드백이 그들의 능동적인 학습에 중요한 역할을 한다. 따라서 교사는 그들의 작품, 활동에 대한 피드백, 칭찬, 소개, 전시, 질문 등의 피드백을 체계적으로 실시해야 한다.

학생들 상호 간의 대화적 공유를 위해서 교사가 할 수 있는 중요한 역할들을 정리하면 다음과 같다.

① 모든 학생들의 작품은 게시하고, 그들이 서로의 작품을 감상하고 포스트잇이나 패들릿으로 피드백을 주고받는 기회를 충분히 준다.

② 짝활동 · 모둠활동의 강화, 표현 및 전시 공간 확보, 제재와 관련된 정보 링크 공유, 식물 기르기 코너 활용, 표현활동 코너 활용, 토론 및 토의 활동의 강화를 통해 학생들의 물리적, 문화적 공간을 대화적으로 구성한다.

③ 포트폴리오 돌려읽기, 즉석전시회, 공감 및 피드백 코너, 우리 반 우체통, 우리 반 DJ 사연 코너, 패들릿 전시회, 학급신문 만들기 등 학생들에게 자신의 학습 과정과 결과를 짝, 모둠, 전체 학습 상황에서 정기적으로 공유하는 기회를 제공한다.

④ 학습 결과물, 친구나 선생님으로부터 받은 포스트잇 피드백을 포트폴리오에 누가적으로 정리하고, 그것들을 수시로 만나고 공유하면서 자신과 친구의 성장 과정을 확인하게 한다.

5) 지식-태도-실천의 융합적 학습

모든 학습은 앎과 실천이 분리되지 않고 통합적인 방식으로 체험되도록 학습활동을 조직하는 것이 중요하다. 앎이 실천보다 앞선다는 주지주의 중심 교육은 타당성 있는 객관적 지식 체계가 외부에서 학생에게로 인식되어야 한다는 관점을 가정하는 교육 이념으로, 이러한 관점은 초등학생의 발달적 특성을 충분히 고려하지 못한 데서 비롯된 교육방법이다. 앞에서도 지적했듯이 아직 문어적(文語的) 조작 능력이 충분하지 않고 오감과 움직임을 활용한 학습을 전개하는 초등학생들은 추상적이거나 탈맥락적으로 학습을 전개하는 것이 아니라 체험적이고 구체적인 신체활동을 수행하는 가운데 귀납적으로 앎을 추상화해야 바람직하다.

메를로-퐁티(Merleau-Ponty, 1945)는 몸은 의식의 외부 대상이 아니라 몸을 통해서 외부 대상은 의식으로 주어진다고 말하면서, 인간 주체는 이미 몸-주체(body-subject)임을 강조한다. 우리는 신체를 통해서만 느끼고, 가치를 부여하고, 미적으로 반응하고, 사고를 수행할 수 있는 존재이다. 코넬리와 클랜디닌 역시 "무언가를 안다는 것은 무언가를 느끼는 것이며, 무언가에 가치를 부여하는 것이며, 미적으로 반응하는 것"이라고 말하면서 감성, 가치, 미적 차원이 통합적으로 앎을 형성한다는 것을 지적한다(Connelly & Clandinin, 1988: 26). 살(flesh)은 미적, 정서적, 가치적, 감정적, 이성적, 예술적, 실천적 차원의 인식을 분리할 수 없는 융합적 실체로 자신의 몸에 누비고 살게 한다. 하지만 지금까지 학교에서의 교육은 지식(인지)이 먼저 생성되고 실천(몸)은 그 지식에 의해 주관되어야 하는 종속적 개념으로 흔히 인식되어 왔다. 특히나 온전한 문어적(文語的), 추상적, 형식적 조작 활동에서 한계를 가지고 있는 초등학생의 경우, 앎이 적극적인 신체적 활동 과정에서 형성되도록 학습활동을 구조화하는 것이 중요하다. 이를 위해서는 학생의 실생활, 체험성, 몰입에 기반한 자기동기화가 학습에서 반드시 전제되어야 한다.

학생이 자신의 목적과 의미를 형성하기 위해서 수행하는 모든 활동은, 그것이 인지든, 정서든, 의지든, 행동이든 간에 상관없이, 자신의 의도성에 기반한 행동이며, 의도성을 가지고 이루어지는 모든 활동은 실천성의 의미와 가치를 이미 내재하고 있다. 예를 들어 '안전한 우리 마을 만들기' 단원 교육과정 구성에서 학생들이 안전하지 못한 장소를 직접 찾아 안전한 곳으로 재구성하는 활동들 모두가 태도는 물론 실천의 의미를 내재한 활동이 된다. 따라서 학생들이 생활 속에서 각자가 몰입한 학습 소재를 선택하게 하는 수업은 그들이 목적성에 근거하여 학습을 전개하도록 함으로써 지식, 태도, 실천의 영역들이 분리되지 않고 융합되도록 하는 기초적 조건이 된다.

삶 중심 수업에서 지식 → 태도 → 실천이라는 주지주의적 학습 흐름도는 더 이상 적용될 수 없다. 따라서 삶 중심 수업에서 교사는 사전, 사후에 학생들의 지식, 태도, 실천의 영역별 성취 기준이나 수준에 대한 종합적인 평가는 나누어서 할 수 있겠지만, 각 영역별로 차시를 분절해 수업 목표나 내용을 계획하거나 수행해서는 곤란하다. 오히려 교사는 학생들이 구성한 지식이 1) 자신의 관심사와 체험에서 발현해 나가고 있는지, 2) 미적, 가치적, 감정적, 이성적, 실천적, 예술적 차원이 융합되어 형성되고 있는지, 3) 자신의 삶과 정체성을 친구들과의 소통 속에서 의미 있게 구현하고 있는지, 4) 자신이 살아가는 교실, 가정, 또래 문화에 자기 생명성을 누벼내고 있는지 잘 모니터링해 나가는 것이 중요하다.

교육자가 교육을 수행함에 있어서 실천의 문제를 어떻게 이해하고 접근해야 할 것인가? 학생들에게 외부적 지식을 일방적으로 부과하고, 그 지식을 학생들이 내면화하고 실천하도록 유도하는 전통적 교육방법은 학생들의 바람직한 실천을 담보하지 못한다. 교사는 지식 → 태도 → 실천의 도식이 아니라 자기동기화의 체험을 바탕으로 학생들이 초기부터 자신의 수업활동을 스스로의 힘으로 소재화, 문제화, 목적화, 계획화, 활동화, 해석화, 정리화, 전이화하도록 도움으로써 그들이 전개하는 모든 학습의 과정과 결과가 실천성의 의미를 자연스럽게 가질 수 있도록 학습을 구조화해야 한다.

6) 이해 → 교수로 이어지는 사중평가

교사의 사중평가는 차시별로 진행되는 학생들의 학습 과정과 결과를 분석하면서 개별적, 전체적 수준에서 다음 학습활동을 계획, 절충, 조직할 때 활용된다. 이 과정에서 교사는 면접, 관찰, 표현물 해석을 적극적으로 활용해야 한다. 수업에서 이루어진 활동, 발문, 발표 등의 양상을 이해하기 위해서 교사는 수업을 녹취(혹은 녹화)하고, 대화록과 관찰일지를 작성하고, 그 내용을 분석하는 것이 바람직하다.

사중평가의 유형은 수업 중 평가와 수업 후 평가로 나뉜다. 수업 중 평가의 경우, 교사는 수업 중에 학생의 말과 행동, 작품이나 활동지 등을 면밀히 관찰하고 질문하면서 수업의 과정에서 생성되는 학습의 발전과 개인차를 파악한다. 교사는 관찰, 면접, 표현물 해석을 통해 학생들이 본 활동에서 자신의 학습을 어떻게 수행하고 있는지 확인하면서 그들이 본 활동을 지혜롭게 마무리하고 자율적으로 다음 학습으로 옮겨 갈 수 있도록 도와주어야 한다.

수업 후 평가는 수업 후에 학생들이 본 수업을 통해 어떻게 학습을 수행했는지, 교사인 나는 수업을 어떻게 수행했는지에 대해 종합적으로 이해하기 위한 평가활동이다. 이때 교사는 수업이 끝난 후 학생들이 생성한 표현물들을 일괄 수거하여 개별 분석을 실시한다. 표현물 분석의 일반적 절차는 1) 학생들의 표현물들을 선입관 없이 몇 번 읽으면서 그들의 변화 양상이나 주제들을 찾고, 2) 그 과정에서 비교 분석을 위한 분석 기준들을 생성하고, 3) 그 기준들을 근거로 각 표현물들의 특성, 주제, 패턴을 정리하고, 4) 추가적으로 질문할 내용들을 정리하고, 5) 추가 질문을 통해 각 표현물의 의미를 정리한다. 이를 위해 교사는 수업 녹취 및 녹화 자료, 관찰기록지, 대화록 등을 함께 활용하여 평가한다.

아래는 '안전한 우리 마을 만들기' 단원의 2차시 수업인 우리 마을의 위험한 곳, 그리고 그림지도에 붙이기 활동을 하고 난 후 교사가 학생들의 표현물을 수거한 후 간단한 면접을 통해 학생이 표현물을 통해 표현하려고 한 의도를 파악하는 9명의 사례이다. 표현물을 분석할 때 교사는 학생들의 표현물을 곧바로 분석하지 말고 별다른 선입관 없이 서너 번 쭉 읽으면서 전체적인 특징, 주제, 범주, 패턴을 찾는 것이 좋다. 이것은 우리가 흩어진 퍼즐들을 맞출 때 처음부터 하나의 퍼즐을 상세하게 분석하지 않고 퍼즐들의 전체적인 색, 선, 모양, 농도, 패턴이 무엇인지 찾아보는 것과 비슷하다. 다음으로 교사는 학생의 표현물에서 궁금한 점, 잘 이해되지 않는 점, 본 제재의 성취기준을 충족하고 있는지에 대해 질문할 것들을 작은 포스트잇에 적어 개별 면접을 수행해야 한다. 즉 교사는 1) 모든 학생의 표현물들을 '새의 눈'으로 몇 번 훑어본 후 표현물의 특징, 주제, 범주, 패턴을 찾고, 2) 그 분석 기준에 근거해 학생들이 어떤 마음과 생각을 표현물에 담았는지를 분석하고, 3) 불확실하거나 궁금한 점에 대한 질문을 적고, 4) 면접을 통해 문제를 해결하고, 5) 개별, 모둠별, 전체적인 측면에서 학생들의 지식, 태도, 실천 양상을 코딩, 분석, 종합한다.

아래의 면접자료는 학생들이 저마다 마을의 위험한 곳을 조사하여 찾아온 것을 작은 그림으로 표현하고 그것을 친구들에게 소개하면서 마을 그림지도에 붙이는 2차시 수업활동 후에 교사가 수행한 면접 내용이다.[3]

학생 1

교사: 왜 얼굴을 2개로 그렸니?

학생: 횡단보도 신호등이 없어서 손을 좌우로 돌리는 것처럼 얼굴도

3 28명의 학생의 모든 면접자료를 싣기에는 양이 너무 많아서 본 글에서는 9명의 학생과의 수행평가 면접자료만 예시로 제시한다.

좌우를 돌리는 것을 표현했어요. 그림을 자세히 표현하려고요.

교사: 왜 자세히 표현하려고 했는데?

학생: 좌우를 살피는 거예요.

<u>학생 2</u>

교사: 이 사람은 누구니? 옷이 이상하네?

학생: 태권도 복을 입고 있어요.

교사: 무엇을 하는 모습인지 설명해 줄래?

학생: 태권도를 마치고 골목길을 지나 집에 오다가 오토바이가 가는데 친구가 말해줘서 안전하게 갔어요.

교사: 친구는 어디 있니?

학생: 저 옆에 있어요.

<u>학생 3</u>

교사: 그림 내용을 설명해 줄래?

학생: 5단지 저 위에 횡단보도에서 1학년 때 가족들이랑 같이 산책하다가 길에 스프레이 그림이 있길래 아빠에게 물어보니까, 여기 사고가 났다고 했어요. 스프레이 뿌린 모양이 저렇게 보였어요. 동그랗게(둥근 얼굴, 사람 모양)

교사: 이 그림을 그릴 때 어떤 생각이 들었니?

학생: 앞으로는 위험한 곳에 가지 않아야겠다는 생각이 들었어요. 사고가 날 수 있으니까요.

<u>학생 4</u>

학생: 우리 아파트 마을 뒷문 인도에서 울퉁불퉁한 땅에 걸려서 넘어져 피가 나서 이마를 꿰맨 거예요.

교사: '탁' 은 무엇이니?

학생: '탁' 하는 것은 걸려 넘어질 때 나는 소리예요.

교사: 인도에서도 조심해야겠네.

학생: 예.

<u>학생 5</u>

학생: 우리 학교 공사장에 위험한데 아이들이 일부러 들어가는 거예요.

교사: '위험' 글자를 왜 저렇게 많이 썼니?

학생: 크게 위험하니까요.

교사: 위험하니까 어떻게 말하려고 했니?

학생: 들어가지 말라고요.

<u>학생 6</u>

학생: 신호등이 있는 횡단보도에서 무단횡단 하는 거예요.

교사: 자세히 설명해 줄래?

학생: 건너다가 차가 와서 부딪힐 뻔한 이야기예요.

교사: 아이의 입을 왜 저렇게 그렸니?

학생: 놀라서 쫙 벌려진 거예요.

교사: '갸아악'은 누가 하는 소리니?

학생: 아이가요.

<u>학생 7</u>

학생: 공사하기 전의 우리 학교 놀이터예요. 7살 때 어떤 애가 안 떨어지게 하는 데 목이 걸려서요.

교사: 안 떨어지게 하는 것은 뭔데?

학생: 철 같은 것이 안 떨어지게 붙인 것이에요.(건물 외벽에 설치하는 비계를 말함)

학생 8

교사: 아파트 주차장이니?

학생: 사람이 가다가 차가 오는 거예요.

교사: 사람은 왜 저렇게 표현했니?

학생: 뛰어가는 거예요. 상상한 거예요.

학생 9

학생: 횡단보도에서 여자아이들이 아주 살짝 다쳐서 피가 났어요. 아는 사람[우리 집에 있는 사람]한테 전화해서….

교사: 누가 전화하니?

학생: 제가요. 그래서 왔어요.

(표현물 해석 및 추가 면접, 2012, 가을)

이 노작 및 발표 활동을 하면서 학생들은 우리 마을의 위험한 장소 28곳을 알게 되고, 그곳이 왜 위험한지, 어떻게 그곳에서 안전하게 생활할 수 있는지도 자연스럽게 배우게 되었다. 학생들은 이 중에서도 특히 스프레이 그림을 그린 곳이 어딘지 매우 궁금해하며, 그곳이 어디에 있는지에 대해 서로 묻고 확인하는 말을 오랫동안 주고받았다. 또한 공사장 주변이 어떻게 위험한지, 오토바이가 어떻게 위험한지, 사고가 났을 때는 어디로 전화를 해야 하는지, 인도의 작은 돌출 부위가 왜 위험한지, 그리고 아파트 주차장 안에서도 위험한 곳이 어디인지 적극적으로 찾아 안전하게 대처하는 방법들을 공유하였다. 만약 교사가 이 수업을 '횡단보도 안전하게 건너기' 등 두세 개의 학습활동만 수행한다면, 학생들은 이처럼 우리 마을의 많은 위험한 장소들을 알고 안전한 생활을 할 수 있는 방법을 학습하지는 못할 것이다.

2차시 수업의 마지막에 우리는 학생들과 반 전체 28명의 아이들이 '위험하다고 생각한 곳', '사고가 난 곳', '사고가 날 뻔한 곳'을 분류해 보았는데, 학생들은 아래와 같이 성공적으로 체계적인 분류작업을 수행하였다.

① 신호등이 없는 횡단보도: 12
② 신호등이 있는 횡단보도: 4
③ 주차장: 2
④ 지하주차장: 1
⑤ 놀이터: 2
⑥ 공사장 주변: 2
⑦ 골목: 1
⑧ 인도: 2
⑨ 차도: 1
⑩ 엘리베이터: 1

(우리 마을의 위험한 곳, 2012, 가을)

구체적 조작기에 속하는 초등학교 저학년 학생들은 흥미로운 구체적 노작활동을 충분히 체험한 이후 반성적, 추상적, 개념적 활동으로 연결할 경우, 매우 논리적이고, 체계적인 사고를 전개할 수 있다. 또한 그들이 구성한 지식에는 태도와 실천이 융합적으로 내재되어 있는 것이 특징적이다.

아래는 '교통안전' 단원의 3차시 역할극을 한 뒤 "이 활동을 하고 난 후 새롭게 배운 점이나 소감을 3줄 이상 적어보세요."라는 개방형 설문 문항에 답한 9명의 사례이다. 역할극은 따로 대본을 쓰지 않을 경우, 그림, 글, 학습지와 달리 수업 후에 학생들의 표현물이 남지 않는다. 이런 경우 교사는 수업시간 끝에 개방형 설문을 작성하게 한 다음, 그 작성 결과를 읽으면서 코딩작업을 수행하고, 필요한 경우 추가 면접을 통해 본 차시에서 학생들이 구성한 학습 경험과 자신의 교수 행위에 대한 평가를 할 수 있다. 아래는 학생들의 응답 중 반복되거나 중요한 어구들을 정리해서 범주화한 코딩 결과인데, 그것들은 1) *재미남*, 2) 실감남, 3) **실천의지**, 4) '자신감', 5) 갈등(짜증, 지겨움, 속상함, 다툼), 6) '모둠장 역할'의 여섯 가지이다.

학생 1

선생님, 역할극을 하니 *재밋고(재밌고)* 실감났어요. 그런데 모둠 친구들이 딴짓을 해서 짜증나고 지겨웠어요. 저는 무단횡단을 **겁이 나서 안 했어요**. 역할극을 해 보니 나는 앞으로 **좌우를 살피면서 건너기로 약속했어요**. 우리 수업 항상 *재밋어요[재밌어요]*.

학생 2

선생님, 역할놀이를 하니까 너무너무 *재밌어요*. 근데 ○○○이 자꾸 장난을 피워서 속상했어요. 그래도 친구들이 역할놀이를 *재밌고 웃기게 해서 기분이 좋아졌어요*. 제가 역할놀이를 할 때 떨렸지만 *재밌었어요*. 저는 무대에 나와서 역할하는 걸 좀 부끄러워했는데 역할놀이를 자주 하니까 '덜 부끄러워요'. 이제부터 역할놀이를 많이 하고 싶어요. 저는 역할놀이처럼 **꼭 신호등을 살피고 신호등을 건널 거예요**.

학생 3

역할극 이야기를 하고 나니…

선생님 역할극을 하고 나니 *너무나 재미있었어요*. 그런데 끔찍한 게 있었어요. 뭐냐면요. 차에 치이는 거요.

차에 치이니깐 너무나 너무나 끔찍하였어요.~~ 그래도 역할놀이를 해보니 *너무나 재미있어요*. 선생님.

학생 4

선생님 맨 처음 대본을 짜고 연습을 하는데 자꾸 나무역할인 ○○○이 발로 차서 기분이 나빠서 맨 마지막에 했어요. ◇◇◇이가 '컷 NG!' 처럼 살짝 때렸는데 □□□이는 죄도 없는데 때려서 불쌍했고 배우가 이렇게 힘든 줄 몰랐어요.

학생 5

선생님 저는 역할극 할 때 신호등을 했어요. 그리고 저는 불빛 색깔 바꾸는 것밖에 없었는데 이런 생각이 났어요. **저는 초록불이 되면 3초 후에 출발할 거예요.** 그리고 **횡단보도 건널 때 옆을 꼭 보고 건널 거예요.** 그리고 선생님 사랑해요. ○○올림

학생 6

선생님, 저 역할극을 할 때 1인 2역을 해서 힘들었어요. 그리고 '끽~' 소리를 냈을 때 무지무지 부끄러웠어요.

너무 쉽게 끝나서 너무 안타까워요.

학생 7

선생님 저는 오늘 역할놀이를 해서 *재미있었어요.* 오늘 역할 하느라 답답하고 죽을 것 같았어요. 그래도 *재미있었어요.* 저가 역할 할 때 개주[달리기 계주]하다가 질 것 같아서 신호등이 없는 횡단보도에서 뛰었던 게 실감나요. 저는 이제부터 **신호등이 없는 횡단보도에서 뛰지 않고 무단횡단을 않할께요[안 할게요].**

학생 8

선생님 우리가 역할극 잘했다고 칭찬한 거 정말 고마웠어요. 그리고

우리 모둠이 잘한 이유는 '모둠장이 우리의 생각을 넣어 더 재미있게 해 주었기 때문이에요'. 꼭 우리 모둠만 잘한 것은 아니고 다른 모둠도 너무너무 잘했어요. 앞으로는 조금 남은 시간을 더 *재미있게* 보내요. 그대[그때] 동안 더 열심히 공부하도록 노력할게요.

학생 9

선생님, 공부를 하면서 역할극을 하였잖아요. 연습할 때 ○○○이 너무 촐랑거렸어요. 그래서 좀 망쳤어요. 하지만 역할극 할 때는 않이였어요[아니었어요]. ○○○이가 잘해서 기분도 좋아졌고요. 공부할 때 제발 제발 역할극 넣어주세요. 앞으로도 많이 역할극 하고 싶어요.

위 학생들의 응답들을 6개의 범주로 코딩해서 정리해 보면 다음과 같다. 우선, 1) 재미남의 경우, 6명의 학생이 명시적으로 재미있다고 언급하고 있다. 나머지 3명의 학생들은 '재미있다'는 직접적인 언급은 없지만, 재미있었는지를 묻는 추가 질문을 해 본 결과 모두 긍정적인 응답을 해 주었다(면접, 2012, 가을). 2) 실감남의 경우, 6명의 학생들이 명시적으로 실감난다고 언급하고 있다. 나머지 3명의 학생들은 '실감난다'는 직접적인 언급은 없지만, 실감났는지를 묻는 추가 질문을 해 본 결과 역시 모두 긍정적인 응답을 해 주었다(면접, 2012, 가을), 3) 실천의지의 경우, 4명의 학생들이 명시적으로 실천의지를 보여주고 있다. 개방형 설문과 추가 면접을 바탕으로 앞에서의 재미남, 실감남, 실천의지의 인과관계를 정리해 보면 다음과 같다. 학생들에게 역할극은 실제 상황은 아니지만 실제 상황처럼 절실하게 체험하게 함으로써 그 학습 상황을 재미있게 느끼고, 따라서 학생들이 안전한 생활을 구현하고자 하는 실천의지를 내재화하는 역동이 체화된다고 볼 수 있다. 4) 실감남의 경우, 학생들은 자신의 마음을 안전하게 표현하는 역할극 상황에서 자기표현을 자유롭게 수행하다 보니 자신감을 가지게 되는 태도를 가지게 된다고 볼 수 있다.

한편 5) 갈등(짜증, 지겨움, 속상함, 다툼)의 경우, 학생들은 역할극 소재의 선택, 배역 선정, 대사 및 행동의 분량과 선호도, 연습의 양과 방법 등의 문제를 협의하고 절충하는 과정에서 다양한 갈등(짜증, 지겨움, 속상함, 다툼 등)을 경험한다는 것을 알 수 있다. 그런데 학생들의 이러한 갈등 경험은 부정적으로 볼 필요는 없다. 여러 사람들이 어울려 살아가는 인간사에는 항상 삶의 문제가 발생하기 마련이고, 중요한 것은 이런 문제들을 이해와 대화로 해결해 나가는 과정이다. 여기서 8번 학생의 응답에서 한 가지 흥미로운 점이 발견되는데, 그것은 학생들이 역할극을 준비하는 과정에서 생긴 다양한 문제들을 해결하는 중요한 방법 중 하나가 바로 6) 모둠장 역할이라는 점이다. 8번 학생이 속한 모둠의 모둠장은 모둠원들의 아이디어를 잘 반영하여 배역을 정하고, 그 배역에 알맞은 대사와 행동을 균형감 있게 대본에 반영한 것이다. 여기서 교사는 모둠장 훈련을 잘 활용하면 학생들이 질서 있고 흥미로운 역할극 활동을 수행하도록 도울 수 있다는 것을 알 수 있다. 그 구체적인 방법들은 모둠장 회의를 정기적으로 실시하여 그들이 역할극을 재미있고 질서 있게 수행할 수 있는 아이디어들을 함께 찾고, 모둠원들이 각자의 흥미를 반영할 수 있는 배역을 균형감 있게 선정하고, 공정하면서도 흥미롭게 대사와 행동을 구성하는 방법을 찾고, 역할극 발표회라는 공동의 목적을 내면화하는 과정에서 서로 협력하고 배려하면서 연습을 수행하도록 돕고, 역할극을 마치고 나면 다시 모둠장 회의를 통해 각자의 반성과 의견을 수렴하는 것을 들 수 있다.

표현물 해석, 면접, 관찰, 개방형 설문 등 일련의 사중평가를 통해 교사는 1) 개별적 수준에서 학생들의 학습 발달을 추적하고 지원할 수 있을 뿐만 아니라, 2) 어떻게 학생들이 자신의 흥미를 목적화하면서 자율적인 학습을 전개하도록 지원할 수 있는지, 3) 다음 차시의 학습활동은 어떻게 계획하는 것이 바람직한지, 4) 어떻게 학생들과 다음 학습활동을 절충할 것인지, 5) 짝, 모둠, 전체 수준에서 교사의 단원 구성 활동을 학생들이 어떻게 체험하는지, 6) 자신이 수행한 교수 방법이 효과적이거나 의미가 있는지, 혹은 수정하거나 보완해야 할 부분은 어디인지에 대한 아이디어들을 얻을 수 있다. 사중평가의 과정에서 교사는 학생들로부터 단지 정보를 얻는 것이 아니라 자신이 발견한 사실, 견해, 의문 등을 그들과 적극적으로 공유해야 하는데, 그 이유는 학생들이 자기대화, 타자대화를 통해 자신의 학습을 자기주도적 학습과 협력학습으로 이어갈 수 있는 기회를 제공해 주기 위함이다.

4. 정리 단계

1) 전시회, 발표회, 공연회를 통한 개념화

삶 중심 수업을 정리할 때에는 전시회, 발표회, 공연회를 비롯하여 신문 만들기, 드라마, 전문가 면접, 버스킹 등 학생들에게 흥미로운 정리활동을 활용할 수 있다. 학생들이 정리활동을 자신이 꼭 참여하고 싶은 활동으로 동기화할 경우, 전개 단계에서의 참여도는 매우 높아진다. '안전한 우리 마을 만들기' 단원의 정리활동으로 고안한 것은 전시회를 통한 개념화 활동이다. 전시회를 통해 그동안 자신이 배운 것을 친구들과 나누는 시간으로 개별의 관심사와 목적을 공동의 관심사와 목적으로 형성하게 돕는 매우 흥미롭고 유용한 학습 방법이다. 자신이 그동안 배운 것을 친구들에게 소개하는 것, 친구들이 그동안 학습한 것을 감상하는 것은 그 자체만으로도 가슴 벅찬 감동의 체험이 된다. 이 전시회 공간에서 학생들은 서로의 삶, 마음, 생각을 생명적으로 붙들고 붙들리면서 공유적 존재 풍경으로 자기 삶의 의미를 누벼낸다.

'안전한 우리 마을 만들기' 단원에서 학생들은 작품의 창작, 전시, 감상을 위해서 그동안 스케치북 포트폴리오에 누가해 온 모든 학습 결과들을 다시 돌아보면서 자신이 학습의 과정을 하나의 자기 이야기로 정리하였다. 그 예로 학생들은 우리 마을에서 안전하게 생활할 수 있는 다양한 내용을 자신이 원하는 매체를 통해 홍보물로 창작하여 전시회를 열었다. 자신의 전체 학습 과정을 마무리하는 이 시점에서도 학생들의 자기 동기화는 지속적으로 유지되어야 한다. 이를 위해서 박세원과 한정희(2011)는 학생 스스로가 홍보 대상을 정하고, 홍보물에 담길 내용 및 창작 방법 또한 다양하게 선택할 수 있도록 학습을 구조화하였다. 표현물 창작 과정에서 학생들은 자신이 배운 것을 바탕으로 다른 사람에게 안전한 생활과 생명의 소중함을 적극적으로 알리기 위해서 그동안 자신이 학습한 전 과정을 다시 살펴보게 되고, 자신의 홍보활동에 부족한 점을 발견하면 학급 친구들과 담임교사에게 홍보 아이디어를 적극적으로 구하게 된다. 전시회 당일에 학생들은 다른 친구의 작품을 감상하면서 자신은 물론 다른 학생들이 이 단원을 통해 밟아 온 학습 과정을 자연스럽게 관찰하게 되는데, 이 과정에서 그들은 본 제재에 대한 지식, 태도, 실천 의지의 폭과 깊이를 더하고 세련화할 수 있게 된다. 아울러 '안전한 생활' 홍보활동과 같은 참여적 실천을 통해서 학생들은 보다 성숙하고 참여적인 실천적 지식을 갖출 수 있다.

학생들은 안전한 생활에 관한 홍보활동을 실시한 후, 한 자리에 모여서 단원을 정리하면 좋다. 이때 학생들은 자신이 그동안 모아 두었던 학습 결과물과 각종 사진 및 피드백 자료를 가지고 학급에서 함께 공유한다. 이 공유의 자리는 그동안의 학습을 통해 자신은 무엇을 새롭게 알게 되었는지, 친구들에게서 배운 점은 무엇인지, 내 생각과 생활에 일어난 변화는 무엇인지, 또 앞으로 어떻게 안전한 생활을 내 생활 속에서 실천할 것인지를 공유한다. 친구들의 다양한 이야기와 의미들을 공유하면서 학생들은 더욱 다양하고 폭넓은 지식, 태도, 실천, 의미들을 개념화할 수 있을 뿐만 아니라 서로의 삶을 더욱 이해, 수용, 지지하는 학급문화를 형성할 수 있다.

5. 평가 단계

1) 제재 이해 정도에 대한 사후평가(지식+태도+기능) 사후설문+사중평가+학생별 포트폴리오+면접

삶 중심 수업 구성에서 평가는 단계별로는 사전평가, 사중평가, 사후평가로 나눌 수 있으며, 행위당사자별로는 학생들의 자기평가와 동료평가, 교사의 학생평가와 자기평가로 나눌 수 있다(박세원 외, 2024). 하지만 단계별 평가와 행위당사자별 평가는 각기 독립적인 평가로 이루어지기보다는 시간별로 진행되는 교사의 학생 관찰 및 대화가 자연스럽게 1) 교사의 자기 관찰 및 대화, 2) 학생의 자기 관찰 및 대화, 3) 학생의 동료 관찰 및 대화로 연결되는 형식을 띠는 것이 바람직하다. 왜냐하면 삶 중심 수업에서 평가의 성격은 학생들이 교사가 의도하는 기준에 도달하였는가에 대한 점검의 성격보다는 교사, 학생 모두가 타자대화, 자기대화를 통해 서로의 삶을 만나고, 이해하고, 수용하고, 지지해 나가면서 공유적 삶을 일구어 나가는 존재 구성 방법론의 성격이 강하기 때문이다. 이러한 삶 중심교육의 평가 성격을 반영하여 초등학교 학생들에 대한 교사의 바람직한 사후평가 방법을 서술하면 다음과 같다.

사후평가는 단원 수업이 끝난 후 1) 그동안 이루어진 학생들의 학습이 최종적으로 어떤 의미나 양상으로 형성되었는지, 2) 교사 자신의 교수활동은 학생들의 삶에 어떤 의미나 효과가 있었는지 알아보기 위해 이루어지는 평가이다. 본 연구에서 우리가 최종평가로 작성한 설문 문항들은 다음과 같다.

① '안전'하게 생활해야 하는 이유를 아는 대로 적어봅시다.「사전, 사후」

② 내가 '안전'하게 생활하는 모습을 친구들에게 소개해 주세요.「사전, 사후」

③ '안전한 생활'이라고 하면 생각나는 말을 아는 대로 적어봅시다.「사전, 사후」

④-1. 안전한 생활을 하는 데 가장 도움이 된 활동은 무엇입니까?「사후」

㉮ 우리마을에서 위험한 곳 찾기

㉯ 위함한 곳 그림 그리고 그림지도에 붙이기

㉰ '위험한 곳 바꾸기' 역할놀이

㉱ 우리마을에서 안전하게 생활하는 방법 알리기

④-2. 이 활동이 안전한 생활을 하는 데 도움이 되었다면, 그 이유가 무엇인가요?「사후」

⑤ 이 수업을 하고 난 후 내 생활과 생각에 일어난 변화를 적어보세요.「사후」

⑥ 이 수업으로 나는 안전한 생활이 무엇인지 알게 되었다(지식).「사후」

매우 긍정( ) 긍정( ) 보통( ) 부정( ) 매우 부정( )

⑦ 이 수업으로 나는 안전하게 생활하는 데 관심을 가지게 되었다(태도).「사후」

매우 긍정( ) 긍정( ) 보통( ) 부정( ) 매우 부정( )

⑧ 이 수업으로 나는 안전한 생활을 실천하게 되었다(실천).「사후」

매우 긍정( ) 긍정( ) 보통( ) 부정( ) 매우 부정( )

⑨ 이 수업은 내가 안전한 생활을 하는 데 도움이 되었다(효과성).「사후」

매우 긍정( ) 긍정( ) 보통( ) 부정( ) 매우 부정( )

문항 ①은 안전한 생활에 대한 태도를, 문항 ②는 안전한 생활에 대한 실천을, 문항 ③은 안전한 생활에 대한 지식을 조사하는 문항이다. 문항 ④-1은 교사의 교수활동 중 어떤 활동이 가장 학생들에게 효과적이거나 의미 있게 인식되고 있는지를 묻는 문항이며, 문항 ④-2는 문항 ④-1에서 해당 항목을 선택한 이유를 묻는 문항이다. 이들 두 문항은 교사가 자신이 수행한 교수활동에 대한 의미와 효과를 학생의 입장에서 알아보기 위한 문항인데, 학생들의 응답에 기초해 추가 면접을 실시하면 더 온전하고 깊은 이해를 얻을 수 있다. 이 두 문항에서 얻어진 이해를 기초로 교사는 다음 단원 구성에 대한 아이디어를 얻을 수 있다. 문항 ⑤는 단원 학습활동이 실제 학생들에게 어떤 이해와 변화를 수반하였는지를 그들의 관점에서 알아보는 활동이다. 학생의 관점에서 수업을 평가하는 시도를 하지 않는다면, 교사는 자신의 교수활동이 학생들에게 어떤 영향을 미쳤는지 객관적으로 알 수 없다. 문항 ⑤에 대한 학생들의 응답과 추가 면접을 통해서 교사는 학생들의 지식, 태도, 실천에 일어난 실제 변화를 정확하게 인지할 수 있으며, 그 분석 결과를 통해 교사는 앞으로의 단원 수업 구성에 대한 아이디어를 찾을 수 있다.

문항 ⑥, ⑦, ⑧, ⑨는 모두 양적 설문인데, 이 문항들은 본 제재에 대한 학생들의 지식, 태도, 실천의 변화를 객관적으로 알아보기 위한 것이다. 세부적으로, 문항 ⑥은 지식의 변화 정도를, 문항 ⑦은 태도의 변화 정도를, 문항 ⑧은 실천의 변화 정도를, 문항 ⑨는 단원의 전반적인 목표가 학생들에게 얼마나 구현되었는지에 대한 효과성을 알아보는 문항이다. 필자는 20여 년에 걸쳐 12차례 삶 중심 교과교육과정 연구를 수행하였는데, 초기의 현장연구에서 실천 정도를 묻는 문항 ⑧에 대한 학생들의 응답 평균(5점 만점 기준)은 3.71로, 대체로 문항 ⑥, 문항 ⑦에 비해 긍정지수가 한 척도 낮아지는 것이 일반적이었다. 그러나 본 설문에서는 문항 ⑧의 응답 평균이 4.73으로 문항 ⑥, 문항 ⑦과 함께 매우 높게 나타났다. 이 연구에서 실천성의 향상이 크게 두드러진 이유는 학생들이 자신이 생각하는 마을의 위험한 곳을 개별적으로 선정하고, 그곳을 안전하게 만드는 방법을 조사하고, 그들과 함께 한 이야기를 동료들과 함께 공유하고, 안전한 생활을 알리는 일련의 모든 학습 활동들이 처음부터 자신의 개별 관심사, 목적, 의미에 근거해 전개되었기 때문이다. 따라서 자신의 관심사, 목적, 의미에 근거해 수행하는 모든 학습활동은, 그것이 어떤 형태이든 상관없이, 그 안에 이미 지식, 태도, 실천의 의미가 융합되어 학생들에게 인식된다는 것을 알 수 있다.

교사는 사후설문 결과에 대한 코딩, 분석을 수행하면서 본 제재에 대한 학생들의 지식, 태도, 실천의 변화 결과를 정리해야 한다. 그리고 교사는 1) 사후설문 결과를 사전설문과 상호 비교하면서 변화 양상을 정리, 해석하고, 2) 학생별 포트폴리오를 모두 읽으면서 개인별, 모둠별, 전체적 변화 양상을 분석, 정리하고, 3) 학생별 사후설문과 포트폴리오 분석에서 모호한 점과 궁금한 점을 유목화하여 질문지를 만들고, 4) 개별 및 집단 면접을 통해 학생들의 변화 결과를 정리하고, 5) 교사 자신의 변화 과정과 결과를 정리한다.

마지막으로 교사는 다음과 같은 탐구 문제들을 정리하면서 '안전한 우리 마을 만들기' 삶 중심 수업의 여정에 대한 자신의 교수학습 과정을 개념화할 수 있다.

① 우리는(학생들과 교사인 나는) '안전한 우리 마을 만들기' 삶 중심 수업을 어떻게 체험하였는가?

①-1 학생들은 '안전한 우리 마을 만들기' 삶 중심 수업을 어떻게 체험하였는가?

①-2 교사인 나는 '안전한 우리 마을 만들기' 삶 중심 수업을 어떻게 체험하였는가?

② '안전한 우리 마을 만들기' 삶 중심 수업은 어떤 것인가?

③ 교사는 '안전한 우리 마을 만들기' 삶 중심 수업을 어떻게 할 수 있는가?

교사는 또한 수업이나 교육활동과 관련하여 교사로서 자신의 정체성에 관한 자기 질문을 아래와 같이 자신에게 던지고 답하는 것도 좋다.

① 너는 왜 교육자의 길을 선택했니?

② 그동안 교육자로서 너의 삶은 어땠니?

③ 너는 앞으로 어떤 교육자로 살고 싶니?

Ⅷ. 공동체문화와 삶을 함께 일구는 교과교육의 길

4차산업혁명이 일어나면서 이 사회가 필요로 하는 지식의 성격, 형태, 내용 역시 본질적으로 바뀌어 나가고 있다. 1차산업혁명이 편리한 물건을 소규모로 만들어 내는 기술이라면, 2차산업혁명은 대규모의 자동화 설비를 바탕으로 물건이나 설비를 대량으로 생산하는 기술로의 변화였다. 3차산업혁명은 물건뿐만 아니라 지식, 정보, 통신을 하나의 상품화된 기술로 변화시켰다면, 4차산업혁명은 사물, 정보, 통신, 지식, 몸, 기계, 정체성이 융합적인 형태로 상품화된 기술이다. 이제 인간은 기계체와 생명체 사이의 삶의 경계가 전면적으로 허물어지고, 인간과 사물, 생명체와 기계체, 통신과 대화 사이의 뚜렷한 구분이 존재하지 않는 융합적(혹는 하이브리드적) 지평 속에서 삶을 영위해야 한다.

기술과 문명의 발전은 인간에게 편리함도 제공하지만, 이러한 융합적 존재성은 인간에게 새로운 도전과 해를 가져온다. 기술의 발명이나 문명의 발전은 긍정적인 측면도 있지만 부정적인 측면을 항상 동반하기 마련이다. 앞으로의 기술은 단지 내 몸 바깥 여기저기에 존재하는 기술이 아니라 몸, 오감, 뇌, 신경, 의식, 법, 환경, 언어, 생물학적 조건, 자율적 기계체 등과 융합적으로 존재하면서 더욱더 전면적이고, 세계적이고, 강력한 실체로 우리의 삶에 영향을 미칠 것이다. 그 기술의 실체와 정체를 만드는 것이 인간의 지식이라면, 과연 지식교육은 어떤 모습으로 우리 삶에 존재해야 할까? 지금처럼 학생들이 탈맥락적이고, 비생명적이고, 분절적이고, 시험문제풀이식

방식으로 지식을 습득하도록 놓아둘 수 있는가? 지식이란 것은 이미 우리의 정체를 있는 그대로 반영하기 때문에 우리는 지식이 학습되는 과정 역시 체험적이고, 발현적이고, 맥락적이고, 대화적인 실체로 변화시켜 나가야 한다.

지식이 위의 성격을 내재할 수 있으려면, 우리는 지식교육을 학습자의 삶과 문화 한가운데서 발현되고, 구성되고, 환류될 수 있는 실체로 존재할 수 있는 교과학습 공간을 학생들에게 만들어 주어야 한다. 듀이(1910)는 『How we think』라는 책의 결론 부분에서 인간의 사고는 무의식과 의식, 과정과 결과, 놀이와 일, 관찰과 상상, 지금과 과거, 개인과 사회를 융합적으로 소통할 수 있어야 한다고 지적하면서, "참된 의사소통은 접변(接變)을 내포한다"고 지적한다(1910: 224). 더 나아가 듀이는 "지성은 우리가 그것을 사용하고 그 결과에 대해 책임을 수용하는 정도에 따라 우리의 것이 된다"고 말한다(1922/2008: 217). 사고와 지성에 대한 듀이의 철학을 구현하는 핵심은 바로 학생의 붙들림에서 발현하는 학습, 자신의 관심사를 공동의 관심사로 형성해 나가는 학습, 교과 간의 구분보다는 교과-교과 간의 융합적 지식구성 학습, 자기대화와 타자대화를 통해 만들어 나가는 대화공동체 구성 학습이다. 그래서 교과학습 경험이 학습자의 삶과 정체성 구성 과정이 되고, 더 나아가 문화 창조의 과정이 될 수 있도록 우리는 교육과 수업의 조건을 재구축해야 한다. 그렇게 인간의 삶, 정체성, 문화의 융합적 형성 과정 속에서 일구어진 지식은 인간의 삶, 정체, 문화를 다시 생명적이고 대화적으로 일구어 나가는 정신이 될 것이다.

이 미션을 이루기 위해 학교는 학습자가 1) 자신의 삶과 문화 속에서 학습소재를 선택할 수 있는 수업, 2) 자신의 원과 재능을 지속적인 진로 활동으로 학습할 수 있는 수업, 3) 자신의 관심사를 공동의 관심사로 형성할 수 있는 단원 학습의 전개, 4) 학습의 과정과 결과를 발표회, 전시회, 면담회, 토론회 등 다양한 활동으로 소통할 수 있는 수업, 5) 다양한 교과활동을 융합해서 학습할 수 있는 수업, 6) 다양한 대화 활동을 통해 교실 공동체를 보살핌의 공간으로 창조할 수 있도록 수업의 모습을 재구성해야 한다.

이러한 교육 개혁의 중심에 서 있는 교육자가 바로 교사이다. 공교육자인 교사는 문서로서의 교육과정에 의거해 자신의 교육활동을 수행해야 할 의무를 가진다. 하지만 그 수행이 학생 각자의 삶과 자율적 성장을 억압하는 방식으로 전개된다면, 그것은 교육의 본질적 모습이라고 할 수 없다. 왜냐하면 학생의 삶이 문서로서의 교육과정을 위해 존재하는 것이 아니라 그 역이 되어야 마땅하기 때문이다. 따라서 교사가 학생의 삶에 대한 이해를 바탕으로 그들의 개별적, 집단적 성장을 도모하는 맥락적 교육과정 구성은 교육활동에서 필요충분조건이 된다. 교사가 국가 교육과정과 학생의 삶 사이를 조율하면서 이들 모두의 요구를 충족하는 교육과정 구성은 바로 교사 자율성과 전문성의 핵심적 근거가 된다. 듀이 역시 교사의 자율성과 전문성에 대한 중요성을 다음과 같이 지적한다.

> 아이들은 개별적인 존재로서 그들의 자유를 존중받아야 하지만, 아이들보다 성숙한 존재인 교사는 그러한 자유를 지니지 않는다고 보는 것은 너무나도 불합리해서 논박할 가치도 없는 생각이다. 학생들과 마찬가지로 교사도 한 사람의 성원으로 공동체에 참여하고 있다. 그럼에도 불구하고 그 공동체의 활동 방향을 모색하는 일과 관련하여 교사가 적극적이고 주도적인 역할을 하지 못하도록 막는 것은 하나의 극단을 피하려다가 그것과는 정반대의 극단에 빠져버리는 또 하나의 우를 범하는 것이다.
>
> (Dewey, 1938: 83)

하지만 현재 우리나라의 국가 교육과정은 대부분의 다른 선진국에서처럼 가이드라인 수준에서 제시되는 것이 아니라 반드시 수행해야 할 의무로 규정되어 있으며, 교과서의 존재는 그 자체로 교사가 단위 차시의 목표, 내용, 시간까지 의무적으로 수행하도록 만드는 불필요한 압박이 되고 있다. 또한 입시문화, 관료주의 문화는 물론 넘쳐나는 전시성 업무와 행사, 민원 문제로 인해 교사가 교육과정 구성을 맥락적이고 자율적으로 수행한다는 것은 현실적으로 어려운 실정이다. 교사가 교육과정 구성을 의미 있고 효율적으로 전개하기 위해서는 교육과정 구성에 대한 교사의 자율성과 전문성을 전면적으로 인정해 주는 교육 풍토 조성이 무엇보다 중요하다.

이를 위해서는 첫째, 교사의 교육과정 구성에 대한 자율성이 교육법, 국가교육과정, 그리고 관련 시도교육청 조례, 규정, 지침에 보다 폭넓고 세밀하게 명시화되어야 한다. 특히, 교과서나 교사용 지도서의 목적과 성격은 단위 차시의 교수활동을 상세화하는 대신 교사의 자율적인 교육과정 구성을 돕는 자료나 방법을 자세하게 제시하는 것이 바람직하다. 발 빠르게 역량중심 교육과정으로 옮겨 간 호주, 뉴질랜드, 캐나다와 같은 다른 많은 선진국들에서는 성취기준 역시 가이드라인으로 제시하고 있으며, 정부 주도의 획일화된 교과서는 대부분 존재하지 않는다. 둘째, 교사교육기관과 시도교육청은 교사의 교육과정 구성에 대한 전문성과 자율성 신장을 위해 체계적인 예비교사 및 교사교육을 제공해야 한다. 그 초점은 제각기 다른 학생들의 삶, 발달, 흥미, 재능, 맥락을 이해하면서 맞춤형 교육과정, 교재, 교구를 개발하는 능력을 함양하는 데 맞추어져야 한다. 국가기관에서 일방적으로 교사들이 활용할 교과서를 일방적으로 제작해 배부하는 방식은 교사의 교육과정 구성의 자율성을 침해할 수 있다. 셋째, 획일적인 공교육 시스템에서 벗어나 다양한 학생의 발달과 흥미, 교사의 재능과 관심사에 기초해 공립형 대안학교 및 교실을 다양하게 설립해 운영할 필요가 있다. 이런 공립형 대안학교 및 교실은 획일적인 교과교육이 아니라 삶과 공동체를 함께 일굴 수 있는 자율적, 융합적 교과교육의 정체성을 갖추어야 할 것이다. 넷째, 지역교육청 및 학교장은 학교와 교사의 자율적 교육과정 운영을 지원할 수 있는 실제적 제도를 갖추고 체계적인 부모(혹은 보호자) 및 지역사회 홍보 및 교육을 전개해야 한다. 대안학급의 예를 들자면, 한 학교 내에서 다양한 대안학급들을 신설하고, 교사들의 자율적 교재 및 교구 활용을 보장하거나, 학습의 장소, 시간, 방법을 다변화할 수 있다. 또한 학생과 부모(혹은 보호자)가 대안학급에서 공부하길 원할 경우, 이 모는 교사의 자율석 교육과정 운영에 대한 부모 등의 서명을 받은 다음에 자녀를 해당 학반에서 공부하게 허락할 수 있다. 넷째, 교육부, 교육청, 학교장은 교사에게 지나친 업무와 행사를 요구하는 관습과 제도를 적극적으로 제거하고, 교사에게 교육과정 구성을 할 수 있는 실질적인 시간과 권한을 충분히 주어야 한다. 왜냐하면 사전평가, 차시별 수업의 계획-실행-평가, 사후평가를 거치면서 교사는 설문, 면접, 관찰, 표현물 해석, 수업 계획 및 조직화, 수업, 피드백, 상담, 평가 등에 많은 시간과 노력을 기울여야 하기 때문이다. 특히 학교는 방과 후 활동, 방과 후 돌봄, 강사 관리 등 교육과정과 직접적인 연관이 부족한 업무들은 교사가 아니라 전문 행정업무사가 일을 전담하도록 제도화해야 한다. 이러한 여건 조성이 없이는 교사의 교육과정 구성에 대한 전문성과 자율성의 실현은 요원한 일이 될 것이다.

그레이(2014: 425)는 교육 혁신의 확산을 가로막는 세 가지 주요 제약 사항을 지적하고 있는데, 이것들은 "혁신을 방해하는 정부 규제", "사회적 규범의 보수적 성격", "교육적 성공에 대한 학교 시스템의 부적절한 정의"이다. 이러한 제약 사항은 학교교육의 실체가 상당 부분 국가나 사회가 요구하는 역할에 따라 수동적으로 결정된 측면이 강하기 때문이라고 그는 지적한다. 100여 년 전 듀이(1981: 446)는 "현 시대의 교육은 대부분" "지식", "수업", "습관의 전달"이라는 미명하에 "학생들에게 미래를 준비하는 교육"을 하게 함으로써 "학교가 집단적 삶의 한 가지 형태라는 근본적인 원리를 간과하고 있다"고 지적하였는데, 그의 지적은 지금도 유효하다.

우리나라는 어떤 학교에 가든지 학생들은 대부분 정해진 똑같은 교과서로 수업을 한다. 그리고 그 교과서는 학습의 목표, 기준, 성격, 내용, 방법이 미리 정해져 있다. 이 때문에 학생들은 제각기 자신이 원하는 학습 소재를 선택해 자율적으로 학습을 전개하기가 매우 어렵다. 그것은 교사의 경우에도 마찬가지이다. 이렇게 고착된 텍스트로 수업을 할 경우, 우리는 자기관리, 창의성, 심미성, 지식정보처리, 협력적 의사소통, 공동체 역량을 갖춘 시민들을 얻기 어렵다. 시대가 급격히 변한 만큼 이제 우리의 수업도 변해야 한다. 앞에서 진술하였듯이 학교, 교육과정, 교사, 학교가 존재하는 것은 학생의 자기다운 삶과 성장을 위해서이지 그 역이 될 수 없다. 학생들이 제각기 다른 자신의 발달성, 흥미, 재능을 바탕으로 선택적 학습을 할 수 있는 대안학교, 대안교실, 대안교육 플랫폼들이 학교 안팎에서 다양하게 형성되어야 한다. 예를 들어, 집중력이 분산되기 쉬운 학생들의 학습 몰입도를 높이기 위해서는 자신의 흥미를 바탕으로 학습 소재를 선택하여 자유롭게 학습 내용, 절차, 방법을 활용해 학습할 수 있는 기회가 제공되어야 마땅하다. 이들에게 자신의 흥미와 상관없이 외부적으로 정해진 학습 목표, 내용, 방법, 시간, 공간에 갇혀 일방적으로 학습을 강요당하는 일은 없어야 한다. 그들이 필요로 하는 교육과정, 교사, 매체, 공간, 시간, 그리고 학습 방법이 공교육 안에서 다양한 방식으로 제공되어야 한다. 공립형 대안학교를 비롯하여 다양한 대안적 교육과정, 교수방법, 교육공간이 개발되어야 한다. 부모나 보호자들 역시 자녀의 발달성과 흥미, 자신의 교육철학이나 선호도에 따라 자녀를 교육할 수 있는 다양한 선택권이 실제적으로 제공되어야 한다. 또한 교사들 또한 자신의 교육철학이나 재능에 따라 대안적 교육 플랫폼을 만들어 자기답게 교육자로서의 길을 갈 수 있도록 해 주어야 한다.

이 사회가 당면한 실존적 문제들을 고려할 때 교육의 목적이나 성격은 기존의 사회질서를 유지하는 기능에 머물러 있을 수 없다. '교육은 백년지대계'라는 말처럼, 이제 교육은 인류가 나아가야 할 바람직한 인간성, 사회성, 존재성, 그리고 진화성을 향해 사회변혁을 주도하는 동력이 되어야 한다. 진화생물학자 심슨은 인류 이외의 다른 생명체는 생물학적 진화만 이루면 되지만, 문자에 기반해 고도의 추상적 세계를 구성한 인간은 서로의 삶을 이해, 수용하면서 지식을 대화적으로 구성하는 '사회적 진화'를 이루어야 한다고 주창한다(Simpson, 1969: 289). 그리고 심슨은 생물학적 진화에 더하여 사회적 진화를 일구어 나가야 할 인간이 지구별에서 생존과 진보를 이어나가는 데 있어서 중요한 것은 기술적 지식의 발전이 아니라 서로의 생각을 상대방에게 열고 대화적으로 구성하는 지식임을 "교호적 사고(interthinking)"라는 개념으로 제시하고 있다(Simpson, 1969: 338). 인류의 생존과 진화를 향한 그의 제안은 1) 고도로 발전되고 파괴력을 가진 기술력, 2) '우리'가 아닌 '남'으로 바꿔어 가는 사회문화, 3) 인공지능 로봇과 인간이 공존하는 사회, 4) 기계체와 생명체의 융합적(혹은 하이브리드적) 존재성, 5) 공학적 표준화, 사물인터넷, 인공지능으로 체계화된 통제사회, 6) 지식이 생명체, 인공체, 사물, 언어와 융합적으로 존재하는 세상으로 빠르게 변화하는 오늘날의 사회에서 더욱 설득력을 가진다.

이렇게 급속도로 변화하는 사회 속에서 인간이 서로의 관심사를 삶으로 직접 만나고 소통하면서 대화 및 돌봄 공동체를 구성하는 것은 다름 아닌 삶 중심 교육을 통해서 가능하다. 듀이(McDermott, 1981: 448에서 재인용)는 "학교 교과의 참된 중심은 과학, 문학, 역사, 지리가 아니라 아동 자신의 사회적 활동이다"라고 지적하면서 아동의 사회적 삶이 그의 모든 교육과 성장의 기초가 되어야 "문명의 진보"(1981: 449)가 이루어질 수 있고, 따라서 "교육자는 학교가 사회적 성장과 개혁에 있어서 가장 기초적이고 효과적인 관심사가 되도록 노력해야 한다"고 주창한다. 이제 인간과 사회의 새로운 발전을 위해 교과적 지식 역시 탈맥락적이거나 분절적이지 않고, 학습자의 생활세계를 중심으로 자발적, 맥락적, 체험적, 대화적, 융합적 성격으로 재구축되어야 한다. 유치원, 초등학교, 중 · 고등학교, 대학교에서의 교과 지식이 이러한 성격으로 재구축된다면, 인간의 삶과 사회의 성격 또한 보다 생명적이고, 대화적이고, 정스러운 모습으로 변모될 것이다. 그 과정에서 우리 사회는 지금보다 훨씬 보살핌이 있는 민주사회로 변모될 것이며, 그러한 사회 속에서 삶을 영위하는 인간 역시 자신과 타자의 권리를 따뜻하게 바라보고 수용하고 돌보는 책임 있는 인간으로 성장하게 될 것이다.

참고문헌

교육과학기술부(2009). 2009 개정 교육과정. 교육과학기술부 고시 제 2009-41호.

교육부(2015). 초・중등학교 교육과정 총론. 교육부 고시 제2015-74호.

교육부(2022). 도덕과 교육과정: 교육부 고시 제2022-33호(별책 6).

김산해(2021). 최초의 역사 수메르. 서울: 휴머니스트출판그룹.

김영희(2015). 놀이와 삶의 관계적 의미에 관한 존재론적 탐구: 초등학생의 놀이문화 형성을 중심으로. 대구교육대학교 교육대학원 석사학위논문.

김종문(1988). 가설: 대화학습과 미래에 대응하는 아동교육. 초등교육연구논총, 1, 16-52.

김종문(1992). 도덕과의 대화학습 모형 연구. 논문집, 3-37.

김종문(1994). 한일 초등 도덕교육의 내용과 차시별 대화학습. 논문집, 33-61.

김종문(1998). 도덕과의 구성주의적 대화학습 이론과 실제. 초등교육논총, 12, 181-193.

김종문(2003). 도덕교육을 위한 학생활동 중심의 대화학습. 서울: 교육과학사.

김종문(2004). 학생 활동중심의 대화학습과 대화교육. 대경교육학회, 25(1), 93-120.

김진숙(2022). 한국, 중국, 일본의 초등학교 비교과 교육과정 비교. 교원교육, 38(2), 55-72.

박세원(2004). 도덕적 삶과 성찰의 관계적 의미에 관한 담론적 탐구. 초등도덕교육, 14, 139-177.

박세원(2009). 존재의 성장과 교육: 과학·기술사회를 살아갈 아동을 위한 실존주의 도덕교육. 파주: 교육과학사.

박세원(2010). 초등학교 교사의 교사됨의 의미 형성 경험에 관한 질적 연구: 교사는 스스로의 언어로 아동과의 대화적 삶을 이야기하고 살아내는 만큼 존재한다. 교육과정연구, 28(1), 233-259.

박세원(2013). 학생 이해에 기초한 교과교육과정 통합 재구성 전략: 도덕과를 중심으로. 한국초등교육, 24(4), 57-77.

박세원(2020). 통섭적 탐구방법으로서의 존재론적 탐구. 파주: 교육과학사.

박세원(2022). 몸과의 대화, 내 삶을 되찾는 길이 되다. 파주: 교육과학사.

박세원(2023). 삶 중심 교육을 통한 교과교육과 문화교육의 융합에 관한 제언. 현장중심 초등교육연구, 5(2). 55-83.

박세원, 한정희(2011). 학생의 자기 문제화에 기초한 바른생활과 단원 재구성 전략. 초등도덕교육, 37, 155-185.

박세원 외(2024). 공부와 삶이 하나되는 수업 어떻게 할 것인가?: 삶 중심 수업의 원리, 방법, 사례 Ⅰ. 파주: 교육과학사.

양정무(2018). 난생 처음 한번 공부하는 미술이야기 1: 원시, 이집트, 메소포타미아 문명과 미술. 서울: 사회평론.

윤은주(2006). 프로젝트 접근법의 반성과 실천: 그 이해와 오해. 아동교육, 15(3), 187-198.

이미식(1999). 정의(justice)와 배려(caring) 윤리의 통합을 위한 연구: 역할수용(role taking), 공감(empathy)의 개념을 중심으로. 한국시민윤리학회보, 12, 39-68.

이미식(2001). 정의와 배려의 윤리에 대한 도덕교육의 함의. 윤리교육연구, 1, 1-15.

이미식(2003). 배려의 윤리(ethics of care)의 활용 방안에 관한 연구: 인성교육의 측면에서. 열린교육연구, 11(2), 109-129.

이미식(2004). 교실의 도덕 공동체(moral community) 형성을 위한 도덕교육 방향에 관한 연구: 초등학교를 중심으로. 교육과정평가연구, 8(2), 175-196.

이미식(2005). 초등도덕과 교육의 개선 방향에 관한 연구. 초등도덕교육, 19, 67-99.

이미식(2014a). 예비교사들의 배려 의미 인식과 경험에 관한 질적 연구. 초등도덕교육, 38, 155-176.

이미식(2014b). 초등학교 도덕과 교육에 활용할 수 있는 윤리상담의 실제. 윤리교육연구, 35, 1-15.

이연수(2011). 체험주의의 초등도덕교육에 대한 함의 연구. 초등교육연구, 24(3), 51-72.

이연수(2015). 초등도덕교육 방법르로서의 대화일기 쓰기 사례 연구. 초등도덕교육, 50, 197-236.

이연수(2018). 자기배려 방법으로서의 자기탐구보고서 쓰기 사례연구. 초등도덕교육, 207-230.

이연수(2019). 인간 이해 방법으로서 타인탐구보고서 쓰기 사례연구. 초등도덕교육, 64, 147-141.

장하영(2023). 대화 공동체 형성을 통한 삶 중심 인권교육. 대구교육대학교 교육대학원 석사학위논문.

제갈원(2016). 대학생의 실존적 삶의 구성에 관한 존재론적 탐구: 대화와 실존의 관계적 의미. 숙명여자대학교 대학원 박사학위논문.

황미향(2022). 자연과의 대화를 통한 자아 찾기 여정: 진밭골이 불러준 퀘렌시아 합창곡. 대구교육대학교 교육대학원 석사학위논문.

황순희(2019). 비교과 교육 활동 참여가 학점 변화에 미치는 영향: 성, 전공, 학년 변인과 비교과 활동 유형을 중심으로. 교양교육연구, 13(4), 11-37.

Apple, M. W. (1993). *Official knowledge: Democratic education in a conservative age.* New York: Routledge.

Beane, J. A. (1997). *Curriculum integration: Designing the core of democratic education.*

New York: Teachers College Press.

Connelly, F. M., & Clandinin, D. J. (1988). *Teachers as curriculum planners: Narratives of experience*. New York: Teachers College Press.

Crabb, A. L. (1928). The Evolution of School Subjects. *Peabody Journal of Education, 5*(4) (Jan., 1928), 236-245.

Dalley, S. (2009). *Myths from Mesopotamia: Creation, the flood, Gilgamesh, and others*. New York: Oxford University Press.

Dewey, J. (1909). *Moral principles in education*. (조용기 역). 교육의 도덕적 원리. 대구: 원미사, 2011.

Dewey, J. (1910). *How we think*. Mineola, NY: Dover Publications, Inc.

Dewey, J. (1916). *Democracy and education: An introduction to the philosophy of education*. New York: The Macmillan Company.

Dewey, J. (1938). *Experience and education*. New York: Macmillan Publishing Company.

Dewey, J. (1938). *Experience and education*. New York: Macmillan Publishing Company. (엄태동 편역). 존 듀이의 경험과 교육. 서울: 원미사, 2001.

Gadamer, H-G. (1960). *Wahrheit und methode*. Tübingen: J. C. B. Mohr. G. Barden, & J. Cumming (Trans. & Eds.). *Truth and method*. New York: The Crossroad Publishing Company, 1984.

Franklin, B. M. (1990). Historical research on curriculum. *Scandinavian Journal of Educational Research, 34*, 263-78.

Gray, P. (2008). A brief history of education: To understand schools, we must view them in historical perspective. *Psychology Today*. August 20, 2008.

Gardner, H. (1993). *Frames of mind: The theory of mulitiple intelligence*. New York: BasicBooks.

Goodson, I. (1990). The Social history of school subjects. *Scandinavian Journal of Educational Research, 34*, 258-63.

Marcuse, H. (1978). The aesthetic dimension: *Toward a critique of marxist aesthetics*. (문학과 사회연구소 역). 미학의 차원. 서울: 청하, 1983.

Massoni, E. (2011). Positive effects of extra curricular activities on students. *ESSAI, 9*(1), 84-87.

McDermott, J. J. (1981). *The philosophy of John Dewey*. New York: The University of Chicago Press.

Merleau-Ponty, M. (1945). *Phénoménologie de la perception*. (류의근 역). 지각의 현상

학. 서울: 문학과지성사, 2002.

Merleau-Ponty, M. (1948). *Sens et non-sens*. Paris: Les Éditions Nagel. H. L. Dreyus, & P. A. Dreyfus (trans.). *Sense and non-sense*. Evanston, IL: Northwestern University Press.

Merleau-Ponty, M. (1960). *"Eye and mind"*. G. A. Johnson (ed.). *The Merleau-Ponty aesthetics reader: Philosophy and painting*. (121-149). Evanston, IL: Northwestern University Press.

Merleau-Ponty, M. (1964). *Le visible et l'invisible éditions*. (남수인 외 역). 보이는 것과 보이지 않는 것. 서울: 동문선, 2004.

Merleau-Ponty, M. (2001). *Psychologie et pédagogie de l'enfant: Cours de Sorbinne 1949-1952*. Paris: Editions Verdier. T. Welsh (trans.). *Child psychology and pedagogy: The Sorbonne lectures 1949-1952*. Evanston, IL: Northwestern University Press.

Musgrove, F. (1968). *"The contribution of sociology to the study of the curriculum"*. In Kerr, J. F. (eds.). 1968. *Changing the curriculum*. University of London Press. London.

Noddings, N. (2002). *Educating moral people: A caring alternative to character education*. New York: Teachers College Press.

Oyler, C. (1996). *Making rooms for students: Sharing teacher authority in room 104*. New York: Teachers College Press.

Pascarella, E. T., Terenzini, P. T., & Feldman, K. A. (2005). *How college affects students*. San Francisco, CA: JosseyBass.

Pinar, W. F. (1975). *Curriculum Theorizing: The Reconceptualists*. Berkely, CA: McCutchan Pub. Corp.

Popkewitz, T. S. (1987). *The formation of school subjects: The struggle for creating an American*. Philadelphia, Pennsylvania: Falmer Press.

Popper, K. (1994). *Alles leben ist problemlösen*. (허형은 역). 삶은 문제해결의 연속이다. 서울: 부글북스, 2006.

Rousseau, J. J. (1762). *Émile, ou De l'éducation*. (김중현 역). 에밀. 서울: 한길사, 2010.

Scarre, C., Fagan, B., & Golden, C. (2021). *Ancient civilization*. (5th edition). New York: Routledge.

Schwab, K. (2014). *The fourth industrial revolution*. New York: Crown Business.

Simpson, G. G. (1969). *The meaning of evolution: A study of the history of life and of its significance for man*. New Haven, NY: Yale University Press.

Sliwinski, S. (2005). Thinking without banisters: Toward a compassionate inquiry into human rights education. *Educational Theory, 55*(2), 2005, 219-230.

Smith, W. A. (1955). *Ancient education*. New York: Philosophical Library.

Urban, W. J., Wagonor Jr. J. L., & Gaither, M. (2019). *American Education: A history*. (6th edition). New York: Routledge.

Watson, F. (1909). *The beginnings of the teaching of modern subjects in England*. London: Pitma.

Waynes, M. J. (1985). *Schooling in Western Europe*. New York: State Univ. of New York Pr.

제2부:

대화공동체 형성을 통한 삶 중심 인권교육과정 구성 및 실천 사례

장하영

Ⅰ. 인권의 시작은 존재 그대로 수용 받는 경험[1]

내가 언제 가장 행복감을 느끼는가 하는 질문은 내 삶의 가장 중요한 부분이자 앞으로의 삶의 방향성과도 관련되어 있다. 살아가는 목적을 '행복'에 두게 된 것은 성인이 된 지금의 내가 학창시절의 나의 모습을 돌아보면서부터였다. 학창 시절의 나를 한 단어로 표현하면 '무난함'이었다. 크게 잘하는 것도, 뚜렷한 재능이 있는 것도, 정말 좋아하는 것도, 남들과 구별되는 뚜렷한 특징이 있는 것도 아니었던 나는 성격 역시 무던하고 소극적이어서 어디서든 크게 튀는 학생이 아니었다. 다행히 자녀 교육에 열의가 있으셨던 부모님께서는 내가 또래 친구들보다 학업 면에서 뒤처지지 않도록 꾸준하게 공부할 수 있는 환경을 만들어 주셨으며 다른 길로 엇나가지 않도록 늘 관심을 가져주셨기에 어릴 적부터 공부 습관이 자연스럽게 몸에 배게 되었다.

초등학생 시절부터 나는 그러한 분위기 속에서 나의 정체성을 찾고 자존감을 얻기 위해 '공부'라는 수단을 이용하기로 하였다. 다행히 공부가 적성에 맞지 않는 편은 아니어서 노력한 만큼 그 결과가 나타났고 그로 인한 성취감과 기쁨도 느꼈다. 그러나 한편으로는 엄격한 가정환경과 부모님의 기대에서부터 파생된 억눌린 자유, 스스로에 대한 억압과 높은 잣대로 인하여 진정으로 행복감을 느끼지는 못하였다. 이는 곧 타인과의 끊임없는 비교와

1 이 글은 저자의 석사학위논문 '대화공동체 형성을 통한 삶 중심 인권교육', 대구교육대학교 교육대학원 석사학위논문(2023)의 내용을 본 저서에 알맞게 수정·보완한 글임.

경쟁 심리로 이어졌으며 학업 스트레스뿐 아니라 관계 형성에까지 영향을 미쳤다. 높은 성적만이 나의 자존감과 정체성을 표현해 줄 수 있는 방법이자 나 자신과 주변 사람들에게 인정받을 수 있는 수단이라고 생각했기에 공부에 더 매달렸다. 친구들과 어울리며 즐거운 추억을 쌓고 자유롭게 다양한 것들을 접해보는 것은 학창 시절에 누리면 좋았겠지만 나에게는 부담으로 느껴져 그러한 기회가 주어지더라도 대체로 소극적인 편이었다.

나는 초등학교, 중학교, 고등학교를 거치며 점점 더 치열해지는 입시 중심의 경쟁 속에서 학창 시절을 보냈다. 그 과정에서 나에게 학교는 배움과 성장을 위한 공간이기보다는 끊임없는 경쟁 속에서 살아남아야 하는 전장과 같았다. 성적이 곧 나의 가치를 결정짓는 기준처럼 여겨졌고 나는 다른 사람들보다 조금이라도 더 열심히 하고 잘해야 한다는 압박감 속에 스스로를 몰아붙이며 살아야 했다. 그러다 보니 '나는 어떤 사람인지', '무엇을 좋아하고 잘하는지', '앞으로 어떻게 살아가고 싶은지'와 같은 본질적인 질문에 대해 진지하게 고민할 기회조차 없었다. 내면의 소리에 귀 기울이기보다는 주어진 목표만을 바라보며 앞으로만 달려야 했다. 선생님들로부터 정서적 지지와 안정감을 느낄 때도 있었지만, 마음 한편에는 항상 초조함과 결핍이 자리하고 있었기에 완전한 내적 교류는 어려웠다. 그런 경쟁적이고 억압적인 환경은 불안감과 긴장, 소외감을 안겨주었고, 나는 그 감정들을 애써 억누르며 외면하려 했다. 그러면서도 마음 한구석에는 늘 누군가에게 수용되고 지지받고 싶은 욕구가 자리하고 있었다. 감사하게도 그런 나를 오랜 기간 이해해주고 곁에서 지지해 준 사람들이 있었고, 그들의 존재는 병들고 지친 내 마음을 치유하고 회복하는 데 큰 힘이 되었다. 그렇게 공부와 성적이라는 틀에서 벗어나 성인이 되어 어느 정도 시간적 여유와 정신적인 자율성을 갖게 되면서, 나는 비로소 나 자신에 대해 진지하게 고민할 수 있게 되었다. 대학교에 진학해 다양한 사람들을 만나고 새로운 관계를 형성해 나가는 과정에서,

나는 단순히 넓은 인간관계보다 오래 알고 지내온 친구들과의 깊은 교류 속에서 더 큰 안정과 편안함을 느낀다는 사실을 깨달았다.

이러한 경험들을 통해 나는 나 자신이 '넓고 다양한 관계'보다는 '깊고 진실된 관계'를 추구하는 사람이며, 존재 자체로 수용 받는 경험에서 삶의 안정감과 행복을 느끼는 사람이라는 것을 알게 되었다. 내가 진정 원하는 삶은 나다운 모습으로, 있는 그대로의 나를 받아주는 사람들과 함께하며 살아가는 것이다. 이러한 깨달음은 교사로서의 삶에도 큰 영향을 미쳤다. 나는 학생들에게도 나와 같은 경험을 통해 스스로를 알아가고, 존재 그대로 존중받을 수 있는 환경을 제공하고 싶었다. 교육은 단순한 지식 전달을 넘어서, 학생들이 있는 그대로 수용 받는 경험을 통해 자존감을 회복하고 자신의 삶을 주도적으로 살아갈 수 있도록 돕는 과정이어야 한다는 신념이 생겼다.

최근 한국 교육의 양상을 살펴보면 학업 스트레스와 신체적·정서적 불균형 등 학생들의 삶을 보여주는 여러 가지 지표들 속에서 인성교육의 필요성과 학생 중심 교육과정의 필요성이 증가하고 있다는 것을 알 수 있다. 입시 위주의 대한민국 교육에서는 비단 중, 고등학교뿐만 아니라 초등학교에서도 여전히 경쟁적 요소를 상당 부분 찾아볼 수 있다. 결과 중심보다는 과정 중심 평가를 지향하고 인성교육에 대한 강조와 함께 학생들 간의 협력적 활동을 강조하고 있으나 여전히 단원 평가, 진단 평가 등으로 학생들을 줄 세우고 있으며 성취가 높은 학생들에 대한 칭찬과 시선은 자연스럽게 학급의 경쟁적 분위기 조장에 영향을 미치고 있는 실정이다. 이러한 환경에서는 끊임없는 경쟁의 부추김으로 인해 공동체 내 배타적이고 이기적인 문화가 조성되며 공동체에 속한 각 개인에게도 영향을 미칠 수밖에 없다. 경쟁적 환경 속에서는 내 것을 챙기기 위해 다른 사람을 돌볼 여력이 없으며, 도움이 필요한 타인과 함께 걸어가는 것은 경쟁 사회에서는 점점 도태되어 가는 것을 의미하기 때문이다.

이처럼 경쟁적 비교와 평가가 만연한 교육 환경에서는 학생들 간의 상호 보완적 관계, 상호 호혜적 관계 형성이 어렵다. 타인과의 비교와 경쟁으로 인한 시기와 질투심은 근본적으로 학생들의 대인관계 형성 및 인성 발달에도 부정적 영향을 미치기 때문이다. 학생들 간의 자연스러운 경쟁 관계 형성을 통해 긍정적 견제와 성장을 추구했던 초기의 목표와는 달리 학생들은 오히려 더 폐쇄적이고 개인적인 형태의 틀에 갇히게 된다. 함께 성장하고 서로 돕는 것의 가치를 잊어버린 학생들의 모습에서 학교 폭력, 집단 따돌림 등의 문제가 자연스럽게 파생되는 것이 아닐까? 학교는 서열화와 경쟁 과열 등의 문화에서 벗어나 공동체성의 회복이 필요하다.

학교 현장에서는 인성교육의 중요성이 점차 높아지고 있으며 공교육에 대한 신뢰 회복이 절실히 요구되는 상황이다. 교육부(2020)는 인성의 핵심가치와 덕목을 정의하고 인성교육의 궁극적 목표를 '조화를 갖춘 인간다운 사람으로 길러내는 것'으로 정립하고 있다. 하지만 기존의 인권교육과 인성교육은 각 학교에서 연간 교육과정에 필수적으로 계획하여 운영하고 있으나 연속적이지 않고 단기간에 그치는 경우가 많으며 분절적으로 시행된다는 점, 학생들의 삶의 맥락을 담아내지 못하며 인위적이고 추상적인 자료를 활용한다는 점, 학생들의 행동 변화나 내면화를 이끌어 내지 못하고 피상적인 교육에 그친다는 점에서 한계를 지닌다. 오히려 우리는 학생들이 자신의 흥미를 자유롭게 표현하고 공유하면서 공동의 목적으로 만들어 가는 민주사회의 중요성을 역설한 듀이(Dewey)와 대화를 통한 공동체의 형성을 주장한 가다머(Gadamer), 이해와 대화를 통해 자연적 보살핌의 공동체를 만들어 갈 것을 제시한 나딩스(Noddings), 도덕 및 도덕교육의 핵심 개념이 이해와 대화이며 이해와 대화를 통해 수업을 대화적 삶으로 만들어 나가는 것의 의미를 강조한 박세원 등의 연구를 바탕으로 학교 현장에서 삶 중심 교육과정을 구현할 수 있어야 한다.

이를 통해 인위적이고 형식적인 틀에 갇힌 수업이 아니라 자연스러운 삶의 맥락에서 문화를 만들어 가고 또래 친구들과 깊은 유대 관계를 형성하면서 정서적인 안정감을 얻을 때 학생들은 타자에 대한 이해와 배려, 책임, 존중 등의 가치를 배우고 더불어 살아가야 할 필요성도 느끼게 된다. 비공동체적 교육 문화와 억압적이고 분절적인 학습 방식은 학생들의 도덕성 발달에도 부정적 영향을 미치므로 기존의 교육 방식에 변화가 필요하다. 삶과 공부가 분열되지 않고 자기 생명성을 발현해 나가도록 도와야 하며, 학생들이 배운 지식이 정보에 그치지 않고 학생들의 생명성이 조화롭게 누벼지는 공유적 삶에서 구현될 수 있도록 수업은 주입식에서 벗어나 삶 중심으로 나아가야 한다. 수업 방식이 대화를 중심으로 새롭게 구성될 때 공동체 내에는 상호 이해와 보살핌을 품은 생명적 문화가 형성된다. 학생들의 삶과 공동체 문화 속에서 대화와 보살핌을 중심으로 한 인권교육은 학생들의 도덕성 발달로 자연스럽게 이어진다.

Ⅱ. 상호이해에 기반한 삶 중심 인권교육의 필요성

필자는 삶 중심 교육을 풀어내기 위한 수업의 주제를 고민하는 과정에서 학급 내 학생들의 실제적 삶과 필요에 부합하는 인권교육을 주제로 하여 수업을 구현하고자 하였다. 이를 위해 기존의 인권교육 프로그램이 지닌 한계를 파악하고 변화의 패러다임을 모색해 보았다.

[기존 인권교육의 한계]

① 교사의 일방적 구성: 인권교육과정이 교사에 의해 미리 구성되어 학생들이 자발적으로 교육과정을 구성하는 데 참여하지 못하고, 수업은 교사의 계획에 맞춰 진행된다. 이로 인해 학생들은 자율성을 잃게 되며 자유로운 발문을 하거나 피드백을 받기 어려워진다.

② 학생의 삶과의 단절: 인권교육은 학생들의 삶과 지속적으로 연결되지 못하고, 정규 교과로 인식되지 않기 때문에 주로 계기교육이나 창의적 체험활동 시간에 간헐적이고 단편적으로 이루어진다. 이로 인해 수업이 학생들의 일상과 깊이 있게 연계되지 못한다.

③ 상호 이해와 배려 부족: 기존의 인권교육은 주로 지식과 태도를 학생들에게 주입하는 데 그치며, 학생들이 서로를 이해하고 배려하면서 규범을 함께 만들어가는 경험은 부족한 실정이다. 인권교육

은 학생들이 주체적으로 삶의 문제를 인식하고 해결해 나가는 과정이 되어야 한다.

④ 일부 교과와의 연계: 인권교육이 사회교과 또는 도덕교과의 일부로 제한되고 있으며, 피상적이거나 내용적인 측면에 집중된 경향이 있다. 하지만 인권교육은 다양한 교과와 비교과 활동을 통합한 문화교육으로 접근해야 한다.

즉 인권교육에 대한 필요성은 점차 증대되고 있으나 여전히 인권교육을 법적인 측면에서 접근함으로써 표면적이고 형식적인 교육에 그치는 경우가 많으며 공동체 내 문화적 토대를 형성해 가는 것은 어려운 실정이다. 또한 기존의 인권교육은 민주시민 의식, 인권 감수성, 교우 관계, 도덕성 등의 향상 또는 인식의 변화를 위해 인권교육을 수단으로 이용하고 있다. 인권교육이 제대로 이루어지기 위해서는 인권을 법적 개념으로 인식하며 자신의 권리를 지키기 위한 수단으로 여기기에 앞서 구성원 간의 정을 바탕으로 자율적이고 자발적인 규범과 규칙을 만들어 가는 문화가 우선시되어야 한다. 이제는 인권교육이 법 교육의 테두리 안에서부터 벗어나, 대화를 통해 서로가 삶을 교류하고 이해하면서 이를 바탕으로 인권의 문제를 바라볼 수 있도록 하는 패러다임으로 바뀌어야 한다.

그 방향은 바로 '삶 중심 인권교육'이다. 삶 중심 인권교육이란 인권을 개념적으로 학습하는 것이 아니라 학생들이 삶 속에서 대화와 경험을 통해 인권을 체험적으로 내재화하고 실천하는 학습이다. 학습의 소재와 방법 역시 교사가 일방적으로 정하는 것이 아니라, 학생들의 흥미와 관심에서 출발해 학생들 스스로 고안해내는 교육이다. 삶을 중심으로 한 인권 수업에는 학생들의 삶의 맥락이 담겨있기 때문에 삶과 배움이 하나로 이어지며 자기 생명성을 구현할 수 있다. 또한 일상적 체험을 통해 윤리적 지식을 내면화하기 때문에 수업 밖으로도 학습의 전이가 용이하다. 삶 중심 인권교육은 학생들이 공동체에서 서로 부대끼며 대화적 보살핌의 경험과 자신의 삶을 일체화하여 학습하도록 돕는 교육이다. 학생들은 자신의 체험을 토대로 학습 소재를 선택하고, 자기대화와 타자대화를 통해 자신의 삶을 구성해 나간다. 핵심은 공부와 삶이 분리되지 않고 하나로 통합되는 경험을 제공하는 것이다.

이를 위해서는 삶 중심 인권교육이 상호이해를 기반으로 이루어져야 한다. 상호 이해는 학생들이 서로의 차이를 인정하고, 그 차이 속에서 공통점을 찾으며, 이를 통해 더 나은 사회적 관계를 형성할 수 있도록 한다. 이를 통해 학생들이 인권을 형식적인 이론이 아니라 자신의 삶과 타인의 삶을 존중하고 이해하는 과정으로 받아들이고, 실생활에서 발생하는 다양한 인권 문제를 이해하고 해결할 수 있는 능력을 기를 수 있도록 해야 한다. 이러한 상호 이해의 핵심은 대화, 경청, 공감이다. 이를 통해 학생들은 서로의 입장을 파악하고, 갈등을 해결하거나 차이를 극복하는 방법을 찾을 수 있다. 그렇다면 상호 이해는 구체적으로 어떠한 과정 속에서 일어날까?

① 대화: 상호 이해는 대화를 통해 이루어진다. 학생들이 서로 다른 생각을 나누고, 각자의 의견을 표현하는 과정에서 서로의 입장을 이해하는 경험을 한다. 이를 통해 학생들은 타인의 입장을 존중하는 방법을 배우고, 차이를 이해하는 능력을 기를 수 있다.

② 경청과 공감: 상호 이해는 상대방의 말을 주의 깊게 경청하고, 그들의 상황과 감정을 이해해하며 공감하는 과정에서 자연스럽게 형성된다.

③ 협력적인 문제 해결: 상호 이해는 갈등 해결과 협력을 통해 더 강하게 형성된다. 학생들이 공동의 목표를 위해 협력하고, 다양한 의견을 존중하면서 문제를 해결하는 과정에서 상호 이해가 자연스럽게 증진된다.

④ 다양성의 인정: 학생들이 다양성을 인정하고 존중하는 태도를 기를 때, 상호 이해가 일어난다. 각자의 생활 환경, 문화, 경험이 다르다는 것을 이해하고, 그 차이를 부정하지 않고 존중하는 마음에서 출발해야 한다.

앞으로의 인권교육은 상호 이해를 중심으로 삶 중심 인권교육과 대화적 보살핌 공동체 형성으로 나아가야 하는데, 그것의 교육적 의미는 다음과 같다. 첫째, 인권교육은 삶과의 관련성을 지닐 때 진정한 의미로 체화될 수 있다. 학생들의 삶과 유리된 인권교육은 피상적인 가치 전달 및 주입에 그칠 수 있기 때문이다. 삶 속에서 자신과 타인과의 관계 맺음과 교류를 통해 인권의 실천을 위해 필요한 가치를 체험적으로 배울 때 학생들은 인권의식을 내면화할 수 있다. 둘째, 상호이해의 태도를 바탕으로 한 대화는 서로에 대한 보살핌의 관계를 형성하며 이러한 관계로 엮어진 공동체에서는 법과 제도가 아닌 정을 바탕으로 한 규범으로도 따뜻한 문화와 질서가 유지될 수 있다. 이러한 대화적 보살핌 공동체의 형성은 학생들의 상호존중의 문화, 삶의 문제 해결력, 윤리적 민감성 등을 전제로 하기에 인권교육으로서 지니는 가치가 크다.

Ⅲ. 삶 중심 인권 교육의 방향

삶 중심 인권교육은 학생들이 자신의 경험과 일상생활을 바탕으로 인권을 실천적으로 이해하고 체험하는 과정이다. 이 교육은 학생들이 서로 다른 선입견과 관점을 존중하고, 대화를 통해 상호이해를 바탕으로 관계를 형성하는 방식으로 이루어져야 한다. 이를 통해 학생들은 인권 의식을 자연스럽게 키우고, 학교 공동체에서 존중과 배려의 태도를 배울 수 있다. 또한 학생들이 수동적으로 지식이나 목표를 습득하는 것이 아닌, 스스로 사고하고 능동적으로 참여하는 과정에서 진정한 학습이 이루어진다. 교사는 학생 개개인의 삶에 대한 이해를 바탕으로 학생들의 흥미와 잠재력을 발휘할 수 있는 환경을 제공해야 한다. 즉 학생들의 독특성을 존중하고, 그들의 삶과 관련된 학습이 이루어지도록 돕는 것이 중요하다. 획일적인 교육은 학생들의 자발적 참여를 저해하고, 학생들이 교육을 자신의 삶으로 체험하기 어렵게 만든다. 그렇다면 삶 중심 인권교육을 구체적으로 실현할 수 있는 방법은 무엇일까?

1. 일상생활 속 경험 등 다양한 사례 활용

학생들이 실제로 경험했던 사례를 포함한 여러 가지 학습 자료를 활용하여 학생들이 다양한 관점에서 인권을 배울 수 있도록 한다. 이를 통해 학생들은 인권 문제를 단순히 이론적으로 이해하는 것이 아니라, 실제 사례를 통해 인권을 실천적으로 이해할 수 있다.

예시: 영화, 다큐멘터리, 인터뷰, 뉴스 기사 등 다양한 자료를 활용하여 학생들이 다양한 시각에서 인권 문제를 바라볼 수 있도록 한다. 이를 통해 학생들은 단지 학문적인 지식을 배우는 것에 그치지 않고, 실제 상황에 맞는 인권 감수성을 기를 수 있다.

2. 대화와 토론

학생들이 다양한 의견을 나누고, 서로 다른 경험을 공유하는 방법이다. 대화를 통해 학생들은 자신의 입장을 표현하고, 타인의 의견을 경청하며 상호 존중하는 법을 배울 수 있다.

예시: 인권과 관련된 주제를 설정한 후, 학생들이 자유롭게 의견을 교환하도록 한다. 예를 들어, "우리는 어떻게 타인의 권리를 존중할 수 있을까?"라는 질문을 통해 학생들은 자신의 생각을 표현하고, 타인의 의견을 경청하면서 인권의 중요성을 보다 깊이 이해할 수 있다.

3. 생활 속 문제 해결 경험

학생들이 실제적인 문제를 해결해 가는 과정에서 인권을 실천적으로 배우도록 한다. 이를 통해 학생들은 자신의 행동이 타인에게 미치는 영향을 고려하며 문제를 해결하는 능력을 기를 수 있다. 인권 교육이 단순히 교과서에서 끝나는 것이 아니라, 실제 생활과 연결되어야 실천적인 의미를 갖게 된다.

예시: 학급 내에서 발생한 인권과 관련된 공동의 문제를 중심으로, 학생들이 문제 해결 방안을 스스로 제시해 보도록 한다. 학생들은 다양한 해결책을 논의하고, 문제를 원만하게 해결할 수 있는 방법을 함께 모색한다.

4. 자기 성찰과 내면화

학생들이 자신을 돌아보며 자신의 가치관과 태도를 재검토하고, 인권을 실천하는 사람으로 성장할 수 있도록 돕는 방법이다. 자기 성찰을 통해 학생들은 더 나은 시민으로서의 역할을 이해하고, 인권을 존중하는 삶을 실천할 수 있다.

예시: 학생들에게 일기나 에세이를 쓰게 하여 자신이 겪은 인권 문제나 인권을 존중했던 경험을 돌아보게 한다. 이를 통해 학생들은 자신의 행동과 사고 방식을 되돌아보며 인권에 대해 주체적이고 깊이 생각해 볼 수 있다.

5. 학생 중심의 교육 환경

교사는 학생들에게 일방적으로 수업의 모든 흐름을 제시하는 것이 아니라, 학생들의 의견과 선호도를 반영하여 함께 수업을 만들어 갈 수 있도록 열린 환경을 조성한다. 이를 통해 학생들은 주도적으로 학습을 이끌어가며,

학생들의 삶과 흥미, 목적성에 맞는 수업이 이루어진다.

> 예시: 학생들이 주체적으로 학습 주제를 선택하고, 이를 깊이 탐구한 후 결과를 공유하는 프로젝트 형식으로 수업을 진행한다. 학생들은 각자의 경험과 흥미를 반영하여 자유롭게 주제를 선택하고, 이를 발표하며 더 깊이 있게 배울 수 있다.

이처럼 삶 중심 인권교육은 학생들이 직접 경험하고, 생각하고, 문제를 해결하는 과정 속에서 인권을 실천적으로 배우도록 유도하는 교육 방법이다. 이를 통해 학생들은 인권에 대한 깊은 이해를 가지고, 실제 삶 속에서 인권을 존중하고 실천하는 방법을 배울 수 있다. 이러한 교육은 단지 이론적인 지식 전달을 넘어, 학생들이 주체적으로 학습하며 인권을 삶의 일부분으로 내재화할 수 있도록 돕는다.

Ⅳ. 대화 공동체 형성과 인권의식의 성장

대화는 인간 삶의 필수적인 구성 요소로, 이를 통해 사람들은 자신뿐만 아니라 다른 사람의 권리를 존중하며 관계를 형성할 수 있다. 인권교육은 삶 중심의 대화학습으로 이루어져야 한다. 대화 시에는 상대방의 삶에 관심을 기울이고, 공감적 태도로 경청하는 것이 중요하다. 이를 위해 타인의 상황과 감정을 이해하고 공감하는 관계가 선행되어야 하며, 이런 공감 관계에서 배려는 자연스럽게 덕목으로 형성된다. 배려는 대화의 상호작용 속에서 이루어지며, 이를 경험한 학생들은 배려를 내면화하여 타인에게 실천할 수 있게 된다.

나딩스(1984)는 이해와 공감의 관계 형성을 위한 대화는 인위적이거나 형식적인 것이 아니라 일상적인 대화 형태를 띠어야 한다고 주장한다. 또한 풍요롭고 자발적인 학습 환경에서 발생하는 일상적 대화는 공동체 내 배려와 신뢰의 관계가 확립되고 있다는 신호라고 말한다. 이러한 일상적 대화를 통해 학생들은 지금껏 우리가 교육을 통해 주입 또는 가르치려고 했던 다양한 가치들을 배운다. 나딩스에 따르면 어떤 인간 행위를 탈맥락적 상황에서 이성적으로 정당화하는 것만으로는 윤리적 정당성을 확보할 수 없다.

> 배려윤리에서 정당화의 문제는 일반론적인 정당화 행위에 집중되지는 않는다. 우리는 돌봄을 유지하고 증진하는 데 필요한 일을 할 의무가 있다. 우리는 '돌봄을 하지 않는 것'을 "정당화"해야 한다. 즉, 우

> 리 자신을 돌보는, 또는 우리와 관계된 타인의 이익을 돌보는 윤리적 자아로서 그 특정한 대상을 돌보지 않을 수 있는 내 행동의 정당성을 설명해야 한다. 돌봄을 수행하는 사람으로서, 나는 내 행위의 정당화를 추구하지 않는다. … 내가 추구하는 것은 다른 사람과의 관계 속에서 나의 (윤리적) 완성일 뿐이다.
>
> (Noddings, 1984: 95)

즉, 타인을 배려하는 방식, 대화하는 태도, 경청하는 자세와 같은 인성적·도덕적 태도는 일상 속에서의 대화와 수용, 실천을 통해 상호적인 돌봄으로 이어질 때 비로소 윤리적인 의미를 지니게 된다. 이러한 대화가 일상생활 속에서 교호적 의미로 구현될 때, 우리는 서로를 만나고 관계 맺는 법을 배울 수 있다. 일상적 대화가 교육에서 중요한 가치를 가지는 이유는 다른 사람들과의 이러한 교호가 좋은 삶을 살아가는 데 필수적이기 때문이다. 대화와 이해의 관계가 형성되지 않은 교실에서는 배려와 나눔의 중요성을 가르치더라도 학생들에게는 피상적인 훈육으로 느껴질 뿐 내면의 변화로까지 이어지지는 않는다. 하지만 대화와 이해를 통해 보살핌의 문화가 형성된 교실에서 학생들은 배려와 정의를 스스로 실천하며, 타인으로부터 받은 기쁨을 다른 이에게 전달하는 삶을 살게 된다.

인권교육 역시 가치와 규범의 주입이 아닌 일상적 삶과 연계된 체험과 타자와의 보살핌의 관계 맺기를 통해 이루어져야 한다. 즉 구성원들이 나와 너의 관계 속에서 상호 이해를 지속적으로 주고받으며 대화적 보살핌 공동체를 형성해 나갈 때 배려와 나눔, 양보의 경험이 공유되고, 그 과정에서 인권의식도 자연스럽게 성장하게 된다. 이러한 대화적 보살핌은 1 대 1의 관계 속에서 형성되는 것에 그치는 것이 아닌 '공동체'를 형성하는 것으로 나아가야 한다. 구성원들 간의 자발적 교호작용은 생명성을 담보하는 규범을 작동

시키기 때문이다.

학생들은 공동체 속에서 서로의 행동과 말을 관찰하며 성장하고 변화한다. 이해와 존중을 바탕으로 신뢰 관계가 형성되면 타인의 행위에 관심을 갖고, 공동체 구성원으로서 더 적극적으로 참여하게 된다. 학생들은 타인의 말과 행동을 이해하려 노력하며, 자신의 행동을 선택할 때 공동체의 가치와 맥락을 고려하게 된다. 이는 자신이 속한 세계와 타인이 연결되어 있음을 인식하는 과정이다. 교사는 학생들이 자신을 수용 받는 경험을 통해 타인과 긍정적인 관계를 맺고, 대화적 보살핌 공동체를 형성할 수 있도록 도와야 한다.

인간은 사회적 동물이기 때문에 끊임없이 나-타자, 나-세계의 관계 속에서 자아를 형성해 나간다. 따라서 교사의 역할도 이러한 관점에 기초하여 해석되어야 한다. 교사는 학생에게 사회적으로 요구되는 가치나 관념을 주입하고 습관화할 수 있도록 돕는 역할이 아니라 학생 개개인이 타자와의 관계, 세계와의 관계 속에서 어떠한 가치를 가지고 행동해야 하는지를 스스로 깨닫고 내면화할 수 있도록 도와야 한다. 학생들은 자신이 타자와 세계에 미칠 영향을 고려하고 자신이 속한 공동체의 복지에 맞는 행위를 선택함으로써 이타적인 사회 구성원이 된다. 이렇게 인권교육은 아동 개개인이 사회적 구성원으로 성장해 가는 과정이 되어야 하며, 대화적 보살핌의 관계 속에서 개인적·사회적으로 요구되는 바람직한 미덕과 인권의식에 대한 자연스러운 내재화 및 습관화가 이루어져야 한다. 그렇다면 대화공동체로서의 교실 문화를 형성하는 방법은 무엇일까?

① 대화와 이해는 관계 형성의 기초이며, 서로에 대한 관심을 대화로 표현하고 이해하는 과정을 통해 보살핌과 배려의 문화가 형성된다. 이러한 문화는 배려, 존중, 책임 등 도덕적 가치와 규범을 자연스럽게 내면화시킨다.

② 학생들이 교실 내에서 실수나 잘못된 의견을 말하더라도 안전하게 느낄 수 있는 환경을 만들어야 한다. 학생들이 실패를 두려워하지 않고 적극적으로 참여하고 서로를 포용하는 분위기를 형성하는 것이 중요하다.

③ 교사는 학생들의 삶에 지속적인 관심을 기울이고 대화적 존재가 되어야 하며, 대화는 수단이 아닌 목적이어야 한다. 이때 교사는 교육자로서가 아닌 존재 자체로서 아이들에게 자신을 내보여야 하며, 있는 그대로의 수용과 따뜻한 경험을 제공해야 한다.

④ 경청의 중요성을 강조하고, 다른 사람의 의견을 존중하며 반응하는 방법을 일상적 상황 속에서 자연스럽게 배울 수 있도록 한다.

⑤ 갈등 및 문제 해결, 더 나은 대화와 상호작용을 할 수 있는 방법을 함께 고민하고 성찰하는 시간을 갖는다. 이를 통해 학생들은 공동체 내에서 건강한 관계를 형성하며 성장할 수 있다.

이러한 과정을 통해 교실 내 긍정적인 변화와 따뜻한 문화가 형성되며, 이는 구성원들에게 다시 순환적으로 영향을 미친다.

Ⅴ. 연구방법

1. 존재론적 탐구

1) 존재물음과 만나기-어떠한 교사가 될 것인가?

교직경력 6년 차이지만, 어떠한 교사가 되고 싶은지, 내가 교사로서 언제 가장 행복하냐는 질문에 학생들과 온전한 나의 모습으로 만날 때 가장 행복감을 느낀다고 답하고 싶다. '교사는 이렇게 해야 한다'는 당위적, 외재적 기준에 근거해 학생들에게 다가갈 때보다 인간으로서의 나의 모습을 숨기지 않고 학생들에게 있는 그대로의 모습으로 다가갈 때, 학생들 역시 자신의 진심을 보이며 다가와 주었다. 교직생활 초기에는 학생들에게 무한정 사랑으로 대해주다가도 학생들이 지나치게 예의 없게 굴거나 교권을 침해하는 경우가 생겨 교직생활 중반부터는 엄한 모습으로 변하는 선생님들의 모습이 많다는 이야기를 종종 접하고는 한다. 물론 나도 학생들에게 휘둘리거나 벅차다는 느낌이 들 때도 있었고 학생들에 대한 나의 태도가 맞는 것인지에 회의감이 들 때도 있었지만, 내가 학생 교육에 가장 우선적으로 생각하는 두 가지 신념을 잃지 않으니 학생들과의 이상적인 관계 맺기가 가능했다. 그것은 바로 '예의'와 '책임'이다.

학생들이 남녀노소를 불문하고 타인에 대한 기본적인 예의를 갖추고 자신의 행동에 대한 책임을 다한다면 그 외의 부분에 대해서는 학생들의 자율성과 다양성을 존중해 주고 있는 그대로 포용하려고 하는 편이다. 학생들을 대하는 나의 모습을 다른 사람들이 본다면 의아함을 느낄 수도 있다. 학생들과 눈높이가 비슷하고 사소한 장난이나 웃음 코드도 잘 맞으며 언뜻 보면 또래 친구처럼 지내는 것처럼 보일 수도 있기 때문이다. 그러나 학생들은 교사와의 관계가 친밀한 만큼 교사를 존중하는 태도를 지니고 있으며 잘못된 행동을 하거나 문제 상황이 발생하였을 때는 교사의 가르침을 수긍하고 자신의 행동을 반성하며 책임을 다하려는 모습을 보였다.

이러한 경험을 통해 교사가 자신의 모습 그대로를 교사라는 이름 때문에 굳이 감출 필요가 없다고 생각하게 되었다. 오히려 학생들에게 나의 모습 그대로를 내어 보이며 진심으로 다가가되 전체의 목표(우리 반의 경우 서로 돕는 행복한 교실)를 위한 기본적인 규칙을 지켜야 하는 이유와 목적성을 이해하도록 할 때 진심이 더 잘 통하는 긍정적인 관계가 형성된다. 또한 학생들이 나의 모습을 온전하게 받아들이고 인정해 주는 경험으로부터 행복함을 느꼈듯이, 학생들 역시 자신의 모습을 교사와 친구들에게 온전히 받아들여진다고 느낄 때 더욱 살아있는 행복감을 느낀다. 신뢰와 수용을 바탕으로 한 라포는 학급 공동체 내에서 안정감과 소속감을 형성하고 학생들 개개인의 신체성을 건강하게 발현할 수 있는 토대가 된다.

또한 자신의 원함에서 학습의 소재를 찾아 삶을 만들어 나갈 때 보다 주체적이고 행복한 삶을 구현할 수 있기 때문에 학생들에게 솔직하고 진실한 교사의 교육 태도는 중요하다. 현대사회는 행복의 기준이 사회적, 물질적인 기준, 타인의 시선 등에 맞춰져 있는 경우가 많고 나 역시 이러한 인식에서 완전히 벗어나지는 못하였지만 살아가면서 진정으로 행복하다는 느낌을 받았을 때에는 물질적인 충족이 아닌, 타인에게 내 모습을 그대로 수용 받을 때였다. 학생들에게도 이러한 경험을 많이 제공하여 스스로의 삶에 대한 행복감을 갖게 하는 것이 중요하다고 생각한다. 바로 이 행복감에서부터 많은 문제가 예방되거나 해결될 수 있기 때문이다.

전에 만났던 학생들 중에 늘 비관적이고 비판적인 시선으로 많은 것에 불만을 토하는 학생과, 무엇인가를 하고자 하는 의욕이 없어 적극적으로 수업활동에 참여하기 싫어하는 학생이 있었다. 하지만 그 학생들에게 '학생은 이러이러한 태도를 가져야 한다'는 잣대를 대며 바꾸려고 하기보다는 학생들의 모습을 천천히 관찰하며 이해하려고 노력해 보았다. 이전까지는 일반적으로 기대되는, 이상적인 학생의 모습과는 다르다는 이유로 꾸지람을 듣고 교사나 친구들로부터 이해받지 못했던 학생들이 나의 태도에 조금씩 변화가 일어났다. 부정적인 감정을 표출하였을 때 이를 억제 당했던 예전과는 달리, 부정적 감정을 표출하되 그 이유를 자기 자신에게 묻고 행동에 대한 책임을 이야기했다.

이것은 학생들의 잘못된 행동을 덮어두라는 것이 아니다. 학생들의 행동에는 원인이 있기 때문에 그 원인을 이해하면 학생들을 수용할 수 있게 되며 학생들의 행동도 긍정적으로 변하게 된다. 학생들을 향한 수용적 태도는 교사가 지녀야 할 기본적 자질이며, 교사는 이해와 수용의 체험을 학생들과 자연스럽게 교감하고 일구어 나갈 수 있어야 한다. 학생들을 있는 그대로의 모습으로 수용하고 이해하기 위해서는 학생들의 삶을 그들의 관점에서 경청하고 대화할 수 있는 능력이 필수적이다. 삶의 현장에서 끊임없이 학생들의 관점에서 순전하게 묻고 온전하게 이해하고자 하는 태도를 바탕으로 학생들의 삶을 관찰하고, 질문하고, 그들의 표현물을 해석하려는 진정성 어린 관심이 필요하다. 실제 학생들과의 공유적 삶에서 질문이 바탕이 된 대화의 힘을 몸소 느낄 수 있었다. 서로의 삶을 상호적으로 탐구하는 과정은 학생들의 있는 모습 그대로를 이해할 수 있는 경로가 되었으며, 라포 형성을 통해 신뢰를 쌓아 나가는 배경이 되어주었다.

2) 실존적 탐구

필자가 학생들과 함께 엮어나간 삶 중심 인권교육의 궁극적 도달 목표인 대화공동체 형성은 학생들의 개별 존재와 그들의 삶 자체를 이해하고자 하는 마음에서 출발한다. 이러한 과정에서 교사 역시 학생들과의 순전한 교호작용을 통해 자신의 정체성을 찾고 학생들로부터 수용되는 경험을 통해 치유 받는다. 따라서 필자는 세상(타자)과의 관계 속에서 만나는 존재 물음을 기반으로 이를 이해하고 의미를 연구하면서 자신이 어디에 어떻게 머물러야 하는지 존재 의미를 찾아가는 과정을 중시하는 존재론적 탐구 방법론을 적용하였다.

현장에서 삶 중심 인권교육과정 프로젝트[1]를 수행하는 과정에서 나는 교실에서 함께 삶을 누벼가는 학생들에 대한 지속적인 탐구와 대화를 통해 그들 각자가 지닌 고유한 기질, 성격, 능력, 선입관, 환경에 대한 인식, 삶에 대한 태도 등을 이해할 수 있었다. 그리고 학생들과의 라포가 형성됨에 따라 그들과 대화와 보살핌의 관계를 맺으며 공유적 삶의 이야기를 만들고 그 의미를 실천해 나갔다. 그리고 그러한 나의 존재 구성의 중심에는 교사로서 '나는 누구이고, 무엇을 믿고, 어떻게 살아야 하고, 어떻게 살고 싶은가?'라는 나의 실존적 물음과 해명이 있었다.

학생들 역시 마찬가지였다. 프로젝트 초반에는 교사에 의한 모델링의 영향이 컸으나, 연구의 중반부에 접어들자 학생들은 자발적으로 서로에 대해 탐구하고, 대화하고, 삶의 이야기를 만들고 그 의미를 실천해 나가며 자신의 존재구성 양식을 변화시켜 나갔다. 학생들의 존재구성의 중심에서도 자기 스스로 삶의 물음을 던지고 해명해 나가는 실존적 탐구가 있었다. 공동체 내

1 이하 본 글에서 사용하는 '프로젝트'라는 용어는 '삶 중심 인권교육과정 프로젝트'의 약자이다.

에서 나와 너가 삶의 주체로 만나 학생과 교사 모두가 자기이해와 타자이해를 바탕으로 자신의 존재 의미를 찾고자 하였다.

본 프로젝트는 교사로서 나는 누구이고, 무엇을 믿고, 어떻게 살아야 하고, 무엇을 원하는지에 대한 실존론적 탐구를 수행하는 과정 속에서 교육, 아이들의(혹은 인간의) 삶에 대한 존재 의미를 해명하는 탐구로 자연스럽게 이어지게 된다. 결국 존재론적 탐구는 필자가 자신의 실존론적 탐구의 과정에서 자연스럽게 드러나는 존재 의미를 만나고 해명해 나가는 탐구이다.

교육에 대한 해명도 마찬가지이다. 교사는 교사 중심적인 판단을 멈추고 아이들의 모습을 있는 그대로 바라보고자 하는 순전한 관심과 열린 마음을 가질 때 비로소 아이들의 개별적인 생명성을 마주할 수 있다. 이를 바탕으로 교사와 아이들은 서로를 온전하게 만나고 소통하며 공유적 삶을 대화적으로 누벼갈 수 있다. 상호이해에 기초한 대화적 공동체를 구현함으로써 학생들은 모두 존중, 수용, 배려, 정의, 책임, 정직, 성실 등과 같은 도덕적 가치들을 자기 삶의 의미로 자연스럽게 형성해 나갈 수 있게 된다.

2. 삶 중심 인권교육의 구성 방법

1) '대화공동체' 주제 선택 단계

교직 경력이 길지 않고 나름의 교육적 신조나 교육관이 완전하게 정립되어 있지는 않지만, 내가 담임교사로서 꾸려나가고 싶은 바람직한 학급 상은 꾸준히 마음속에 간직하고 있다. 바로 학생들이 자기중심적이고 개인적인 사고와 행동에서 벗어나 주변의 친구들에게도 꾸준히 관심을 가지고 도움을 주고받는 경험을 나눔으로써 긍정적인 학급 공동체가 주는 안정감과 신뢰감을 느끼도록 하는 것이다. 요즈음 끊임없이 발생하고 있는 여러 가지 학교 폭력, 왕따, 따돌림 등의 사회적 이슈들은 이러한 따뜻한 관계적 보살핌 공동체의 부재로 인해 생겨난다. 이를 위해 필자는 5년간 '버츄(virtue) 프로젝트'라는 이름으로 미덕과 관련된 다양한 활동들을 통해 학생들로 하여금 서로 돕는 공동체 형성을 위해 필요한 가치들을 자연스럽게 내재화할 수 있도록 노력하였으나, 표면적 활동에 그치는 경우가 많았으며 이론적 확립으로 이어지지는 못하였다. 그리하여 듀이와 가다머, 나딩스의 핵심 이론을 필자의 교육관에 뒷받침함으로써 이러한 교육의 방향은 '이해로 서로의 삶을 돌보는 공동체'인 '대화공동체'로 구체화되었다.

2) 교육과정 계획 단계

본 프로젝트는 '삶 중심 인권교육을 통한 대화공동체 형성'을 목표로 전개되었다. 학교에서 이루어지는 수많은 인권교육은 학생의 삶을 고려하지 않고 탈맥락적으로 이루어지는 경우가 많으며 일회성으로 끝나는 이벤트성 교육 또한 많은 실정이다. 그러나 인권은 '인간으로서 마땅히 누려야 할 기본적 권리'라는 사전적 의미보다는 삶 속에서 그 필요성과 가치를 느끼고 자발적인 실천으로 옮길 수 있도록 가르치는 것이 바람직하다. 이러한 맥락에서 교사는 학생들에게 인위적이고 비발현적 학습 소재와 방법을 제시하는 것이 아닌, 학생들의 흥미와 발현성을 고려하여 스스로 붙들리는 학습 소재와 방법을 찾고 교육과정 설계의 주체로서 함께 수업을 구상해 갈 수 있는 역할을 부여해야 한다. 단원 교육과정의 차시별 흐름도와 함께 학생들과 함께 엮어나간 교육과정 구성 방법을 살펴보면 다음과 같다.

먼저 학생들이 어떠한 반을 만들어 가고 싶은지, 어떠한 활동을 선호하는지, 인권에 대한 의식은 어떠한지에 대한 개략적인 조사 및 분석이 이루어졌으나, 구체적인 활동 과정 및 방법에 대한 세부적인 계획은 하지 않고 학생들을 위해 여러 가지 가능성을 열어두었다. 삶 중심 수업 초기에는 교사와 학생 모두 기존에는 교사의 권한이었던 교육과정 설계에 대한 책임을 함께 공유한다는 것에 대해 걱정과 부담감을 느끼고 혼란스러움을 겪기도 하였으나 전체적인 교육과정을 한꺼번에 만들어야 한다는 생각 대신 그때그때 우리 반의 상황적 맥락에 비추어 필요한 교육 내용, 하고 싶은 활동들을 '수호천사 프로젝트'라는 주제에 맞게끔 구상해 나가기로 하니 훨씬 수월하게 진행이 되었다. 학생들은 자신이 원하는 학습 소재와 학습 활동을 찾고 이를 반 학생들과 공유함으로써 함께 차시별 플롯을 엮어나갔다.

즉 시작 차시에서는 전체적인 학습 플롯을 개략적으로 그려본 후 중간 차시에서부터는 학생들과 합의된 학습 흐름에 따라 본격적인 수업과 활동이 진행된다. 매 차시 교사의 간단한 안내 후 학생들은 바로 본 활동을 시작하며. 학생들과 함께 학습활동을 전개하고, 학습을 정리하며 다음 차시의 계획을 협의하여 수업을 마무리한다. 첫 차시에 전체적인 학습 플롯에 대해 사전 계획이 된 상태더라도 중간 차시들의 세부적인 흐름이나 내용은 차시가 진행되는 과정에서 학생들의 협의에 따라 변경되거나 추가되기도 한다. 마지막 차시에서는 학생들이 그동안의 학습 과정과 결과를 공유하는데, 학생들은 최종 활동이 매우 흥미로울 때 학습에 집중하는 경향성을 강하게 보이기 때문에 종결 차시의 활동은 학생들에게 큰 의미를 지닌다.

비록 프로젝트 활동 중반에 나타나는 여러 가지 갈등들, 바람직하지 못한 습관적 언행들로 인해 본 프로젝트가 우리에게 주는 의미와 효용에 대해 회의감을 느끼기도 하였지만 탐구 후반으로 가면서 서로가 서로에게 누벼지고 존재로서 포용되는 경험을 주고받으며 점차적으로 보살핌의 공동체가 형성됨에 따라 교사와 학생들 모두 '나의 변화'와 '우리의 변화'를 체감하게 되었다. 한 학기 동안의 프로젝트를 마무리하는 과정에서 존재론적 글쓰기를 수행하였는데, 이러한 과정은 현장에서 학생들과 공유적 삶을 누비며 겪은 체험과는 또 다른 성장을 나에게 가져다주었다.

3) 교육과정 구상 단계

교사는 학생들이 흥미를 가질 수 있도록 프로젝트나 활동의 목적을 학생들 스스로의 원함에서 찾을 수 있도록 해야 하며 그렇게 함으로써 학습의 자발성이 증진된다. 사람은 누구나 본능적으로 말이나 그림, 또는 행동 등의 여러 가지 수단을 통해 타인에게 자신을 표현하고자 하는 욕구가 있다. 이러한 자기표현 욕구는 학생들에게도 강하게 나타나는데, 학생들의 모습을 관찰하다 보면 학생들은 자신의 삶과 관련된 이야기를 할 때 생명성과 활기가 넘치는 모습을 보인다는 것을 알 수 있다. 교사는 학생들의 삶과 개별 흥미를 고려한 수업 설계를 통해 체험성, 발현성, 맥락성을 수업에 온전히 접목시킬 수 있다. 그러나 주로 획일적이고 하향식으로 이루어지는 현 교육과정 특성상 개별 학생들의 원함을 수업에 일일이 반영하기란 쉽지 않다. 그러나 교사가 교육과정을 설계할 때 학생의 흥미로부터 발현된 수업과 학습에 미치는 영향성과의 관계를 인지하고 있는 것과 아닌 것에는 분명한 차이가 존재한다.

바람직한 학급의 모습은 학급의 구성원인 학생들의 자발적인 참여와 대화를 통해 학생들이 학급의 습관과 제도를 구성해 나가는 중추적인 역할을 해야 한다. 자신의 내면이 전하는 원함에 진실하게 반응하며 사는 삶이 아닌 외재적으로 정의된 기준과 틀 안에 갇힘으로써 학생들의 생명성은 억압된다. 삶 중심 수업을 시작하기 전 학생들이 어떠한 활동을 하고 싶은지, 활동을 어떻게 구성해 가야 할지에 대해 이야기를 나눠보는 시간을 가졌을 때, 자발성이 약하고 선뜻 자신의 생각을 말하기 어려워하는 모습에서 기존의 주입식, 획일적 수업 방식과 외부의 환경적 요인들에 익숙해져 사고의 틀이

고정되어 있음이 느껴졌다.

또한 학생들은 대화와 보살핌을 통한 교류가 활발하게 일어나는 학급공동체가 마련될 때 민주적인 시민 의식을 함양할 수 있으며 지속적인 성장이 가능하다. 이를 위한 여러 가지 학급 운영 방법, 훈육 방법이 소개되고 있으나 앞서 말한 교육적 시사점을 실현하는 것이 쉽지는 않다. 방법론적인 측면에만 몰두하여 활동의 본질은 놓친다든지, 학급의 맥락과 학생들의 실태를 고려하지 않은 주먹구구식 접목은 교사가 초기에 예상했던 것과는 달리 큰 효과가 나타나지 않을 가능성이 높다. 이처럼 현장에서의 여러 한계들을 체감하면서 이를 보완한 인권교육 프로젝트를 고안하였으며 구체적인 방법은 아래에서 제시하고자 한다.

우선 필자가 담임을 맡고 있는 5학년 a학급의 학생들을 대상으로 하였는데 필자가 학생들과 많은 시간을 함께 보내며 깊은 유대 관계와 신뢰감을 형성하고 있었기 때문에 관찰 또는 면접을 통한 자료 수집이 수월한 편이었다. 학생들의 인권의식 성장에 관한 긍정적인 변화에 대한 연구라는 점에서 학생들의 자발적인 참여 또한 원활히 이루어졌다. 교사로서의 역할과 책임에 너무 무게를 두기보다는 학생들이 삶을 마주하며 스스로 사고하고 성장하는 기회를 주는 것에 초점을 두고 프로젝트를 시작하였다. 약 4달 반 동안 진행된 '수호천사 프로젝트'는 다음과 같이 구성되었다.

첫째, 학생들의 흥미와 자기 발현성을 기반으로 교육과정을 함께 구상하였다. 학생들의 의사와 관계없이 교사가 설계하여 주입하는 교육은 생명성이 없다. 수업의 주체는 교사가 아닌 학생이기에, 어떠한 수업을 어떻게 할 것인지는 학생들이 선택할 수 있어야 한다. 필자가 학생들과 함께 만들어 나간 '수호천사 프로젝트'는 학생들과의 토의를 통해 매 차시가 끝날 때마다 다음 차시를 구상함으로써 프로젝트 설계의 전 과정에 학생들이 개입할 수 있도록 하였으며, 매 차시마다 당시의 학급의 맥락과 학생들의 흥미가 반영되었다. 이때 교사의 조언과 피드백은 적극적으로 하되, 직접적인 개입은 최소화하였다.

둘째, 대화적 보살핌 관계를 형성할 수 있도록 구상하였다. 학생들은 대화를 통해 서로를 인간적인 존재로 느낄 수 있으며, 서로에 대해 더 잘 알게 되면 자신의 생각과 가치관을 상대에게 강요하지 않고 서로 다름에 대해 이해하고 존중하고 포용할 수 있게 된다. 이러한 관계 속에서 학생들은 타인의 감정에 대해 공감하고, 인내하는 방법에 대해 배우게 되고 상대와의 긍정적인 관계를 유지하고자 상대에 대한 배려와 보살핌의 욕구가 자연스럽게 형성된다.

셋째, 기존의 프로젝트 형식에서 벗어나 삶 중심 교육과정을 구상하였다. 활동을 중심으로 구상한 프로젝트는 대주제 및 성취기준에서 벗어나지 않는 범위 내에서 보다 자유로운 형태를 띤다. 예를 들어 '우리 마을의 불편한 시설물을 찾아보기'라는 활동은 특정 교과에 국한하여 이루어지기보다는 한 차시 내에서도 미술(포스터 만들기), 음악(가사 바꾸기), 국어(제안하는 글쓰기), 도덕(공익) 등 다양한 교과와 성취기준을 함께 녹여낼 수 있다. 또한 교과서나 교사용 지도서에 제시된 차시를 가져와서 배열하는 것이 아니므로 학생들의 삶을 중심으로 활동을 구성할 수 있으며 학생들에게 보다 가까이 와닿고 체험적인 학습이 가능하다.

4) 초기 선입관 평가 단계

[새로운 아이들과의 첫 만남]

#3.2. 똑같은 5학년이지만 똑같지 않아!

발령 첫해, 4학년 학생들을 만나 5학년까지 연임을 하였기 때문에 같은 학생들과 함께 2년을 보낼 수 있었다. 그래서 연임을 한 해에는 특히 더 편하고 익숙한 느낌으로 한 해를 보냈던 것 같다. 하지만 다음 연도에는 완전히 새로운 5학년 학생들을 만나 어색하고 낯선 느낌으로 시작해야 한다는 생각에 긴장도, 걱정도 많이 되었다. 게다가 학기 말 업무처리와 학년 연구 업무로 2월을 정신없이 보내고 정이 많이 든 전년도 학생들을 제대로 떠나보낼 마음의 준비, 새로운 학생들을 맞을 준비를 하지 못한 상태에서 새 학년을 시작하게 되어 삐거덕거리지 않을까 걱정이 되었다.

전년도 5학년 학생들과의 생활을 마무리하고 다음 해에 만난 새로운 학생들의 첫인상은 전년도에 만난 학생들에 비해 차분하고 기본 생활 습관이 잘 형성되어 있다는 것이었다. 전년도에 만난 학생들과는 허물없이 어울리고 너무나도 재미있게 지낸 까닭에 동료 선생님으로부터 학생들과 나의 모습이 마치 친구 같은 느낌이라는 이야기를 들을 정도였는데, 조용하고 차분해 보이는 이 학생들과는 어떤 1년을 보내게 될지 참 궁금했다.

하지만 한 달 정도 학생들의 모습을 관찰하면서 학생들이 겉으로는 문제가 없고 기본 생활 습관이나 학습 습관이 잘 형성되어 있는 것처럼 보이나, 서로 간의 대화적 관계성이나 정이 약하다는 느낌이 들었다. 쉬는 시간이든 점심시간이든 자투리 시간이 주어졌을 때, 학생들은 서로 어울리며 관계를 형성하기보다는 개인 과제를 하거나 혼자서 시간을 보내는 일이 많았고 함께 어울리는 행동에는 다소 소극적인 모습을 보였다.

우리 사회가 점점 삶과 삶을 마주하며 공유하는 문화가 사라지고 서로를 '우리'가 아닌 '남'으로 인식하며 경계를 짓는 문화로 변모되어 감에 따라 이러한 문화가 알게 모르게 학생들의 삶 속에도 투영되고 있는 것은 아닐까 하는 생각이 문득 들었다. 그래서 학기 초, 학생들이 우리 반에 대한 이미지와 분위기에 대한 선입견과 고정관념을 형성하기 전에 서로 돕는 공동체로 인식할 수 있는 방법을 고민해 보게 되었다. 나는 항상 너 혹은 세상과의 관계 속에서만 존재할 수 있기에 삶은 언제나 나 자신은 물론 너를 주체로 서로의 삶에 누벼내야 한다는 것을 고려해서 말이다.

5) 교육과정 대주제 생성 단계

내가 기존에 가지고 있던 선입견으로 바라본 학생들의 모습이 점차 깨어지면서 학생들에 대한 인식이 새롭게 바뀌어 나갔다. 타인과의 관계 형성에 소극적이고 개별적, 독립적 성향을 지닌 것으로 생각하였던 학생들은 사실 타인을 관찰하며 자신의 삶과의 연결점을 찾으며 서로에게 다가가기 위한 준비를 하고 있었다. 단순히 학년이 동일하다는 이유만으로, 작년에 가르쳤던 학생들과 올해 만난 학생들을 비교하며 개별 학생들의 맥락을 고려하지 않은 채 전체적인 경향성으로 특징지으려 했던 내 모습이 부끄럽게 느껴졌다.

또한 학생들은 두려움 없이 자신의 모습을 있는 그대로 내비치는 용기와 상대의 모습을 편견 없이 받아들일 수 있는 포용력을 가지고 있었다. 타인의 시선을 지나치게 의식하거나 자신만의 기준으로 타인을 판단하려는 태도가 아니라 타인을 존재 자체로 바라보고자 하는 마음이 학생들의 말과 행동을 통해 드러났다. 특히 학생들이 공유된 관심사와 일상적인 사건 등을 중심으로 삶을 이야기 나누면서 서로의 존재를 드러내고 인식하며 이해와 존중의 관계를 형성해 나가는 모습을 보며 대화를 중심으로 한 인권교육이 학생들에게 어떠한 영향을 미치는지 탐구해 보고 싶다는 생각이 들었다.

학생들은 대화를 통해 상호 호혜적인 삶을 주고받을 수 있다. 이러한 문화 속에서 학생들은 서로 마주 보고 이야기하며 정을 쌓고 합의의 과정을 거치며 보다 성숙한 도덕적 단계에 이른다. 또한 학생들은 자신의 존재를 관계 속에서 정의하며 타인과의 긍정적인 상호작용 경험을 바탕으로 관계적 가치를 인식해 나간다. 이를 통해 학생들은 타인을 있는 그대로 수용하는 것의 참된 의미를 깨닫고 그것이 갖는 긍정적인 영향력에 대해서도 체감할 수 있게 되면서 이를 학급 내에서뿐만 아니라 학급 밖에서도 전이시켜 나간다.

이는 배려의 관계적 측면으로 설명할 수 있는데, 배려이론은 도덕적인 상호의존을 포함한다. 배려받으려는 보편적인 욕망으로부터 배려윤리가 시작한다는 나딩스(1984)의 말처럼, 내가 타인으로부터 온전히 수용 받고 싶은 욕망에서부터 타인을 포용하고자 하는 마음이 생긴다. 나는 나로서 정의되는 것이 아닌 타자와의 관계 속에서 정의되므로, 교사는 학생들이 배려와 수용의 지속적인 주고받음을 통해 자신에 대한 긍정적인 존재론적 기반을 형성할 수 있도록 도와주는 것이 바람직하다.

앞서 말한 논의를 바탕으로 학생들의 삶과 대화를 중심으로 한 인권교육은 기존의 인권교육의 패러다임과는 어떻게 다르며 어떤 유의미한 시사점이 있는지, 학생들은 학급에서 대화공동체를 어떻게 형성해 나가며 그 속에서 어떠한 윤리적 상호작용이 일어나는지를 탐구하는 것을 본 연구의 대주제로 설정하였다. 이는 '따뜻한 인권'을 중심으로 하는데, '따뜻한 인권'이란 존중과 상호이해를 기반으로 자신과 타인의 존재를 있는 그대로 수용하는 것과 배려와 양보, 책임, 보살핌 등을 통해 실현할 수 있는 윤리적 가치들을 모두 아우르는 개념이다. 교과서에서는 인권을 인간으로서 당연히 가지는 기본적인 권리라고 명시하고 있는데 교과서에서 제시하는 다소 피상적이고 딱딱한 인권 개념과는 차별성을 두고 학생들의 삶에 보다 가까이 와닿았으면 하는 마음으로 따뜻한 인권이라고 명명하기로 학생들과 약속하였다. 즉 인권 개념은 학생들의 삶 속에서 타인과 함께 누벼지는 과정에서 여러 가지 경험을 통해 온몸으로 배우고 체화해야 하는 것이다.

3. 참여자 선정 및 보호

본 탐구는 대구시 외곽지에 위치한 한 초등학교에서 진행되었다. 필자는 본 학교에서 3년 차 담임교사로 근무 중이었다. 아파트 단지 및 다가구주택이 밀집한 곳에 자리한 A 초등학교는 15개 학급, 학생 300명이 되지 않는 소규모 학교이다. 참여자는 연구자가 담당한 5학년 a반 17명(남학생 10명, 여학생 7명)의 학생들을 대상으로 하였으며 학급의 교과 및 비교과, 생활지도와 연계하여 프로그램을 진행하였다. 프로그램 시작에 앞서 학생들에게 연구의 목적을 밝히고 수업과 집단 면접, 개인 면접 등의 실시에 대한 동의를 받았다.

학생들은 학급 내에서 필자 및 학급 친구들과의 긍정적인 유대 관계를 형성해 가며 대화공동체를 형성해 나갔으며, 참여자 중 특히 프로그램 실시 전후에 유의미한 변화를 보인 8명의 학생들을 중심으로 추가적으로 변화 양상과 관련 자료를 기술하였다. 탐구를 수행하면서 참여자에게 본 탐구의 목적, 필요성, 과정, 의미, 결과의 용도에 대해 충분히 설명한 후 참여자 전원에게 자발성에 의거하여 서면으로 개별적인 동의를 받았다. 이와 아울러 본 글에서 자료로 활용되거나, 사적인 노출이 있거나, 민감한 정보가 포함된 참여자의 경우에는 학부모님께도 추가적인 동의를 받았다. 참여자 보호를 위해 학생의 본명 대신 가명을 사용하였으며, 인물의 사적인 정보가 노출되지 않도록 학교 이름과 지역을 드러내지 않았다. 또한 필요한 경우 참여자 보호를 위해 표현물과 사진, 대화록의 일부를 삭제하거나 익명으로 처리함으로써 윤리성을 확보했다.

4. 삶 중심 인권교육과정의 개요 및 흐름도

처음 인권교육과정을 계획하였을 때에는 교사의 관점에서 학생들의 대략적인 흥미와 수준을 반영하여 전체적인 활동 흐름을 임의로 작성하였다. 그러나 학생들의 개별적 요구와 그때그때 달라지는 상황과 환경을 적시에 반영하기에는 한계가 있어 대주제인 '따뜻한 인권'을 중심으로 학생들과 큰 활동 위주로 하나씩 떠올리고 세부적인 내용을 조율해 가며 교육과정을 함께 구상하였다. 이때 학생들의 사전 설문조사 결과를 반영하여 인권 관련 사례 중에 자신이 흥미를 느끼는 사례를 탐구할 수 있도록 배려하거나, 따뜻한 인권과 관련하여 특별히 관심 있는 주제를 정해서 그것과 관련된 표현활동을 하며 이야기를 나누고 서로 발표하는 시간을 갖도록 함으로써 개별의 관심사를 공동의 관심사로 키우고 동기화할 수 있도록 하였다.

또한 인권에 대한 개념이 점차 확장됨과 동시에 실천성 또한 확대될 수 있도록 활동 순서를 조정하였으며 필요에 따라 언제든 유연하게 변동할 수 있도록 하였다. 여러 활동들이 분절적이고 인위적인 흐름으로 진행되는 것이 아닌 대주제와의 연계성을 가지며 자연스럽게 삶 속에서 체화될 수 있도록 하는 것이 중요하기 때문이다. 학교에서 자체적으로 진행하고 있는 인성교육 활동 역시 프로젝트에 함께 녹여내었는데, 예를 들어 필자가 근무하는 학교에서는 매해 감사 일기장을 학생들에게 배부하여 그날의 감사한 내용을 감사 일기에 기록하며 정서적인 소양과 인성을 함양할 수 있도록 하고 있다. 감사 일기에 쓰는 내용들은 주로 부모님의 사랑, 관심, 가족들의 존중, 친구들의 도움, 선생님의 관심 등의 일상적이고 소소한 내용이 많다. 하지만 이러한 일들이 인권을 지키는 사례가 될 수 있음을 상기시키며 인권의 실천은 대외적이거나 거창한 것만 해당하는 게 아니라 일상 속에서 타인의 권리를 존중해 주는 것에서부터 출발하는 것으로 개념을 확장시킬 수 있도록 하였다.

아래 〈표 V-1〉은 교사인 필자가 수호천사 프로젝트를 위해 사전에 의도하고 계획하였던 1차 흐름도이며 [그림 V-1]은 학생들과의 조율과 합의를 통해 활동 중심으로 구상한 2차 흐름도이다. 2차 흐름도는 1차 흐름도에 비해 내용을 간결하게 정리하고 핵심 주제인 '따뜻한 인권'을 중심으로 주요 활동들을 도식화하여, 활동들이 순차적 흐름에 구애 받지 않도록 구성하였다. 1차 흐름도에서 설정한 것과 마찬가지로 실제 누군가의 삶의 맥락에 대한 이해와 공감에서부터 출발하여 이를 바탕으로 한 실천적 삶의 구성으로 이어지고, 나아가 전체 구성원에 대한 상호이해, 공감, 헌신으로 확장될 수 있도록 하였다. 학생들과 어떠한 상황과 맥락에서 어떤 활동을 구상하였는지, 활동의 내용은 어떻게 정하였는지, 활동 과정은 구체적으로 어떠했는지, 활동을 통해 어떠한 성장과 변화가 있었는지, 관계적 변화와 문화적 역동은 어떻게 일어났는지는 6장의 '삶 중심 인권교육 이야기'에서 시간순으로 자세히 그려내었다.

〈표 V-1〉 수호천사 프로젝트 1차 흐름도

흐름	내용	
실제 누군가의 삶의 맥락에 대한 이해, 공감	이야기 활동, MBTI 활동	1) 사다코 사사키 이야기, 우크라이나 러시아 사태(폴란드 인들의 난민 수용, 구호 활동에 초점), 그레타 툰베리 이야기에 대해 생각해 보고 이야기 나누기 • 누군가를 판단할 때는 그 사람의 상황을 이해해야 함 2) 나는 어떤 성향을 가진 사람인지 나부터 파악하기 • 각자의 성향의 차이 이해하기, 각자의 장점 찾기
	수호천사 활동	평소 친밀도가 중간 정도 혹은 먼 친구(아직 궁금함이 많은 친구)를 선정해서 그 친구와 인터뷰하고 대화하며 탐구하는 시간 갖기 → 탐구한 내용을 정리하여 반 친구들에게 소개하기(미리캔버스, 패들릿 등) → 친구를 위해서 꼭 해주고 싶은 것을 생각해 보고 정리한 내용을 발표하기(따뜻한 토의를 통해 나와 친구들이 행복하려면 어떻게 해주면 좋을지 이야기 나누기)

흐름	내용	
		• 행복한 우리 반을 위해 필요한 것 찾기 • 수호천사 우체통 활동하기(궁금했던 것, 칭찬해 주고 싶은 것, 응원해 주고 싶은 것 등/자신이 누구인지 들키지 않고 활동하기, 알아채더라도 배려해 주기)
이해와 공감을 통한 실천적 삶의 구성	따뜻한 인권 찾기 우리 교실의 따뜻한 이야기 찾기	1) 우리 반에서 필요한 것이 무엇인지 찾아서 자기가 하고 싶고 할 수 있는 것 찾기(의미 있는 역할 정하기) 2) 우리가 이미 했던 활동, 교실에서 있었던 일 중에 타인의 인권을 존중하고 배려한 경험이 있는지 떠올려 보기(버스킹, 도움이 필요한 친구 도와주기, 교실 청소 등)-실생활과 관련짓기 3) 우리를 위한 것들, 우리가 존중받고 있는 것들을 학교에서 찾아보기(저학년 화장실 휴지걸이의 높이, 돌봄 교실, 양심우산, 문턱 제거 등) 4) 바뀌어야 하는 시설물을 찾아보기 • 전교 회의 또는 내년 참여 예산제 때 건의(이미 바꿔주신 것도 소개하기)
전체 구성원에 대한 상호 이해, 공감, 헌신	따뜻한 인권 만들기 따뜻한 우리 교실 만들기	1) 인권이 숨어있는 곳 찾기, '인권' 하면 떠오르는 것 브레인스토밍하기 2) 제3의 인물(가족, 친구, 학급 구성원 등 주변 인물 제외)에 대한 인권 관련 기사 찾아오기 • 세계 곳곳의 인권 침해 사례 살펴보기(전쟁, 차별 등) • 왜 인권 관련 문제가 생기는지, 어떤 방식으로 해결 가능한지 발표해 보기(그레타 툰베리처럼 우리도 바람직한 가치를 실현하기 위해 행동할 수 있다는 인식 갖기) • 인권 존중 사례 찾기(자신이 관심 있는 인권 보호 활동에 대해 조사하기) • 기사를 찾아서 왜 문제가 되는지 표현활동을 한 후, 인권 문제를 바로잡거나 인권을 보호할 수 있는 대안 설계 후 전시회하기 3) 구체적인 사례에서 추상적(법 제도 살펴보기) 개념으로 인식 확장하기
피드백	사후설문 및 되돌아보기	

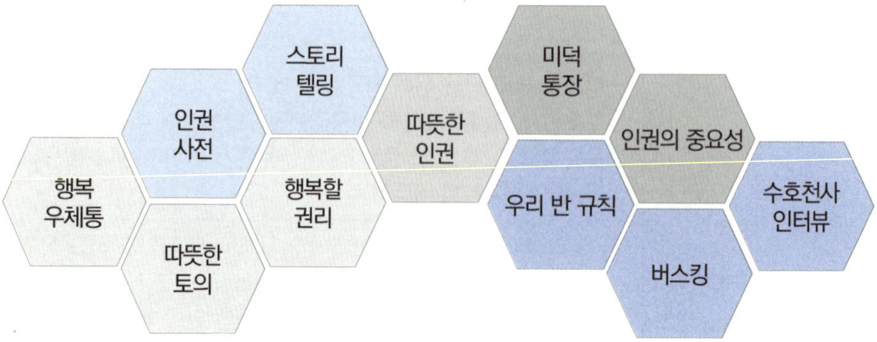

[그림 V-1] 수호천사 프로젝트 2차 흐름도

Ⅵ. 우리가 빚어낸 삶 중심 인권교육 이야기

요즈음 교육현장에서 필수적으로 행해지고 있는 인성교육, 학교폭력 예방교육, 학생생활교육 등을 아우르는 교육활동은 바람직한 인권교육에서부터 시작되어야 한다. 자신과 타인의 인권에 대해 올바르게 인식하고 그 필요성과 가치에 대해 체험적으로 느끼고 실천할 수 있는 교육적 환경이 조성된다면 여타의 다른 교육들은 자연스럽게 학습의 전이가 일어나기 때문이다. 인권교육은 사회, 도덕 등 다수의 교과교육과정에서 다루고 있을 만큼 중요한 교육적 요소이다. 그러나 지나치게 세부적으로 안내된 교과서 및 교사용 지도서, 학생들의 개별적인 삶의 맥락과 유리된 사례 제시 등으로 인해 학생들에게는 개념 인식에 그치는 경우가 많고 행동이나 사고의 변화로 이어지는 데는 한계가 있다. 이것이 인권교육이 삶에 기반하여 이루어져야 하는 까닭이다. 이에 학생들의 피부에 와닿으며 유의미한 학습이 이루어질 수 있는 인권 수업은 어떤 모습일지에 대한 궁금증이 생겨 인권교육의 방향을 새롭게 모색하게 되었다.

1. 삶과 괴리된 인권 개념에 혼란을 느끼다

1) 인권을 사전적 의미로 인식하다

필자가 맡은 5학년 학생들이 배우는 교과 내용에 대한 연구를 하다가 문득 의문이 들었다. 5학년 도덕 6단원인 인권을 존중하며 함께 사는 우리, 5학년 1학기 사회 2단원인 인권 존중과 정의로운 사회 모두에서 공통적으로 인권교육을 다루고 있다는 점이다. 각 교과의 단원 성취기준을 살펴보면 다음과 같다.

[6도03-01] 인권의 의미와 인권을 존중하는 삶의 중요성을 이해하고, 인권 존중의 방법을 익힌다.

[6사02-02] 생활 속에서 인권 보장이 필요한 사례를 탐구하여 인권의 중요성을 인식하고, 인권 보호를 실천하는 태도를 기른다.

물론 각 성취기준과 교과 내용은 각 교과의 교과적 특성을 반영하고 있다. 도덕 교과의 경우 실천 및 내재화에 초점을 두고 있으며, 사회 교과의 경우 탐구와 개념 이해에 초점을 두고 있다. 그러나 두 교과의 성취기준 모두 공통적으로 인권의 중요성을 인식하고 실천으로 이어질 것을 목표로 하고 있다. 성취기준 도달 과정에서의 방법론적 차이가 있을 뿐, 결국 학생들이 성취해야 할 기준은 유사하다는 점에서 '굳이 인권교육을 도덕과 사회에서 따로 분산하여 가르쳐야 할 필요가 있을까?' 하는 생각이 들었다. 또한 인권교육은 생활교육과도 밀접한 관련을 가지는데, 필자가 학기 초부터 학급에서 실시하고 있던 버츄 프로젝트와도 상당한 관련성이 있다는 것을 느꼈다. 버츄 프로젝트에서 학생들이 함양하도록 권고하는 50여 가지의 미덕들은 인권을 존중하는 과정에서 실천해야 할 덕목들과도 일맥상통하기 때문이다. 이에 필자는 인권이라는 중요한 교육적 가치를 교과 및 비교과에서 분절적으로 가르치는 것보다 학급 내에서 학생들이 함께 살아가는 삶 속에서 자연스럽게 배울 수 있도록 하는 것에 교육적 의의를 두고 교육과정을 고안하였다.

우선 필자의 학급 내 학생들이 인권에 대해 어떠한 개념과 인식을 가지고 있는지 조사하는 것이 선행되어야 한다. 필자는 인권에 대한 개념을 묻는 문항, 인권에 대한 경험을 묻는 문항, 인권존중에 대한 방법론적인 문항 등 서술형 문항 8가지와 인권에 대한 자기 평가문항들로 구성된 객관형 문항 4가지를 포함하여 총 12가지의 문항에 대한 학생들의 응답을 비교 분석하여 다음과 같은 결론을 도출하였다.[1]

첫째, 인권 개념을 추상적인 권리 개념으로 인식하고 있다. 학생들에게 인권과 관련된 개념을 떠올리도록 하였을 때 '권리'라는 응답이 가장 높았는데(26%), 2번 문항에서 권리로 범주화하였던 세부적인 응답들을 살펴보면 '권리' 개념을 '인간이 가질 수 있는 권리, 해보고 싶은 걸 할 수 있는 권리' 등 사전적이고 문자 그대로의 의미로 받아들이고 있음이 드러난다. 학생들은 콜버그식의 형식적이고 덕목주의적인 개념으로 권리를 인식하고 있음을 알 수 있다. 그다음으로 '행복(18%)', '사람(18%)', '존중(7%)' 등의 응답이 뒤따랐으나, 여전히 학생들이 떠올린 개념과 인권에 대한 구체적이고 경험적인 연관성 없이 피상적인 의미로만 연결 짓고 있음이 나타났다. 즉 학생들은 인권을 형식적인 권리 개념으로 인식하고 있으며 삶과의 직접적인 관련성 또는 관계 지향성을 가지는 개념으로 받아들이지는 못하였다.

둘째, 인권존중의 필요성에 대해 소극적이고 개인적인 측면에서 인식을 하는 경향이 있다. '인권을 존중하지 않으면 나에게도 행복이 오지 않기 때문에(32%)', '인권을 존중하지 않으면 상대방의 기분이 나쁘기 때문에(12%)', '인권을 존중하지 않으면 갈등이 발생할 수 있기 때문에(8%)' 등 인권을 존중하지 않음으로써 나타날 수 있는 부정적인 결과를 예방하기 위해서 인권존중이 필요하다고 응답한 비율이 절반 이상으로(52%) 집계되었다. 또한 '인권

---

1 268쪽 '사전 및 사후 설문 응답 비교' 참조.

을 존중해야 자유롭게 하고 싶은 것을 하며 살 수 있다' 등 '자신'의 관점에서 인권의 필요성을 인식하는 경향도 보이는데, 이를 통해 인권의 필요성에 대한 인식이 나의 관점에서 벗어나 타인, 공동체 등으로 확장될 필요가 있음을 알 수 있다.

셋째, 인권의식에 대한 민감성이 낮은 편이다. 인권을 존중받지 못한 경험에 대한 질문에서 '없음'의 비율이 절반이었으며(50%), 있다고 응답한 학생들 역시 '친구가 나를 놀린 것(16%)', '친구가 내 말을 끊은 것(11%)', '부모님께서 내 의견에 안 따라주신 것(11%)' 등 구체적이지 않고 두루뭉술한 경우가 많았다. 또한 이러한 경우에 어떻게 대처하였는지에 대한 개별 면접에서 학생들은 인권을 존중받지 못했다고 느낀 상황을 해결하기 위한 적극적인 노력과 시도를 하지 않고 참고 넘어갔거나, 상대방을 고려하지 않은 감정 표현으로 갈등을 겪었던 경험이 많았다.

사전설문 결과 학생들에게 인권 개념이 관계적, 체험적으로 형성될 필요가 있음을 느꼈고 이를 위해서는 학생들이 공동체 내에서 지속적이고 구체적으로 인권 존중에 대한 경험을 공유하는 것이 필요하다고 생각하였다. 이에 따라 학생들과 함께 인권이라는 단어를 '행복할 권리'라고 명명함으로써 인권이 보다 가깝고 쉬운 개념으로 와닿을 수 있도록 하였으며, '행복할 권리를 찾고 지키는 수호천사 프로젝트(이후 줄여서 수호천사 프로젝트로 명명)'라는 이름으로 우리의 인권교육을 시작하였다.

2) 혼돈의 첫걸음을 떼다

(1) 우리 반은 어떤 반이 되면 좋을까?

3월 첫 주, 5학년 a반 학생들과 만났다. 1년간 단순히 5학년 a반이라는 형식적인 모습으로 공동체를 형성하는 것이 아니라 서로에게 의미 있는 공동체로 함께 한다면 같은 1년을 보내더라도 학생들과 교사 모두에게 서로 더 성장할 수 있는 시간이 될 수 있다. 일반적으로 반 이름을 정할 때, 학년과 반을 그대로 따거나 조금 변형시켜 이름을 정하는 경우가 많다. 그러한 방법도 좋지만 학생들이 함께 어떤 반을 만들어 나가고 싶은지에 대한 생각과 마음을 반 이름에 담는다면 더욱 의미 있고 따뜻한 정체성을 가진 학반이 될 수 있다고 생각한다. 학생들 역시 우리 반만의 이름을 정하면 반에 대한 애착이 더 높아질 것이라고 생각하였고, 우리 반 이름과 로고 공모전을 열기로 협의하였다. 학생들의 의견을 접하기 전에는 단순히 5학년 a반이라는 숫자를 응용한 이름이 많을 것이라고 예상했는데 학생들은 생각했던 것보다 진지하게 우리 반이 어떤 반이 되었으면 좋겠는지, 왜 그렇게 생각하는지에 대해 진지하게 고민했고 반 학생들에게 자신의 생각을 표현하고 설득하기 위해 노력했다. 공정성을 위해 학생들의 의견은 익명으로 소개하였다. 학생들에게 호응을 얻었던 의견들이 여럿 있어 심사에 어려움이 있었으나 각각의 의견에 대한 생각과 감정을 자유롭게 나눈 뒤 가장 많은 공감을 얻고 울림을 준 의견으로 결정하였다.

진정성 어린 고민과 토의 끝에 최종적으로 결정된 의견은 '5a빌딩'이었다. 이름만 보면 5학년 a반의 숫자만 따온 것이 아닌가 하는 생각이 들지만, '빌딩'을 선택한 이유를 살펴보면 따뜻하고 깊은 의미가 내재되어 있음을 알 수 있다. 빌딩을 선택한 이유는 빌딩처럼 마음이 넓고 오랫동안 길게 서로를 도와가며 서로의 부족한 점을 채워주기 위해서이며, 빌딩에 그려진 하트는 협동과 관심을 의미하고, 빌딩의 이름인 '5a'는 5학년 a반을 뜻한다. 3월 첫 주라 학생들과 교사가 서로에 대한 이해와 관계 형성이 이제 막 시작되고 있는 단계에서 반 이름에 대한 학생들의 선택은 서로에 대한 순전한 관심과 호기심, 혹시라도 자신에게 부족한 점이 있다면 그러한 모습에 대한 타인의 이해와 수용을 바라는 마음이 아니었을까.

(2) 나의 선입견에 대한 또 다른 반성

나의 교육 모토는 '서로 돕는 공동체 만들기'이다. 이는 초임 때부터 지금까지도 변하지 않고 고집하고 있는 나의 교육적 소신이다. 교사와 학생들이 학급이라는 공간 내에서 모두가 다름을 인정하고 서로의 성장을 위해 도와주고 도움을 받는 긍정적인 경험을 통해 타인을 기꺼이 도우려는 마음의 힘을 키운다면, 이로 인한 시너지 효과가 학급 공동체에서 시작하여 지역사회, 국가 등 더 큰 공동체로 이어질 수 있다고 생각한다. 이러한 교육적 모토의 기반은 서로 다름을 이해하고 수용하는 것이다. 모두가 다르기 때문에 이들이 모인 공동체는 더욱 다양하고 풍요로워질 수 있으며, 서로 다르기 때문에 이해하고 존중하는 것이 필요한 것이다.

새 학기 첫날 학생들에게 늘 해주는 이야기가 있다. 바로 '색연필 이야기'이다. 색연필 색이 모두 다르기 때문에 더 아름다운 그림을 그릴 수 있는 것처럼 우리 반 학생들도 모두 다 특성이 다르기 때문에 더 아름다운 반을 만들 수 있다는 이야기를 하고 싶어, 본론을 말하기 전에 이러한 질문을 먼저 해 보았다. "색연필이 1가지 색만 있는 경우와 색연필이 12가지 색이 있는 경우, 그림을 그릴 때 어떤 상황을 선택할 것인가?"에 대한 질문에 17명 중 11명은 12가지 색, 나머지 6명은 1가지 색을 선택했다.

당연히 12가지 색을 선택할 것이라는 나의 예상과 달리, 6명의 학생들이 1가지 색을 선택한 것은 참 놀라웠다. "색연필의 색이 많을수록 더 다양한 표현이 가능할 것 같은데, 여러분들은 왜 1가지 색을 선택했나요?"라고 물었더니, "모든 그림에 다양한 색이 필요한 것은 아니에요.", "소묘나 크로키는 한 가지 색으로도 충분히 그릴 수 있어요.", "1가지 색만으로도 명암을 조절해 충분히 완성도 있는 그림을 그릴 수 있어요." 등 납득 가능한 다양한 이유들을 말하였다. 이번에는 12색을 선택한 이유를 들어봤는데, "1가지 색만 있으면 불편하다.", "다양한 색을 사용해야 작품이 더 아름답다.", "내가 좋아하는 색을 골라 쓸 수 있어서 좋다." 등 예상했던 답변들이었다. 당연히 대다수의 학생들이 12색을 선택할 줄 알고 준비했던 이야기를 하려고 했던 나에게 1가지 색을 선택하겠다고 한 학생들의 답변은 일침을 날리는 말이었다. 교사는 학생들보다 먼저 배웠고, 더 많이 알고 있을 수는 있지만 자신의 선입견에 갇혀 학생들을 일방적으로 가르치려고 하는 것은 바람직하지 않다는 것을 다시금 깨달았다. 이후로는 항상 학생들의 이야기를 먼저 듣고 여러 가지 가능성을 열어두려고 하는 편이다.

예상치 못한 학생들의 반응에 당황하기는 했지만, "물론 그림을 그리는 상황에 한정한다면 두 가지 모두가 현명한 선택이 될 수 있어요. 그렇지만 우리 반 학생들은 모두가 똑같은 색일까요?"라고 물었더니 이번에는 학생들 모두가 다 다르다고 대답했다. "그러면 학생들 모두가 한 가지 색이면 어떻게 될까요?"라고 물었더니, "재미없을 것 같아요.", "밋밋하고 심심해요.", "다 똑같아서 구분이 안 될 것 같아요."라고 말했다. 우리 반 역시 학생들의 성격, 잘하는 것, 좋아하는 것, 가지고 있는 미덕이 다 다르기 때문에 더 다채롭고 재미있는 반이 될 수 있고 서로의 색을 인정해 주고 더 예쁘게 가꿔갈 수 있도록 도와주며 더불어 살아가는 것이 우리 반이 존재하는 이유라고 말하며 이야기를 마무리했다.

(3) 우리도 툰베리처럼

그림책이 전하는 효과는 강렬하다. 그림책에 함축된 여러 가지 의미들을 학생들과 함께 찾고 우리만의 방법으로 풀어보며 새롭게 해석하는 것도 묘미이다. 학생들에게 해주고 싶은 메시지가 생길 때 직접적으로 전달하기보다는 그림책을 활용하곤 하는데, 마침 환경교육을 위해 준비해 두었던 그레타 툰베리 그림책이 보였다. 그런데 단순히 환경에 대한 메시지가 아니라 다른 메시지를 찾고 싶었다. 학생들과 함께 교실 바닥에 원으로 둘러앉아 책을 함께 읽으면서 학생들과 떠오르는 질문을 하고, 서로의 생각을 나누었다.

기존의 정형화된 형태의 수업 방식에서 벗어나 책상과 의자가 없는 곳에 자유롭게 앉아 수업을 하는 것만으로도 학생들은 매우 흥미로워했다. "그레타 툰베리가 외쳐요!"라는 책은 아스퍼거 증후군을 가지고 있음에도 환경 문제의 심각성을 전 세계에 알리고자 했던 스웨덴의 한 소녀, 그레타 툰베리의 이야기를 담은 그림책이다. 어떻게 보면 학생들이 지루해하고 흥미 없어 할 내용일 수도 있고 작은 그림책 한 권을 17명이 함께 읽기에는 힘든 부분도 있었을 텐데, 학생들이 그림책에 똘망똘망한 눈빛을 보내며 궁금한 표정으로 듣는 것이 참 기특했다. 그림책이다 보니 글보다는 깊은 의미와 내용이 담긴 그림이 많아서 학생들과 다양한 생각과 느낌을 주고받으며 즐겁게 이야기를 나눌 수 있어 좋았다.

그레타 툰베리에 대해서 알고 있는 학생은 없었지만 이야기를 읽어나가며 학생들에게 질문을 하고 이야기를 나눠보니, 학생들은 내가 생각했던 것보다 환경 문제와 기후 변화에 대해 진지하게 인식하고 있었다. 그리고 그레타 툰베리가 환경 문제에 관심을 가지고 몰두하게 된 이유와 이면의 이야기들(그레타 툰베리는 아스퍼거 증후군을 앓고 있다)을 듣고 학생들은 꽤나 놀라면서도 한편으로는 '그럴 수도 있구나' 하며 이해하고 공감하는 모습을 보였다. 책의 마지막 장, 그레타 툰베리가 사람들과 함께 기후 행동을 외치는 장면에서 학생들에게 질문을 던졌다.

교사: 그레타 툰베리의 이러한 모습이 여러분들에게 어떤 영향을 주나요?

도윤: 처음에 혼자서 시위를 시작하기가 쉽지 않았을 것 같은데 포기

하지 않고 계속한 용기가 대단해요.

지우: 그레타 툰베리가 포기하지 않고 열심히 시위를 했기 때문에 사람들이 지구온난화에 대한 생각을 할 수 있게 되었습니다. 한 사람의 노력도 이렇게 큰 영향을 줄 수 있다는 것을 깨달았습니다.

우진: 아스퍼거 증후군이라는 어려움이 있는데도 자신이 옳다고 생각하는 것을 실천하기 위해 노력하는 모습을 본받고 싶었습니다.

지우: 그레타 툰베리가 자신이 옳다고 생각하는 것을 다른 사람 앞에서 펼쳐 나갔듯이, 저도 제가 옳다고 생각하는 것을 다른 사람들 앞에서 행동으로 실천하고 싶다는 생각이 들었어요.

교사: 좋아요, 그렇다면 그레타 툰베리처럼 세상에 긍정적인 변화를 일으키려면 어떤 일을 할 수 있을까요?

하은: 일상생활 속에서 다른 친구들을 도와주고 배려하는 것부터 실천할 수 있어요.

서윤: 친구들을 괴롭히거나 놀리지 않고 만약 그런 행동을 하는 친구를 보았을 때 멈추도록 이야기하면 우리 학교가 더 안전해질 것 같아요.

교사: 그레타 툰베리도 당시 여러분들과 비슷한 나이였어요. 여러분들도 충분히 바람직하다고 생각하는 일을 스스로 실천하고 주변 사람들에게 좋은 영향을 줄 수 있답니다.

(2022. 4. 5, 수업대화록)

3) 일상 속 사소한 것에서부터 변화를 시작하다

(1) 이렇게 놀이 규칙을 바꿔볼까?

학급의 전체 보상이자, 긍정적인 공동체 의식 형성을 위해 교과 시간 또는 창체 시간 등을 활용하여 다양한 놀이를 하기로 학생들과 결정하였다. 결과에 대한 보상보다는 학생들의 노력과 중간 과정을 더 중요하게 생각하기 때문에 항상 보상(완두콩)을 제공할 때도 중간 과정에 대한 칭찬을 하며 이유를 구체적으로 설명하는 편이다. 그리고 놀이(교실 놀이, 바깥 놀이)를 할 때는 학생들이 단순히 그 시간을 노는 시간, 수업을 하지 않는 시간으로 인식하지 않고 의미 있고 성장할 수 있는 시간이 될 수 있도록 한다.

하루는 강당에서 놀이(늑대와 양 놀이)를 하였는데, 우리 반의 인원은 홀수여서 술래의 수를 원래대로 할 경우, 한 학생은 놀이에 참여하지 못하고 빠져야 하는 상황이 생겼다. 처음에는 가위바위보 등을 통해 게임에 참여하지 않을 학생을 정하였지만, 학생들이 모두 재미있게 게임에 참여하는 상황에서 홀로 구경만 해야 하는 학생의 심정을 이해하기 시작한 학생들은 자발적인 합의를 통해 술래를 한 명 더 늘리는 것으로 게임의 규칙을 바꾸었다. 자신 역시 그러한 입장이 되었을 때 어떠한 마음일지에 대해 고려해 봄으로써 타인의 입장을 온전히 헤아리고 실천으로 옮긴 것이다.

또한 게임을 하다 보니 같은 성별의 친한 친구들에게만 술래를 넘겨주는 경우가 많았는데, 결과적으로 일부 학생들만 게임에 활발하게 참여하고 나머지 학생들은 한 번도 술래가 되지 못하는 경우가 빈번하게 발생하였다. 이 때 학생들은 친한 친구들과만 게임을 하였을 때 학급 전체가 함께 즐겁게 참여하지 못하는 경우가 발생할 수 있다는 것을 인지하고 새로운 게임 규칙의 필요성을 느꼈다.

유나: 선생님, 저도 술래하고 싶은데 남자애들끼리만 서로 술래를 시켜주니까 저는 계속 술래를 못해요.
서윤: 맞아요. 술래를 하는 애들만 자꾸 하고 저희는 계속 서 있었어요.
은우: 자꾸 똑같은 애들만 서로 시켜주니까 할 게 없어요.
다은: 여자애들은 남자애들한테 술래 시켜주고 남자애들은 여자애들

한테 술래 시켜주면 안 돼요?
도현: 술래 안 했던 애들도 골고루 시켜주면 좋겠어요.

(2022. 4. 8, 면접)

학생들은 대화를 통해 '술래를 넘겨줄 때에는 성별을 골고루 하거나 술래를 하지 않은 친구에게 먼저 주자'는 약속을 정하였다. 놀이를 하면서 원래의 규칙을 그대로 적용했을 경우에는 우리 반의 상황과 맞지 않아 어려움이 있다는 것을 인지한 학생들은 스스로 놀이 과정에 대해 다시 돌이켜보며 공동체를 위한 더 나은 방안과 규칙을 생각해 보는 기회를 가졌다. 혼자서만 재미있게 노는 것보다는 여럿이 함께 참여할 때 더 즐겁고 의미 있다는 것을 학생들 스스로 깨닫고 게임을 잘하는 학생, 잘하지 못하는 학생, 흥미가 있는 학생, 흥미가 없는 학생 모두가 자발적이고 즐겁게 참여할 수 있는 방법을 스스로 찾아보고 제안하고 적용하며 서로를 챙기는 기회가 되었다.

(2) '야, 너, ~해!'에서 따뜻한 말 한마디로

학생들의 언어를 살펴보면 생각보다 많은 정보를 알 수 있다. 학생들 간의 친밀도, 교우 관계, 언어 습관, 성격, 기분 등 언어 속에 담긴 내용 이면의 다양한 정보들이 나타나기 때문에 교사는 이를 주의 깊게 관찰함으로써 학생들을 이해하는 데 도움을 받을 수 있다. 3월 초 우리 반 학생들은 서로를 부를 때 '야', '너'라는 호칭을 많이 사용하였다. 처음에는 서로의 이름을 아직까지 제대로 인지하지 못해서, 아직 친해지지 않아 사이가 어색해서라고 생각했으나 5학년이 되기 전까지 4년간 한 학교에서 같은 학년으로 지내왔던 학생들은 이미 서로의 이름에 익숙해져 있었다.

그렇다면 학생들이 왜 서로의 이름 대신 '야', '너'라고 지칭하는지를 물어보니, 예상과는 달리 별다른 의미 없이 '그냥', '이름을 부르는 것보다 편해서'

등의 이유를 말하였다. 학생들이 서로에게 관심을 가지고 마음을 표현할 수 있는 가장 기본적인 방법은 이름을 불러주는 것이라고 생각했기에 학생들이 지금과 같은 방식으로 서로를 부르는 것은 바람직하지 않다고 느꼈다. 특히 사춘기에 접어들기 시작하는 5학년의 경우, 동성 친구 간에는 이름을 부르는 경우가 많았으나, 이성 친구 간에는 이름을 부르지 않고 '야', '너' 등의 지칭을 더 많이 사용하는 모습이 보였다.

그러나 교사가 문제의식을 느껴 학생들에게 호칭을 바꿀 것을 일방적으로 요구하거나 부탁하는 것보다는 학생들 스스로 타인이 '야', '너'가 아닌 자신의 이름을 불렀을 때 어떠한 기분과 감정을 느끼는지를 경험할 필요가 있다고 생각하여, 먼저 교사인 나부터 학생들에게 말을 걸 때 이름을 꼭 불러주려 노력했다. 또한 다수를 지칭할 때에도 '너희들', '재네들'보다는 '우리들'이라는 표현을 사용함으로써 우리가 속한 학급이 나 또는 너, 혹은 성별로 분절된 것이 아니라 함께하는 따뜻한 공동체로 느껴지도록 하였다.

그러자 학생들에게도 점차 언어의 변화가 나타나기 시작했다. '야', '너' 대신 서로의 이름을 불러주었으며 이름을 불러주는 관계가 형성되자 언어 또한 부드러워졌다. 특히 서로 다른 성별의 친구를 부를 때 성을 붙여 부르던 학생들이 성을 붙이지 않고 친구의 이름을 부르기 시작하면서 대화의 빈도 및 친밀도가 높아진 모습을 확인할 수 있었다. 또한 학생들끼리 부탁하거나 요구할 때 '~해!'로 끝나는 명령형 어투가 '~해줄래?'라는 권유형 어투로 바뀌면서 사소한 오해나 다툼이 줄어들고 서로 조금 더 존중하고 배려하는 분위기가 형성되었다. 면접을 통해 학생들 스스로 변화에 대해 어떻게 느끼고 있는지, 변화의 원인은 무엇인지에 대해 물어보았다.

> 유나: 친구들이 이전에는 다른 친구들의 이름을 성까지 붙인 채 부르거나, 이름 대신 '야', '너'를 사용했지만, 최근에는 서로 다 친해

져서 이름을 부르며 이야기하는 경우가 많아졌습니다. 이름만 부르니 더 친근하게 느껴졌습니다.

우진: 우리 반 친구들이 서로 친밀감이 높아지면서 성을 떼고 이름을 불러주는 게 익숙해진 것 같아요. 그리고 말투도 더 부드러워졌어요.

도현: 친구들끼리 이름을 편하게 부르니 반의 분위기가 더 좋아졌어요.

승하: 성을 붙여서 부르는 것보다 더 편한 느낌이 들고, 저도 친구들을 부를 때 성을 붙이지 않고 이름을 부르고 싶은 마음이 들었어요.

도윤: 성을 붙여서 부르면 성을 안 붙이는 것보다 딱딱한 느낌이 드는데, 친구들이 "도윤아" 하고 부르면 친근한 느낌이 들고 편해요.

(2022. 4. 22, 면접)

이처럼 학생들이 경험을 통해 온몸으로 그 경험의 의미와 가치를 스스로 느꼈을 때 학습의 온전한 내재화가 일어난다. 이러한 점에서 교사의 역할은 학생들에게 무엇인가를 배우도록 '가르치는' 것이 아니라 '환경을 조성하는' 것이어야 한다.

2. 삶과 상호이해에 기반한 인권교육과정을 수립하다

1) 아이들의 발달과 맥락에 알맞는 교과교육과정 구성

(1) 교육과정의 주체는 학생이다

교육의 본질은 무엇인가? 많은 사람들이 교육은 타인을 가르치는 것에 그 본질이 있다고 생각하는 경향이 있다. 그러나 학생들에게 끊임없이 새로운 지식을 주입하고, 교훈을 전달하고, 잘못된 언행에 대한 훈육을 함으로써 우리 사회의 바람직한 구성원으로 키우는 것이 교육의 본질은 아니다. 자신의 존재 의미를 끊임없이 추구하며 살아가는 인간의 모습에서 교육의 본질이 무엇인가에 대한 해답을 찾을 수 있다.

이는 학습자의 순수한 자연성을 보존하고 학습자의 흥미와 목적을 발현시키는 자연주의 교육론을 주장한 루소의 입장과 맥을 같이 한다. 루소는 강압적이고 인위적인 교육은 아동의 자연성을 억압한다고 보았으며 아동이 본래의 자연성을 회복함으로써 인간으로서의 행복과 가치를 찾을 수 있다고 하였다. 즉 교육은 학습자에게 초점을 두어야 하며, 학습자 스스로 자신이 누구인지, 어떠한 삶을 살아갈 것인지에 대해 고민하고 판단할 수 있는 교육적인 환경을 마련해 주는 것이 필요하다. 루소는 교육에서 학습자의 발현성이 중요함을 다음과 같이 역설한다.

> 타인의 가르침에서 얻은 것들에 대해서보다는 스스로 그렇게 배운 것들에 대해 더 명료하고 확실한 관념을 갖게 됨은 이론의 여지가 없다.
>
> (Rousseau, 1762)

그렇다면 학습자의 발현성에 기초한 교육은 어떻게 이루어져야 할까? 학습자는 자신이 흥미나 관심을 느끼는 대상을 더 깊게 탐구하고 싶어 하며, 대상에 대한 자신만의 의미를 구성해 나간다. 이러한 관점에서 본다면, 같은 현상 또는 객체에 대해서도 개개인마다 느끼는 것이 다르며 각각 다른 의미로 다가오게 된다. 따라서 교사는 이를 인지하고 기존의 수업 방식을 재고할 필요가 있다. 교사는 수업 중에 끊임없이 주관과 객관의 사이를 넘나들게 된다. 교사는 자신에게 주어진 모든 것을 주관적으로 의미화하게 되더라도, 학생들에게 이를 전달할 때에는 객관적인 형태로 바꾸어 의미를 전해야 한다.

또한 교육과정 텍스트는 교육을 전제로 하기 때문에 교사는 학생의 특성과 학습 목표를 고려하여 교육과정 텍스트를 해석하고 이를 학생들에게 전달해야 한다. 그러나 일반적으로 교사가 교육과정 재구성을 하는 경우 객관적이고 공적인 성격의 교육과정에 교사 개인의 주관성이 개입될 우려가 있다. 학생이 교사의 개입 없이 텍스트 그대로의 의미를 스스로 구성하는 경우에는 개개인의 보다 자유로운 해석이 가능하나, 교사의 개입이 존재할 때에는 교사가 의도한 방향으로 텍스트 의미를 구성하는 경향이 강하다. 따라서 교사는 교육적 상황에서 교사의 영향력을 인지하고 학생들이 스스로 의미 구성을 하고 자신의 삶으로 내재화할 수 있도록 도와야 한다.

분명 교사의 방향성 제시와 학습 범위 수립은 필요하지만 교사의 주관성이 지나치게 개입될 경우 학생들은 주체적으로 학습하고 자신의 해석과 삶을 연결 지을 수 있는 기회를 빼앗길 수도 있다. 따라서 교사가 학생들이 학습 목표를 달성할 수 있는 학습 범위를 제시하면 그 이후의 학습의 주도권은 학생들이 가질 필요가 있다. 학생들이 자신의 흥미, 경험, 가치관, 필요성, 목적에 따라 스스로 붙들리는 소재를 정하고 여기서부터 학습이 시작된다면 학생들의 자연성을 해치지 않고 훨씬 더 살아있는 교육이 되며 자신의 삶에 유의미하게 적용할 수 있을 것이다.

진정한 학습은 자발성과 붙들림에서부터 시작된다. 학생들은 자신이 흥미와 목적성을 가지고 붙들린 소재를 선택하여 학습할 수 있는 자율성을 부여받아야 하며 교육은 각 개인의 삶과 발달에 초점을 두고 이루어져야 한다. 자신이 원하는 관심사를 중심으로 한 학습 내용과 방법은 학습 동기를 지속시키며 학생이 수업의 주도성을 갖게 된다. 교사는 학생들의 개별적인 특성과 관심사를 파악하기 위해 사전설문과 대화를 통해 학생들과 소통해야 하며, 학생들이 자유롭게 내면의 원함을 표현하고 교류할 수 있는 환경을 조성하여 학습에 몰입할 수 있도록 도와야 한다.

또한 교사는 학생들이 자신의 모습 그대로 성장할 수 있도록 자신의 생명성을 발현하고 공유할 수 있는 수용적인 환경을 마련해 주어야 한다. 타인으로부터 자신을 있는 그대로 수용 받는 경험을 할 때 학생들은 자신의 삶의 길을 주체적으로 선택하고 살아 나갈 수 있으며 타인의 존재 역시 있는 그대로 수용하고 이해와 공감을 베풀 수 있는 존재로 성장할 수 있다. 따라서 교사는 학생들이 '마땅히 ~해야 한다'라는 당위적 시각을 가지고 조건이나 의무를 부과하기에 앞서 학생들을 있는 그대로 바라보고 존중하려는 태도를 갖추어야 한다. 그러한 수용적 체험을 통해 학생들은 자신에 대한 긍정적 시각과 함께 삶 속에서 자신의 생명성을 발현시킬 수 있다.

이를 위해서 수업의 방향도 다음과 같이 바뀌어 나가야 한다. 교사는 학생들이 자신의 흥미와 목적을 적극적으로 표현하고 대화를 통해 절충해 나가면서 학습의 행로를 스스로 선택해 갈 수 있도록 배려해야 한다. 일반적으로 프로젝트 설계 시 대주제와 관련된 차시들을 교과별로 분절적으로 떼어서 프로젝트를 구성하는 경우가 많다. 하지만 학생들의 흥미와 원함에 기초하여 교육과정을 설계하기 위해서는 차시 단위로 사전 설계가 이루어지는 것이 아니라 한 단원을 기초로 하여 큰 틀에서 프로젝트를 구상하는 것이 바람직하다. 이후 매 차시를 진행하면서 상황적 요건과 학생들의 요구에 맞게 협의를 통해 세부 활동을 구상해 나갈 수 있다.

필자는 인권의식에 대한 사전 설문조사와 개별 면접, 관찰을 통해 학생들이 나와 타자, 공동체에 대해 어떠한 인식을 가지고 있는지, 어떠한 관계를 형성하고 있는지, 그리고 무엇에 흥미를 느끼는지 등에 대해 살펴보았다. 각 학생들마다 내재하고 있는 신체성이 다르며 이러한 학생들로 구성된 학급의 역동성 역시 학급별로 상이하기 때문에 이를 반영한 교육과정 설계가 필요하다. 이를 파악하기 위해 필자의 반 학생들의 6대 역량에 대한 설문조사[2]를 진행한 과정과 결과를 논의해 보고자 한다.

6대 역량 성취도 평가(3~6학년용)

○학년 ○반 학생들에게!
○○초등학교 학생 여러분 안녕하세요? 이 질문지는 여러분이 학교 수업시간에 어떻게 공부를 하고 있는지 자세히 알아보고, 선생님들이 학생들에게 더 좋은 수업을 하는 데 사용될 것입니다. 문항 내용을 잘 읽고 여러분의 생각이나 느낌과 일치하는 곳에 √표를 하세요.

번호	문항내용	매우 그렇다	그렇다	보통	아니다	매우 아니다
1	나는 수업에 분명한 목표를 가지고 참여한다.					
2	나는 내가 원하는 계획이나 방식으로 수업을 진행해 나간다.					
3	수업시간에 배운 것은 내가 성장하는 데 큰 도움이 된다.					
4	수업시간에 해결하는 문제는 평소에 내가 중요하게 생각하는 문제이다.					
5	나는 수업시간에 선생님이 가르쳐 준 방법보다 새로운 방법으로 문제를 해결할 때가 있다.					
6	나는 다른 친구들이 생각하지 못한 방식으로 문제를 해결할 때가 있다.					
7	나는 수업시간에 한 가지 방법이 아니라 여러 가지 방법으로 문제를 해결할 줄 안다.					
8	나는 수업에서 배운 것을 생활 속에서 다양하게 적용하거나 해결한다.					
9	나는 수업을 할 때 필요한 지식이나 자료를 내 스스로 모으고 활용할 수 있다.					
10	나는 수업시간에 공부해야 할 내용을 집중해서 관찰하고 자세하게 기록한다.					

2 2015 개정 교육과정에서 제시된 6가지 핵심역량. 학생들이 이해하기 어려워하는 문항은 개별적으로 문항의 의미를 설명하여 답변의 정확도를 높인다.

번호	문항내용	매우 그렇다	그렇다	보통	아니다	매우 아니다
11	나는 그림, 글 등 다양한 방법으로 내 생각을 조리 있게 정리할 줄 안다.					
12	나는 수업시간에 상대방을 설득할 수 있는 의견을 만들고 이유를 들어 설명할 수 있다.					
13	나는 평소 생활에서도 독서, 인터넷 자료 검색, 질문하기 등 다양한 조사활동을 한다.					
14	나는 수업시간에 친구들의 말을 귀 기울여 잘 듣는다.					
15	나는 수업시간에 친구가 하는 말을 잘 이해하고 서로의 의견을 조정할 줄 안다.					
16	나는 수업시간에 내 생각과 감정을 말이나 글로 친구들에게 잘 표현한다.					
17	나는 모둠활동 때 친구들과 토의, 토론을 통해 문제를 해결할 줄 안다.					
18	나는 도움이 필요한 경우에 친구를 돕거나, 친구에게 도움을 요청한다.					
19	나는 호기심과 즐거움을 가지고 수업에 참여한다.					
20	나는 수업에서 배운 것을 그리기, 만들기, 역할극 등 다양한 방법으로 표현하고 즐긴다.					
21	나는 수업시간에 친구들이 표현한 작품이나 글을 감상하는 것을 즐긴다.					
22	수업시간에 배운 것은 나에게 소중한 추억이 된다.					
23	나는 수업, 발표, 토론, 전시회를 할 때 친구들과 생각을 적극적으로 나눈다.					
24	나는 수업시간에 공부할 내용과 방법에 대해서 친구들, 선생님과 많은 협의를 한다.					
25	나는 수업 시간에 서로 배려하고 함께 협력하면서 공부한다.					

번호	문항내용	매우 그렇다	그렇다	보통	아니다	매우 아니다
26	나는 모둠활동을 할 때 내가 맡은 일을 책임감 있게 한다.					
27	나는 우리 반이나 학교 친구를 위한 일이라면 적극 봉사하고 싶은 생각을 가지고 있다.					

* ○○초등학교 학생 여러분! 수고하였습니다. 여러분의 생각을 잘 살펴보고 더 좋은 수업이 되도록 노력하겠습니다.

〈표 Ⅵ-1〉 6대 역량 사전 설문조사 결과

6대 역량	자기관리 (1~4)	창의적 사고 (5~8)	지식정보처리 (9~13)	의사소통 (14~8)	심미적 감성 (19~22)	공동체 (23~27)	합계
응답수	14	18	23	24	18	22	119
	14	12	16	17	14	18	91
	16	11	17	21	15	22	102
	18	13	15	23	16	19	104
	16	17	20	25	20	24	122
	15	19	22	25	17	21	119
	13	15	19	22	18	22	109
	19	20	22	21	미응답	미응답	82
	18	18	23	24	19	23	125
	13	15	20	20	18	21	107
	16	15	18	20	18	21	108
	14	15	16	16	16	16	93
	12	13	17	18	11	15	86
	13	9	15	23	16	20	96
	14	15	17	21	11	21	99
	16	9	14	23	19	19	100
	17	9	19	18	16	17	96
평균	14.77941176	11.60294118	16.64705882	19.77941176	18.42857143	22.2857143	

필자가 맡은 학급의 경우 6대 역량에 대한 사전설문 결과 창의적 사고 역량, 지식정보처리 역량에 비해 의사소통 역량, 심미적 감성 역량, 자기관리 역량, 공동체 역량의 점수가 높게 나왔는데, 이는 학생들이 수업 시간에 개별 활동보다는 짝 활동, 모둠활동 등을 통해 다른 친구들과 의견을 나누며 상호작용하는 것을 선호한다는 점, 수업에 호기심과 적극성을 가지고 참여하며 수업 시간에 배운 것을 자신의 삶에 유의미하고 소중한 것으로 인식한다는 점, 수업 시간에 배운 내용이 자신의 성장에 도움이 된다고 인식하며 수업에 긍정적인 태도를 가지고 있다는 점, 이타성을 발휘하여 타인과 공동체에 도움이 되고자 한다는 점을 보여준다.

반면 수업 활동 시 제한적인 텍스트뿐만 아니라 자신의 기호와 역량에 맞는 다양한 자료와 기기 등을 활용하여 필요한 지식이나 정보를 적극적으로 찾아낼 수 있는 학생들의 비율은 타 항목에 비해 상대적으로 낮았으며, 다른 사람들이 생각하지 못한 새로운 방법 또는 여러 가지 방법을 창의적으로 떠올리고 이를 실생활에 적용할 수 있는 역량 역시 상대적으로 부족함을 알 수 있었다. 또한 관찰과 개별 면접을 통해 학생들은 전반적으로 자신의 생각을 자유롭게 표현하고자 하는 성향을 지녔으며 개별적이고 정적인 활동보다는 여럿이 어울리거나 신체를 활용한 활동을 더욱 선호한다는 것을 파악하였다.

관찰과 면접 등의 과정을 통해 학생들의 개별 관심사와 성향을 파악하였다면 여기서 그치지 않고 공동의 관심사로 나아갈 수 있도록 해야 한다. 학습활동 전반에 걸쳐 학생들의 공통된 흥미와 목적을 반영하여 학생들 스스로 합의와 조율의 과정을 거치도록 함으로써 학습활동과 목표를 '나'의 것이 아닌 '우리'의 것으로 인식하면 그 목적을 달성하기 위한 추진력, 의지력과 함께 공동체 내의 결속력 또한 더 강해진다. 필자의 반에서는 학기 초 개별 상담을 통하여 학급 친구들과 친해지고 싶지만 다가가기 어려워하는 학생들이 많다는 것을 파악하고, 학생들 개별의 원함이 공동의 원함으로 나아가도록 함으로써 '우리'가 원하는 공동체를 형성해 갈 수 있는 첫 시작점을 찾을 수 있었다.

(2) 교육과정 통합 재구성

현장에서 단위 차시의 교수학습까지 상세화해 놓은 교과서와 교사용 지도서 위주의 전통적 교육방법과 학습자의 삶의 맥락과 떨어진 분과지식 위주의 교육방법은 오늘날의 시대적 상황을 고려할 때 새롭게 재고되어야 할 필요가 있다. 복잡하고 중층적인 사회에서 발생하는 여러 가지 문제들에 대처하기 위해서는 자율적, 통합적인 지식을 구성하는 능력을 갖추는 것이 필요하다. 하지만 지금의 지식 전달 중심의 초등학교 교과교육은 다층적으로 구조화되어 있는 사회 현상을 학습자가 주체적으로 탐구하고 이해하고 해결하기보다는 사회가 필요로 하는 학문 위주의 내용 지식을 내면화・체화시키는 데 상당 부분 초점화되어 있다(박세원, 2013).

이에 필자 학급의 '수호천사 프로젝트' 교육과정은 '이해로 서로 돌보는 행복한 공동체'를 만들어 가기 위한 공동의 목표 아래 도덕교과를 다른 교과들과 통합 재구성하였으며 교사와 학생들이 주체적으로 함께 참여하여 만들어 나갔다. 이를 통해 학생들이 복잡하고 다층적인 윤리적 현상들을 주체적이고 통섭적으로 탐구하는 능력을 향상시키고자 하였으며 학생들 각자가 원하는 반이 어떠한 반인지를 이야기 나누고 우리 반의 공동의 목표로 함께 목적화할 수 있도록 함으로써 학생들 모두가 목표의식과 주체성을 가지고 참여할 수 있도록 하였다.

도덕과 중심 통합교육과정 재구성을 위해 교사는 다음과 같은 점을 고려해야 한다. 첫째, 학생들이 학습하고자 하는 대주제를 기준으로 성취목표를 설정한 뒤 관련된 각각의 교과교육과정의 내용 요소들을 찾아 시수를 적절히 조절하여 반영시켜야 한다. 이때 각 교과의 내용 요소와 수업 시수는 사전에 교사가 미리 정해두는 것이 아닌 학생들의 학습 상황과 요구 등을 반영하여 함께 조율해 나가면 된다. 이때 학생들의 전반적인 발달성에 기초하여 전체 교육과정을 계획하되, 개별 학생의 특성과 필요를 고려하여 개별 교육과정도 함께 구상해야 한다.

또한 필수적으로 도달해야 하는 성취기준과 교육과정에 대해서는 학생들에게 안내하되, 프로젝트의 전체적인 흐름이나 구체적인 활동은 학생들의 원함과 목소리를 반영하였다. 학생들이 말한 내용들을 종합하여 '인권'이라는 대주제와 관련된 핵심성취기준 두 가지를 아래와 같이 선택하였고, 프로젝트의 기간, 흐름, 활동 등은 사전에 모두 계획해 두기보다는 학생들과 함께 시의적절하게 의논하여 정하기로 하였다. 수업은 교사가 학생들에게 제공하는 것이 아닌, 학생들이 스스로 원하는 것을 배울 수 있도록 주체적으로 참여하며 만들어 가는 것이어야 하기 때문이다. 따라서 학생들과의 사전 협의를 통해 프로젝트의 전체적인 흐름도는 어느 정도 미리 구상을 해 두었으나, 차시가 진행되며 달라지는 학생들의 요구와 흥미, 학습 능력 등에 따라 학습의 방향과 내용 등을 절충하여 수정해 나갔다.

[6도03-01] 인권의 의미와 인권을 존중하는 삶의 중요성을 이해하고, 인권존중의 방법을 익힌다.

[6사02-02] 생활 속에서 인권 보장이 필요한 사례를 탐구하여 인권의 중요성을 인식하고, 인권 보호를 실천하는 태도를 기른다.

둘째, 교사는 국가교육과정을 분석한 뒤 학생들에게 가르쳐야 하는 제재에 대한 평가기준을 우선적으로 마련하여야 한다. 이때 지나치게 구조화된 지도서의 차시별 평가기준에 따를 경우 교사의 자율성이 박탈되므로, 반드시 각 차시별로 평가기준을 모두 만들어서 평가할 필요는 없다. 또한 일반적으로 프로젝트 수업의 경우 다음 시간에 무엇을 학습할지 학생들에게 미리 안내하곤 하는데, 학생들에게 일방적인 차시 예고를 하는 것이 아니라 차시 협의를 해야 한다.

평가기준과 수준의 경우 학생마다 다르기 때문에 각기 다른 학생들이 자신의 수준에 맞게 평가 기준을 성할 수 있어야 한다. 내가 무엇을 얼마만큼 해야 하는지, 어느 수준까지 도달할 수 있는지를 본인이 정해야 하며, 교사는 학생들이 스스로 그것을 할 수 있도록 대화자와 촉진자의 역할을 해야 한다. 평가기준도 최소한의 범위와 기준은 잡아둘 수 있으나, 수준은 학생별로 달라야 한다. 잘하는 학생은 잘하는 학생대로, 도움이 필요한 학생이 있다면 그 학생의 수준에 맞게끔 평가해야 한다. 기존에 관습적으로 이어져 오던 지도안의 양식에서는 획일적인 평가 기준을 상, 중, 하의 수준으로만 구분하여 학생들을 일괄적으로 평가한다. 지도안의 양식뿐 아니라, 평가기준에 대한 교사의 해석부터 기존의 틀에서 벗어나 창의적으로 바뀌어야 한다.

셋째, 모둠활동에서도 학생들이 개인의 관심사를 파악한 뒤 이를 공동의 관심사로 만들어 가면서 스스로 협력하고 역동을 살려 나가도록 해야 한다. 교사가 일방적으로 모둠을 정해주고, 과제를 정해서 어떻게 하라고 지시하고 평가하는 것이 아니라 교사가 대화자와 촉진자의 역할을 하면 학생들은 스스로 자신이 하고 있는 활동에 대해 목적화하고 기준과 수준을 정하며 스스로 역할 분담과 조율을 하는 자율성을 갖추게 된다. 교사는 학생들을 관찰하고 함께 대화하며 모둠활동의 역동이 어떻게 변화되어 가는지, 학생들이 개별적으로 덕목을 어떻게 내면화해 가는지를 살피고 필요에 맞게 피드백을 제공하면 된다.

넷째, 교사의 발문은 수업의 방향과 질을 결정할 정도로 중요하다. 교사는 기존의 교수자, 판단자, 평가자로서의 역할에서 벗어나 대화자, 관심자, 촉진자의 역할을 해야 한다. 교사가 학생들에게 중립적인 질문을 하고 소크라테스식 대화법을 통해 학생들이 자기 자신을 알도록 물음을 던질 때, 학생들은 자신의 이야기를 하며 스스로 목적화하고, 수업의 컨텐츠 역시 자발적으로 구상하고 어떻게 활동을 진행해 나갈지에 대해서도 주체적으로 고민하고 판단하게 된다.

이처럼 학생들은 서로 협의해 가면서 콘텐츠를 만들고 문제 해결 방법을 찾아가는 과정을 통해 학급 내 자생적인 문화를 형성하게 되는데 이는 콜버그 도덕성 발달 5단계에서 인습적인 차원을 넘어서는 단계에 도달하는 것이다. 학생들은 교사나 학교, 또는 사회가 정한 규율을 단순히 따르고 실천하는 것이 아니라, 보다 주체적인 태도로 자신이 속한 공동체 전체의 관점으로 시야를 넓히고 더 나은 사회를 위한 방안을 모색하게 된다. 이를 통해 학생들은 공동체 내에서 공동의 문화를 만들어 가게 되며, 공동체 의식 함양과 함께 공동의 목표를 달성할 수 있게 된다.

즉 교사는 학생들이 교과와 문화와 삶을 함께 엮어가도록 함으로써 학급의 문화를 삶 가운데서 서로를 이해하고 존중하고 보살피는 문화로 만들어 갈 수 있도록 해야 하며, '인권'이라는 의미 역시 삶을 배경으로 하여 자연스럽게 형성할 수 있도록 도와주어야 한다. 교사가 학급에서 일어나는 다양한 상황과 학생 삶의 소재들을 가져와서 그들 스스로 수업의 콘텐츠와 방법을 정할 수 있도록 도와주는 촉진자의 역할을 할 때, 교과, 문화, 삶은 떼려야 뗄 수 없는 유기적인 관계로 누벼진다. 일반적인 수업에서는 평가의 기준과 수준을 교사가 미리 정해두고 일방적으로 제시하는 경우가 많은데, 이러한 경우 학생들의 삶과 수업은 분열되어 버리며 문화교육과 생활교육 역시 별개의 것이 된다. 수업은 개인의 삶과 문화를 융합하는 형태로 이루어질 때 생명성을 가지며 학생들의 역동을 불러일으킬 수 있기 때문에 수업이 삶과 문화를 연결하고 중재하는 역할을 할 수 있도록 교육과정을 구성하였다.

2) 학생들의 삶이 누벼지는 교과교육과정 구성

학생들은 학급이라는 공유적 삶 속에서 교사 및 다른 학생들과의 지속적인 대화를 통해 서로 이해하고 상호주체적인 삶을 누벼가는 과정을 거치며 윤리적 삶을 형성해 나간다. 교육은 삶 중심의 교육과정에 기반해야 하며, 교사는 학생들이 자신의 체험성, 발현성, 맥락성에 기초해서 자기 구성적 삶을 살아갈 수 있도록 도와야 한다. 교육이 삶과의 유기적인 관련성 속에서 이루어져야 하는 이유를 설명하면 다음과 같다. 첫째, 삶 속에서 마주하는 여러 가지 문제는 삶의 문제 해결 과정과 관련을 맺고 있다. 학생들은 타자와 관계를 맺고 있는 자신의 삶에서 맞닥뜨리는 여러 가지 삶의 물음에 대해 스스로 고민하고 해결해 나가는 과정을 거치며 자기 존재 물음을 묻고 해명하고 실천해 나가야 한다. 이 과정에서 자신과 타자를 진실하게 만나고 대화하고 수용하며 함께 공유적 삶을 살아갈 수 있다. 둘째, 구체적 조작기에 해당하는 초등교육의 특성상 교육방식 역시 학생들의 생활 소재를 적극적으로 활용한 노작교육을 바탕으로 추상적 활동으로 이동해 나가도록 해야 한다. 학생들이 성취해야 할 기준이나 목표, 내용 등을 교사가 사전에 계획해 두고 학생들에게 일방적으로 제시하는 것은 개별 학생들의 삶과 동떨어진 것일 수밖에 없다. 교사는 학생들이 자신의 흥미와 목적에 맞게 학습 소재와 활동을 선택하고 스스로 자료를 수집, 해석하여 정리할 수 있는 자율성을 부여해야 한다.

듀이에 따르면 아동의 삶은 통합적이고도 전체적인 것이기 때문에 의식적인 개념적 분리나 구분을 지양해야 한다. 따라서 교과별 지식 전달에 초점을 맞춘 분과적 교육방식은 융합적인 교육방식으로 바뀌어야 한다. 이러한 맥락에서 교과교육과 비교과교육 역시 분절적으로 이루어지는 것이 아니라 이들의 융합을 통한 문화교육의 모습으로 이루어져야 한다. 아이들의 삶과 밀접하게 연결된 교과 교육과정을 구성하려면, 교육과정이 학생들의 일상적 경험과 관심사를 반영하고, 이를 바탕으로 학습할 수 있도록 설계해야 한다. 구체적인 교육과정 설계 방법은 다음과 같다.

(1) 학생들의 삶과 경험을 기반으로 시작하기

① 학생들의 삶의 배경 및 관심사 파악

교육과정을 설계하기 전 학생들의 배경, 관심사, 문제의식을 파악하는 것이 중요하다. 학생들이 겪고 있는 일상적인 문제나 학생들이 흥미를 느끼는 주제를 교과목에 반영하면 학습 동기를 유발할 수 있다.

② 실생활 문제와 연계

수업에서 다룰 문제나 주제를 학생들의 현실과 관련된 사례나 문제로 설정한다. 예를 들어, 환경 문제를 다룬다면 학생들이 자주 접하는 지역의 환경 문제나, 일상생활에서 접할 수 있는 기후 변화와 관련된 문제들을 다루는 것이다.

(2) 학생 참여형 수업 구성하기

① 문제 해결 중심 학습

학생들에게 문제를 제시하고, 그 문제를 해결하기 위해 필요한 지식과 기능을 스스로 탐구하고 학습하도록 유도한다. 예를 들어, '학교 주변에서 쓰레기 문제를 어떻게 해결할 수 있을까?'라는 질문을 던지고 학생들이 직접 여러 가지 해결책을 모색하도록 한다.

② 협력 학습

짝 활동, 모둠 활동을 통해 학생들이 서로의 의견을 나누고 협력하여 문제를 해결하는 과정에서, 다양한 시각을 배우고 더 깊이 이해할 수 있다.

(3) 교과 내용과 일상 경험 연결하기

① 교과 간 연계

여러 교과목을 통합적으로 연결하는 방식으로 교육과정을 설계한다. 예를 들어, 과학 수업에서 다루는 기후 변화 문제를 사회와 도덕교육과 연결하여 환경 문제와 지속 가능한 삶을 다루는 방식으로 학습을 진행할 수 있다.

② 실제 사례 활용

교과서에 제시되어 있는 이론적 지식뿐만 아니라 학생들이 실제로 경험할 수 있는 사례들을 활용하여 보다 풍부하고 실제적인 수업을 한다. 예를 들어, 국어 교과나 사회 교과의 경우 학생들의 실제 경험을 수업의 소재로 가져와 이야기를 나누거나 글을 쓰거나 자료를 제작하여 발표하며 활동에 깊이 있게 몰두할 수 있도록 한다.

(4) 학습 목표와 6대 핵심역량 연계하기

① 교육 목표 설정

교과 교육과정을 통해 학생들은 지식적 측면의 성장뿐만 아니라 사회적, 정서적 성장 등 6대 역량도 함양할 수 있도록 교육 목표를 설정해야 한다. 예를 들어, 인권교육을 통해 학생들은 타인에 대한 배려와 존중을 학습하고 내면화하며 이러한 가치들이 학생들의 일상에서도 실천될 수 있어야 한다.

② 6대 역량 함양

학생들이 단순한 지식 습득을 넘어서 삶에서 자신이 원하는 소재로 학습을 전개함으로써 자기관리 역량, 창의적 사고 역량, 심미적 감성 역량, 지식정보처리 역량, 협력적 소통, 공동체 역량 등이 자연스럽고 융합적으로 신장되도록 도와야 한다.

(5) 학생 중심의 평가 방법 사용하기

① 프로젝트 기반 평가

학생들과 함께 계획하여 진행하는 프로젝트나 활동을 바탕으로 평가 기준을 설정한다. 이 과정에서 학생들은 학습을 하는 과정 중에 이루어지는 평가를 통해 자신의 배움 정도를 구체적으로 확인할 수 있다.

② 자기 평가와 동료 평가

학생들이 스스로 학습 과정을 되돌아보고, 다른 학생들의 의견을 듣는 평가 방식을 사용하여, 자기 주도적 학습 능력을 높이고 상호 피드백을 통해 성장할 수 있도록 한다.

(6) 반성과 피드백의 시간 갖기

① 반성적 학습

수업 후 학생들이 자신이 배운 내용을 다시 돌아보며 성찰할 시간을 가진다. 이 과정에서 학생들은 학습 내용을 자신의 삶과 연결지어 생각하고, 더 깊은 이해를 할 수 있다.

② 학생 의견 반영

학생들이 수업에 대한 의견을 자유롭게 나누고, 그 의견을 교육과정에 반영하고 조정하여 점차 수업을 개선해 나간다. 이를 통해 학생들은 자신이 학습 과정에서 주체적 역할을 한다는 느낌을 받는다.

이처럼 학생들의 삶과 함께 엮어낸 교과 교육과정은 학생들이 학교에서 배운 지식을 실생활에 적용하고, 자신과 타인에 대해 깊이 이해하는 데 도움이 된다. 학생들의 관심과 경험을 중심으로 교육과정을 설계하는 것은 학생들의 동기를 유발하고, 더 깊은 학습을 이끌어 낼 수 있는 효과적인 방법이다.

3) 삶 중심 교육과정

앞서 논의한 삶 중심 교육과정이 현장에서 제대로 구현되기 위해서는 진실한 대화와 이해를 바탕으로 서로의 삶이 누벼지는 과정이 필수적이다. 인간은 누구나 타자를 전제로 자신의 존재를 구성한다. 네가 있기에 내가 있고, 학생이 있기에 교사가 있듯이 내가 나로 존재하기 위해서는 타자와 관계를 맺고 살아갈 수밖에 없다. 이때 바람직한 관계 맺음의 형태는 상대를 자신의 방식대로 통제하고자 하는 것이 아닌 그의 관점에서 이해하고 존중하는 것이다. 사람은 누구나 자신의 경험, 지식, 성향 등에 따른 선입견을 가지고 있는데 이러한 선입견에 근거하여 타자의 생명성을 무시하고 자신의 관점에 맞추어 억압하려고 하는 것은 비윤리적이다.

상대에 대한 관심 어린 대화를 통해 서로의 존재를 이해하고 수용함으로써 올바른 교육이 이루어질 수 있다. 성실, 배려, 정의, 책임 등의 가치는 주입식으로 이루어지는 것이 아니라 상호 이해와 대화가 중심이 된 공동체적 관계 속에서 체험을 통해 자연스럽게 체화되는 것이다. 따라서 필자가 학생들과 함께 구성한 프로젝트의 전 과정에서도 충분한 대화와 협의를 통해 교사와 학생 모두 공동의 목적을 가지고 주체적으로 참여할 수 있도록 하였다. 나의 삶은 타자의 삶과 꿰어져 있기 때문에 자신과 타자의 관계적 존재성을 끊임없이 만나고 실천하도록 함으로써 그 과정에서 자신의 삶을 있는 그대로 살아가면서도 서로 존중하며 함께 삶을 누벼갈 수 있도록 하였다.

또한 학생들은 저마다 가지고 있는 기질, 능력, 성격, 특성, 흥미, 환경 등이 모두 다르다. 따라서 대화를 바탕으로 개별 학생들에 대한 이해가 선행된 후에 학생들의 개별성에 맞는 교육활동이 이루어지는 것이 바람직하다. 이를 위해서는 교과서 및 지도서 위주로 이루어지던 교육방식에서 벗어나 학습자의 삶의 맥락을 고려한 교육방식을 통해 학습자가 통합적인 지식을 구성할 수 있도록 교사의 전문성과 자율성에 대한 보장이 필요하다. 특히 삶의 맥락과 유사한 학습 상황은 교과 간 통합 재구성을 통해 마련할 수 있는데, 학생들은 분과적 지식 학습 상황보다는 통합적 지식 학습 상황에서 자신의 삶의 문제들을 주체적으로 탐구하고 해결해 나갈 수 있다.

초등교육에서 삶 중심 교육과정을 구성할 때는 학생들의 실제적 경험과 생활에 밀접하게 연결될 수 있도록 계획하는 것이 중요하다. 앞서 말한 내용을 바탕으로 한 실제 교육과정 구성 과정은 다음과 같다.

(1) 교육 목표 설정

먼저 교육을 통해 학생들에게 기대하는 목표를 명확히 설정한다. 예를 들어, 교사는 학생들이 실제 생활에서 마주하는 문제를 스스로 해결할 수 있는 능력을 함양시키는 것, 또는 다양한 상황에서 창의적이고 비판적인 사고를 할 수 있도록 하는 것 등 설정한 목표에 따라 실질적이고 구체적인 교육과정을 설계해야 한다.

(2) 주제 선정

학생들의 흥미와 경험을 반영하여 주제를 선정한다. 학습 주제는 학생들이 생활 속에서 접할 수 있는 실제적인 문제나 관심사를 다뤄야 학생들이 주체적으로 참여할 수 있다. '환경 보호', '지역 사회의 문제', '인권' 등 학생들이 공통적으로 자신의 문제로 인식하는 주제를 선정하는 것이 좋다. 또한 주제가 정해지면 그 주제를 중심으로 다양한 교과를 통합한다. 예를 들어, '환경 보호'라는 주제를 다룰 때, 과학(자연환경, 생태계), 사회(환경 보호 정책), 수학(환경 데이터 분석) 등을 함께 학습할 수 있도록 하면 우리의 삶과 비슷한 실제적이고 융합적인 수업이 가능하다.

(3) 학습 자료 및 활동 계획

수업 자료를 인위적으로 제작하기보다 학생들이 실제로 접할 수 있는 실생활 자료를 사용한다. 예를 들어, 뉴스 기사, 실제 경험, 영상자료 등을 수업에 활용하면 현실감 있는 탐구가 가능하다. 또한 수업이 교실 안에서 끝나지 않고 학생들이 직접 체험하면서 배울 수 있도록 한다. 예를 들어, 지역 사회 문제를 주제로 수업을 진행할 때, 지역 환경 청소 활동, 캠페인 활동 등을 실천할 수 있다. 이때 교사는 수업의 전 과정에서 학생들이 수업에 적극적으로 참여하고 협력할 수 있도록 돕는다. 예를 들어, 모둠을 자유롭게 구성할 수 있도록 하거나, 관심 있는 주제를 함께 탐구하여 발표할 수 있는 자율성을 제공함으로써 협력적 학습을 촉진할 수 있다.

(4) 문제 해결 중심 학습 적용

삶 중심 수업에서는 형식적으로 정해진 수업 모형은 없지만 삶의 문제를 중심으로 학생들이 함께 협력하여 해결해 나가면서 성장하는 것을 목표로 하기에 다음과 같은 수업의 사례를 예로 들어 설명하고자 한다. 먼저, 학생들이 해결해야 할 구체적인 문제를 스스로 찾아본다. 예를 들어, 학생들이 찾은 우리 마을의 여러 가지 문제들 중, "우리 마을의 쓰레기 문제를 어떻게 해결할 수 있을까?"와 같은 설정한 기준에 가장 적합한 문제를 선택하여 학생들이 문제 해결의 과정을 학습할 수 있도록 한다. 다음으로, 문제의 본질과 원인을 학생들이 함께 탐구하도록 한다. 이때 다양한 해결 방안을 자유롭게 제시하고, 그중 학생들이 직접 실행 가능한 방법을 찾아본다. 그다음에 학생들이 제안한 방법을 실제로 실행해 보고 효과를 확인한다. 마지막으로 학습 과정과 결과를 평가하고, 학습 과정을 되돌아보며 개선할 점과 의미 있었던 부분에 대해 논의한다.

(5) 학습 결과물 및 평가

학생들이 학습한 내용을 스스로 되돌아보고 자신의 학습 상황을 평가할 수 있도록 자율적인 평가 방식을 사용한다. 또한 교사 중심의 획일적인 평가 방법에서 벗어나 프로젝트 결과물 발표, 협력적 태도 평가, 활동 과정에 대한 평가 등 다양한 평가 방법을 사용한다. 이를 통해 학생들이 자신의 학습 상황을 더 잘 이해하고, 학습한 내용을 실제로 적용할 수 있도록 한다.

(6) 피드백 및 보완

학생들의 학습 과정과 결과에 대한 교사의 피드백을 통해 학생들이 더 나은 학습을 할 수 있도록 도와야 한다. 또한 학생들이 서로의 학습 과정에 대해 의견을 나누고, 피드백을 주고받는 시간을 가질 수 있도록 함으로써 협력적 학습과 성장의 기회가 되도록 한다.

(7) 결과 공유 및 실천

학생들이 프로젝트나 문제 해결 활동을 통해 얻은 결과를 학교 내외의 다른 학생들이나 지역 사회와 공유하는 기회를 제공한다. 예를 들어, 삶 중심 인권 수업의 결과를 학교 행사에서 발표하거나, 주변 이웃들에게 알리는 활동을 할 수 있다. 또한 학습한 내용이 수업에서 그치지 않고 실제 생활 속 실천으로 이어질 수 있도록 한다.

이처럼 삶 중심 교육과정은 학생들에게 단순한 지식 전달을 넘어, 실제 생활에서 적용할 수 있는 능력을 기르는 것이 핵심이다. 이를 위해 주제 선정, 문제 해결 중심 학습, 실생활 체험 등을 통합하여 학생들이 배우는 과정에서 적극적으로 참여하고 실천할 수 있는 기회를 제공해야 한다. 이 방식은 학생들이 학습의 의미를 더 깊이 이해하고, 실제 사회에서 겪을 수 있는 문제들을 해결하는 능력을 키우는 데 큰 도움이 된다. 이때 1이 명확하게 설정되면 2~7의 과정은 상황에 따라 학생들과의 협의를 통해 유동적으로 변경할 수 있다.

예를 들어 필자가 본 프로젝트에서 중심 교과로 설정한 도덕과 교육과정의 경우, "도덕 교과는 … 도덕 현상에 관한 탐구와 내면의 도덕성에 관한 성찰, 일상의 실천이라는 도덕적 지식과 실천의 연계 과정이 지니는 세 구성요소가 교육과정의 주요 내용으로 포함되어야 한다."(교육과학기술부 고시 제2022-33[별책 2])고 진술되어 있는데 이를 통해 도덕 교과는 삶과의 유기적인 관계 속에서 학습되는 것이 바람직하다는 것을 알 수 있다. 이는 비단 도덕 교과뿐 아니라 다른 교과에서도 마찬가지인데, 교사는 학생들이 신체적, 미적, 예술적, 감정적, 이성적, 실천적 능력을 통합적으로 발달시킬 수 있도록 일상적인 삶과 더불어 다른 교과와도 연계하여 교육과정을 재구성해야 한다. 수업이 어느 한 교과에 국한되는 것보다는 여러 교과를 통합하여 이루어질 때 여러 가지 상황이 복잡하게 얽혀있는 우리의 삶의 형태와 비슷한 교육적 상황이 되는데, 이러한 이유로 현장에서 도덕과 수업의 경우 주로 국어와 사회, 미술 등의 여러 교과와 통합하여 가르치려 하는 편이다.

이때 단순한 교과 통합이 아닌 대화적 시스템으로 연결되어 있는 교과 통합이 될 때, 진정한 통합으로서의 목적성을 달성할 수 있다. 대화는 학생과 학생 간, 학생과 교사 간, 학생 자신과 끊임없이 이루어져야 하며 올바른 대화가 바탕이 될 때, 학생들은 자신이 원하거나 필요한 것을 배움의 과정 속에서 발견해 낼 수 있고 교사 역시 학생의 원함을 파악하여 조력할 수 있다. 따라서 교사는 교실 속 대화적 시스템에 대한 구체적인 고안과 이를 교과와 교사가 가르치고자 하는 핵심 주제(본 프로젝트에서는 인권교육)의 통합적 시스템에 녹일 수 있는 방안에 대한 고려가 필요하다.

삶 중심 인권 교육과정에서 나타나는 학생들의 변화를 객관적이고 명확하게 수치화하기 위해 설문조사를 적시에 활용하는 것은 매우 중요하다. 이를 위해 학생들에게 기대되는 변화를 주요 범주로 나눈 뒤, 각 범주에 맞는 구체적인 문항을 설계하고 사전 · 사후 설문조사를 실시하여 그 변화를 정량적으로 비교 · 분석할 필요가 있다.

프로젝트 시작 전의 설문조사[3]는 프로젝트 계획 및 과정에의 적용에, 프로젝트 시행 후의 설문조사[4]는 프로젝트 결과 분석[5] 및 환류를 위해 필수적이므로 아래의 설문지를 통해 학생들의 현재 인권에 대한 인지적, 정서적, 행동적 측면을 구체적으로 파악하고자 하였다.

3 설문 문항의 범주는 서로 중복되지 않고 명확히 구분되어야 하며, 각각의 응답은 하나의 범주에만 속하도록 해야 한다.

4 사전 설문 문항과 동일한 문항으로 구성하되, 학습이나 활동 경험 이후의 변화, 인식, 효과 등을 묻는 문항을 추가한다.

5 사전과 사후 설문 응답을 수집한 뒤, 반복적으로 나타나는 의미 있는 핵심 단어를 기준으로 응답을 분류하고 빈도나 내용의 변화를 비교·분석하여 결과를 도출한다.

☺행복할 권리를 찾고 지키는 수호천사 프로젝트☺(사전)

여러분은 한 학기 동안 '행복할 권리를 찾고 지키는 수호천사 프로젝트'를 할 것입니다. 이 설문지는 여러분이 이 프로젝트 학습 이전에 어떤 인식을 가지고 있는지 알아보기 위해 실시하는 것입니다. 아래의 질문에 대해 자신이 알고 있는 사실이나 생각을 **솔직하게** 적어주십시오.

_____ 학년 ____ 반 이름: ________

Ⅰ. 서술형 문항(인권=행복할 권리)

1. 인권이라고 하면 떠오르는 낱말을 생각나는 대로 적어 봅시다.

2. 인권이라고 하면 떠오르는 생각, 느낌을 문장 형식으로 적어 봅시다.

♡ 인권이란 (   )이다. 왜냐하면 (   )이기 때문이다. ♡

3. 인권을 존중하는 것은 왜 필요한지 적어보세요.

4. 나의 인권을 존중받는다고 느꼈던 적이 있다면, 어떤 것인지 구체적으로 적어보세요.

5. 나의 인권을 존중받지 못한다고 느꼈던 적이 있다면, 어떤 것인지 구체적으로 적어보세요.

6. 인권을 존중하고 보호할 수 있는 좋은 방법이 있다면 무엇인지 적어 주세요.

7. 다른 사람의 인권을 존중해 준 적이 있나요?(예 / 아니오) 있다면, 사례를 구체적으로 적어보세요.

8. 인권 관련 사례 중에 자신이 관심을 가지고 있거나 조사해 보고 싶은 것이 있나요? (예 / 아니오) 있다면, 무엇인지 적어보세요.

Ⅱ. 객관형 문항

다음의 네 가지 질문에서 가장 적절한 답 한 가지를 골라 O 표시하세요.

1. 나는 다른 사람의 인권을 존중하는 방법을 알고 있다.
매우 그렇다 / 그렇다 / 그저 그렇다 / 아니다 / 매우 아니다

매우 그렇다	그렇다	그저 그렇다	아니다	매우 아니다

2. 나는 인권 존중에 대해 관심을 가지고 있다.
매우 그렇다 / 그렇다 / 그저 그렇다 / 아니다 / 매우 아니다

매우 그렇다	그렇다	그저 그렇다	아니다	매우 아니다

3. 나는 지금 인권을 존중하기 위해 노력하고 있다.
매우 그렇다 / 그렇다 / 그저 그렇다 / 아니다 / 매우 아니다

매우 그렇다	그렇다	그저 그렇다	아니다	매우 아니다

4. 나는 이 사회에서 누군가가 자기로 행복하게 살 기본적 권리를 가지고 생활하는 것에 관심을 가지고 도움을 줄 수 있는 사람이라고 생각한다.
매우 그렇다 / 그렇다 / 그저 그렇다 / 아니다 / 매우 아니다

매우 그렇다	그렇다	그저 그렇다	아니다	매우 아니다

☺행복할 권리를 찾고 지키는 수호천사 프로젝트☺(사후)

여러분은 한 학기 동안 '행복할 권리를 찾고 지키는 수호천사 프로젝트'를 하였습니다. 이 설문지는 여러분이 이 프로젝트 학습 이후에 어떤 인식을 가지고 있는지 알아보기 위해 실시하는 것입니다. 아래의 질문에 대해 자신이 알고 있는 사실이나 생각을 솔직하게 적어주십시오.

_______ 학년 ____ 반 이름: __________

Ⅰ. 서술형 문항(인권=행복할 권리)

1. 인권이라고 하면 떠오르는 낱말을 생각나는 대로 적어 봅시다.

2. 인권이라고 하면 떠오르는 생각, 느낌을 문장 형식으로 적어 봅시다.

♡ 인권이란 (   )이다. 왜냐하면 (   )이기 때문이다. ♡

3. 인권을 존중하는 것은 왜 필요한지 적어보세요.

4. 나의 인권을 존중받는다고 느꼈던 적이 있다면, 어떤 것인지 구체적으로 적어보세요.

5. 나의 인권을 존중받지 못한다고 느꼈던 적이 있다면, 어떤 것인지 구체적으로 적어보세요.

6. 인권을 존중하고 보호할 수 있는 좋은 방법이 있다면 무엇인지 적어 주세요.

7. 다른 사람의 인권을 존중해 준 적이 있나요?(예 / 아니오) 있다면, 사례를 구체적으로 적어보세요.

Ⅱ. 객관형 문항

다음의 네 가지 질문에서 가장 적절한 답 한 가지를 골라 O 표시하세요.

1. 나는 다른 사람의 인권을 존중하는 방법을 알고 있다.

매우 그렇다 / 그렇다 / 그저 그렇다 / 아니다 / 매우 아니다

매우 그렇다	그렇다	그저 그렇다	아니다	매우 아니다

2. 나는 인권 존중에 대해 관심을 가지고 있다.

매우 그렇다 / 그렇다 / 그저 그렇다 / 아니다 / 매우 아니다

매우 그렇다	그렇다	그저 그렇다	아니다	매우 아니다

3. 나는 지금 인권을 존중하기 위해 노력하고 있다.

매우 그렇다 / 그렇다 / 그저 그렇다 / 아니다 / 매우 아니다

매우 그렇다	그렇다	그저 그렇다	아니다	매우 아니다

4. 나는 이 사회에서 누군가가 자기로 행복하게 살 기본적 권리를 가지고 생활하는 것에 관심을 가지고 도움을 줄 수 있는 사람이라고 생각한다.

매우 그렇다 / 그렇다 / 그저 그렇다 / 아니다 / 매우 아니다

매우 그렇다	그렇다	그저 그렇다	아니다	매우 아니다

(사후 설문 문항)

1. 지금까지 했던 활동 중 나와 친구들의 따뜻한 인권을 신장시키는 데 도움이 된 활동과 그 이유는 무엇인가요?

2. 행복할 권리를 위한 본 프로젝트의 활동 소감을 써 주세요.

(나에게 어떠한 변화가 있었는지, 친구 또는 우리 반 전체에게 어떤 변화가 있었는지 등)

사전 및 사후 설문 응답 비교[6]

1. 인권이라고 하면 떠오르는 낱말을 생각나는 대로 적어봅시다.

〈표 VI-2〉 인권 개념에 대한 사전 인식 N=17

범주	횟수
권리	10
행복	7
사람	7
배려	3
존중	3
가족	3
책임	1
선물	1
교육	1
지혜	1
예의	1

6 '삶 중심 인권교육과정 프로젝트'를 통한 학생들의 변화를 효과적으로 나타내기 위해 사전, 사후 결과를 함께 제시한다.
설문 결과를 분석할 때 응답 내용을 바탕으로 관련된 항목들을 포괄하는 상위 범주를 설정하고, 그 안에 세부적인 하위 범주를 구분하여 정리한다.

〈표 Ⅵ-3〉 인권 개념에 대한 사후 인식 N=17

범주	횟수
권리	8
배려	7
존중	7
행복	7
따뜻한 인권	5
협동	4
격려	3
미덕	3
친절	3
도움	2
사랑	2
함께	2
행복할 권리	2
가족	1
노력	1
모두	1
보호	1
사람	1
수호천사	1
용기	1
우리	1
자유	1
질서	1
책임	1
친구	1
평등	1

2. 인권이라고 하면 떠오르는 생각, 느낌을 문장 형식으로 적어 봅시다.

〈표 VI-4〉 인권에 대한 사전 인식 N=17

상위 범주	하위 범주	횟수
권리	인간이 가질 수 있는 권리(5)	11
	해보고 싶은 걸 할 수 있는 권리(5)	
	교육받을 수 있는 권리(1)	
행복	마음이 밝아져 사이가 좋고 행복해짐(4)	9
	살아가면서 행복할 수 있음(5)	
존중	꼭 존중받아야 하는 것	4
가족	가족과 함께 하는 것	2
칭찬	다른 사람에게 칭찬을 받음	1
보살핌	가족끼리 서로를 챙김	1
예의	다른 사람들과 서로 예의를 지킴	1
우정	친구와 가까이 지냄	1
평등	사람은 태어나면 누구나 평등해야 함	1

〈표 VI-5〉 인권에 대한 사후 인식 N=17

상위 범주	하위 범주	횟수
존중(11)	존중받아야 하는 권리	1
	살색에서 살구색으로 고쳐 다른 나라 사람을 존중하는 것	1
	다른 사람의 인권을 존중하고 보호하는 것	1
	다른 사람의 행복을 존중하는 것	1
	서로의 인권을 침해하지 않고 서로 존중하는 것	1
	사람들을 존중하는 것입니다.	1
	사람이라면 태어날 때부터 누구나 가지고 있는 존중받을 권리	1
	존중하는 것	1
	상대방을 존중해 주기	1

상위 범주	하위 범주	횟수
	인권이란 존중인 것 같다. 왜냐하면 인권을 존중해야 행복한 삶을 살아갈 수 있기 때문이다.	1
	나의 행복할 권리. 즉 나의 인권을 존중받고 나도 인권을 보호해야겠다는 생각이 들었습니다.	1
행복(8)	우리 모두의 특별한 행복이다.	1
	행복하게 살 수 있는 것입니다.	1
	모두 엄마들의 뱃속에서 태어났기 때문에 엄마들은 아이를 행복하게 해주고 아이들도 엄마들을 행복하게 해준다.	1
	나뿐만 아니라 우리 모두가 행복한 것	1
	행복하기 위해 우리 모두가 노력하고 서로에게 용기를 북돋아주는 것	1
	서로 모두 행복하기	1
	행복하고 즐거운 추억 남기기	1
	친구들과 내가 서로를 행복하게 만들어 주어야 한다는 느낌이 들었습니다.	1
관계(3)	사람 간의 관계를 더욱 북돋아주는 것	1
	인권이란 솜사탕 같다. 왜냐하면 솜사탕이 맛있어서 기분이 좋아지는 만큼 우리 반이 서로 잘 지내기 때문이다.	1
	'함께하고 같이 노력하는 것이 인권이 아닐까?'라는 생각이 들었습니다.	1
미덕(3)	존중, 배려 등의 미덕으로 나타낼 수 있다.	1
	친절하게 대해주고 서로 배려하고 협동하며 남을 도우면서 인권을 지킨다.	1
	타인을 존중하고 이해하며 배려해 주는 것	1
평등(3)	모두가 가진 뺏을 수 없는 권리	1
	차별하지 않고 모두 공평하게 행동하는 것	1
	사람이라면 있어야 할 권리	1
협동(3)	인권이란 모두의 협동이다.	1
	협동하며 살아가는 단계 중의 하나이다.	1
	협동하는 것	1
근접성(2)	우리에게 가까이 있는 것	1
	인권이란 우리에게 아주 가까이 있다.	1

상위 범주	하위 범주	횟수
배려(2)	허리가 불편하신 노약자들을 위해 노약자석을 만드는 것	1
	배려하는 것	1
실천 가능성(2)	처음에는 우리에게 어렵게 다가오지만 알고 보면 정말 간단한 것	1
	내가 쉽게 실천할 수 있는 것	1
자유(2)	자기가 하고 싶은 걸 할 수 있는 것입니다.	1
	사람이 가지고 얻고 살 수 있는 것	1
관심(1)	친구들이 나의 행복 우체통에 편지를 넣어주었다.	1
도움(1)	사람을 보호하고 도와주는 것	1
따뜻함(1)	인권을 지키는 것은 사람 간의 따뜻함을 지켜주는 것	1
발전(1)	인권이란 시계 같다. 왜냐하면 시간이 가는 만큼 우리는 더 발전을 하고 있기 때문이다.	1
칭찬(1)	다른 친구의 좋은 점을 칭찬하는 것	1
격려(1)	친구, 가족, 친척, 이웃집 사람들, 지나가던 사람들 모두 힘든 일이 있어도 인권 덕분에 살아갈 수 있다.	1

3. 인권을 존중하는 것은 왜 필요한지 적어보세요.

〈표 VI-6〉 인권의 필요성에 대한 사전 인식 N=17

상위 범주	하위 범주	횟수
행복	우리가 행복할 수 있는 권리를 갖고 있기 때문이다.(5)	8
	인권을 존중하지 않으면 나에게도 행복이 오지 않기 때문이다.(3)	
존중	인권을 존중해 주면 서로의 사이가 더 친해질 수 있다.(3)	5
	인권을 존중하는 것이 나에게도, 상대방에게도 중요하다.(2)	
권리	누구나 항상 가지고 있는 권리이기 때문이다.	4
배려	인권을 존중하지 않으면 상대방의 기분이 나쁘다.	3
자유	인권을 존중해야 자유롭게 하고 싶은 것을 하며 살 수 있다.	2
갈등	인권을 존중하지 않으면 갈등이 발생할 수 있다.	2
친밀도	다른 사람들과도 친하게 지내기 위해서이다.	1

〈표 VI-7〉 인권의 필요성에 대한 사후 인식 N=17

상위 범주	하위 범주	횟수
행복(9)	만약 인권을 존중하지 않으면 친구들과 나는 행복하지 않을 것 같기 때문입니다.	1
	인권을 존중해야 서로를 행복하게 만들어 주기 때문입니다.	1
	인권을 존중하면 즐겁고 행복한 우리 반을 만들 수 있고 다툼과 싸움을 줄일 수 있기 때문이다.	1
	그래야지 모두가 존중받는 느낌이 들어서 행복해지기 때문이다.	1
	사람들도 모두 한 번씩은 행복해야 할 것 같다.	1
	사람들의 인권을 존중하면 모두가 행복하게 살 수 있어서	1
	인권을 존중해 준다면 나도 행복해질 수 있다.	1
	인권은 모든 사람들의 특별한 행복이기 때문입니다.	1
	인권은 모든 사람들의 활력소이기 때문입니다.	1
배려(8)	'야!', '너 때문이잖아!' 같은 말보다 '~해줄래?' 같은 다정한 말을 쓴다.	1
	인권을 존중하지 않으면 인권을 존중받지 못한 사람이 기분이 상한다.	1
	인권을 존중하지 않으면 상대방의 기분을 상하게 할 수 있다.	1
	사람들의 인권을 존중하지 않으면 다른 사람이 기분이 좋지 않거나 싫어하기 때문에	1
	인권이 침해당하면 침해당한 사람이 피해를 보기 때문이다.	1
	인권을 존중하지 않는다면 자기만 생각하는 사람이 많아지기 때문에	1
	존중하지 않으면 상대의 기분이 안 좋을 수도 있다.	1
	사람을 귀하게 대하는 태도가 중요해서	1
권리(6)	자신도 인권이 있기 때문이다.	1
	사람들도 모두 생명이기 때문이다.	1
	그래야 인간답게 살 수 있다.	1
	사람에게 없어서는 안 되는 중요한 권리이기 때문에 필요하다.	1
	모두에게 있는 권리다.	1
	자신에게도 권리가 있기에 남에게도 권리가 있기 때문이다.	1
호혜성(5)	내가 먼저 존중해 주면 다른 친구들도 나를 똑같이 존중해 준다.	1
	한 사람이 다른 사람에게 인권을 존중해 주면 인권을 존중받은 사람이 또 다른 사람에게 인권을 존중해 줄 것이기 때문이다.	1

상위 범주	하위 범주	횟수
	인권을 존중한다면 나도 존중을 받을 수 있다.	1
	내가 먼저 다른 사람의 인권을 존중하면 다른 사람도 나의 인권을 존중해 줄 것이기 때문이다.	1
	인권을 존중하면 나중에 자신에게도 돌아오기 때문입니다.	1
화합(3)	인권을 존중하지 않으면 사회생활을 할 때 다툼과 싸움이 많이 일어나기 때문이다.	1
	인권을 존중하는 것이 없으면 사람들이 함께 할 수 있고 즐길 수 있는 대다수의 놀이들이 사라지기 때문이다.	1
	인권을 존중하지 않는다면 사회성도 낮아지기 때문이다.	1
평화(2)	인권을 존중하면 언제나 아름다운 반과 학교를 만들 수 있기 때문이다.	1
	서로 간에 다툼, 싸움이 일어나지 않을 것이기 때문이다.	1
인성(1)	인권을 존중할 줄 알아야 인간의 성격이 더욱 좋아진다.	1
천부인권(1)	사람의 마음에 인권이 들어있는데 그게 사라지면 나쁘게 되기 때문이다.	1

4. 나의 인권을 존중받는다고 느꼈던 적이 있다면, 어떤 것인지 구체적으로 적어보세요.

〈표 VI-8〉 인권 존중 경험에 대한 사전 인식 N=17

상위 범주	하위 범주	횟수
행복	부모님과 따뜻한 집에서 살고 있는 것(6)	12
	부모님(친구)께서 선물을 주신 것(3)	
	가족과 함께 여행을 간 것(1)	
	친구들이 내 생일을 축하해 준 것(1)	
	칭찬을 받은 것(1)	
배려	친구들이 내가 혼자 있을 때 같이 게임하자고 한 것	4
	친구가 게임할 때 나를 배려해 준 것	
	내가 슬플 때 부모님이 내 기분을 배려해 주신 것	
	언니가 나에게 준비물을 양보해 준 것	

상위 범주	하위 범주	횟수
존중	친구들이 모둠활동에서 내 의견을 존중해 준 것(2)	4
	가족회의 때 가족들이 내 생각을 지지해 준 것(2)	
공감	내가 기쁠 때 가족이 함께 기뻐해 준 것(1)	3
	내가 우울할 때 가족들이 위로해 준 것(2)	
도움	내가 다쳤을 때 친구가 도와준 것	2
	친구들에게 도움을 받은 것	
이해	부모님께서 내 말을 들어주시고 이해해 주신 것	1

〈표 VI-9〉 인권 존중 경험에 대한 사후 인식 N=17

상위 범주	하위 범주	횟수
격려(7)	실수해도 끝까지 응원해 줄 때	1
	미덕 통장에 미덕을 써 준 것	1
	우리 반이 버스킹을 할 때 친구들이 공연을 보여줄 때와 친구들이 응원할 때 나의 인권이 존중받는다고 느꼈다.	1
	버스킹에서 트로피카나 춤을 췄는데, 처음에는 부끄러워서 못 할 것 같았지만 공연이 끝나고 잘 췄다고 말해줬을 때 인권을 존중받는 느낌이 들었다.	1
	누구인지는 정확하게 모르지만 행복 우체통에 나에게 편지를 많이 넣어줬던 친구들에게 고마웠고 나의 긍정적인 부분들을 적어줘서 인권을 존중받았다고 생각했다.	1
	행복 우체통에 많은 편지를 넣어주고 많은 미덕을 찾아주어서 존중받는다고 느꼈다.	1
	미덕통장을 아직 받지는 못했지만 받으면 기분이 좋을 것이고 나의 장점을 찾아주면 고마울 것 같다.	1
관심(5)	1학기 때 친한 친구가 많이 없어서 내가 혼자 있을 때 많이 안 친했던 친구가 먼저 나에게 말을 걸어주었고 혼자 있을 때 같이 있어주었다.	1
	수호천사 프로젝트에서 서로의 얼굴을 보며 그림을 그렸을 때 친구가 나를 열심히 그려줘서 고마웠고 그때 내 인권을 존중받았다고 생각했다.	1

상위 범주	하위 범주	횟수
	저에게 고민이 있을 때 친구에게 고민을 말하였는데 고민을 잘 들어주고 해결책도 마련해 주고 위로도 해주어서 나의 인권이 존중받았다고 느꼈습니다.	1
	친구가 나를 걱정해 준 일	1
	생일 선물을 받았을 때	1
경청(4)	엄마가 내 말을 끝까지 들어줄 때	1
	친구가 나의 의견을 존중해 주며 그럼 우리 이렇게 하자라고 해주었기 때문입니다.	1
	친구들이 내 이야기를 경청하는 것과 내 이야기를 듣고 웃어줄 때	1
	5학년인 지금 우리 반 선생님께서 우리 반 친구들은 모든 인권을 존중받아야 된다고 하셨다. 내가 발표할 때 선생님께서 내 발표에 귀 기울여 주셨다.	1
도움(4)	친구가 수학을 도와준 일	1
	내가 모르는 문제가 있을 때 친구가 도와준 것	1
	수학 문제를 풀 때 모르는 문제를 친구가 알려줌	1
	아빠께서 내가 배고플 때 대충이라도 밥을 차려주심	1
배려(4)	친구가 나를 배려할 때	1
	따뜻한 토의를 할 때입니다.	1
	건우가 준비물을 가져다주었다.	1
	내가 조회대에서 놀다가 물통을 두고 집에 갈 뻔했는데 친구가 물통을 나에게 챙겨준 적이 있다.	1
양보(2)	친구가 급식시간에 간식을 준 일	1
	체육시간 피구를 할 때 나에게 공을 많이 주어서 나도 다음엔 친구들에게 많이 양보해야겠다는 감정을 느꼈다.	1
자유(1)	사소하지만 가족과 놀이공원에 놀러갔을 때 음식, 놀이기구 등을 자유롭게 누릴 수 있는 것에서 나의 인권과 우리 가족의 인권이 존중받는다고 느꼈습니다.	1

5. 나의 인권을 존중받지 못한다고 느꼈던 적이 있다면, 어떤 것인지 구체적으로 적어보세요.

〈표 Ⅵ-10〉 인권 침해 경험에 대한 사전 인식 N=17

상위 범주	하위 범주	횟수
없음	없음	9
존중	친구가 나를 놀린 것(3)	5
	머리가 아팠는데 엄마가 그냥 등교하라고 하신 것(1)	
	나는 외식을 하고 싶었는데 집에서 밥을 먹은 것(1)	
배려	내 말을 끊고 다른 친구랑 대화하는 것(2)	3
	나는 쉬고 싶었는데 오빠가 동생을 돌봐주지 않아서 쉬지 못한 것(1)	
권리	친구가 내 물건을 허락 없이 사용한 것	1

〈표 Ⅵ-11〉 인권 침해 경험에 대한 사후 인식 N=17

상위 범주	하위 범주	횟수
없음(8)	없다.	8
무시(7)	내가 어떤 친구에게 말을 걸었는데 그 친구가 내 말을 듣지 않고 다른 친구랑 이야기했던 경험	1
	집에서 흰 티는 세탁하고 있고 다른 티도 세탁하고 있어서 3일 동안 똑같은 옷을 입었는데 친구가 나보고 지저분하다고 했다.	1
	친구들이 나의 말을 듣지 않고 계속 떠들었던 것입니다.	1
	4학년 때 내가 친구에게 말을 걸었을 때 일부러 무시하고 딴짓 했을 때	1
	내 말을 무시하고 사소한 것은 진지하게 받아들여 화내는 것	1
	나만 빼놓고 놀거나 뒷담을 하는 것이었습니다.	1
	내 말을 끊을 때	1
불평등(3)	노키즈존이어서 그 식당을 못 간 적이 있다.	1
	어릴 때 어떤 선생님께서 어떤 아이에게는 잘해주고 나에게는 잘 안 해준 적이 있어서 서운한 적이 있었다.	1
	재작년 겨울 방학에 가족과 제주도에 있는 초콜릿을 만드는 체험을 하려고 갔는데 그때가 코로나가 조금 심했고 대구에서 온 가족이어서 출입을 통제당한 적이 있어서 인권이 침해당했다고 느꼈다.	1

상위 범주	하위 범주	횟수
무관심(2)	물건을 혼자 들 때	1
	친구가 나 말고 다른 사람이랑만 놀 때	1
오해(1)	저번에 학원에서 바르게 앉아 있는데 선생님이 바르게 앉으라고 하셔서 기분이 억울했다.	1

6. 인권을 존중하고 보호할 수 있는 좋은 방법이 있다면 무엇인지 적어 주세요.

〈표 Ⅵ-12〉 인권 존중 방법에 대한 사전 인식 N=17

상위 범주	하위 범주	횟수
존중	다른 사람의 취향(의견)을 존중해 주는 것(6)	10
	장애인, 흑인, 성별 등에 대한 차별을 줄이는 것(4)	
배려	상대방을 배려하는 것(6)	8
	친구의 말을 경청하는 것(1)	
	친구가 혼자 놀고 있을 때 같이 놀아주는 것(1)	
도움	타인을 도와주는 것(2)	2
법	법을 제정하는 것	2
공감	다른 사람을 공감해 주는 것	1
없음	없음	1

〈표 Ⅵ-13〉 인권 존중 방법에 대한 사후 인식 N=17

상위 범주	하위 범주	횟수
배려(6)	타인을 배려하고 인권을 존중할 수 있게 노력합니다.	1
	인권을 존중하고 보호하려면 다양한 미덕을 사용하고 최대한 좋은 말, 예쁜 말을 써야 한다.	1
	사람을 배려한다.	1
	친구가 싫어하는 행동 하지 않기	1
	인권을 침해당하는 사람의 말을 듣고 그 점을 배려해 준다.	1
	말할 때 성의 있게 대답해 주기	1

상위 범주	하위 범주	횟수
이해(6)	인권을 존중하고 보호하려고 노력하고 타인의 마음을 이해한다.	1
	서로를 비난하지 말기	1
	서로의 생각을 존중하고 타인을 이해하고 배려하면 서로의 인권을 존중할 수 있을 것이다.	1
	싸우지 않기	1
	서로의 입장을 바꾸어 생각해 보고 서로를 이해하고 존중한다.	1
	다른 사람을 비난하지 않고 그 사람의 좋은 점을 찾기	1
공감(2)	친구가 슬픈 일이 있을 때 달래준다.	1
	친구랑 소통할 때 맞장구쳐 준다.	1
협동(2)	친구들 사이에서 조금이라도 편하게 지내고 행복하게 지내면 좋을 것 같다. 친구들끼리 협조하며 지내면 인권을 보호할 수 있다.	1
	우리 반의 따뜻한 규칙 만들기	1
법(2)	인권에 대한 법을 찾거나 해결방법 찾기	1
	장애, 노인 등 불편한 부분을 개선한다.	1
경청(1)	친구의 말 끝까지 듣기	1
노력(1)	사람의 노력입니다. 사람은 노력을 해서 좋은 결과를 얻을 수 있기 때문입니다. 노력을 하면 인권을 존중하고 보호할 수 있을 것 같습니다.	1
도움(1)	친구가 힘들 때 도와주기	1
칭찬(1)	서로에게 칭찬해 주기	1
평등(1)	모두 다 평등하고 공평하게 대하며 차별하지 않는다.	1

7. 다른 사람의 인권을 존중해 준 적이 있나요? 있다면, 사례를 구체적으로 적어보세요.

〈표 VI-14〉 인권존중 실천 경험에 대한 사전 인식 N=17

상위 범주	하위 범주	횟수
배려	친구들과 놀 때 내가 하고 싶은 놀이가 있었지만 다른 친구에게 양보한 것(2)	5
	친구를 배려해 준 것(1)	

상위 범주	하위 범주	횟수
	동생에게 갖고 싶은 머리끈을 양보한 것(1)	
	친구에게 내 핸드폰을 빌려준 것(1)	
도움	타인을 도와준 것(4)	4
존중	모둠 활동을 할 때 친구의 의견을 존중해 준 것(2)	3
	친구의 취향이 나와 같지 않아도 존중해 준 것(1)	
없음	없음	3
공감	친구가 기쁘거나 슬플 때 함께 공감해 준 것	2
행복	가족, 친구에게 선물을 준 것	2
	친구에게 칭찬을 해준 것(1)	

〈표 VI-15〉 인권존중 실천 경험에 대한 사후 인식 N=17

상위 범주	하위 범주	횟수
도움(11)	운동회 때 계주를 할 때 마지막 주자가 넘어졌는데 우리가 가서 괜찮냐고 해주면서 흙을 털어주고 부축해 주면서 같이 보건실로 데려다준 사례가 있었다.	1
	다리를 다친 친구를 부축해서 보건실로 데려간 일	1
	친구들이 나에게 도움을 주고 나도 친구들에게 도움을 줘서 친구 사이가 더욱 좋아졌다. 그리고 친구들이 나를 존중해 줘서 고마워서 나도 친구를 존중했다.	1
	행복이(우리 반 인형)를 세탁해 온 일	1
	건우가 지우개와 샤프심이 없을 때 지우개와 샤프심을 빌려주었다.	1
	버스킹에서 친구와 같이 랩을 한 것	1
	영어 끝나고 반 청소한 것	1
	친구가 모르는 문제가 있을 때 가르쳐 준 일	1
	친구들의 수학 공부를 도와주고 틀린 문제를 가르쳐 주었다.	1
	친구가 연필을 들고 오지 않았을 때 샤프를 빌려주었다.	1
	한 친구가 귀가 아프다고 했을 때 다른 친구들이 함께 조용해 줄 수 있도록 도와주었다.	1

상위 범주	하위 범주	횟수
양보(4)	형한테 라면을 양보한다.	1
	친구들이 내 간식을 달라고 해서 몇 명의 친구들에게 간식을 주었다.	1
	친구들과 술래잡기를 할 때 술래를 아무도 안 하고 싶은 상황인데 내가 술래를 해주었다.	1
	타인을 양보하고 타인의 의견을 존중해 주었습니다.	1
공감(3)	친구의 편을 들어주며 친구의 인권과 권리를 지켜주었습니다.	1
	친구가 울고 있을 때 무슨 일이 있었는지, 괜찮은지 물어봐 준 것	1
	친구가 슬픈 일이 있는 것 같아서 물어보고 달래주었다.	1
격려(2)	다른 사람을 많이 비난하지 않고 다른 사람의 좋은 점과 칭찬을 해주었던 적이 있다.	1
	버스킹 때 친구들이 멋진 공연을 할 때 박수를 쳐주고 실수를 해도 괜찮다고 말한 적이 인권을 존중해 줬던 기억인 것 같습니다.	1
관심(1)	생일 선물을 주었다.	1
배려(1)	귀가 아픈 친구를 위해 조용하라고 한 일	1
용서(1)	친구가 실수했을 때 친구가 일부러 그런 건 아니니까 화내지 않고 그냥 용서해 주었다.	1
이해(1)	친구들이 놀리거나 괴롭혀도 이해하려고 한 것	1

Ⅱ. 객관형 문항

다음의 네 가지 질문에서 가장 적절한 답 한 가지를 골라 O 표시하세요.

〈표 Ⅵ-16〉 인권존중에 대한 객관형 문항 사전, 사후 인식 N=17

1. 나는 다른 사람의 인권을 존중하는 방법을 알고 있다.

매우 그렇다 / 그렇다 / 그저 그렇다 / 아니다 / 매우 아니다

사전설문

매우 그렇다	그렇다	그저 그렇다	아니다	매우 아니다
2	6	9	0	0

사후설문

매우 그렇다	그렇다	그저 그렇다	아니다	매우 아니다
8	9	0	0	0

2. 나는 인권 존중에 대해 관심을 가지고 있다.

매우 그렇다 / 그렇다 / 그저 그렇다 / 아니다 / 매우 아니다

사전설문

매우 그렇다	그렇다	그저 그렇다	아니다	매우 아니다
2	6	8	1	1

사후설문

매우 그렇다	그렇다	그저 그렇다	아니다	매우 아니다
8	9	0	0	0

3. 나는 지금 인권을 존중하기 위해 노력하고 있다.

매우 그렇다 / 그렇다 / 그저 그렇다 / 아니다 / 매우 아니다

사전설문

매우 그렇다	그렇다	그저 그렇다	아니다	매우 아니다
5	6	6	0	0

사후설문

매우 그렇다	그렇다	그저 그렇다	아니다	매우 아니다
10	7	0	0	0

4. 나는 이 사회에서 누군가가 자기로 행복하게 살 기본적 권리를 가지고 생활하는 것에 관심을 가지고 도움을 줄 수 있는 사람이라고 생각한다.

매우 그렇다 / 그렇다 / 그저 그렇다 / 아니다 / 매우 아니다

사전설문

매우 그렇다	그렇다	그저 그렇다	아니다	매우 아니다
4	5	7	1	0

사후설문

매우 그렇다	그렇다	그저 그렇다	아니다	매우 아니다
2	15	0	0	0

사후 설문 분석

1. 지금까지 했던 활동 중 나와 친구들의 따뜻한 인권을 신장시키는 데 도움이 된 활동과 그 이유는 무엇인가요?

〈표 Ⅵ-17〉 프로젝트의 세부 활동에 대한 인식 N=17

상위 범주	하위 범주	횟수
따뜻한 토의(7)	따뜻한 토의를 하면서 다른 친구들의 장점을 알게 되고 서로 칭찬을 해 주니 서로의 인권이 존중되는 것 같기 때문입니다.	1
	친구가 힘든 점에 대해 토의를 하면서 불편한 점을 개선해서 좋았다.	1
	친구에게 하고 싶은 말을 할 수 있었습니다.	1
	티볼을 하자는 의견도 존중하며 서로의 마음도 이야기해서 좋았던 것 같아요.	1
	따뜻한 토의를 하면서 친구들의 의견을 존중해서 들을 수 있었습니다.	1
	소수의 의견을 존중해 줄 수 있었기 때문입니다.	1
	따뜻한 토의를 할 때 소수의 말도 듣고 다수의 말도 들어 티볼도 하고 교실 놀이도 해서 좋았다.	1
미덕 통장(5)	그레타 툰베리 스토리텔링이 제일 좋았다. 왜냐하면 그 책을 읽고 더욱 '인권'에 대한 인식이 올라갔고 수호천사 프로젝트를 해서 친구들에 대한 인식이 좋아졌기 때문이다.	1
	서로의 알지 못했던 미덕도 찾아주고 친해질 수 있어서 정말 좋았습니다.	1
	한 달씩 친구들의 행동을 보고 다양한 미덕을 떠올리는 게 보물찾기 같아서 재밌었고 내가 미덕통장 주인공이었을 때 친구들이 쓴 걸 보니 나의 미덕을 열심히 찾아주어서 고마웠고 감동받았다.	1
	내 장점을 친구들이 찾아줘서 내 장점을 알게 되었다.	1
	우리가 직접 친구의 장점을 찾아서 미덕 통장을 만들어줘서 뿌듯했다.	1
버스킹(4)	친구들과 더 친해지고 따뜻한 인권이 더 신장된 것 같기 때문이다.	1
	인권이란 주제를 가지고 한 것이 인상 깊었습니다.	1
	나에게 부족한 점을 알게 되었다. 친구와 소통을 더 할 수 있게 되었고 자신감이 생겼다.	1
	다른 반 친구들과도 친밀도가 올라갔다.	1

상위 범주	하위 범주	횟수
수호천사 인터뷰(4)	수호천사 인터뷰는 많이 친하지 않은 친구와 인터뷰를 하니까 친하지 않았던 친구와 좀 더 가까워질 수 있었습니다.	1
	친구들과 함께 해서 조금 더 친해진 것 같다.	1
	친구에 대해 알아보고 관찰하며 그리는 것이 인상 깊었습니다.	1
	우리 반의 친하지 않았던 친구들과도 친해졌기 때문이다.	1
그레타 툰베리 스토리텔링(3)	그레타 툰베리, 스토리텔링이 제일 좋았다. 왜냐하면 그 책을 읽고 더욱 '인권'에 대한 인식이 올라갔고 수호천사 프로젝트를 해서 친구들에 대한 인식이 좋아졌기 때문이다.	1
	그레타 툰베리 스토리텔링을 하고 난 후에 나와 나이가 비슷한데도 기후위기의 심각성을 알린 그레타 툰베리가 대단하게 느껴졌다. '다른 사람이 하겠지….'라는 생각이 아니라 '내가 먼저 나서야 해.'라는 마인드로 '기후 위기를 위한 등교 거부'라는 것으로 기후 위기의 심각성을 알리고 점점 이 운동을 도와주는 사람인 것이 대단하다고 생각했다. 그레타 툰베리가 정말 멋지다고 생각한다. 그레타 툰베리가 자신이 옳다고 생각하는 것을 다른 사람 앞에서 펼쳐나갔듯이, 나도 내가 옳다고 생각하는 것을 다른 사람들 앞에서 펼쳐나갈 것이다. 예를 들면 다른 친구들 앞에서 내가 먼저 배려하는 것이 옳다고 생각하면 그것을 다른 친구들 앞에서 해내는 것이다.	1
	아스퍼거 증후군을 가진 툰베리가 환경을 생각하며 시위를 한 것이 인상 깊었습니다.	1
행복 우체통(3)	평소에 잘하지 못했던 말도 전할 수 있었기 때문이다.	1
	행복 우체통은 또 다른 친한 친구, 친하지 않은 친구와도 모두 골고루 사귈 수 있는 기회가 되었기 때문입니다.	1
	익명으로라도 친구에게 칭찬을 할 수 있어서 행복했습니다.	1
우리들의 블루스(3)	장애인을 향한 인식이 변화되었고 장애인도 몸만 불편한 거지 우리들과 다르지 않다는 것을 알았기 때문입니다.	1
	다운증후군에 대한 장애를 알 수 있었고 장애인에 대한 생각이 바뀌어서 좋았습니다.	1
	장애인의 인권을 존중하는 법을 알 수 있었고 장애인도 우리와 똑같다는 생각을 갖게 되었으며 장애인도 우리와 같은 사람인 걸 알게 되었다.	1
따뜻한 인권 공개수업 (2)	국경 없는 의사회를 같이 조사하고 협동해서 만드니 모둠 활동이 좋아졌고 친구들이 내가 부탁하는 것을 잘해주었기 때문이다.	1
	친구들과 더 친해지고 따뜻한 인권이 더 신장된 것 같기 때문이다.	1

상위 범주	하위 범주	횟수
따뜻한 인권 사전(1)	친구들끼리 서로 협력해서 만드는 것이 인상 깊었다.	1
행복이 (인형)(1)	행복이를 괴롭힐 때 친구들이 말리고 진짜 살아있는 생명체처럼 대해 주었다.	1

2. 행복할 권리를 위한 본 프로젝트의 활동 소감을 써 주세요.(나에게 어떤 변화가 있었는지, 친구 또는 우리 반 전체에게 어떤 변화가 있었는지 등)

〈표 VI-18〉 프로젝트의 효과성에 대한 인식 N=17

상위 범주	하위 범주	횟수
나의 변화 (11)	친구들 말을 경청하고 이해할 수 있게 되었다.	1
	예전에는 제가 인권이라는 것이 뭔지 모르고 어떻게 하는지도 몰라서 인권을 존중하지 않고 친구들에게 심한 장난을 쳤습니다. 하지만 지금은 인권을 존중하는 방법을 알아서 심한 장난을 치는 걸 조심하게 되었습니다.	1
	처음 보는 친구들과도 친해졌고 나도 친절해졌다.	1
	행복한 인권 프로젝트를 하면서 제가 친구들을 존중해 주고 친구들을 이해하면서 친구들에 대한 인식이 조금 더 친절하게 바뀌었고 우리 반 친구들의 서로에 대한 인식도 이 프로젝트를 하면서 더 좋아진 것 같았습니다.	1
	인권을 배우며 저의 행동 또한 변했습니다. 장애인에 대한 인식이 변했습니다. 처음에는 '이 친구와는 못 사귈 것 같고 이 친구와는 친해질 것 같다가도 또 사이가 나빠지면 어떡하지?'라는 생각을 했지만 '이제는 한 번 이 친구랑 친해져 볼까?', '이 친구는 어떤 걸 좋아할까?'라고 생각하며 먼저 다가갈 수 있게 되었습니다.	1
	선생님과 다른 친구들, 주변 사람들의 인권을 지키기 위해 노력하고 있다.	1
	이 활동을 하면서 행복한 인권에 대한 활동(따뜻한 토의, 그레타 툰베리, 티볼, 행복 우체통 등)을 여러 가지 하면서 몇 명의 친구가 아닌 여러 친구들과 친해져서 활동한 보람이 있었고 친구들에게 다가가기가 더욱 편해졌고 친구들에게 친근한 느낌이 들었다.	1
	친한 친구들이 많아졌고 말하기 전에 한 번 더 생각하게 되었고 착해졌다.	1
	모든 활동이 내가 친구들과 친해지기에 좋았고 내가 더욱 인권 존중에 대해 가깝게 느끼게 되었고 친구들의 인권을 존중해 주는 변화가 생겼고 인권 존중이 많이 중요하다는 걸 알았다.	1

상위 범주	하위 범주	횟수
	내가 인권 운동가처럼 인권 관련 일을 해서 좋았고 나의 변화는 인권 활동이 재밌고 필요하다고 생각하게 되었다는 점이다.	1
	처음에는 친구를 만났을 때 친한 친구도 있고 안 친한 친구도 있었는데 시간이 지나면서 친구와 함께 여러 가지 활동도 많이 하고 대화도 하면서 친한 친구가 많아졌다.	1
친구들(전체)의 변화(7)	밖에서도 욕을 잘 안 쓰게 되었고 때리는 행동을 자제하게 되었다.	1
	1학기 동안 다양한 프로젝트를 하면서 친구와 대화(소통)하고 서로 가까워졌다는 걸 느끼고 있었다. 그래서 1학기에서 행복을 유지한 뒤 2학기에서도 다 같이 다양한 행복한 권리, 인권과 관련된 프로젝트 등을 하면 좋겠다. 2학기에도 행복한 권리를 지켜나가면 좋겠다.	1
	아이들이 친절해졌고 다른 친구들의 물건을 허락 없이 가져가는 행동을 하지 않는다.	1
	다양한 활동에서 친구들이 도와주고 이해해 주고 배려해 줘서 더욱 친해져서 좋았다.	1
	이런 프로젝트를 다음에 된다면 또 하고 싶고, 우리가 모두 다 친해질 수 있는 기회였다. 그리고 원래는 늘 친한 친구와만 놀았는데 모두 함께 친해져서 골고루 친하게 놀 수 있었습니다. 그리고 친구들도 저와 비슷하게 서로 골고루 어울려 놀았던 것 같습니다.	1
	이 프로젝트를 하기 전에 막말을 하는 친구들이 몇몇 있었는데 이 활동을 한 후에는 그런 친구들의 모습이 많이 사라져서 좋은 것 같다.	1
	친구들이 예전보다 나와 다른 친구들을 존중하는 것 같아 좋다. 확실히 바뀐 것 같아서 이번 활동은 매우 좋은 것 같다.	1

프로젝트 시작 전 학생들의 사전설문 결과에 대한 분석을 바탕으로 교육과정을 구상한 내용을 제시하고자 한다.

우선 사전설문 결과에서 학생들은 인권을 추상적이고 이상적인 개념으로 이해하고 있으며, 구체적으로 법적, 제도적 차원에서 인권을 어떻게 보호하고 실현할 수 있는지에 대한 이해가 부족하다는 것이 드러난다. 학생들이 '인권 존중'을 일상적인 친절이나 배려 정도로만 인식하는 경향이 있어, 인권을 위한 제도적 장치나 법적 규제에 대한 교육이 추가적으로 필요하다. 또한 학생들은 자신이 겪거나 주변에서 일어나는 인권침해에 대해 정확하게 인식하거나 구별하기 어려워한다. 예를 들어, 인권침해를 '배려 부족'으로 인식하는 경향이 있어, 실제로 어떤 행동이 인권 침해에 해당하는지에 대해 명확하게 인지하는 것이 필요하다. 또한 인권침해가 법적, 사회적 차원에서 어떤 영향을 미치는지에 대한 인식도 부족하다.

위 설문 결과를 바탕으로 할 때, 바람직한 인권교육은 학생들이 인권을 단순히 추상적이고 이상적인 개념으로만 이해하지 않고 인권에 대해 이해하고 존중하며, 실천할 수 있도록 돕는 방향으로 이루어져야 한다. 또한 인권을 주로 법과 관련지어 생각하는 학생들의 선개념에 대한 변화와 우리의 삶이 법 위에서만 존재하는 것이 아님에도 인권을 주로 법적인 요소들과 접목시켜 안내하는 교과서에 변화가 필요하다고 생각하였기에 본 프로젝트를 통해 도덕 및 사회 교과의 인권교육과 생활교육을 융합하고자 하였다. 이에 본 프로젝트는 학생들의 인권에 대한 개념을 확장하고, 존중 및 보살핌의 실천을 돕는 방향으로 설계하였다. 순서와 활동 등은 학생들과 협의하여 적절한 방향으로 유동성 있게 조정하였다. 다음 장에 실제 수업 활동 사례가 순차적으로 제시될 예정이나, 프로젝트 구상 단계에서 고민해 보았던 몇 가지 활동을 아래에 사례로 추가하였다.

〈1〉 교육 목표 설정

① 인권 개념의 이해

인권의 개념, 정의, 중요성을 각자의 언어로 이해 및 내면화한다.

② 인권 존중의 중요성 인식

서로를 존중하고 배려하는 태도의 중요성을 깨닫는다.

③ 다양성 존중

차별과 편견 없이 모든 사람을 존중하는 태도를 기른다.

④ 실천 능력 향상

인권을 존중하는 행동을 일상생활에서 실천할 수 있는 능력을 기른다.

⟨2⟩ 교육 내용

① 인권의 개념과 필요성

1차시: "인권이란 무엇인가?"

- 목표: 학생들이 인권의 정의를 이해하고, 이를 실생활에서 어떻게 적용할 수 있는지 고민해 본다.
- 활동:
  - 사전설문에 나온 인권 관련 낱말과 개념을 바탕으로 인권이 무엇인지 정의해 본다.
  - 인권에 대한 기본적인 개념(권리, 존중, 배려, 평등 등)을 떠올려 보고 떠오르는 생각을 자유롭게 공유한다.
  - 동영상, 그림책 등을 활용해 인권의 중요성에 대해 이야기 나눈다.

2차시: "왜 인권을 존중해야 하는가?"

- 목표: 인권을 존중하지 않으면 발생할 수 있는 문제점에 대해 이해하고, 인권 존중의 필요성을 깨닫는다.
- 활동:
  - 다양한 경험과 자료를 토대로 인권 존중의 필요성에 대한 구체적인 사례를 공유하고, 학생들의 경험을 나눈다.

- 학생들이 다양한 상황에서 어떻게 인권을 존중하고 보호할 수 있을지에 대해 역할극을 해본다.

② 인권 존중을 위한 실천 방법

3차시: "인권을 존중하는 행동은 무엇일까?"

- 목표: 인권을 존중하는 행동이 무엇인지 구체적으로 이해하고, 실천할 수 있는 방법을 탐색한다.
- 활동:
  - 학생들이 자주 접하는 상황에서 인권을 존중하는 방법을 탐색한다.
    (예: 친구와의 대화, 학교에서의 차별과 편견 문제, 가정에서의 권리 존중)
  - 모둠별 토론 후, 인권을 존중할 수 있는 행동 실천 계획을 세운다.
    (예: 우리 반 규칙 만들기)

4차시: "배려와 존중을 실천하는 방법"

- 목표: 배려와 존중을 실천하는 구체적인 방법을 생활 속에서 지속적으로 실천한다.
- 활동:
  - "따뜻한 언어 사용하기", "친구의 말을 경청하기", "상대방을 존중하는 작은 실천" 등을 다루는 활동으로 수업 시간뿐 아니라 평소에도 행동이 이어질 수 있도록 한다.
  - 학급 전체가 함께 정한 '우리 반 규칙'을 실천하고, 배려와 존중의 규칙을 서로 약속하며 실천을 서로 독려한다.

③ 인권 침해와 차별에 대한 이해

5차시: "인권 침해란 무엇인가?"

- 목표: 인권 침해의 개념과 사례를 통해 인권을 침해하지 않는 방법을 배운다.

- 활동:
  - 우리 주변의 다양한 인권 침해 사례와 이와 관련하여 학생들이 겪었던 경험을 공유한다.
  - 다양한 인권 침해 사례에 대해 토론 후, 어떻게 대응할 수 있을지 구체적인 방법을 고민한다.(예: 내가 겪었던 인권 침해 경험을 바탕으로 해결책을 제시해 보기)

④ 협력과 공동체 의식

6차시: "인권을 보호하는 공동체 만들기"

- 목표: 협력과 공동체 정신을 기르며, 모두의 인권을 존중하고 보호하는 방법을 배운다.
- 활동: 공동체 프로젝트 진행하기(예: 학교 주변에서 인권 존중 캠페인 활동, 인권 포스터 만들기 등)

〈3〉 평가 및 피드백

평가는 자기 평가, 동료 평가, 교사 평가 등 다양한 방법을 활용하며 프로젝트와 각 수업의 중간과 끝 등 적절한 시기에 적합한 방법으로 평가한다.

① 자기 평가

학생들에게 인권에 대한 이해도와 실천 여부, 학습 태도 등을 스스로 평가하는 시간을 제공한다.

② 동료 평가

학생들이 서로의 학습 과정 및 결과물에 대해 상호 평가하고 의견을 주고받는 시간을 가진다.

③ 교사 평가

교사는 학생들의 수업 과정 및 태도, 각 활동을 통해 얻은 깨달음과 변화된 태도를 바탕으로 피드백을 제공하며, 수업과 평가 상황 외에 실생활에서도 인권을 존중하는 태도를 지속적으로 지도한다.

인권이라는 개념이 정과 규범과 법이 조화롭게 공존하는 세상 속에서 정초할 수 있도록 하고, 학생들의 삶 속에서 자연스럽게 의식과 행동에 스며들 수 있도록 하기 위해서는 위에서 지시하는 규범을 따르는 것이 아닌 구성원들이 자생적으로 규범을 만들어 가는 문화를 형성해야 한다. 법, 규범, 정(情)의 세 가지 스펙트럼은 상호 조화를 이루어야 하는데, 주로 밀접한 관계에서는 정이, 학교와 마을에서는 규범이, 사회와 국가에서는 법이 작용한다(박세원, 2020). 마지막 테두리이자 각 개인의 행복과 권리를 지키는 최후의 방어선인 법을 적용하기 이전에 자신이 살아가는 소규모의 조직 속에서 정과 규범으로 서로가 '우리'를 만들어 가는 것이 우선되어야 한다.

이처럼 공동체 내에서 서로가 이해하고 수용하면서 자발적으로 규범을 만들고 조직이 원활하게 운영될 수 있도록 함께 노력하는 과정이 전제가 되어야 하며, 이 과정에서 심각한 문제가 발생하였을 때 법으로 해결해야 한다. 그러나 현재 우리 사회는 규범과 정이 지나치게 무너진 상태이므로 본 프로젝트에서는 정을 바탕으로 서로를 이해하는 과정의 필요성을 더 부각시키고 체험적으로 느낄 수 있도록 구성하였다. 기존의 인권교육의 경우에는 일회성 프로그램으로 그치거나 인권침해 및 차별적 예시를 통한 일방적인 지식과 태도 전달 위주로 이루어지는 경우가 많아서 이러한 교육 방식을 지양하고, 대신 학생들이 삶 속에서 지속적으로 경험하고 내면화할 수 있는 데 중점을 두었다.

본 프로젝트는 학생들의 삶이 누벼지는 다양한 상황 속에서 서로를 이해하는 과정을 통해 정을 나누고 서로의 존재를 수용하면서 공동체의 맥락에 맞는 규범을 스스로 만들어 가며 문제해결을 해나가는 존재로 성장하는 데 초점을 두었다는 점에서 기존의 인권교육과는 차별성과 의의를 가진다. 이러한 정과 이해를 바탕으로 한 공동체 형성의 중심에는 서로의 삶을 나누고 공유하는 대화가 필수적이다. 이 과정에서 서로가 주고받는 존중, 배려, 사랑, 이해 등의 관계적, 도덕적 가치들을 아울러 필자의 학급에서는 '따뜻한 인권'으로 명명하기로 하였으며, 인권존중과 상호이해에 중점을 두고 프로젝트를 진행하였다. 본 프로젝트의 전 과정은 독립적이고 개별적으로 이루어지는 것이 아니라 구성원들 상호 간의 대화와 이해, 소통을 필요로 한다는 점에서 구성원들 간의 관계 개선 및 공동체 의식 함양에도 긍정적인 영향을 주었다.

이를 바탕으로 본 프로젝트에서는 학급 학생들의 발달성과 흥미, 특성 등을 고려하여 신체 활동과 대화, 토의 중심의 활동을 주로 반영하였다. 또한 학생들이 학급에서 함께 어울려 지내면서 발생하는 다양한 갈등 상황, 문제 상황 등을 적극적으로 수업에 활용함으로써 문제해결 능력과 상호이해, 공감 능력을 자연스럽게 학습할 수 있도록 하였다. 자신의 삶과 관련된 문제들을 마주하면서 학생들은 학습에 대한 몰입도가 더 깊어지고, 진정성 있는 태도로 참여하였으며, 학습 활동 자체도 보다 의미 있게 받아들이는 모습을 보였다.

프로젝트를 진행한 이후, 인권에 대한 사전 및 사후 설문을 비교해 보면 학생들이 인권에 대해 어떻게 생각하고 있는지, 그리고 그 생각이 수업이나 경험을 통해 어떻게 변화했는지 나타난다. 이를 몇 가지 주요 항목으로 분류하여 분석해 보면 다음과 같다.

〈1〉 인권 개념의 변화

사전 인식에서는 '권리', '행복', '사람', '배려' 등의 개념이 주로 나타났다. 특히 '권리'가 가장 많이 나왔으며, 이는 인권에 대한 기본적인 인식이 권리의 측면에 집중되었음을 보여준다. 반면, 사후 인식에서는 '배려', '존중', '행복' 등의 개념이 주로 나타났다. 특히 '따뜻한 인권', '협동', '격려' 등의 감정적이고 관계 지향적인 개념들이 추가되었는데, 이를 통해 인권에 대한 이해가 더 포괄적이고 인간 중심으로 확장된 것을 알 수 있다.

〈2〉 인권에 대한 감정 및 생각의 변화

사전 인식에서는 인권을 '행복'과 연결 지어 사람들 간의 긍정적인 관계나 삶의 만족도 향상과 연결 짓는 경향이 있었다. 그러나 사후 인식에서는 '행복'뿐만 아니라 '존중', '협동', '미덕' 등의 개념으로 확장되었다. 이는 인권이 단순히 개인의 권리를 보호하기 위해서 필요한 것이 아니라 공동체 내에서 상호 존중과 협력을 하는 데 있어 중요한 요소임을 인식하게 된 것을 의미한다.

〈3〉 인권 존중의 필요성

사전 인식에서는 인권 존중이 개인의 '행복'과 '권리'를 지키기 위해 필요하다고 인식하였고, '배려'와 '갈등 방지'를 강조한 응답도 있었다. 반면 사후 인식에서는 인권 존중이 '행복'을 넘어서 '화합'과 '평화'를 증진시키는 중요한 요소로 인식되었으며, '호혜성'에 대한 이해도 커졌다. 이를 통해 인권을 양방향적이고 상호적인 개념으로 인식하고 있음이 드러난다.

〈4〉 인권 존중 경험의 변화

사전 인식에서는 가족과 친구들의 배려와 존중, 따뜻한 가정환경이나 친구들의 관심 등이 인권 존중의 주요 경험으로 나타났다. 반면 사후 인식에서는 친구들 간의 격려와 도움, 관심 표현 등이 중요한 인권 존중 경험으로 드러났다. 또한, 다른 사람의 감정이나 의견을 진지하게 받아들이고 이해하는 태도의 중요성이 강조되었음을 알 수 있다.

〈5〉 인권 침해 경험의 변화

사전 인식에서는 주로 '존중'이나 '배려'에 대한 부족으로 인해 기분이 상했던 경험이 많았다. 그러나 사후 인식에서는 '무시'와 '불평등'이 주된 인권 침해 경험으로 나타났다. 인권 침해에 대해 보다 구체적이고 명료하게 인식하고 있다는 점이 드러난다.

〈6〉 인권을 존중하고 보호하는 방법

사전 인식에서는 '다른 사람의 의견을 존중하기', '차별 줄이기' 등의 방법이 나타났다. 반면 사후 인식에서는 '배려', '이해', '협동' 등 보다 구체적이고 실천적인 방법이 추가되었는데, 이를 통해 인권 존중이 일상 속에서 구체적으로 실천될 수 있는 방법들로 구체화된 것을 알 수 있다.

사전-사후 설문조사 분석을 통해 학생들의 인권에 대한 이해가 심화되고 확장되었음을 알 수 있다. 학생들은 인권을 개인의 권리를 넘어, 공동체 내에서 상호 존중과 협력을 위해 필요한 것으로 인식하게 되었다. 특히 사후 설문에서 '행복', '존중', '배려' 등의 개념이 강조되었고, 인권을 관계적이고 감성적인 측면에서 존중해야 한다는 인식이 확장되었다. 또한, 친구와 가족 간의 인권 존중 경험이 늘어나며, 타인과의 상호작용에서 존중을 중요한 가치로 여기게 되었다. 그리고 호혜성과 행복할 권리 등이 부각되었으며, 타인을 존중하는 것이 자신에게도 긍정적 영향을 미친다고 인식하는 변화를 보였다. 이는 인권에 대한 인식이 법적 측면을 넘어, 개인 간 존중과 배려를 통해 더 깊고 넓은 의미로 확장되었음을 시사한다. 다음 장에서는 학생들의 변화가 어떠한 과정을 거쳐 이루어졌는지를 시간순으로 세밀히 그려보고자 한다.

3. 짝(모둠) 활동을 통해 상호존중의 관계를 형성하다

1) 마음은 주고받는 것

(1) 나와 너 알기: MBTI, 수호천사 인터뷰 & 초상화 그리기

수호천사 프로젝트가 시작되었다. 타자에 대한 이해와 탐구 이전에 자신에 대한 이해와 탐구가 선행되어야 이를 바탕으로 타자를 대화적으로 만나고 소통할 수 있는 발판이 될 수 있기 때문에 먼저 자신에 대해 알아보는 시간을 가지기로 하였다. 이를 위해 우리 반 학생들이 평소 관심을 가지고 알아보고 싶어 하던 MBTI를 접목해 보는 것은 어떤지에 대해 협의를 하였다. 첫 활동은 나 자신에 대해 알아보기 활동으로 MBTI 검사를 통해 자신의 성격 유형을 찾아보고, 친구들과 공유하는 시간을 가졌다. 이후 친구들 간의 관계 친밀도를 생각해 본 뒤 평소에 친밀하지 않았거나 알아보고 싶은 친구를 선택해 그 친구에게 궁금한 점에 대해 설문 문항을 직접 작성하여 인터뷰도 해보았다. 또한 학생들의 의견을 반영하여 자신이 선택한 친구와 마주 앉아 친구를 관찰하며 초상화를 그려보면서 서로 더 가깝고 친밀해질 수 있는 시간을 가졌다.

교사: 오늘 MBTI 활동을 시작으로 자신의 성격에 대해서도 알아보고, 친구들과도 이야기를 나누어 보니 어땠어요?
우진: 저와 친구들의 MBTI를 알아보는 게 재미있었어요.
하은: 제가 모르던 저의 성격을 알 수 있었어요.
유나: 평소 말을 많이 못했던 친구와 MBTI를 소재로 이야기 나눌 수 있어 좋았어요.
하민: 처음으로 MBTI를 검사해 봤는데 재미있었어요.
건우: 친구들의 MBTI를 알아서 좋았어요.
승하: 내 성격을 먼저 알아보고, 상대방의 성격을 알면 서로를 이해해 줄 수 있다는 생각이 들었어요.

(2022. 5. 16, 면접)

교사: 그럼 자신이 더 알아가고 싶었던 친구랑 인터뷰를 해보고 초상화도 그려보니 어땠나요?
유나: 평소에 말을 많이 못했던 친구에게 다가가서 이야기를 해볼 수 있는 기회가 있어서, 그 친구에 대해 더 잘 알 수 있었어요. 그리고 친구에 대해 알아보고 관찰하며 그리는 것이 인상 깊었습니다.
하민: 친구와 대화를 나누니 재미있었어요.
승하: 친구에 대해 평소에 잘 몰랐던 부분을 알게 되어 뜻깊었어요.
지우: 별로 친하지 않았던 친구와 말을 섞고 이야기하며 서로 알아가게 되어 좋았어요. 제가 생각했던 것보다 더 재미있었어요.

(2022. 5. 16, 면접)

학기 초반이었지만 학생들이 평소 잘 알던 친한 친구들끼리만 무리 지어 어울리려고 하는 경향이 있어 활동이 원활하게 이루어질지에 대해 내심 걱정이 되었는데 내가 생각했던 것보다 학생들은 새로운 친구에 대한 관심과 호기심이 많았으며 아직 친밀한 관계 형성이 되지 않은 친구들과도 자발적으로 활동에 함께 참여하는 모습이 참 기특했다. 쉬는 시간뿐 아니라 점심시간에도 학생들은 자신이 궁금한 부분을 질문하고 대답하고 공감대를 형성해 가며 서로에 대한 친밀도와 유대감을 쌓아나갔다. 그리고 마스크 때문에 서로의 얼굴에 익숙하지 않았던 학생들은 친구의 초상화를 그리며 친구에 대해 자세하게 관찰하기도 하고 자연스럽게 일상적인 대화를 나누기도 하였다. 학생들은 자신의 이야기를 공유하면서 타인에게 수용 받는 경험을 통해 타인의 이야기 역시 흥미를 가지고 듣게 되었으며 이는 점차 학급 내 공동의 관심사로 이어지며 서로에 대한 관심과 이해 역시 높아졌다.

(2) 서로에게 다가가는 방법을 찾다

① 행복 우체통으로 마음 전하기

수호천사 인터뷰 활동을 통해 낯설고 어색하던 친구들과도 대화와 소통을 시작하고 마음을 열기 시작하면서 학생들은 '우리 반' 친구들에 대한 동질감을 느끼고 서로에게 다가갈 수 있는 기회가 더 많았으면 하고 바랐다. 협의 과정에서 자신이 친해지고 싶었던 새로운 친구에게 도움을 주면서 긍정적인 관계를 형성할 수 있는 마니토를 하는 것이 어떻겠냐는 아이디어도 나왔으나, 마니토는 1 대 1로만 매칭이 되고 랜덤으로 대상을 선택하기 때문에 두루두루 친해질 수 있는 데는 한계가 있다고 판단하여 마니토의 장점은 살리되 단점은 보완하여 행복 우체통 활동으로 변형하였다.

학생들이 자유롭게 자신이 소통하고 싶은 학생에게 평소 말로 하기엔 부끄러웠지만, 하고 싶었던 말, 칭찬하는 말, 긍정적인 말 등을 쪽지에 적어서 우체통에 넣으면 쉬는 시간이나 하교 후 등 수시로 쪽지를 확인하며 즐거워하기도 하고, 쪽지를 써준 친구에게 답장을 하거나 대화를 하기도 하였다. 누구나 모든 친구들의 우체통에 쪽지를 넣을 수 있도록 하였고 익명으로 쪽지를 쓰는 것도 허용하였기 때문에 이와 관련하여 주의할 점에 대해서도 함께 이야기를 나눠보았다. 활동이 점점 진전이 되면서 본 활동이 가진 장점에 대해서도 이야기해 보고 친구들에게 받은 쪽지를 포트폴리오에 잘 모아두었다가 활동의 마지막에는 가장 따뜻하고 인상적이었던 쪽지를 패들릿에 공유하고 소감도 함께 나누어 보았다.

교사: 행복 우체통으로 친구들과 함께 마음을 나눠보면서 어떠한 변화가 있었나요?

유나: 행복 우체통을 하면서 친구들에게 이름을 알리지 않고 익명으로라도 좋은 말을 건넬 수 있어서 좋았어요. 친구들의 속마음을 알 수 있었고 저도 전할 수 있어서 좋았어요.

도현: 친구들이 저한테 칭찬을 해주니 마음이 따뜻해지는 것을 느꼈어요.

건우: 친구들이 저의 좋은 점을 칭찬해 주고 친하게 지내자고 해주어서 저도 친하게 지내고 싶은 마음이 들었어요.

서연: 행복 우체통으로 친구들과 쪽지를 주고받으면서 많이 친해질 수 있어서 좋았어요.

(2022. 5. 20, 면접)

또한 특정 친구에게 1 대로 메시지를 전하는 형식이 아니라, 학급 전체가 함께 따뜻했던 경험을 나누는 '행복한 우리 반 보물찾기' 활동을 진행하였다. 과거의 일을 되새기며 공동의 가치를 소중히 인식할 수 있었다는 점에서 뜻깊은 시간이 되었다. 활동을 계획하는 과정에서 학생들이 우리 반에서 따뜻함을 느꼈던 경험을 상기시키고, 그때 느낀 감정과 관련된 미덕을 떠올리게 하여 인권에 대한 재개념화를 할 수 있도록 활동을 설계하였다. 이때 단순히 경험을 쓰고 이를 바로 공유하는 것보다 조금 더 재미있고 의미 있게 할 수 있는 방법에 대해 고민을 하다 보물찾기라는 아이디어가 떠올랐다. 학생들이 활동을 하고 나서 학생들이 쓴 쪽지를 수거한 뒤 하교한 후에 교실 군데군데 숨겨두었다. 그러나 학생들에게 함께 활동을 시작하기 전에 미리 쪽지를 건드리지 않도록 미리 주의 사항을 말하지 못한 게 뒤늦게 생각이 났다. 급히 밤늦게 알림장 앱을 통해 공지를 했지만 학생들 중 20% 정도만 확인을 한 상태였다. 아침에 공지를 보지 못한 학생들이 미리 쪽지를 다 찾아버리거나 건드려서 활동이 제대로 되지 않을 것이 염려되었으나, 다행히 학생들은 쪽지를 만지지 않고 떨어진 쪽지는 다시 주워서 붙여주는 등 늦게 등교한 다른 학생들도 함께 활동을 할 수 있도록 배려하고 기다려 주었는데 그 모습이 참 기특했다. 학생들이 서로에게 전한 메시지들과 의미 있게 기억하는 경험들, 그리고 학생들의 행동 하나하나에서 시간이 지날수록 학생들이 더욱더 깊은 삶의 공유를 하는 모습이 보였다.

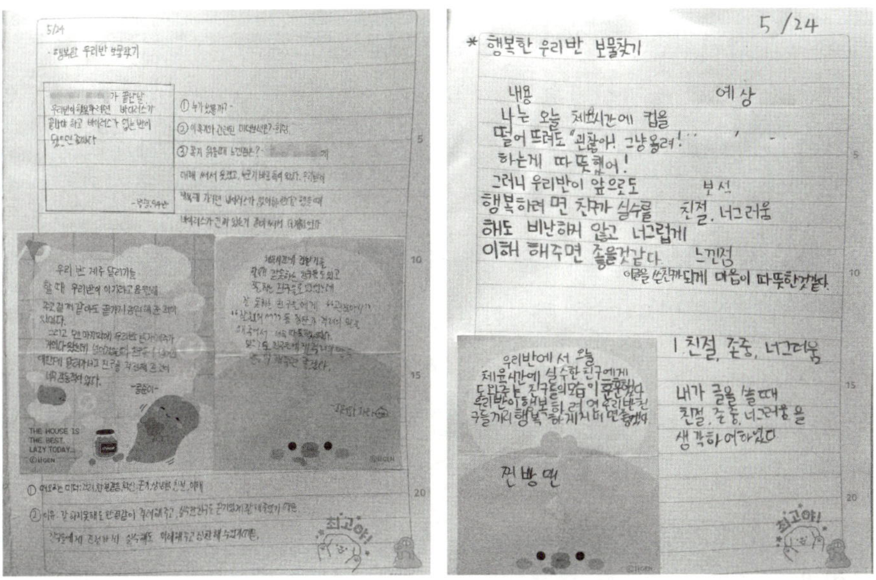

[그림 Ⅵ-1] 행복한 우리 반 보물찾기

② 미덕 통장

미덕 통장은 요즘 학교 현장에서도 많은 사랑을 받으며 다양한 형태로 변형되어 적용되고 있는 버츄 프로젝트의 일환으로 필자가 현장에서 맡은 학생들에게 지속적으로 활용하고 있는 인성교육 활동이다. 학급에서 교과 수업과 학급 운영이 따로 구분되어서는 안 된다고 생각하기에 버츄 프로젝트는 '인성교육'을 중심으로 다양한 교과를 함께 아우를 수 있는 효과적인 프로그램이라고 생각한다. 그리고 이러한 프로그램은 인권교육과도 맥을 같이 하기 때문에 본 프로젝트와 함께 엮어냄으로써 자연스럽게 학급의 문화 형성에 긍정적인 영향을 미칠 것으로 기대된다.

학급 운영과 인성 함양의 기본적인 토대를 위하여 버츄 프로젝트를 운영하고 있다. 그러나 아무리 교사가 학생들의 성장을 위하여 하는 것이라 하여도 일방적인 양상을 띠게 될 경우 학생들에게는 의무감으로 느껴지거나 흥미 상실로 이어질 수 있기 때문에 모든 세부적인 과정은 학생들과 직접 협의를 통하여 정하였다. 첫 번째 활동은 미덕 보석 통장이다. 학생들은 누구나 칭찬받고 인정받고 관심받고 싶은 욕구가 있다. 이에 매달 2명의 학생들을 정하여 나머지 학생들이 그 학생들에게서 발견한 미덕을 구체적으로 칭찬하는 편지를 써주기로 하였다. 학생들은 평소보다 해당 학생들을 더 주의 깊게 관찰하고 대화함으로써 새로운 장점과 칭찬할 만한 요소를 찾고 이를 표현함으로써 긍정적인 관계를 형성하였다. 매달 말에 미덕 편지쓰기 활동을 하고 나면 다음 달에 미덕 편지를 받을 학생들을 무작위로 선정한다. 몇 년째 하고 있는 활동이지만, 학생들이 상급 학년으로 진학하더라도 학생들에게 따뜻하고 소중한 추억으로 오랫동안 간직되고 있는 것을 보며 형태가 달라지더라도 본질적인 부분은 유지하며 앞으로도 운영해 나가야겠다는 생각이 들었다.

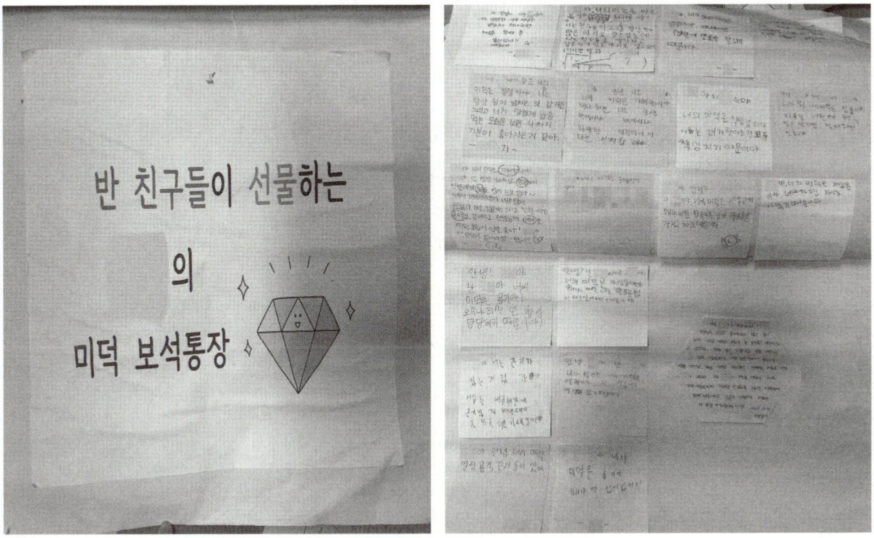

[그림 Ⅵ-2] 미덕 보석통장 활용 사례

두 번째로 그때그때 달라지는 반 전체의 문제의식이나 필요성에 따라 학급에 필요한 미덕을 정하여 교실 앞에 게시하였다. 교사가 특정 미덕이나 규칙을 지키도록 강요하는 것보다 학생들이 직접 학급의 맥락을 고려하여 그에 적절한 것을 정하고 그것이 필요한 이유를 찾을 때, 학생들이 이를 스스로 지키고자 하는 자발성이 더 높아짐을 알 수 있었다. 이 밖의 다양한 활동들(감사 일기, 도움 친구 등) 역시 학생들이 직접 목적성을 찾고 주체적으로 참여할 수 있도록 함으로써 인위적이지 않고 자연스럽게 학생들의 생활에 스며들 수 있도록 하였다. 그리고 이러한 활동들이 단순히 교과 수업과 분리되어 자투리 시간에 운영되는 것이 아니라 여러 교과들을 학습하는 중에 자연스럽게 스며들 때, 학생들은 배움이 더 의미 있고 삶과 관련 있음을 깨닫게 된다.

이때 학생들의 내면의 변화를 파악하기 위해는 면접을 활용하는 것이 효과적이다. 면접은 평소 편안한 교실 분위기에서 자연스럽게 대화를 나누는 방식으로 진행한다. 필요에 따라 학급 전체 면접, 소집단 면접 등 다양한 형태를 활용한다. 질문은 개방형으로 제시하여 학생들이 자신의 생각과 느낌을 자유롭게 표현할 수 있도록 하며, 교사는 경청과 적절한 반응으로 학생들의 적극적인 참여를 유도한다. 면접 내용은 녹음하거나 주요 내용을 필기하고, 이후 전사하여 분석 자료로 활용한다. 이때 학생들의 말뿐 아니라 표정, 제스처, 반응 등도 함께 기록하면 보다 풍부한 해석이 가능하다.

교사: 미덕 통장을 매달 친구들에게 선물하고 있는데, 미덕 통장을 주고받으며 느낀 점이 있다면 이야기해 주세요.

유나: 제가 미덕 통장을 받았을 때 저는 제 미덕이 1~2개 정도일 줄 알았는데 친구들이 많이 찾아줘서 인상 깊었어요.

지우: 다른 친구들을 한 달 동안 주의 깊게 관찰하면서 친구들의 미덕을 자세히 관찰하니 좀 더 사이가 가까워진 느낌이 들었어요.

유나: 선생님께서 편지를 정성스럽게 써주셔서 되게 고맙고 따뜻한 느낌이 들었어요.

다은: 친구들이 저의 장점을 잘 찾아주어서 고마웠어요.

도윤: 보통 자신에 대한 미덕을 잘 찾지 못하는데, 친구들이 대신 찾아주어서 제가 어떤 미덕을 가지고 있는지 알 수 있는 좋은 기회라고 생각합니다.

유나: 이 활동을 하면서 서로의 행복할 권리와 따뜻한 인권을 상세하게 생각해 볼 수 있어서 좋았어요.

도현: 이 활동을 해서 친구들이 본 저의 모습과 미덕을 알 수 있었어요.

예준: 이 활동을 통해 친구들의 미덕을 좀 더 자세하게 알게 되었어요.

우진: 제 자신도 찾기 힘든 미덕을 친구들이 찾아주어서 고마웠고, 제 자신의 장점을 알게 되니 제 모습을 더 보완하고 싶다는 생각이 들었어요.

승하: 친구의 장점을 찾아주는 것도 재미있었고, 제 장점을 친구들이

찾아주는 것도 인상적이어서 재미있었어요.

도윤: 친구들이 저에 대해서 어떻게 생각하는지 알고 싶어서 저도 빨리 받고 싶어요.

주원: 한 달씩 친구들의 행동을 더 주의 깊게 보면서 다양한 미덕을 생각하는 게 보물찾기 같아서 재밌었고 제가 미덕통장 주인공이었을 때 친구들이 써준 걸 보니 저의 미덕을 열심히 찾아주어서 고마웠고 감동 받았어요.

(2022. 7. 12, 면접)

미덕 통장 활동이 중반쯤 접어들었을 때 미덕 통장에 대한 학생들의 생각이 궁금하여 면담을 진행하였다. 면담을 통해 학생들은 본 활동의 표면적인 부분뿐만 아니라 이면의 의미와 가치까지도 인식하고 있음을 알 수 있었다. 또한 친구들이 가지고 있는 내면의 미덕을 관찰하고 찾아보는 과정은 그 자체만으로도 학생 내면의 성장과 관계 형성에 긍정적 영향을 주었을 뿐 아니라 학급 전체에 대화와 존중의 분위기를 조성하는 데도 큰 영향을 미쳤다. 학기 초 학생들 간의 관계가 어떻게 형성되어 자리 잡는지가 학급 문화 및 전반적인 교우 관계에 중요한 만큼, 학생들이 서로에 대한 진심 어린 관심과 이해의 마음으로 다가가는 과정으로서의 본 활동이 큰 의미가 있다고 느꼈다.

2) 우리는 할 수 있어

(1) 우리들의 버스킹

학기가 시작되고 한 달 차, 학생들은 개인적으로는 주변의 교우들과 긍정적인 유대 관계를 형성하고 있는 과정에 있었으나 아직 전체적인 단합이나 결속력은 충분치 못한 상태였다. 코로나19로 인해 타인과의 상호작용의 경험이 이전에 비해 많이 부족하고 공동체적 유대가 미약한 상황에서 학급의 결속력을 높이기 위해 함께 할 수 있는 활동을 고안하는 것이 필요했다.

우리 반은 지난 4월에 첫 번째 버스킹을 기획하여 성공리에 마쳤다. 버스킹을 하게 된 계기는 계획적인 것이 아니라 우연이었다. 국어 시간에 시를 몸으로 표현하는 활동을 하는 과정에서, 학생들에게 자율성을 주고 싶다는 생각이 들어 학생들이 먼저 자신이 원하는 시를 선택하고, 같은 시를 고른 학생들끼리 모여 모둠 활동을 하도록 하였다. 그러나 내 예상과 달리, 시가 마음에 드는지의 여부와는 상관없이 친한 친구들끼리 같은 모둠이 되려고 하는 학생들이 많아 모둠 구성과 활동이 제대로 이루어지지 않았다. 수 차례 활동의 취지와 의미를 말하며 학생들에게 주체적으로 시를 선택하고 활동이 원활히 이루어질 수 있도록 배려를 부탁하였으나, 결국 학생들 간 갈등으로 활동 진행이 어려워져 중단하였다. 이러한 상황에서 처음에는 단순히 축 처져버린 학급 분위기를 조금 살리기 위해 방과 후 수업을 위해 기타를 가지고 온 학생에게 반 친구들 앞에서 연주할 기회를 주었는데, 생각보다 학생들의 반응이 좋았고 자발적으로 버스킹을 열어보고 싶다고 하는 학생들도 많았다. 갑작스러운 학생들의 요구에 조금 당황스러웠으나, 학생들의 자발적이고 생동감 넘치는 모습에서 학생의 흥미와 신체성으로부터 발현되는 수업의 모습은 바로 이런 것이구나 하는 생각이 들었고 기대와 호기심이 생겼다.

오늘은 지금까지 가지고 있던 교사로서의 편견을 깨게 된 날이다. 교사가 원하는 수업과 아이들이 원하는 수업은 다르다. 아무리 교사가 완전하고 이상적이라고 생각하는 수업이라도, 학생들의 마음에 와 닿지 않으면 의미를 찾을 수 없다. 내가 바람직하다고 생각했던 오늘의 국어 수업은, 오히려 아이들에게는 형식적인 틀을 강요하는 것으로 느껴졌을 수도 있다. 그러나 의외의 장면에서 만난 짧은 버스킹의

> 순간은, 아이들에게는 살아있는 호기심과 의욕의 출발점이 되었다. 교사로부터가 아닌, 아이들로부터의 수업은 어떤 모습으로 그려질까?
>
> (2022. 3. 17, 교사 일지)

그렇게 시작된 버스킹은 기획부터 준비, 역할 분담 등 학생들이 스스로 고민하고 해결해 나가게 되었다. 그 과정에서 의견이 맞지 않아 일시적으로 협의가 중단되거나 사소한 갈등이 일어나기도 하였는데 다툼으로 번지거나 포기하지 않고 버스킹 성공이라는 공동의 목적을 위해 타협하고 절충하려 노력하는 모습이 보였다. 학생들이 자율적으로 해나가는 과정이 중요하다고 생각하여 가급적 학생들 스스로 대화와 협의의 과정을 직접 겪을 수 있도록 교사의 개입을 최소화하였다. 서로의 입장을 이해하고 의견을 조율하는 경험을 통해 학생들은 타인과 관계 맺기 위해서는 자신의 욕구만 드러내어서는 안 되며 타인의 생각과 감정을 고려하고 함께 조정해 나가는 과정이 필요하다는 것을 인식하게 되었다.

> 건우: 선생님, 버스킹 공연할 때 순서는 어떻게 정해요?
> 교사: 희망하는 순서대로 정하되, 1부와 2부로 나누기로 했던 것도 함께 고려해야 할 것 같아요.
> 도윤: 1부 때는 2반 아이들이 오고, 2부 때는 1반 아이들이 오기로 했으니까 비슷한 공연은 나누어서 정하는 게 좋을 것 같아요.
> 지우: 선생님, 저는 피아노 공연이라서 피아노를 미리 옮겨 놓아야 하니까 1부에 하고 싶어요.
> 건우: 저는 마지막에 공연하고 싶어요.
> 예준: 그런데 내가 기타 공연하고 나서 바로 또 다음 공연하기 힘든데….
> 건우: 아 맞네. 그러면 내가 다섯 번째로 할게.
>
> (2022. 3. 17, 관찰일지)

학생들은 교사의 적극적인 개입 없이도 큰 의견 다툼 없이 협력적이고 원활하게 버스킹을 진행하였는데, 직전 국어 시간에 했던 시 표현 활동과는 학생들의 에너지 자체가 완전히 달랐다. 이러한 모습을 보고 학생들이 스스로의 자발성과 필요성, 흥미로 동기화되어야만 능동적인 학습이 가능하고, 이러한 과정에서 교사가 학생들에게 가르치려고 하는 여러 가지 가치들 역시 자연스럽게 학습이 될 수 있다는 것을 느꼈다. 학생들에게 수동적으로 역할이 주어지는 것과, 여러 대안을 제시한 상황 속에서 학생들이 직접 선택하는 것에는 유의미한 차이가 있음을 알 수 있었다. 5학년 전체 학생들을 초대하여 버스킹 공연을 무사히 마친 뒤 우리 반의 분위기와 단합력, 서로에 대한 배려심이 눈에 띄게 상승했다는 것이 느껴졌다. 또한 학생들에게 공동의 목적이 있으면 협력학습, 의사결정 수렴, 관계 맺기가 훨씬 더 잘 이루어진다는 것을 알 수 있었다.

두 번째 버스킹(2022. 6. 3)은 첫 번째처럼 단순히 재미와 협동을 위함이라기보다는, 우리의 프로젝트 핵심 주제인 따뜻한 인권(행복할 권리)에 초점을 두면 어떨까 하는 이야기를 나누고 이를 주제로 학생들이 버스킹을 준비할 수 있도록 하였다. 처음에는 준비할 공연과 행복할 권리가 어떠한 관련이 있는지 어리둥절해하고 어려워하던 학생들이, 고민 끝에 행복할 권리에 대한 연극을 준비하거나, 공연과는 직접적인 관련이 없지만 공연을 하기 전에 행복할 권리에 대한 멘트를 먼저 말하거나, 인권 보호에 관련된 콩트를 하는 등 이번 버스킹의 취지에 맞게끔 하나둘씩 준비하기 시작했다.

처음에는 우리 반에서만 이런 버스킹을 해도 되는지, 혹시 문제가 생기지 않을까 걱정이 되어서 실행에 대해 많이 고민했지만 우리의 신념대로 하길 잘했다고 생각한다. 버스킹의 가장 큰 장점은 학생들이 서로 잘하는 것, 또는 친구들을 도와줄 수 있는 것을 스스로 고민해서 반 전체의 버스킹을 위해 노력하고 서로 도와주며, 의견이 달라도 평화롭게 조율하는 과정에서 자연스럽게 미덕을 형성할 수 있다는 점이다. 단순히 교과서나 영상을 보며 가르치는 수동적인 인권 수업이 아니라 살아있는 교육을 해야 한다. 학생들의 모습에서 후자의 과정과 결과가 전자와는 확연하게 다르다는 것을 온몸으로 느낄 수 있었다.

버스킹이 끝난 뒤 학부모님과의 면담 과정에서 "도현이가 원래 뚜렷하게 하고 싶어 하는 것이 크게 없었는데, 이번에 반에서 버스킹 공연을 한다고 친구들 간식을 준비하고 싶어 하더라고요. 그러면서 '엄마, 버스킹이 무사히 잘 될까? 친구들이 좋아할까?'라며 걱정 어린 마음으로 묻는 모습을 보니 대견하기도 하고 뿌듯하기도 했어요(2022. 3. 31, 면접)."라는 말씀을 듣고 내가 학교에서 관찰하지 못한 학생의 내면의 성장을 발견한 것 같아 감회가 새로웠다.

학생들이 흥미를 가진 소재로 동기화되니 무엇보다 스스로 행복해하는 모습이 보였고, 자율적으로 기획하고 창의성을 발휘하는 등 6대 역량도 자연스럽게 길러졌다. 그리고 학생이 학교에서 행복하니 학부모 역시 학교의 교육에 대해 만족하고 교사의 전문성에 대해서도 신뢰하게 되는 문화가 형성되었다. 이러한 과정에서 교사 역시 교과서 중심의 정형화된 수업 방식에 머무는 것이 아니라, 학생들과의 역동적인 상호작용을 통해 교사로서의 정체성을 형성해 나갈 수 있다. 이처럼 교과교육이 학생들의 흥미에 맞게 목적화되면 교과교육과 문화교육이 자연스럽게 융합된다.

(2) 따뜻한 인권 공개 수업

교내 공개 수업을 어떤 방향으로 하면 좋을까 고민을 하다, 진행하고 있는 프로젝트와의 연계성을 고려하여 연속적인 흐름 속에서 수업을 이어 나가는 것이 자연스럽다는 판단이 들었다. 앞서 정했던 본 프로젝트의 두 가지 핵심 성취기준을 주축으로 하여 수업을 구상하였다. 두 성취기준을 모두 달성할 수 있도록 프로젝트 과정을 살펴보며 우리의 수업 흐름을 학생들과 함께 고안해 나갔다.

교사: 다음 시간에는 어떤 주제를 가지고 이야기 나눠보면 좋을까요?
지우: 국어 시간에 노키즈존에 대해서 이야기를 했는데, 이 주제로 이야기해 보면 좋을 것 같아요.
도윤: 우리랑 비슷한 연령대의 일이니까 더 의미 있을 것 같아요.
유나: 저도 실제로 겪었던 적이 있어서 친구들과 이야기 나눠보고 싶어요.
승하: 노키즈존이 아닌 모두가 행복해질 수 있는 방법에 대해 함께 고민해 보고 싶어요.
교사: 좋아요. 다음 시간에는 우리의 더 나은 사회를 위해 함께 이야기를 나눠보는 시간을 가지면 좋겠네요.

(2022. 6. 13, 관찰일지)

먼저, 지난 국어 시간에 노키즈존에 대하여 토의를 한 것을 떠올리며 노키즈존의 탄생 배경과 필요성, 문제점에 대해서는 충분히 이야기하였음을 인지하고, '노키즈존(No Kids Zone)'을 대안할 방향으로 '키즈케어존(Kids Care Zone)'에 대해 함께 이야기를 나누며 수업을 시작하였다. 교사의 경험과 관련된 사진과 이야기를 제시하자 학생들은 관심을 가지고 들었으며, 자신의 연령대와 관련이 있는 규정이라 더 주의 깊게 인식하고 받아들였다.

첫 번째 활동은 학생들이 삶 속에서 경험한 따뜻한 인권에 대한 이야기를 나누는 모둠 토의 활동이었다. 학생들은 학교, 가정, 또래관계, 사회 등 삶의 여러 상황 중 따뜻한 인권을 느꼈던 경험과 관련된 미덕을 떠올려 보고, 이를 패들릿 플립러닝 페이지에 올려 다 함께 공유하고 이야기를 나누어 볼 수 있는 시간을 가졌다. 자신들이 직접 겪었던 경험이어서 그런지 더욱 몰입하고 공감하는 분위기 속에서 적극적으로 이야기가 오갔다. 학생들은 친구들이 겪었던 인권 존중의 이야기를 듣고 자신의 경험과 생각을 이야기했고, 이를 단어로 표현하여 모둠 보드판에 게시함으로써 시각적으로도 쉽게 공유하고 정리할 수 있도록 하였다. 학생들이 표현한 단어들은 모두 인권을 표현할 수 있는 다른 말들이 될 수 있음을 이야기하며 인권은 거창하거나 어려운 것이 아니라 이미 우리들의 삶 속에서 실천하고 있는 것임을 인식할 수 있도록 하였다. 다음은 학생들이 지금껏 함께 지내오며 다른 친구들이 자신을 소중하게 대해주었던 경험을 패들릿에 남기고 공유한 사례이다.

평소 친구들이 실수를 하거나 넘어지거나 게임에서 져도 "괜찮아! 그럴 수 있지!!"란 말이 돌아와서 배려, 협동, 진실이 느껴졌습니다. 예를 들어 지난 운동회 때 계주를 했었는데 우리 반이 이기고 있었는데 마지막으로 뛴 친구가 넘어졌습니다. 그런데 우리 반 친구들이 "괜찮아? 안 다쳤어? 그럴 수 있어! 괜찮아."란 말을 하며 위로해 주었다. 그때 난 계주는 졌지만 마음은 1등이라는 생각을 했다. 그리고 그때 느낀 미덕은 협동, 배려, 친절, 진실, 존중 등등이 있었다. 더 많은데… 너무 많다. - 다은	오딩이의 버스킹을 할 때 친구들이 공연이 끝나면 박수를 잘 쳐 주고, 칭찬도 해주는 것을 보았습니다. 그때 우리 반 친구들의 인권이 지켜졌다고 생각했고 마음이 따뜻했습니다. 저는 그런 모습이 너무 보기 좋았습니다. 앞으로도 친구들의 인권이 잘 지켜질 수 있도록 친구들에게 응원과 격려, 칭찬들을 많이 해주고, 잘해주는 5-a반의 오딩이들이 되었으면 좋겠습니다. 물론 저도 그렇게 할 수 있도록 노력할 것입니다! - 유나
저번 체육 시간에 컵 쌓기 놀이를 했는데 같은 팀 친구가 실수해도 "괜찮아 할 수 있어!", "포기하지마!", "실수해도 괜찮아!"라는 이야기를 해주는 게 정말 마음이 따뜻해지며 감동이 됐다. 그래서 나도 열심히 컵 쌓기 놀이를 할 수 있었다. 그래도 안타깝게 졌지만 우리 오딩이 반의 친구들에게 너무 감동을 받고, 고마웠고 한편으론 나 때문에 진 것 같아 너무 미안했다. - 지우	저번에 친구가 내가 체육 시간에 짝이 없을 때 친구가 같이 하고 싶은 친구를 포기하고 혼자 있는 나와 짝을 같이 해주어서 고맙고 미안했다. 그 후에는 친구와 사이가 더 좋아졌고 앞으로 그 친구와 더 친해지고 싶다는 생각이 들었다. 다음에 다른 친구가 혼자 있으면 같이 해주어야겠다. - 예준

[그림 VI-3] 따뜻한 인권 경험 관련 패들릿 공유 사례

두 번째 활동에서는 자신의 삶과 직접적으로 연관된 경험을 넘어, 우리 사회에서 따뜻한 인권이 된 사례를 조사하고, 이를 '둘 가고 둘 남기' 활동을 통해 다른 모둠 친구들과 공유하며 다양한 관점에서 의견을 나누는 시간을 가졌다. 학생들은 각자 관심 있는 주제에 따라 모둠을 구성하여 우크라이나 난민 구호 활동, 국경 없는 의사회, 초록우산 어린이 재단, 코로나19 미담 사례에 대해서 조사하고 결과물을 만들었다. 본 활동의 목적이 다른 모둠 친구들에게 소개를 하고 함께 토의를 하는 것이었기 때문에, 학생들은 자신의 관점뿐만 아니라 타인의 관점도 고려하며 듣는 사람도 이해하기 쉽게 정리하여 표현하려고 노력하였다.

본 수업에서 학생들이 원하는 주제와 표현 방법을 자유롭게 선택할 수 있는 재량을 부여하니, 학생들은 자신이 더 잘할 수 있는 것을 찾아 서로 열심히 도우려는 모습을 보였다. 이전에 교사가 효율성과 질서 유지를 위해 일방적으로 주제와 표현 방법을 제시하였을 때에는 학생들이 목적성을 잃고 일부 학생들에게 무임승차 하려는 태도를 보이는 경향이 있었는데, 이번 수업을 통해 학생들의 행동을 관찰하면서 학생들에게 자율성을 주는 것은 질서를 해치는 것이 아니라 동기부여가 될 수 있음을 느꼈다. 그뿐만 아니라 학생들이 둘 가고 둘 남기 활동의 특성과 시간적 제약으로 인하여 4~5명으로 구성된 각 모둠당 2명만 발표를 맡고 나머지 학생들은 다른 모둠에 가서 발표를 들으며 내용을 정리하기로 하였는데, 학생들은 각 모둠에서 발표를 맡은 학생들도 다른 모둠의 발표 내용을 알 수 있도록 최대한 중요한 내용 위주로 요약 기록하여 열심히 전달하려는 모습을 보여 참 기특했다. 그리고 누가 발표를 맡을지, 누가 기록을 할지 정할 때에도 어느 한쪽이 힘들지 않도록 서로 배려하여 역할을 분배하는 것을 보면서 교사가 해야 한다고 생각했던 부분 중 상당수는 학생들 스스로도 할 수 있다는 것을 깨달았다. 시간이 다소 촉박하여 학생들끼리 토의할 시간을 더 충분하게 주지 못한 것이 아쉬웠으나, 수업 끝머리에 소감을 나누는 시간을 가졌을 때 "다른 사람을 먼저 배려하거나 도와주는 따뜻한 마음에서부터 따뜻한 사회를 만들어 갈 수 있다.", "인권은 생각보다 가까이 있다는 것을 알게 되었다.", "생활 속에서 이미 실천하고 있었던 작고 소소한 미덕들도 인권존중이었다." 등을 이야기하는 것을 보며 학생들이 짧은 시간 내에 많은 이야기를 나누고 깊은 생각을 공유하였다는 것을 느꼈다.

수업이 끝나고 수업 협의회에서 관리자 및 동료 선생님들로부터 수업에 대해 조언과 피드백을 받으며 수업에 대해 다양한 각도로 돌아볼 수 있었다. 먼저 교과서에서는 인권을 추상적인 것으로 제시하였으나, 학생들이 인권을 삶 속에서도 잘 소화하고 실천할 수 있도록 재구성하였으며, 이를 버츄 프로젝트와 연계하여 구체화하였다는 점에서 삶과 배움이 일원화된 수업이었다. 또한 패들릿을 수업에 적극 활용함으로써 수업 내용을 포트폴리오 형식으로 기록하여 수시로 활동 내용을 확인하거나 플립러닝의 매체로 사용하는 등 지속적이고 장기적인 학습 도구로 이용할 수 있도록 하였고, 학생의 속도에 맞게 학교에서도, 가정에서도 연계하여 사용할 수 있도록 하였다는 점이 효과적이었다.

또한 본 프로젝트 전반에 걸쳐 인권을 따뜻한 인권과 차가운 인권으로 구분 지어 지칭하였다. 인권을 침해와 회복의 측면보다는 서로를 보살피고 돕는 측면에서 접근할 것을 바라는 마음에서 '따뜻한 인권'이라는 단어를 사용하기로 약속하였으며, 인권이 침해된 상황으로부터 권리를 되찾는 데 초점을 두고 피해보상을 요구하는 것은 타인과 외부 상황에 대한 배타적인 느낌이 든다는 측면에서 '차가운 인권'이라고 부르기로 하였다. 본 수업에서 의도하였던 인권교육은 인권을 침해당한 상황에서 자신이 받은 피해와 불편함을 따져서 되찾는 것에 초점을 두는 것이 아니라 정을 베풀고 구성원들이 다 같이 노력하는 과정에서 자연스럽게 실천하는 것임을 강조하였다. 즉 인권교육이 삶에 따뜻하게 녹아들 수 있는 방향으로 이루어져야 함을 학생들이 본 수업을 통해 느낄 수 있도록 하였다. 다음은 공개 수업 후 학생들과 나눈 대화이다.

교사: 수업에 열심히 참여해 주어서 고마웠어요. 오늘 수업하면서 어떤 점을 느꼈나요?

예준: 우리 반 친구들이 당황하지 않고 수업에 잘 참여해 준 것 같습니다. 발표도 열심히 하고 모둠 활동 시에도 맡은 역할을 열심히 했습니다.

유나: 다들 힘들어도 끝까지 열심히 하는 모습이 보여서 좋았습니다.

지훈: 친구들이 발표를 잘해주어서 고마웠습니다.

승하: 친구들이 책임감 있게 발표도 잘하고 열심히 참여해서 좋았습니다. 시간이 조금 촉박해서 준비한 내용을 모두 말하지 못해서 아쉬웠습니다.

지우: 친구들이 손도 잘 들고 발표도 잘해준 점이 좋았습니다. 긴장한 친구들이 발표할 때 조금 버벅거린 점이 아쉬웠습니다.

다은: 친구들이 긴장을 하긴 했지만 열심히 발표해 줘서 고마웠습니다.

우진: 이번 활동을 하며 세계 각지에서 인권 보호 활동을 어떻게 하는지 알게 되었고, 인권 신장을 위해 어떤 도움을 주고 있는지도 알게 되었습니다.

유나: 친구들이랑 모둠 활동을 하며 친구들의 이야기를 들어볼 수 있어서 좋았습니다. 우리들의 이야기를 수업 소재로 하니, 좀 더 서로를 이해하고, 실감 나게 들을 수 있었습니다.

건우: 우리 모둠이 아닌 다른 모둠의 조사 활동도 공유할 수 있어서 좋았습니다.

도윤: 인권이 우리에게 가까이 있다는 것을 알게 되었고, 여러 가지

따뜻한 인권 보호 사례를 알게 되어서 좋았습니다.

지훈: 권리는 함부로 사용하는 것이 아니라 타인에 대한 존중이 바탕이 되어야 한다는 것을 깨달았습니다.

서연: 다른 사람을 먼저 배려하거나 도와주는 따뜻한 마음에서부터 따뜻한 사회를 만들어 갈 수 있습니다.

지우: 인권은 생각보다 가까이에 있다는 것을 알게 되었고, 생활 속에서 이미 실천하고 있었던 작고 소소한 미덕들도 인권존중이었음을 깨달았습니다.

(2022. 6. 14, 면접)

수업을 통해 학생들이 경험한 다양한 반응을 분석해 보면, 학생들의 개별 학습 경험은 각기 다르지만, 중요한 교육적 가치들을 함양하게 되었다는 것이 드러난다. 학생들과의 면접 내용 및 수업에 대해 분석한 결과를 통해 삶 중심 교육의 효과와 중요성을 알 수 있다.

〈1〉 적극적 참여

우선 학생들이 수업에 적극적으로 참여한 점이 두드러진다. 특히 예준, 유나, 지훈, 승하 등의 학생들은 발표와 모둠 활동에서 친구들이 책임감을 갖고 열심히 참여했다고 이야기했는데, 이는 학생주도학습의 효과를 잘 보여준다. 학생들이 실제 활동에 참여하면서 자신들의 생각과 의견을 나누고, 다른 사람들의 의견을 존중하며 배운 점을 실천하는 과정에서 유의미한 학습이 이루어졌다. 체험적 학습은 단순히 지식, 정보를 습득하는 것 이상의 의미가 있으며, 학생들이 실제로 경험하고 느낄 때 그 의미가 깊이 내면화된다.

〈2〉 상호 공유와 이해

유나, 건우, 지우, 도윤 등의 학생들은 모둠 활동을 통해 서로의 이야기를 들으며, 다양한 관점을 공유하는 과정이 유익했다고 말한다. 이를 통해 대화교육의 중요성이 드러난다. 학생들이 서로의 의견을 존중하고, 다양한 시각에서 문제를 바라보는 경험을 통해 상호이해가 증진된다. 또한, 모둠 활동에서 정보와 경험을 나누는 것은 공동체 의식을 기르는 데 중요한 요소로 작용한다. 학생들이 서로의 생각을 듣고 나누는 과정에서 인권에 대한 이해가 심화되며, 이는 더 나아가 인권 존중의 실천으로 이어진다.

〈3〉 인권 사례 이해

우진이와 도윤이는 수업을 통해 세계 각국의 인권 보호 활동과 그 의미를 알게 되었다고 말한다. 이는 소재의 개별화가 잘 이루어진 사례로 볼 수 있다. 학생들은 세계 각국의 인권 신장 사례를 접하며, 자신들이 배우고 있는 인권 개념을 실제 사례와 연결지었다. 이 과정에서 학생들은 인권에 대해 깊이 있게 이해하고, 인권을 보다 구체적이고 실질적인 개념으로 받아들일 수 있었다. 교육에서 중요한 점은 학생들의 경험에 맞춰 실생활과 연결된 자료를 제공하는 것이며, 이는 학습에 대한 흥미와 몰입을 높인다.

〈4〉 인권 존중의 생활 속 실천

지우와 다은이는 인권이 생활 속에서 실천될 수 있다는 점을 강조하며, 자신들이 이미 실천하고 있던 작은 미덕들이 인권 존중의 일환임을 깨달았다고 말한다. 이러한 깨달음은 삶 중심 교육의 중요한 목표 중 하나다. 교육은 단순히 이론적인 지식을 전달하는 것이 아니라, 학생들이 실제 생활 속에서 어떻게 적용할 수 있을지 고민하게 만듦으로써 학습 효과를 극대화시킨다.

따라서 인권 존중이 단지 수업에서 배우는 내용에 그치지 않고, 학생들의 일상에서 자연스럽게 실천될 수 있도록 도와주는 것이 중요하다.

〈5〉 권리의 올바른 사용

지훈이는 권리는 타인에 대한 존중이 바탕이 되어야 한다는 점을 깨달았다고 말한다. 이는 책임 있는 권리 사용에 대한 의식을 고취시키는 과정으로, 삶 중심 교육에서 중요한 부분이다. 학생들이 권리를 행사하는 데 있어서 타인의 권리를 침해하지 않도록 주의하며, 다른 사람을 존중하는 태도를 배우는 것은 교육의 핵심적인 가치다. 이를 통해 학생들은 단순히 '권리'를 주장하는 데 그치지 않고, 그 권리를 어떻게 사용해야 하는지에 대한 사회적 책임을 배우게 된다.

위에서 언급한 분석을 통해, 삶 중심 교육의 의미와 방법에 대한 정당성은 분명하게 입증된다. 체험교육, 대화교육, 소재의 개별화는 학생들이 자신들의 일상과 경험을 바탕으로 학습할 수 있도록 도와준다. 이는 학생들에게 단순히 이론적 지식을 전달하는 것이 아니라, 그들이 배우고 느끼는 과정에서 실질적인 변화를 유도하는 교육방식이다.

체험교육은 학생들이 직접 활동에 참여하여 지식을 몸으로 체득하도록 돕고, 그 경험을 통해 학습이 이루어진다. 이를 통해 학생들은 이론과 실제를 연결하고, 자신의 경험으로 체득된 지식을 바탕으로 더 깊은 이해를 하게 된다.

대화교육은 학생들이 서로 의견을 나누고, 다양한 관점에서 문제를 바라보도록 한다. 이 과정에서 학생들은 상호 존중과 이해를 배우며, 이를 바탕으로 더 넓은 세상을 이해하게 된다.

소재의 개별화는 학생들이 자신의 경험에 맞는 학습 자료를 통해 교육을 받게 하여, 인권과 같은 중요한 주제를 그들의 실제 생활과 연결할 수 있도록 돕는다. 이러한 접근은 학생들에게 교육의 의미를 깊이 인식시켜, 학생들이 배우는 내용을 실생활에 적용할 수 있게 만든다.

이를 종합해 보면 교사는 교과서와 교사용 지도서에 설계된 대로 차시를 운영하는 것이 아니라, 콘텐츠와 활동에 대한 선택권을 학생들에게 주어야 한다. 전체 성취기준이 만족될 수 있는 범위 내에서 학습의 내용과 방법에 대한 선택권이 학생들에게 주어질 때 학생들은 자신의 목적과 흥미에 맞는 학습을 삶으로 가져올 수 있다. 그것이 진정한 학생 중심의 교육과정이다. 따라서 획일적 성취수준이 아닌 학생들이 자기 목적성을 세우고, 자기 수준에 따른 성취수준을 정해야 한다. 교사가 사전에 계획한 대로 프로젝트가 흘러가는 것이 아니라 그때그때 학생들과의 협의를 통해 좋은 아이디어를 반영해야 한다. 학생들이 도달해야 할 성취기준에서 크게 벗어나지 않는다면 학생들과 절충해서 활동을 정할 수 있도록 해야 한다. 활동 과정에서 학생들이 스스로 사고할 수 있도록 지속적으로 유의미한 질문을 하는 것 역시 교사의 중요한 역할이자 필수 역량이다. 이처럼 삶 중심 교육은 학생들이 주체적으로 참여하고, 실제로 경험하며, 서로를 이해하고 존중하는 태도를 기를 수 있는 가장 효과적인 방법이라 할 수 있다.

3) 관계 속에서 서로를 존중하는 방법을 찾다

(1) 모두가 한마음이 되어: 유네스코 한마음 축제

체육대회 날 학생들이 잔뜩 기대하고 있던 프로그램은 단연 반별 계주이다. 우리 반이 첫 주자부터 계속 1등을 하고 있어서 학생들의 함성과 응원,

열기가 최고조로 올라 있었고 이제 마지막 주자만 결승선에 들어오면 되는 상황이었다. 다른 종목들보다 더 자신 있었고 그만큼 더 열심히 연습해 왔기에 모두가 확신을 갖고 마지막 주자의 뒷모습만 바라보고 있었다. 그런데 모두의 기대와 예상과 달리, 결승선에 거의 도달했을 때 마지막 주자인 학생이 그만 발을 헛디뎌 넘어져 버렸다. 순간 "아!" 하는 탄식과 함께 열렬하던 학생들의 움직임이 멈추었다. 넘어진 학생에 대한 걱정과 함께 이 상황에 대한 학생들의 반응이 어떨지 우려되었다. 내가 어떤 말과 행동을 하기 전에, 학생들은 곧바로 넘어진 학생에게 달려가 옷에 묻은 흙을 털어주고 괜찮냐고 물어봐 주었다. 속으로는 무척 아쉬워했지만, 최대한 아쉬운 마음을 드러내지 않고 더 속상했을 친구부터 걱정해 주는 모습이 정말 대견하고 감동적이었다. 체육대회가 끝나고 학생들과 오늘 있었던 일에 대해 이야기를 나누며 성숙하고 배려심 깊은 모습을 칭찬해 주었더니 학생들도 오늘 일을 가슴 속에 따뜻한 경험으로 간직하고 있었던 모양이었는지 저마다 속 깊은 이야기를 꺼냈다.

교사: 오늘 체육대회 모두 다치지 않고 잘 참여해 줘서 다들 고마워요. 함께 나누고 싶은 이야기가 있다면 자유롭게 말해 볼까요?

유나: 우리 반이 서로 응원해 준 것이 너무 따뜻했어요. 앞으로도 친구를 응원해 주면 좋을 것 같아요.

서윤: 경기할 때 친구들이 목이 쉬도록 응원을 해주어서 더 힘낼 수 있었어요. 우리 반이 행복하려면 앞으로도 서로 응원하고 협동하면 좋겠어요.

지우: 계주 달리기를 할 때 우리 반이 이기라고 응원해 주고 질 것 같아도 끝까지 응원해 준 것이 기억에 남아요. 그리고 맨 마지막에 우리 반 남자 계주 선수가 거의 다 왔는데 넘어졌을 때 친구

들이 넘어진 친구에게 달려가서 그 친구를 걱정해 준 것이 너무 감동적이었어요.

서연: 저도 친구들이 목이 터져라 응원해 준 게 기억에 남았고 앞으로도 도와주고 배려해 주며 협동하는 반이 되었으면 좋겠어요.

도윤: 넘어져도 일으켜 주는 반, 져도 칭찬해 주는 반. 그런 반이 되었으면 좋겠어요.

(2022. 5. 18, 면접)

오늘 학생들이 함께 누벼간 하루는 단순히 체육대회의 반별 계주에서 아쉬움이 남았던 기억이기보다는, 이러한 상황을 함께 겪으며 우리 반 공동체가 따뜻한 보살핌의 관계를 형성해 나가고 있다는 가치를 마음속에 더 크게 부여한 날이었다. 이 따뜻했던 사건은 이후의 학생들의 말과 행동에도 큰 영향을 주었고 오랫동안 우리 반의 기억에 남는 일 1순위가 되었다.

(2) 그럴 수 있어, 네 탓이 아니야: 체육 시간에 생긴 일

체육 시간에 팀별 대항으로 컵스택[7] 게임을 했는데, 한 친구가 실수를 해서 다른 팀에게 역전을 당하게 되었다. 3~4월에 비슷한 일이 생겼을 때는 실수를 한 친구에게 탄식과 비난을 하던 학생들이 저 멀리서 "괜찮아. 그럴 수 있어! 다시 하면 돼!"라고 하며 끝까지 응원하는 모습을 보고 감동 받기도 했고 한편으로는 변화된 모습의 학생들이 어떤 마음인지 궁금하기도 하여 이야기를 나눠보았다.

7 컵스택은 12개의 스택컵을 다양한 방법으로 쌓고 또 허물어가는 과정에서 경쟁을 벌이는 스포츠로, 스피드와 집중력, 순발력을 요구하는 경기이다. 용구가 간단하고 규칙이 쉬워 누구나 참여할 수 있는 스포츠이다(스포츠 백과, 2008, 대한체육회).

교사: 아까 컵스택 게임을 하다가 친구들이 컵을 쓰러트리는 실수를 했을 때 어떤 마음이 들었어요?

예준: 조금 아쉽긴 했는데 실수를 할 수도 있으니까 괜찮다고 격려해 줬어요.

도윤: 일부러 그런 게 아니고 잘하려다가 실수한 거니까 응원해 줬어요.

교사: 친구들이 끝까지 응원을 해 주었을 때 어떤 마음이었어요?

주원: 친구들이 격려를 해준 덕분에 힘이 나서 포기하지 않고 이길 수 있었어요. 마음이 따뜻했어요.

지우: 컵 쌓기를 잘하는 친구들도 있고 잘 못하는 친구들도 있었는데 잘 못하는 친구들에게 "괜찮아!", "잘했어.^^" 등 칭찬과 격려의 말을 해주어서 너무 따뜻했어요. 앞으로도 친구들에게 격려의 말을 많이 해주면 좋겠어요.

유나: 우리 반이 앞으로도 행복하려면 친구가 실수를 해도 비난하지 않고 너그럽게 이해해 주면 좋을 것 같아요.

(2022. 5. 23, 면접)

이처럼 학생들은 친구의 실수를 비난하거나 질책하지 않고 너그럽게 포용하고 이해하며 배려와 보살핌의 관계를 형성해 나갔다. 그리고 따뜻한 공동의 경험이 축적됨에 따라 학생들은 이러한 경험들에 공유된 의미와 가치를 부여함으로써 '우리'라는 결속력을 다지기 시작했다. 이러한 공동체적 유대감 속에서 학생들은 타자와의 관계 맺음에 대해 고민하고 성장하는 과정을 통해 자신의 정체성을 형성해 나가고 있는 것이다. 학생들은 서로를 온전히 이해하면서 자신과 친구의 성장을 위해 어떠한 방향이 바람직한지 스스로 탐구하고 깨달으면서 대화적 보살핌의 관계를 맺어나갔다.

4. 따뜻한 토의를 통해 삶의 문제를 함께 해결해 나가다

1) 더 나은 관계를 향한 믿음

(1) 스스로 문제를 해결할 수 있는 존재로 성장하다

① 따뜻한 토의 I (배려의 약속)

우리 반에는 난청이 있어 보청기를 착용하는 학생이 있다. 학생들의 소음이 커지거나 지속될 경우, 조용히 해달라고 수차례 반 친구들에게 이야기를 하고 불편함을 호소하다, 결국은 소리를 지르며 울거나 물건을 던지는 등 난폭한 행동을 하기도 한다. 학생들은 은우(가명)가 보청기를 끼고 있고 시끄러운 소리에 예민하다는 것을 이미 알고 있는 상태다. 학기 초부터 유사한 일들이 일어났을 때 학생들은 은우의 행동을 보고 "뭐야?", "왜 저렇게 민감하게 반응해?", 혹은 "쟤 이상해."라는 말을 하며 그 상황을 피하곤 했었다. 그런데 오늘은 학생들의 행동이 달랐다. 점심시간 전부터 소음으로 인해 머리가 아팠던 은우는 점심시간 이후, 교실로 돌아와서도 여전히 시끄러운 학생들의 소음에 더욱 예민해져 머리가 아프다고 여러 번 이야기를 했음에도 큰 변화가 없자 조용히 하라고 짜증을 내며 강하게 요구하였다. 그러나 학생들은 은우의 요구를 크게 신경 쓰거나 인지하지 못하였으며 결국 은우는 화가 치밀어 책상에 얼굴을 묻고 울고 있는 상태였다. 그때 나는 급식실에서 급식지도를 하고 있던 중이어서 교실에서 일어난 상황에 대해 파악하지 못하고 있는 상태였다. 도현이(가명)가 교실에서 이 상황을 지켜보다가 나에게 와서 교실에서 일어난 일에 대해 이야기를 해주며, "선생님, 은우가 귀 때문에 머리가 아프다고 해서 친구들을 조용히 시켜야 할 것 같아요. 제가 조용히 하라고 말할까요?"라고 했다. 급히 교실로 가기 어려운 상황이라 도현이에게 부탁을 했고 서둘러 급식 지를 마무리하고 교실로 향했다. 도현이는 교실로 돌아와 학생들에게 은우의 상태를 설명하며 자리에 앉아서 조용히 해 달라고 부탁을 한 모양이었다. 내가 교실로 돌아와 보니, 대부분의 학생들이 자리에 앉아있었고 은우의 상태를 살피며 신경을 쓰는 분위기였다. 그 상황에서 직접적으로 개입하지 않고 가만히 학생들의 행동과 목소리에 귀를 기울여 보았다.

도현: 얘들아 은우가 귀가 예민해서 조용히 해주면 좋겠어.
우진: 그런데 우리가 조용히 해도, 복도에 있는 친구들이 너무 시끄러워.
예준: 그나마 우리 반이라도 조용히 해주는 게 좋지. 교실 안은 우리가 조용히 해 줄 수 있잖아.

(2022. 5. 25, 면접)

이전과는 사뭇 다른 학생들의 모습에 내가 미처 발견하지 못했던 변화를 알아보고 싶기도 했고 내가 없었던 상황에 어떤 일이 있었는지 궁금하기도 하여 학생들의 모습을 지켜보다가 문득 학생들과 속 깊은 이야기를 나눌 좋은 기회라는 생각이 들었다. 그전에는 사실 이러한 부분이 서로에게 예민한 문제일 수도 있다고 생각하여 반복적으로 일어난 일이지만 다소 소극적으로 대처했던 경향이 있어 이번 기회에 함께 이야기 나누며 서로에게 더 좋은 방향으로 풀어나갈 수 있다는 생각이 들었다. 우선 은우가 진정이 되고 나서 은우의 동의를 얻은 후 학생들과 함께 따뜻한 토의를 시작하기로 하였다.

교사: 얘들아, 선생님이 교실에 늦게 와서 잘 몰랐는데 어떻게 된 상황인지 설명해 줄 수 있나요?
도현: 급식을 먹고 교실에 왔는데 반에서도 아이들이 너무 떠들고 복

도에 있는 다른 반 아이들도 너무 시끄러워서 은우가 머리가 너무 아프다며 조용히 하라고 짜증을 내서 선생님께 알려드리려고 급식실로 다시 간 거예요. 그러고 나서 다시 교실로 와서는 제가 아이들에게 조용히 앉아달라고 이야기했어요.

교사: 그렇게 말했을 때 친구들의 반응은 어땠어요?

도현: 안 앉는 애들도 있었는데, 대부분 다 앉았어요.

아이들(우진, 지훈): 저는 화장실에 다녀오느라고 몰랐는데, 교실로 와 보니 아이들이 앉아있어서 저도 앉았어요.

교사: 그러면 도현이가 조용히 앉아달라고 했을 때, 어떤 마음으로 그렇게 해준 거예요?

유나: 은우가 귀가 안 좋아서 보청기를 끼는 걸 알고 있으니까 도현이의 말을 들어줬어요.

교사: 유나가 은우를 이해해서 그렇게 행동했구나. 점심시간이라 친구들과 이야기하고 놀고 싶었을 텐데 자리에 앉아서 은우를 배려해 줘서 참 고마워요.

하민: 저는 아이들이 다 앉아있고, 아이들이 저에게 앉으라고 하니까 눈치가 보여서 앉았어요.(웃음)

교사: 그랬군요. 그럼 도현이는 도현이의 말을 듣고 친구들이 자리에 앉아주니 어떤 마음이 들었어요?

도현: 앉아달라고만 하지 않고, 조용히 해달라고도 했는데, 처음에는 아이들이 계속해서 시끄럽다가 점차 조용히 해주니 고마웠어요.

교사: 여러분은 어떤 마음으로 앉아서 조용하게 기다려 주었나요?

우진: 제가 심성이 착해서, 착한 마음으로 그렇게 했어요~.

유나: 교실 안과 밖 모두가 시끄러워서, 은우가 교실이 시끄러워서 밖으로 나가려고 해도 바깥이 더 시끄러울까봐 은우가 있는 교실이라도 우리가 조용히 해주면 좋겠다고 생각했어요.

교사: 여러분들의 마음이 정말 따뜻하네요.

서윤: 아, 그런데 선생님~. 요즘에는 잘 안 그러는데 예전에 아이들이 엄청 시끄러웠을 때 제가 이명이 들린 적이 있었어요.

아이들(우진, 하민): 이명이 뭐에요? 환청 같은 건가? 두 개로 들리는 거?

교사: 분명 아무 소리도 안 났는데, 자신의 귀에만 삐~ 하고 백색소음이 들리는 거예요.

도윤: 아~ 그 현상 저도 자주 생겼었어요. 하루에 한 번씩 그러기도 해요.

우진: 저는 지금도 그런 것 같은데요?

하민: 아! 그게 그거예요?

도현: 저도 여러 번 났어요.

서윤: 애들이 갑자기 시끄러워지니까 귀가 갑자기 먹먹해지면서 삐 소리가 나면 갑자기 짜증도 나고 그래요.

우진: 선생님, 안 믿으실 수도 있는데 저는 자고 일어날 때마다 그 소리가 나요.

교사: 아 그랬어요? (다시 서윤이의 이야기로 돌아와서) 그럼 서윤이는 비슷한 경험이 있어서 은우가 마음이 이해가 됐어요?

서윤: 네.

은우: 아무것도 안 했는데 갑자기 귀에서 삐 소리 날 때도 있고 그래요.

예준: 멍 때릴 때도 그런 소리가 나기도 해요.

유나: 할아버지 댁에서 방문을 닫고 있었는데도 사촌 동생들이 바깥에서 계속 시끄럽게 뛰어다니고 하니까 귀가 먹먹하고 아팠어요.

교사: 맞아요. 누구든 시끄러운 소음에 계속 노출이 되면 귀가 먹먹하고 아플 수 있는데, 은우는 귀가 조금 더 예민하기 때문에 우리가 느끼는 것보다 훨씬 더 스트레스를 받을 수가 있어요. 은우야, 그럼 친구들이 시끄럽게 떠들 때 어떤 기분이 들어요?

은우: 저요? 뭔가 스트레스를 되게 많이 받고 화가 나요. 머리가 아파오기도 해요.

교사: 그래서 은우가 화가 많이 났었구나. 얘들아, 아까 너희도 큰 소리를 들으면 귀가 아픈 적도 있고, 이명이 들린 적도 있다는 이야기를 해 줬듯이 다들 비슷한 경험을 했으니까 은우의 마음을 더 잘 이해해 줄 수 있었던 거네요. 그럼 앞으로는 우리가 함께 행복하게 잘 지내려면 서로 어떻게 해주면 좋을까요?

유나: 물론, 쉬는 시간에는 완전히 조용히 할 수는 없겠지만 은우를 위해서라도 조금은 조심해 줬으면 좋겠어요.

교사: 맞아요. 이야기를 하더라도 조금은 더 신경 써 줄 수 있겠지요.

도현: 은우가 시끄럽다고 이야기를 하거나 머리가 아프다고 표현하면, 먼저 알아차리는 아이가 조용해 달라고 이야기를 할 때 들어줬으면 좋겠어요.

교사: 맞아요. 오늘 여러분들이 그렇게 해줬듯이, 은우가 머리가 아프다고 했을 때 귀 기울여 들어주고, 조심해 주고, 행동으로 바로 나타내 주면 좋겠지요.

유나: 도현이가 말한 것처럼, 어떤 한 친구가 먼저 목격을 했을 때, 은우가 지금 하는 말이나 행동을 무시하지 말고 잘 들어줬으면 좋겠어요.

서윤: 선생님, 그런데 은우가 신날 때 약간 높은 목소리로 이야기를 할 때가 있거든요. 그런데 한 번씩 그 목소리가 너무 시끄러울 때가 있어요. 은우도 그 부분은 좀 조심해 줬으면 좋겠어요.

교사: 은우도 기분이 고조될 때 큰 목소리로 이야기를 한 적이 있었나요?

은우: 네, 맞아요.

교사: 그럴 경우에 은우가 높고 큰 목소리를 내면 친구들 역시 귀가

아플 수가 있겠지요? 그런 부분은 서로서로 조심해 주었으면 좋겠어요.

교사: 지금까지 은우를 위해서 친구들이 여러 가지 이야기들을 해주었는데, 은우는 친구들에게 해 주고 싶은 말이 있나요?

은우: 고마운 마음이 들어요. 그리고 저도 시끄럽게 소리 지르지 않고 조용히 하려고 노력할 거예요.

교사: 처음에 아이들에게 조용히 해달라고 했을 때 계속 시끄럽게 했을 때는 기분이 어땠어요?

은우: 처음에 머리 아프니까 조용히 해달라고 이야기 할 때는 아무도 제 말을 못 들었어요.

하민: 우리가 못 들었나 봐요.

우진: 약간 소리 지르면서 짜증 내는 목소리로 말했어요.

교사: 은우가 조금 짜증을 내면서 말했어요?

도현: 친구가 짜증을 내면서 말해도 일단은 들어줘야 한다고 생각해요.

유나: 시끄러운 상황이어서 짜증 내면서 말해도 아이들이 못 들은 것 같아요.

교사: 그랬군요. 똑같은 말이라도 짜증을 내면서 이야기하는 거랑 부드럽게 이야기하는 거랑 어떻게 다르다고 느끼나요?

예준: 부드럽게 말하는 거는 듣고 싶은데, 짜증을 내는 거는 듣기 싫어요.

교사: 맞아요. 부탁할 때에도 부드럽게 말하면 들어주고 싶은 마음이 들지만, 짜증을 내며 말하면 듣는 사람도 기분이 상하겠죠?

우진: 맞아요. 듣기 싫어요.

유나: 은우가 강하게 말을 하면 기분이 나쁘지만 은우가 스트레스를 받아서 순간적으로 소리를 지를 수도 있다고 이해는 해요. 그

래도 조금은 신경 써서 부드럽게 말해주면 좋겠어요.

교사: 그래요. 선생님도 여러분에게 말을 할 때 "~해!"라고 말하는 것 보다 "~해줄 수 있어?"라고 이야기 할 때 느낌이 다르지요? 친구들 사이에서도 마찬가지예요.

(2022. 5. 25, 면접)

학생들이 은우를 위해 점심시간임에도 불구하고 다 같이 조용히 해주고, 친구들과 이야기하며 놀고 싶어도 참고 배려하는 모습이 너무 예뻤다. 학기 초와는 다른, 부쩍 성숙해진 느낌이었다. 서로 다른 모습의 학생들이 서로 다름을 인정하고 이해해 주는 모습이 참 기특했다. 학생들은 타자와 관계 맺기 위해서는 타자를 나의 관점이 아닌 이해의 시선으로 바라봐야 한다는 것을 서로 누벼가는 삶의 경험을 통해 스스로 배워나갔다. 학생들과의 대화에서 발견할 수 있었던 교육적 함의는 다음과 같다.

첫째, 학생들은 상황을 이해하고 나면 자발적으로 타인을 배려하는 방향으로 행동할 수 있다는 점이다. 학생들은 자신이 기존에 가지고 있던 관점으로 은우를 판단한 것에 대해 스스로를 돌아보게 되고, 자신을 성찰함으로써 선입견이나 인식의 변화가 이루어졌으며, 그 변화됨에 근거하여 더욱더 은우의 관점을 이해하게 되고, 나아가 그 이해에 근거해서 다시 자신을 바라볼 수 있게 된 것이다. 이러한 공감의 흐름은 교사의 지시가 아닌 학생들 내면의 이해를 통해 형성되었다는 점에서 더욱 의미 있다.

둘째, 감정 표현과 의사소통 방식의 중요성을 보여준다는 점이다. 같은 내용이라도 말투와 전달 방식에 따라 친구들의 반응이 달라질 수 있다는 점을 학생들이 체감했다. 예준이는 "부드럽게 말하는 건 듣고 싶은데, 짜증을 내는 건 듣기 싫어요"라고 말했고, 유나는 은우의 감정에 공감하면서도 더 나은 표현 방식을 고민하는 모습을 보였다. 이는 학생들에게 자기 표현과 타인

배려의 균형에 대해 교육적으로 접근할 수 있는 좋은 기회가 되었다.

셋째, 이 모든 흐름 속에서 교사는 감정의 조율자이자 공감의 촉진자로서의 역할을 해야 한다는 점이다. 학생 한 명 한 명의 이야기를 차분히 듣고, 그 이야기를 공동체 안에서 연결하며 확장시켜야 한다. 학생들이 자연스럽게 자신의 경험을 꺼내고 타인의 경험에 귀 기울이게 된 배경에는, 교사의 개입보다는 경청하고 함께 생각하도록 유도하는 태도가 필요하다. 이처럼 교사는 '문제 해결자'가 아니라, 학생들이 서로를 이해하고 성장할 수 있도록 공간을 만들어주는 '관계의 안내자'가 되어야 한다.

오늘 교실에서의 이 경험은, 교사와 학생, 그리고 친구들 사이의 따뜻한 상호작용을 통해 '함께 살아가는 힘'을 기르는 교육이 어떻게 실현될 수 있는가를 잘 보여준다. 우리가 교실에서 놓치지 말아야 할 것은 바로 이처럼 작지만 의미 있는 순간들이며, 그것이 바로 인권 감수성과 공동체 의식을 키워주는 살아 있는 교육이다.

가다머(1960)에 따르면 타자를 온전하게 이해하기 위해서는 자신의 선입관을 펼쳐 열고 상대방의 삶의 맥락을 순전하고 열린 태도로 바라보아야 한다. 이러한 태도는 단지 훈육이나 지도를 통해 형성되지 않는다. 오히려 공감의 경험, 존중받는 대화, 스스로 돌아볼 수 있는 기회를 통해 서서히 공동체의 일원으로 성장해 간다. 교사는 그 과정을 설계하고 지지해 주는 중심에 서야 한다. 학생들은 상대방을 해석하고 판단할 때 자신의 관점에만 의존하는 것이 아니라, 지속적이고 관심 어린 대화를 통해 상대방의 삶과 관점을 이해하고 살펴볼 수 있음을 보여주었다. 또한 기존의 선입견을 깨고 상대의 입장을 더욱더 이해할 수 있게 되었다. 학생들은 따뜻한 토의를 통해서 자신이 기존에 가지고 있던 관점으로 은우를 판단한 것에 대해 스스로를 돌아보게 되고, 자신을 성찰함으로써 선입견이나 인식의 변화가 이루어졌으며, 그 변화됨에 근거하여 더욱더 은우의 관점에서 이해하게 되고, 나아가 그 이해에 근거해서 다시 자신을 바라볼 수 있게 된 것이다.

이처럼 대화는 교육에서 중요한 역할을 하며, 특히 인권과 관련된 도덕적 가치를 발달시키는 데 큰 영향을 미친다. 아동의 도덕 발달을 위해서는 아동에게 도덕적 덕과 행동을 가르치는 것이 아니라 삶 속에서 일어나는 일상적인 대화를 통해 타자와 관계 맺는 방법에 대해 스스로 체험하고 자기 자신에 대해서도 성찰할 수 있도록 도와야 한다. 이때 학생들이 서로에게 참된 대화자가 된다는 것은 타인에 대한 순전한 관심, 선입관에 고착되지 않은 열린 태도, 지속적인 대화적 관계성, 타인에 대한 친숙함과 신뢰의 관계성을 유지할 수 있다는 것을 의미한다. 그것이 가능했기에 오늘 토의에서 학생들이 순전하고 열린 마음으로 은우의 언어와 마음에 깊이 공감하고 화답할 수 있었다고 생각한다. 교실 내에서 발생한 공동의 문제를 함께 해결해 나가는 과정에서 학생들은 상호 존중과 배려, 의사소통, 공감 능력, 자기 표현의 균형, 집단 내 책임감을 자연스럽게 내면화하며, 이 모든 요소를 바탕으로 서로를 이해하고 배려하는 방법을 배워간다. 교사는 이러한 중요한 가치를 학생들에게 인위적인 방법이 아닌 자연스러운 삶의 과정 속에서 지속적으로 배울 수 있도록 돕고, 실천을 통해 학생들이 공동체 내에서 서로 배려하는 문화를 형성할 수 있도록 하는 역할을 해야 한다.

모든 인간은 인권을 부여받았기 때문에 이를 인식하고 자신과 타인의 기본권을 존중하는 노력이 필요하다. 협동, 친절, 봉사 등 일상적인 실천을 통해 자신과 타인이 존중받아야 한다는 것을 느끼고, 자연스럽게 인권 의식을 키울 수 있도록 돕는 것이 필요하다. 그러나 이러한 역량을 함양시키기 위해 학교에서 실시하는 인성교육 주간이나 계기 교육은 학생들의 삶에 밀접하게 연결되지 않아 지속적인 실천이 어려울 수 있다. 또한 인권을 단지 권리로만 요구하는 것이 아니라 책임감 있게 생각하도록 해야 한다. 인권 침해와 관련된 규칙을 정해 지키도록 하거나 위반 시 처벌하기보다는 학생들이 스스로 인권을 존중하고 조심하도록 유도하는 것이 중요하다. 학생들이 자신의 권리를 어떻게 지킬 수 있을지, 인권을 어떻게 실천할 수 있을지에 대해 논의하고, 그 방법을 찾을 수 있도록 돕는 것이 바람직하다. 인권은 학생들의 삶 속에서 발견되는 미덕들을 바탕으로 실천되어야 하며 나아가 법과 제도로 구체화되어야 한다. 오늘의 따뜻한 토의는 학생들이 정을 바탕으로 규범을 만들어 가는 모습이 잘 드러난다. 이렇게 정을 바탕으로 규범을 만들 때 학생들은 스스로 만든 규범을 자발적으로 지켜낼 수 있는 힘이 생긴다.

② 따뜻한 토의 Ⅱ (티볼)

필자의 반에서는 전체 보상으로 완두콩을 5개씩 모으면 자유 시간을 1시간씩 보상으로 주곤 한다. 이때 자유 시간은 단순히 학생들이 개별적으로 시간을 보내는 것이 아니라, 우리 반 전체가 함께 즐거운 시간을 보내도록 하는 것을 목적으로 학급 놀이, 영화, 바깥 놀이 등 학생들이 매번 원하는 것으로 협의하여 결정한다. 지난달에도 완두콩을 다 모았을 때, 학급 토의로 시간을 어떻게 보낼지 이야기를 나누었는데 다수의 학생들은 피구, 소수의 학생들은 티볼을 선택했다. 이때 무조건 다수결의 원칙을 적용할 것이 아니라 모두가 함께 즐거워야 할 권리가 있는 시간이라는 측면에서 어떻게 하는 게 바람직한지에 대해 이야기를 나누었더니 학생들은 이번에는 많은 친구들이 희망하는 피구를 하고, 대신 다음에 완두콩을 다 모으면 티볼을 함께 하겠다는 약속으로 토의를 마무리하였다. 그러고 나서 오늘이 바로 그날이 되었다. 이번에도 역시 학생들은 다수가 피구, 혹은 교실 놀이를 희망했고 티볼을 희망하는 학생들은 소수였다. 학생들이 저번에 했던 약속을 기억하고 있는지, 이러한 상황에서 어떻게 의견을 내고 결정할지 궁금하여 학생들의 이야기를 들어보았다.

서윤: 그런데 티볼은 실력 차이가 많이 나서 같이 하기가 힘들어.
예준: 그럼 팀을 새로 짜면 되잖아.
도윤: 저번에 피구하기로 양보해 주었으니 우리도 약속을 지켜주어야 해.
하은: 그런데 피구랑 티볼은 체육 시간에도 할 수 있잖아. 나는 체육 시간에 할 수 없는 교실 놀이를 하고 싶어.
서윤: 티볼을 하기로 약속한 건 맞지만, 티볼 할 때 애들이 잘 못하면 너희들은 화를 내잖아.
우진: 맞아. 티볼을 잘 못하는 아이들도 게임이 잘 안 풀리면 화를 내.
도윤: 선생님, 그러면 저번에 우리가 한 약속을 지키기 위해서 20분은 티볼을 하고, 나머지 20분은 토끼와 거북이 놀이를 하면 좋을 것 같아요.
하은: 그리고 티볼을 잘 못하더라도 이해해 주고, 짜증을 안 냈으면 좋겠어.

(2022. 6. 14, 면접)

이렇게 결정이 되었고, 마침 강당이 비어있어 강당으로 이동하였다. 지난번 체육 시간에 티볼을 한 적이 있었는데 학생들끼리 서로 실수하거나 잘하지 못했을 때 핀잔을 주고, 흥미가 없는 학생들은 열심히 참여하지 않는 바람에 게임이 제대로 진행이 잘되지 않았다. 그리고 공이 예상치 못한 방향으로 날아가거나 아웃이 되었을 때 학생들이 소리를 크게 지르는 바람에 은우가 귀가 아프다며 울화와 고통을 호소하여 경기를 중단하기도 했다. 이번에도 티볼을 하고 싶어 하는 학생들이 여전히 적었고, 지난번 한 약속을 지키기 위해 학생들이 마지못해 티볼을 한다고 생각했기 때문에 경기 진행이 제대로 될까 걱정했던 것과는 달리, 학생들은 스스로 티볼 경기를 위한 세팅을 하고 서로 합의하여 공정하게 팀을 나눈 뒤 경기를 순조롭게 진행하였다.

공을 치는 순서도 자율적으로 정해서 공정하게 경기를 진행하고 소리 지르거나 다른 친구들을 비난하는 말도 하지 않았다. 약속한 20분이 되어가는 줄도 모르고 학생들이 티볼 경기에 집중하여 즐겁게 참여하는 모습을 보니, 참 기특하고 대견하다는 생각이 들었다. 티볼 경기를 마무리하고 교실 놀이 역시 즐겁게 참여한 뒤 상기되어 있으면서도 한편으론 아쉬워하는 표정으로 서 있는 학생들에게 오늘 놀이가 어땠냐고 물어보니 너무 재미있었다고, 다음에 또 이런 시간이 왔으면 좋겠다고 말하는 것을 보니 참 뿌듯하고 흐뭇했다. 이번 경험을 통해 학생들은 내 것만 지키기 위한 규칙이 아니라 타인을 위한 규칙을 만듦으로써 서로를 보살필 줄 아는 존재로 성장해 갔다. 진정한 배려는 개인이 지닌 각기 다른 타자성을 인정하는 것에서부터 출발해야 한다.

학급 내 공동으로 해결해 가야 할 문제가 있을 때 따뜻한 토의를 통해 서로에 대한 이해와 배려를 경험한 학생들은 '나'와 '너'라는 독립적인 시각에서 벗어나 '우리'라는 시각으로 문제를 바라보기 시작하였다. 이와 더불어 상대방의 마음을 세심하게 살피고 반응하면서 보살핌의 관계 속에서 경험한 따뜻한 배려는 점차 반 전체로 확대되어 갔다.

이처럼 배려는 관계적이기 때문에 단순히 배려를 하는 행위 자체가 의미를 지닌다기보다 배려를 하는 행위자와 배려를 받는 당사자 간의 상호작용이 어떻게 일어나는지가 중요하다. 배려가 상호적이라는 의미는 윤리가 대화의 과정임을, 그리고 대화를 통해 서로의 존재를 들실과 날실처럼 꿰어 나가는 이해의 형성 과정임을 잘 보여준다. 즉 윤리는 정답을 가르쳐주는 것이 아니라 서로를 이해하는 과정 속에서 체화되는 것이다. 인간은 타자와의 관계 속에서 정의되기 때문에 자신이 관계 맺고 있는 타자 또는 집단 속에서 윤리적 상호의존에 대한 경험을 통해 자신의 정체성을 형성해 나간다. 따라서 교사 역시 학생들이 배려를 하는 입장뿐 아니라 배려를 받는 입장 모두에 위치하도록 함으로써 윤리적으로 서로 대우할 수 있도록 도와야 한다.

2) 우리의 행복을 위해 할 수 있는 일

(1) 따뜻한 인권이 녹아든 법 살펴보기

학생들은 인권이 녹아든 법을 직접 살펴봄으로써 법이 단순히 사회질서 유지를 위해 지켜야 할 제도적 장치라고 인식하는 것이 아니라 그 속에 어떠한 가치가 내재되어 있는지를 알아보고 법이 있기 이전에 법을 통해 어떤 것을 보호하고 지키고자 하였는지를 고민해 보는 시간을 가졌다.

#사회 중심 통합 차시: 미덕에서 법으로

교사: 우리가 인권을 지켜야 하는 이유는 무엇일까요?
유나: 다른 사람들에게 상처나 피해를 주지 않기 위해서입니다.
도윤: 마땅히 지켜줘야 할 권리이기 때문입니다.
지우: 인권을 서로 지켰을 때 더 따뜻한 사회가 되기 때문입니다.
교사: 맞아요. 그런데 우리가 알고는 있지만, 타인의 인권을 침해할 경우에는 어떻게 하면 될까요?
지훈: 법이 필요해요.
우진: 처벌을 해야 해요.
교사: 사람들의 자율성에 맡겨서 모두의 인권이 잘 지켜진다면 좋겠지만, 그렇지 않을 경우에는 법과 제도가 필요하겠지요.

교사: 그렇다면 우리 생활 주변에서 어떤 법을 찾을 수 있나요?
유나: 자동차 전 좌석에서 안전벨트를 매도록 하는 법입니다.
교사: 잘 찾았네요. 그럼 이 법은 왜 생겼을까요?
지우: 교통사고가 났을 때 안전벨트를 매지 않으면 다치거나 죽을 확률이 더 높기 때문입니다.

유나: 안전벨트를 매지 않으면 사고가 일어났을 때 더 크게 다칠 수 있기 때문입니다.

도윤: 사람들의 자율성에 맡겨두면 귀찮다는 이유로 안전벨트를 하지 않는 경우가 많기 때문에 법을 설정해야 합니다.

교사: 맞아요. 그럼 우리 학교 주변에는 어떤 법이 있을까요?

도윤: 어린이 보호구역에서 30킬로미터 이하로 달려야 합니다.

하민: 금연 구역에서는 담배 피는 등의 위반 행위를 하지 않아야 합니다.

교사: 이외에도 생각나는 법이 있나요?

유나: 돈을 내지 않고 물건을 훔칠 경우에 적발되면 절도죄로 법적 처벌을 받을 수 있습니다. 그렇기 때문에 절도는 해서는 안 되는 행위입니다.

교사: 그럼 법이랑 도덕이랑 어떻게 다를까요?

우진: 법은 국가에서 정한 강제성이 있는 규칙이고, 도덕은 개인의 양심에 맡기는 것입니다.

유나: 법은 국가에서 꼭 지키도록 만든 것이기 때문에 지키지 않았을 경우에 처벌과 책임이 따르고, 도덕은 자신의 양심에 맡기는 것이므로 지키지 않았을 때 개인의 양심의 문제가 생길 뿐, 법적인 처벌은 받지 않습니다.

교사: 차이를 잘 발견했네요. 여러분들은 어른을 만나면 인사를 왜 하나요?

유나: 나 자신보다 더 나이가 많으신 분들이니까 마땅히 인사를 해야 한다고 생각해서입니다.

주원: 나이가 많은 어른이기 때문에 예의를 지켜야 하기 때문입니다.

승하: 어른한테는 예의를 갖춰야 하기 때문에, 인사를 하지 않았을 때 불편한 마음이 들어서입니다.

> 교사: 그렇죠. 인사를 하고 예의를 지키는 것은 법보다는 도덕과 관련이 있지요. 또 비슷한 경우가 있을까요?
>
> 유나: 무단횡단 했을 경우에 걸리지 않을 경우 법적으로는 처벌이 되지 않으나, 양심에 찔리는 느낌을 받게 됩니다.
>
> 우진: 쓰레기를 길거리에 몰래 버리면 처벌을 받지 않더라도 죄책감이 들어요.
>
> 하민: 선생님, 또 우리 생활과 관련되어 있는 법들에는 어떤 것들이 있는지 궁금합니다~!
>
> 도윤: 저도 관심 있는 분야의 법에 대해서 더 알아보고 싶어요.
>
> 교사: 여러분들이 쉽게 이해할 수 있는 법 관련 사이트가 있어요. 그럼 다음 시간에는 어린이법제처에서 생활 속 법령을 찾아보고 따뜻한 인권과는 어떤 관련이 있는지도 함께 살펴보면 좋겠네요.
>
> (2022. 6. 16, 면접)

학생들이 법에 대해서 어떻게 생각하고 있는지를 물어보면 일반적으로 딱딱하고 형식적인 것, 잘못된 행동에 대한 처벌을 위한 것이라고 인식하는 경향이 있다. 학생들의 이러한 인식은 정과 규범이 무너진 사회에서의 오늘날의 법의 양상과 비슷하다고 느낀다. 정과 규범이 바탕이 된 사회에서는 법과 제도로 사회 구성원들을 전면적이고, 강력하고, 세세하게 억압하고 통제할 필요가 없다. 예를 들어 학교에서 학생들 간의 다툼이나 불화가 생겼을 때에도, 정과 규범이 없는 공동체에 익숙한 학생들의 경우에는 학교폭력위원회나 민원 등의 방법을 우선적으로 제시하는 경우가 많은 반면, 정과 규범이 바탕이 된 공동체에 익숙한 학생들의 경우 서로에 대한 이해를 바탕으로 더 나은 관계를 위한 생산적인 방향을 고려하는 경우가 많다. 법이 처벌을 위한 것이 아니라, 따뜻한 인권에서부터 출발한다는 것을 인식한다면 법에 대한 인식 변화와 함께 법 이전의 정과 규범에 대한 중요성도 인지할 수 있지 않을까 하는 생각에서 본 활동을 진행하기로 하였다.

학생들은 어린이법제처 사이트를 활용하여 자신이 관심 있는 법을 찾고, 그 법을 읽어보며 느낀 점과 그 법이 따뜻한 인권을 위해서 필요한 이유에 대해 생각해 보는 시간을 가졌다. 학생들은 특히 학교폭력에 대한 법에 많은 관심을 보였으며, 피해자의 인권을 위해서도 법이 필요하나 가해자의 인권을 위해서도 법이 필요하다는 것을 인식하였다. 그리고 피해자와 가해자라는 테두리에 가두어 법적인 보호 및 처벌을 하는 것보다는 배려와 존중을 바탕으로 자신의 행동에 대해 책임을 지도록 하는 것이 더 본질적이고 중요하다는 인식이 학생들이 쓴 일지를 통하여 드러났다. 또한 "타인에 대한 배려와 존중이 바탕이 되어서 나중에는 이 법이 없더라도 학교폭력이 일어나지 않고 서로 화합하며 살아가면 좋겠다."라고 기술함으로써 법과 제도의 유무보다는 따뜻한 인권 의식이 우리 사회에 더 필요하다고 인식하고 있음을 알 수 있었다.

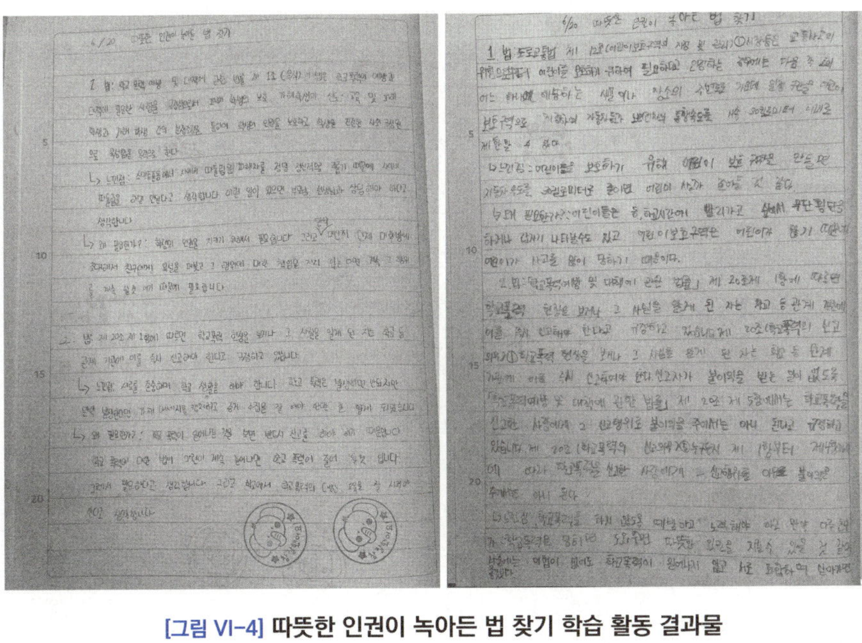

[그림 VI-4] 따뜻한 인권이 녹아든 법 찾기 학습 활동 결과물

(2) 우리가 만든 학급 규칙

학생들은 따뜻한 배려 공동체를 유지하기 위해 서로의 인권을 지킬 필요성을 느끼고 이를 위한 학급 규칙의 필요성도 깨닫기 시작하였다. 지난 시간 '따뜻한 인권이 반영된 법'을 살펴보는 과정에서, 사람들이 법과 도덕에 대해 인지하지 못하거나 알고도 잘 지키지 않는 경우가 많다는 점을 알게 되었다. 그리고 현재 우리 반 학급 규칙 역시 학생들이 매달 필요한 미덕을 직접 선정하고 실천하려 노력하고 있으나, 구체적인 조항이 없어 규칙이 제대로 지켜지지 않는 경우가 있어, 이에 학급 규칙을 새롭게 정할 필요성이 제기되었다.

학급 규칙의 필요성이 구체적으로 제기된 것은 수업 시간 중 다음과 같은 상황을 함께 해결해야 할 필요가 생겼기 때문이다. 최근 학생들이 포켓몬스터에 관심이 많아지면서 분수의 덧셈과 뺄셈 단원을 포켓몬스터 게임으로 복습 겸 마무리하기로 하였다. 그러나 학생들이 점수를 얻거나 잃을 때 소리를 크게 지르거나 옆 친구와 떠들거나 돌아다니는 등 수업을 방해하는 행동이 지속되어 결국 게임을 중단하게 되었다. 이후 학생들과 나눈 대화이다.

교사: 여러분들과 재미있게 게임을 하고 싶었는데 게임 진행이 점점 어렵다고 느껴서 중단하게 되었어요. … 그런데 게임을 하는 과정에서 질서가 안 지켜지는 부분들이 있었지요?

유나: 처음에는 즐겁게 게임을 했는데 친구들이 계속 떠들고, 자신이 점수를 많이 얻었다고 크게 소리 질러서 그런 것 같아요.

건우: 친구의 필통을 가져가는 장난을 치는 아이들도 있었어요.

서윤: 어떤 친구들은 자꾸 일어서는 바람에 방해가 되었어요.

교사: 맞아요. 그런 부분은 서로 조금 더 질서를 지켜야 할 필요가 있었던 부분이에요. 그런데 한편으로는 선생님이 생각하기에 여러분들이 잘 지켜주어서 기특했던 부분도 있었어요. 혹시 어떤

부분일까요?

도윤: 배려해 준거요.

교사: 맞아요. 여러분들이 서로 배려해 주었는데, 어떤 부분을 배려해 주었나요?

예준: 우리가 너무 크게 소리 질러서 은우가 많이 힘들다고 하니, 우리가 게임 하는 중에도 계속 조용히 하려고 노력했어요.

교사: 선생님이 이야기하는 것보다 여러분들이 "조용히 하자"라고 이야기해 주니, 더 효과가 있었어요. 친구들도 신나고 즐거운 마음은 있지만, 조용히 해 주려고 노력하며 말보다는 표정이나 몸짓으로 기쁜 마음을 표현했지요. 그 부분이 참 따뜻했어요.

교사: 우리는 사실 교실이든, 학교든, 사회에서든 지켜야 하는 부분들을 알고는 있지만 실천하지 못할 때도 많지요. 어떤 상황이 있을까요?

도윤: 무단횡단을 해서는 안 된다는 것을 알고는 있는데 실제로 하는 사람들도 있어요.

예준: 신호 위반하는 차 때문에 차에 치일 뻔한 적도 있어요.

교사: 그렇군요. 우리는 이미 학교 내에서, 사회에서 지켜야 하는 여러 가지 규칙과 법을 알고는 있지만 모든 사람들이 잘 지키는 것은 아니에요. 그렇다면 우리가 어떻게 하면 규칙과 법을 더 잘 지킬 수 있을까요?

우진: 안 지키면 처벌을 해요.

도윤: 책임을 지도록 해야 해요.

교사: 그러면 자신이 어긴 규칙과 법에 대해 책임을 묻기 위해서는 무엇이 근거가 되어야 할까요?

도윤: 블랙박스 같은 증거요.

교사: 명백한 증거에 따른 책임을 묻기 위해 더 근본적으로 필요한 것이 있어요.

하민: 법이요.

교사: 맞아요. 구체적으로 명시된 규칙이나 법이 있어야 우리가 그에 맞게 행동하고 책임을 다할 수 있는 것이죠.

교사: 그럼 우리 반에서는 질서나 규칙이 잘 지켜지고 있다고 생각하나요?

도윤: 물론 우리 반이 매달 필요한 미덕을 정해서 칠판에 써 두지만 신경을 잘 쓰지 못하고 있다고 생각합니다. 그리고 잘 지키지 않아도 혼이 나지 않는다고 생각하는 것 같아요.

교사: 지키지 않더라도 그만큼의 책임을 지지 않아도 된다고 생각했군요. 그러면 어떻게 하면 질서나 규칙을 더 잘 지킬 수 있을까요?

우진: 처벌을 해요.

교사: 우리 반이 따뜻한 인권과 행복할 권리를 지키기 위해 모두가 노력하고 있는데, 처벌을 하는 것이 올바른 해결 방법일까요?

도윤: 우리가 정했던 이번 달의 미덕인 배려, 협동, 존중 등이 제대로 지켜지지 않으면 행복할 권리가 침해되기 때문에 규칙을 정하는 게 좋을 것 같아요.

예준: 학급 규칙이요.

우진: 지금까지 구체적으로 정한 학급 규칙은 없었던 것 같아요.

교사: 그러면 주말 동안 여러분들이 생각하는 '행복한 우리를 위해 할 수 있는 일'을 한번 떠올려 보면 좋을 것 같아요. 친구들에게 하고 싶은 말도요.

(2022. 6. 23, 면접)

#규칙의 필요성 제기

교사: 여러분들이 지난주에 게임을 하다가 우리 반 규칙의 필요성에 대해 이야기를 했는데, 왜 우리 반의 규칙이 필요하다고 생각했나요?

도윤: 우리 반이 만든 것이니 우리가 좀 더 잘 지킬 수 있을 거라 생각해서입니다.

우진: 사회에 법이 없으면 질서가 안 지켜지는 것처럼 우리 반에도 규칙이 없으면 질서가 잘 안 지켜질 것 같아서입니다.

유나: 선생님도 평소에 "~~해주세요," "~~하면 좋겠어요."라고 말씀을 하시는데, 선생님이 말씀을 많이 하시는 부분은 우리가 질서를 잘 안 지키는 부분이라고 생각해서 우리 반의 규칙이 필요하다고 생각했습니다.

교사: 지난 주말 동안 여러분들이 생각해 온 '행복한 우리를 위해 할 수 있는 일'을 살펴봤는데, 선생님은 특히 예준이가 쓴 내용이 인상적이었어요. 보통 우리가 규칙을 정할 때에는 아까 여러분들도 이야기를 했다시피 때리지 않기, 장난치지 않기 등 '~않기.'라는 부정적인 언어 표현을 많이 사용하기도 하는데, 예준이는 친구들에게 도움을 많이 주기, 서로 배려하면서 지내기 등 긍정적인 언어를 사용했어요. 부정적인 행동에 대한 금지와 긍정적인 행동에 대한 의지를 비교해 보면 여러분들은 어떤 느낌이 드나요?

도윤: 더 긍정적으로 받아들이고 싶은 마음이 들어요.

유나: 좀 더 친근하게 느껴져요.

교사: 맞아요. 친구에게 '~하지 말라'보다는 '~해줄 수 있을까?'라는

부탁하는 말하기를 하면 어떤가요?

건우: 기분이 좋아요.

유나: 단호하게 이야기하는 것보다 부탁하는 것처럼 친근하게 이야기하는 것이 더 좋아요.

지우: '~하지 않기'라고 하면 그것을 안 한다고 해서 좋아지거나 더 발전하는 부분은 크게 없을 것 같은데 '~하기'라고 하면 서로에게 더 긍정적인 효과가 생길 것 같아요.

교사: 정말 좋은 점을 잘 찾았네요. 그러면 지금부터 우리 반의 행복할 권리를 위한 규칙 만들기를 시작해 볼게요.

(2022. 6. 27, 면접)

이에 따라 학생들은 '행복한 우리'를 위해 자신이 할 수 있는 일을 생각해 보고 우리의 행복할 권리를 위해 필요한 학급 규칙을 정하기로 하였다. 학급 규칙이 필요한 이유를 생각해 본 뒤 설득하는 글쓰기(친구에게 하고 싶은 말)를 함으로써 단순히 규칙을 정하는 것에서 끝나지 않고 학급 친구들에게 울림이 있는 전달이 되도록 하였다. 활동지의 형식은 학생들이 직관적으로 파악하기 쉽고 주제별로 작성하기에 용이한 만다라트를 활용하였으며, 구체적이고 가시화하여 생각을 떠올리고 정리할 수 있도록 하였다. '행복할 권리를 지키기 위한 학급 규칙'을 중심 주제로 정하고, 행복할 권리를 지키기 위해 필요한 여러 규칙들을 카테고리별로 정하여 최대 8가지로 분류하였다. 그리고 카테고리별로 규칙들을 떠올려 8개의 칸에 구체적으로 쓰고, 이유도 작성할 수 있도록 하였다.

학생들은 앞서 말한 방법대로 개별 활동을 한 후에 모둠별로 의견을 모으기로 결정하였다. 개별 활동이 끝난 후, 학생들이 많이 선택한 카테고리를 중심으로 모둠 친구들끼리 협의를 통해 비슷한 것, 가장 많이 선택한 것, 중요한 것 등을 정리하여 최종 입법 준비를 하였다. 제정한 규칙과 필요한 이유가 타당한지에 대해서 검토하고 명확하지 않은 부분에 대해서는 수정, 보완하였다.

활동에 임하는 학생들의 모습을 관찰하니, 우리 반을 위한 규칙을 스스로 정한다는 공동의 목표 달성을 위해 모둠별로 적극적인 토의를 하는 열정이 보였다. 그리고 자신이 필요하다고 생각한 규칙을 이야기할 때 친구들이 궁금해하는 부분에 대해서 설명을 충분하게 해주려는 점이 눈에 띄었다. 또한 모둠 내에서 친구들의 의견을 모으는 학생, 기록하는 학생, 친구들의 자료를 한 번 더 살피는 학생, 전체적인 모둠 토의를 진행하는 학생 등 역할 분담을 자발적으로 하여 열심히 참여하려는 점 등 다양한 모습이 보였다.

학생들 스스로 협의하여 정한 규칙이라 서로에게 잘 지킬 수 있도록 격려하기도 하고, 교사가 이야기를 하였을 때에도 이전보다 더 잘 지키려고 하는 모습이 보였다. 학급 규칙을 만든 이후에 교실이나 복도에서 친구들이 뛰어다닐 때, "뛰지 않기로 우리가 약속했잖아~"라며 부드럽게 타일러주는 모습을 보며, 교사의 강제적인 훈육이나 지시보다 학생들 스스로 정한 규칙의 자발성과 힘에 대해 느끼게 되었다. 어떤 행동이 학급 전체 또는 구성원들 간의 관계를 위해 바람직한지, 바람직하지 않은지는 이미 아이들이 머릿속으로 인지하고 있다. 다만 그 필요성에 대해 마음으로 느껴보는 경험이 없다면 학생들은 표면적인 규칙의 언어에만 머물러 있을 것이다. 다음은 학생들이 직접 주제별로 정한 우리 반 학급 규칙과 각각의 규칙이 필요한 이유를 항목별로 정리한 것이다. 최종적으로 정해진 학급 규칙은 학생들이 포스터로 작성하여 교실 게시판에 게재하였다.

[안전]

① 친구와 다투지 않고 안전하게 놀기(우리 반에서 특정 아이들이 싸우는 경우

가 있는데 싸우면 다치거나 친구 사이가 멀어질 수 있기 때문입니다.)

② 교실에서 뛰어다니지 않기(교실에서 뛰어다니다가 부딪혀 다칠 수 있기 때문입니다.)

③ 친구가 다치면 친구를 도와주기(친구가 다쳐서 움직이기 힘들 때 도와주어야 하기 때문입니다.)

[선생님]

① 선생님께서 말씀하실 때 끼어들거나 떠들지 않기(선생님께서 말씀하실 때 끼어들거나 떠들면 선생님 말씀을 듣고 싶은 친구들은 선생님 말씀을 잘 못 듣고 선생님 마음도 좋지 않으시기 때문입니다.)

② 선생님께 버릇없이 행동하지 않기(선생님께 버릇없이 행동하면 선생님과의 관계가 안 좋아질 수도 있기 때문입니다.)

[공용물품]

① 공용물품을 아껴서 사용하고 사용 후 꼭 반납하기(공용물품은 다 함께 쓰는 것이고, 사용 중 훼손하거나 사용 후 반납하지 않으면 다른 사람들이 사용하지 못하기 때문입니다.)

[청소]

① 쓰레기를 바닥에 버리지 않기(쓰레기를 바닥에 버리면 우리가 함께 사용하는 교실이 더러워지기 때문입니다.)

② 자기 자리 주변은 스스로 청소하기(자기 자리 주변부터 청소하면 우리 반 전체가 깨끗해질 수 있기 때문입니다.)

③ 대청소를 할 때 자신이 맡은 역할을 충실히 하기(대청소를 할 때 자신이 맡은 역할을 충실히 하지 않으면 대청소를 하는 의미가 사라지고 효율성도 낮아지기 때문입니다.)

[수업]

① 수업 시간에 떠들거나 장난치지 않기(수업 시간에 선생님께서 수업하시는데 떠들거나 장난치면 선생님께서도 한 번 더 설명하시느라 힘드시고 다른 친구들도 수업에 집중하기 어렵기 때문입니다.)

② 선생님 말씀을 끊지 않고 대들지 않기(수업 시간에 선생님의 말씀을 끊으면 선생님께서 수업을 진행하기 어렵고 수업 시간이 지체되기 때문입니다.)

③ 수업 시간에 잠깐 화장실을 가더라도 꼭 말씀드리고 가기(선생님께 말씀드리지 않고 교실 밖을 나가면 선생님께서 당황하실 수 있기 때문입니다.)

④ 수업 시간에 돌아다니지 않기(한 명이 돌아다니기 시작하면 모두 다 돌아다니고 수업 분위기가 흐려집니다.)

[친구 관계]

① 친구를 비하하지 않기(친구를 비하하면 친구 간의 관계가 안 좋아지기 때문입니다.)

② 친구의 물건을 허락 없이 가져가지 않기(친구 사이의 관계도 나빠지고 친구가 스트레스를 받기 때문입니다.)

③ 친구가 싫어하는 행동을 하지 않기(친구가 싫어하는 행동을 하면 친구의 행복할 권리도 뺏을뿐더러 서로 간의 신뢰와 믿음이 깨질 수 있기 때문입니다.)

[언어]

① 다른 사람에게 비속어 쓰지 않기(비속어를 쓰면 자신의 이미지도 나빠지고 친구도 화가 날 수 있기 때문입니다.)

② 영어를 무분별하게 사용하지 말기(영어를 무분별하게 쓰면 서로 잘 이해를 못하고 서로 간의 의사소통이 어려운 부분도 있기 때문입니다.)

③ 화나거나 짜증이 나더라도 차분하게 말하기(화내거나 짜증 내며 말하면 듣

는 상대방의 기분도 나빠지기 때문입니다.)

④ 인신공격 하지 않기(인신공격을 하면 상대방에게 상처를 줄 수 있기 때문입니다.)

[화장실]

① 화장실을 사용한 뒤 꼭 물을 내리기(물을 내리지 않으면 다른 사람의 기분이 불쾌해지기 때문입니다.)

② 화장실은 되도록 쉬는 시간에 가기(수업 도중에 화장실에 갈 경우 수업에 방해가 되기 때문입니다.)

[급식실]

① 점심을 먹을 때 떠들지 않기(음식을 먹을 때 떠들면 다른 사람들에게 비말이 튈 수 있기 때문입니다.)

② 자신이 먹을 만큼만 받기(자신이 먹을 수 있는 양보다 많이 받을 경우 남기거나 버리는 음식이 많아지기 때문입니다.)

[배려]

① 친구를 배려하기(친구를 배려하면 자신도 배려를 받을 수 있고 교우 관계도 더 좋아질 수 있기 때문입니다.)

② 친구가 도움이 필요할 때 도움 주기(친구가 도움이 필요할 때 도움을 주면 서로 기분이 좋아지고 교우 관계도 좋아질 수 있기 때문입니다.)

③ 친구에게 잘못했을 때는 바로 사과하기(친구에게 잘못을 하였을 때 바로 사과하면 친구의 억울하고 화난 마음도 금방 풀릴 수 있기 때문입니다.)

[존중]

① 친구를 놀리지 않기(놀림을 받는 친구의 기분이 상할 수 있기 때문입니다.)

② 친구를 괴롭히지 않기(친구를 괴롭히면 친구의 기분이 상하고 친구 관계도 나

빠질 수 있기 때문입니다.)

③ 몸이 불편한 친구에게 놀리는 말을 하지 않고 존중해 주기(몸이 불편한 친구들도 존중받을 권리가 있기 때문입니다.)

교사: 이렇게 우리 반의 규칙을 우리가 직접 만들어 보니 어떤가요?
도윤: 우리 반 친구들의 행복할 권리를 위해 지켜야 할 규칙이 많다는 것을 느꼈어요.
승하: 재미있었고, 우리 반에게 필요한 규칙이 많다는 것을 알게 되었어요.
예준: 우리 반 친구들이 직접 만들었기 때문에 우리가 함께 지내는 데 도움이 될 것 같아요.

(2022. 6. 27, 면접)

이 날 학생들과 학급 규칙을 함께 만들고 대화한 후, 나는 학생들이 서로의 삶을 공유하는 수업들이 하나하나 모여서 정, 규범, 규칙을 자발적으로 형성하는 그동안의 학습 과정을 돌아보면서 다음과 같이 교사일지를 작성하였다.

학생들이 스스로 학급 규칙을 정하고 그 필요성을 토론하며 이해하는 모습을 통해 많은 깨달음을 얻었다. 먼저, 학생들이 규칙을 정하는 과정에서 자신들의 생각을 공유하고, 친구들의 의견을 존중하며 협력하는 모습에서 자율성과 책임감이 드러났다. 학생들이 스스로 규칙을 설정하고 그 이유를 설명하는 과정은 단순히 규칙을 따르는 것이 아니라, 규칙이 왜 필요한지에 대해 깊이 생각하고 이해하는 기회가 되었다. 이는 학생들이 학급 내에서의 공동체 의식을 형성하고, 각자의 역할과 책임을 자발적으로 받아들이는 과정이었기에 교육적으로 매우 의미 있는 경험이라고 생각한다.

또한, 학생들이 규칙을 지키도록 서로 격려하고, 스스로 규칙을 실천하는 모습을 보며 자기 주도적 학습과 협력의 중요성을 다시 한번 깨달았다. 교사가 강제로 규칙을 지키게 하는 것이 아니라, 학생들이 자발적으로 규칙을 지키고, 친구들에게도 부드럽게 부탁하는 모습을 보며 이러한 교육 방식이 학생들의 내면에 변화를 일으킬 수 있음을 느꼈다.

이는 규칙이 단순한 외적인 강제력이 아니라, 학생들이 규칙의 필요성과 타당성을 이해하고 공감할 수 있는 기회를 제공하는 교육 방식이 필요함을 의미한다. 또한 학생들이 주체적으로 규칙을 만들고 지키는 과정에서 얻은 경험은, 단순히 교실 내에서의 규율을 넘어서, 사회적 규범을 이해하고 존중하는 능력을 키우는 데 중요한 기반이 되었다.

마지막으로, 오늘의 수업 과정 자체가 삶 중심 교육의 효과적인 사례임을 느꼈다. 학생들이 단순히 학교 규칙을 따르는 것이 아니라 생활 속에서 인권 존중, 배려, 협력의 가치를 실천하는 것을 배운다는 점에서, 교육은 더 이상 이론적인 지식만 전달하는 것이 아니라, 학생들이 실제로 경험하고 느낄 수 있도록 돕는 것이 중요함을 다시 한번 느꼈다.

(2022. 6. 27, 교사 일지)

3) 이렇게 하는 건 어때?: 시야의 확장

(1) 노키즈존보다 중요한 가치가 있어요

학생들이 사회(삶)에서 차별을 받았거나 차별 받는 느낌이 들었던 경험에 대한 이야기를 나누다가 노키즈존으로 인해 차별받는 것 같은 느낌이 든다고 말한 학생들이 여럿 있어서, 이 부분에 대해서 학생들과 국어 시간을 활용하여 좀 더 깊이 있게 이야기를 나누어 보기로 하였다. 노키즈존 규정은 학생들의 연령대에 많이 접할 수 있고 요즘 많은 카페와 음식점에서도 적용하고 있는 규정이다 보니, 자연스럽게 학생들의 삶 속에서도 와닿았던 부분인 것 같다. 신기했던 점은 노키즈존에 대한 불만과 부당함을 호소하는 학생들도 있었지만, 노키즈존이 생겨나게 된 원인을 생각해 보고 노키즈존 설정에 대해 이해하는 학생들도 있었다는 점이다.

전자의 입장을 견지한 학생들의 경우, 자신이 타인에게 피해를 주는 어떤 행위를 하지 않았음에도 아이라는 이유로 입장을 거부당하는 것이 차별이고 부당하다고 여겼다. 반면 후자의 입장을 견지한 학생들은 자기 통제 능력이 부족하거나 그러한 아이의 행동을 제대로 제지하지 못하는 부모들이 있고, 이들이 타인의 자유를 침해하기 때문에 노키즈존이 필요하다고 생각하며, 자신 역시 비슷한 경험을 한 적이 있다고 대답했다. 물론 필자도 노키즈존이 문제 해결을 위한 최선의 방법이라고 생각하지는 않는다. 그러나 여기서 생각해 보아야 할 점은, 학생들이 단순히 연령 제한으로 인해 차별받는 어린이의 관점에서만 생각하고 똑같이 존중받기를 요구하는 것이 아니라, 일부 어린이의 잘못된 행동으로 인해 피해를 받았던 경험을 통한 이해와 공감을 바탕으로 타인에 대한 존중의 범위가 넓어졌다는 것이다.

노키즈존의 필요성이 제기된 상황은 이해하지만, 노키즈존이 모두에게 합당한 해결책이 될 수는 없기에 여기서 그치는 것이 아니라, 그렇다면 모두가 존중받고 함께 시설을 이용하기 위해서는 어떠한 방향으로 가는 것이 좋을지에 대해서도 논의를 하였다. 학생들은 자신의 아이에 대한 부모의 책임감 있는 보살핌이 이루어지는 것이 선행되어야 한다고 말했으며, 타인에 대한 배려와 존중이 바탕이 된다면 노키즈존을 설정하여 배타적인 분리를 할 필요가 없다고 생각했다. 이는 요즈음 노키즈존에 반대하며 키즈케어존이 등장하게 된 상호 이타적 의도와도 관련이 있다. 학생들은 노키즈존과 관련하여 처음에는 이러한 규정이 어린이의 인권에 대한 차별이라는 근시안적인 관점으로 바라보았으나 대화와 토의를 바탕으로 노키즈존이 생겨난 배경과 이유, 어린이뿐만이 아닌 모두의 인권, 근본적인 해결책 등에 대해서도 생각해 보게 되면서 인식의 지평을 넓혀나갔다.

교사: 노키즈존에 대해서 어떻게 생각하나요?

도윤: 어린이를 차별하는 것이라고 생각합니다.

유나: 어린이의 인권을 해치는 행위라고 생각합니다.

우진: 일부 어린이들의 행동으로 인해 타인에게 피해를 주는 일이 생기기 때문에 필요하다고 생각합니다.

건우: 어린이의 잘못된 행동 때문에, 편안하게 쉬는 사람들이 피해를 입기도 하므로 노키즈존에 찬성합니다.

유나: 어린이는 미래에 커서 어엿한 성인이 될 사람이기 때문에, 어릴 때부터 노키즈존으로 출입을 막아 인권을 침해하기보다는, 부모가 아이를 더 신경 써서 보살핌으로써 남에게 피해를 주지 않는 배려심 있는 아이로 키우는 것이 더 중요합니다.

교사: 노키즈존에 대한 불만과 차별을 말하기 이전에 먼저 노키즈존이 어떠한 이유로 생겨났는지에 대해 이야기를 해볼까요?

도윤: 몇몇 아이들은 카페에서 물건을 파손하거나 타인에게 피해를 주는 행위를 하기도 합니다. 그리고 아이들이 물건을 파손하더라도 보상을 하지 않는 부모들이 있기 때문입니다.

유나: 아이들이 어릴수록 뛰어다니거나 소리를 지르는데 이러한 행동이 위험하기도 하고 타인에게 피해를 주기도 하며, 책임을 지지 않는 부모의 행동 때문에 노키즈존이 생겨났습니다.

예준: 도윤이와 유나가 말했던 것처럼 아이들이 뛰어다니고 소리를

지르거나 타인에게 피해를 주는 행위를 하면, 카페 직원은 물론이고 다른 사람들도 피해를 받기 때문입니다.

교사: 만약 아이들의 행동에 대해서 부모가 케어하고 책임을 진다면, 노키즈존은 필요없지 않을까요?

유나: 부모가 아무리 신경 쓰고 케어해도 아이들은 말을 안 듣는 경우가 있으니 부분적으로는 필요할 것 같습니다.

도현: 부모님이 책임을 지지 않더라도 법적으로 처벌을 받을 수는 없기 때문에 노키즈존이 필요합니다.

교사: 그렇다면 노키즈존을 설정하는 것이 진정한 해결 방법일까요?

도윤: 카페 전체를 노키즈존으로 설정하기보다는 일부는 노키즈존, 일부는 전체가 이용할 수 있도록 해서 어린이들도 부분적으로 함께 이용할 수 있도록 했으면 좋겠습니다.

도현: 어린이는 아직 어리기 때문에, 아이들이 파손하기 쉬운 물건은 손이 잘 닿지 않는 위쪽에 배치하여 최대한 위험성을 줄임으로써 함께 이용할 수 있는 방법도 있습니다.

우진: 키즈케어존이라는 방법이 있습니다. 기존에는 어린이가 출입하지 못했던 곳에 출입할 수 있고, 어른들도 어린이와 함께 이용할 수 있어서 편리할 것 같습니다.

유나: 키즈케어존을 설정하는 것만으로 모든 문제가 해결이 되는 것은 아닙니다. 부모가 아이를 책임지고 케어할 수 있도록 인식을 시키고 행동을 할 수 있도록 하는 것이 우선이라고 생각합니다.

예준: 부모가 어디서든 아이를 책임감 있게 잘 돌보고 케어를 해 준다면, 노키즈존 설정이 필요하지 않을 것 같습니다.

유나: 예준이가 말한 것처럼 어린이와 어른을 구분 짓기보다는 타인에 대한 존중이 바탕이 돼야 합니다. 자신이 부모이고 자식이 어릴 경우, 아이들을 더 신경 써서 보살핀다면 타인에게 불편함

을 주는 일이 해결이 될 것 같습니다.

도윤: 부모가 아이를 잘 돌볼 수 있도록 충분하게 주의를 주고, 부모 역시 조심하려고 노력해야 합니다. 만약 부모가 조심하더라도 어린이들이 물건을 파손할 경우에는 부모가 보상을 할 수 있도록 법적 제도를 마련해야 합니다.

지우: 제가 부모라면 아이들을 조용히 시키고 타인에게 피해가 가지 않도록 책임을 다할 것입니다. 그러므로 다른 부모님들도 아이들을 최선을 다해서 책임감을 갖고 케어해 주면 됩니다.

유나: 저는 지우가 생각한 것처럼, 부모님들이 아이들을 더 잘 케어할 수 있도록 사장이나 매니저가 사람들에게 안내하고 유도할 수 있도록 노력하면 좋겠습니다. 또한 다른 보호자의 아이가 타인에게 피해를 줄 경우에 아이의 보호자가 케어를 하지 못할 경우에는 최대한 존중하는 마음으로 보호자에게 아이를 케어해 줄 것을 부탁하는 것도 좋은 방법입니다.

도윤: 어린이들이 소란스럽거나 방해 행위를 하는데도 부모가 주의를 주지 않을 경우에는 부모에게 조용히 해달라고 부탁합니다.

승하: 부모들이 일단 아이들을 잘 보살피는 것이 우선이라고 생각합니다. 아이와 어른이 있는 곳을 분리하는 것만으로는 근본적인 문제해결이 되지 않기 때문입니다.

교사: 여러분들이 이야기한 것처럼 어떤 문제가 생겼을 때 각자의 입장에서만 생각하는 것이 아니라, 모두를 위한 따뜻한 사회를 만들기 위한 마음으로 바라보았을 때 더 나은 해결책을 찾을 수 있어요.

(2022. 6. 29, 수업대화록)

(2) '우리들'의 블루스

사회 시간에 장애와 관련된 이야기를 나누다 문득, 유튜브로 접했던 드라마 '우리들의 블루스'의 하이라이트 영상이 떠올라 학생들과 함께 시청하게 되었다. 드라마만 시청할 때는 몰랐는데 드라마의 비하인드 스토리와 관련된 영상을 보다 극중에서 다운증후군을 연기한 배우가 실제로 다운증후군을 앓고 있으며, 배우와 화가로 활동하고 있다는 사실을 알고는 깜짝 놀랐다. 처음에 학생들에게 장애에 대한 인식을 물었을 때 장애인은 몸이 불편하고 일반인보다 혼자 어떤 일을 해내는 것이 어렵기 때문에 도와줘야 하는 존재이며 안타깝다고 인식하는 경향이 있었는데, 이 드라마를 보여주고 함께 대화를 하면서 학생들의 생각 변화가 어떻게 이루어졌는지 궁금하여 이야기를 나누어 보았다.

교사: 우리들의 블루스를 보고 장애에 대한 인식이 바뀐 부분이 있었나요? 있다면 어떻게 변화되었나요?

서연: 이 드라마를 보면서 장애인은 병이 있으니까 약간은 우리랑 생각이 다르고 생활하는 것이 힘들다고 느꼈는데, 드라마를 보고 나서는 장애인도 감정이나, 생각하는 것이 우리와 동일하다는 것을 느꼈습니다.

유나: 처음에는 장애인이 누구의 도움 없이는 아무것도 못하는 사람인 줄 알았는데 드라마를 보고 나서 장애인도 스스로 일을 하고 많은 것을 스스로 할 수 있다는 것을 느꼈습니다.

은우: 제가 드라마를 보기 전에는 장애인이 우리와는 다르다는 생각이 들었는데 드라마를 보면서 우리와 똑같이 생각하고 감정도 똑같이 느낄 수 있다는 것을 알게 되었습니다.

지우: 영희가 카페에서 일할 때가 기억에 남는데, 영희가 장애인이지만 카페에서 일을 하는 모습을 보니 장애가 있어도 노력하면 자

신의 일을 할 수 있다는 점이 인상적이었습니다.

승하: 영희가 그림을 그린 작품들을 영옥이가 보는 게 기억에 남아요. 영옥이가 영희의 마음을 이해하고 진심으로 생각하는 것이 느껴져서입니다.

하은: 식당에서 영희가 자신을 이상하게 보는 아이를 보고 속상해하는 것을 보며 장애가 있는 사람도 자신을 이상하게 보는 사람들을 보면 기분이 나쁘다고 느낀다는 것을 알게 되었습니다.

다은: 특히 기억에 남는 장면은 동생이 언니를 지하철에 버리고 간 장면인데, 동생이 언니가 장애인이라서 미워하는 마음이 드는 게 이해는 되었지만 지나고 나면 언니에게 미안한 감정이 들었을 것 같아요.

도현: 선장이 다운증후군이 있는 영희를 이해하기 위해서 다운증후군을 검색해 본 것이 인상적이었습니다. 그리고 다운증후군이 있다고 해서 선입견을 갖거나 차별하지 않으려 노력하는 것도 인상적이었습니다.

도윤: 드라마를 보기 전에는 장애인이 완전히 우리랑은 다른 생각과 감정을 가지고 있다고 생각했는데, 이 드라마를 보면서 우리랑 비슷하다는 느낌을 받았습니다.

건우: 영희가 다운증후군을 가지고 있어도 용기를 내고 해녀들이 일하는 것을 선뜻 도와주는 것이 인상적이었어요.

교사: 장애에 대해 생각해보게 된 경험이 있나요?

지우: 작년에 맑은 소리 하모니카 연주단의 공연을 보며 장애인은 몇 가지 불편한 점도 있지만 잘할 수 있는 부분도 있다는 것을 느꼈습니다.

도윤: 예전에 놀이터에 갔는데 자신의 몸을 잘 못 가누는 장애가 있는 분을 봤어요. 처음에는 저도 놀라고 신기했는데 그분이 놀이터

에서 어린아이랑 놀아주는 모습을 보고 사촌 동생이 자꾸 곁눈질하고 신경 쓰는 것을 보고, 신경 쓰지 말고 놀자고 이야기했습니다.

하민: 편의점 앞에서 다운증후군이신 분을 본 적이 있습니다. 제가 지나가면 매번 안녕이라고 인사를 해 주셨는데, 그 당시에는 이상했는데 여러 번 인사를 나누고 장애에 대한 저의 인식도 달라지면서 이제는 괜찮아졌습니다.

유나: 아람단에서 이월드에 갔을 때 식당에서 돈가스를 먹었는데 장애가 있으신 어떤 남성분이 흥분을 한 채로 밖으로 나가려고 하는 것을 보고 처음에는 너무 이상하게 보였는데 장애가 있으셔서 그런 행동을 하는 것이라고 이해하니 안타까운 마음이 들었습니다.

희원: 길을 지나가다가 다리에 장애가 있어서 잘 못 걸으시는 분을 보았는데, 다른 분이 도와주시는 것을 보고 저도 장애가 있는 분을 도와주어야겠다는 생각이 들었습니다.

건우: 집으로 갈 때 다리가 불편하신 분을 봤는데 사람들이 다 그 사람을 쳐다보는 것을 보고 저도 그때 살짝 보고 있었는데, 계속 바라보면 안 될 것 같은 생각이 들어서 얼른 집에 갔어요. 다른 사람들이 다 쳐다보면 그 분도 속상할 것 같은 마음이 들었어요.

교사: 떠오르는 생각이 더 있다면 자유롭게 이야기해 볼까요?

우진: 제가 영어 학원을 다니는데 영어 학원 끝나고 집에 갈 때 장애인을 돌봐주는 시설이 있는데 버스에서 내리시는 분을 보니 다리가 불편하거나, 시각 장애가 있거나, 청각 장애가 있으신 분들이 있었습니다. 그분들을 도와주시는 분들을 보면서 저도 돕고 싶다는 생각을 했습니다.

서윤: 예전에 장애인을 보고 신기하게 쳐다봤는데 장애인을 그렇게

보는 것이 실례라는 것을 알게 되었고, 장애인 입장에서도 불쾌하다는 것을 알게 되었습니다.

지훈: 예전에도 장애에 대한 선입견이 크지는 않았지만 장애에 대해서 한 번 더 살펴보고 생각해 볼 수 있어서 좋았어요.

예준: 제가 놀이터에 갔을 때 장애가 있는 친구에게 함께 놀자고 다가가는 아이들의 모습을 보며, 아이들이 장애에 대해 이해하고 따뜻하게 배려하는 마음을 가지고 있다는 걸 느꼈어요.

주원: 시장에서 혼자 휠체어를 끄는 사람을 봤는데 그때 다른 사람들이 도와주는 것을 보니 저도 어려운 사람을 보면 도와야겠다는 생각이 들었습니다.

교사: 여러분이 장애인에 대한 경험을 나누면서 중요한 점들을 깨달았네요. 장애인을 돕고 싶은 마음을 갖는 것, 올바른 인식을 가지는 것, 그리고 장애에 대해 다시 생각해 보는 과정은 모두 큰 변화입니다. 우리가 일상에서 이렇게 작은 배려를 실천하며 서로 돕고 존중하는 것이 중요한데, 이런 마음을 계속 키워나가면 우리 사회도 더 따뜻하고 배려 깊은 곳이 될 거예요. 여러분 모두 그런 마음을 계속 유지하고 실천할 수 있기를 바랍니다.

(2022. 7. 4, 수업대화록)

본교에는 특수 학급이 없으며, 학급 내에도 특수 아동이 없어 학생들이 장애 또는 장애인에 대해 생활 속에서 인지를 하고 진지하게 고민을 해 본 경험이 많지 않다. 또한 평소 학교에서 연 단위로 실시하는 장애인식교육 등의 계기 교육은 일회적(이벤트 성)이고 일방적이며 하향식의 강의 형태가 일반적이다. 학생들의 삶 중심에서 발현된 교육이 아니라 임의적인 사례 소개와 설명, 훈계 위주의 교육은 학생들의 인식 변화나 행동의 실천으로 이어지기 어렵다. 사회 교과의 인권 단원에서 인권차별 및 보장에 대한 사례로 장애인에 관해 소개된 부분이 있다. 물론 장애인 차별 금지법, 장애인의 인권 보장을 위한 국가 및 사회의 노력을 알아보는 것도 중요하지만, 교과서에 제시된 것만으로는 학생들의 삶에 깊이 있게 와닿기는 힘들다.

장애에 대한 선입견을 갖지는 않되, 각자가 가진 다른 부분을 이해하고 수용하고 존중할 수 있는 마음을 형성하도록 어떻게 도울 수 있을까 고민을 하던 중 유튜브 플랫폼으로 접했던 '우리들의 블루스' 영상 클립이 떠올랐다. 학생들에게 이 드라마에 대해서 알고 있냐고 물어보니 절반 이상의 학생들이 알고 있거나 들어보았다며 상당한 관심을 보였고, 함께 시청할 것을 제안했다. 학생들의 자발적인 동기부여가 형식적인 학습 내용보다 훨씬 더 울림을 주고 더 큰 학습 효과를 불러일으킨다는 것을 느꼈기에 핵심적인 부분 위주로 드라마를 함께 시청하며 이야기를 나누었다.

'우리들의 블루스'의 주인공인 '영희'는 실제 다운증후군을 가진 배우이며, 극 중에서도 다운증후군을 가진 언니로 출연한다. 학생들은 '영희'가 겪는 아픔과 주변의 시선에 안타까워하면서도 '영희'도 사랑받고 싶고 존중받고 싶어 하는 존재라는 것을 깊이 이해하면서 장애인에 대한 선입견을 깨고, 인식의 변화 및 성장을 대화와 저널을 통해 보여주었다. 흥미로운 점은 학생들이 장애인에 대해 어떠한 인식을 가지고 어떻게 대해야 하는지에 대한 정답을 알고 실천하는 방식이 아니라 드라마를 시청하면서 몸과 몸, 삶과 삶, 눈빛과 눈빛으로 교감하고 대화하는 것을 통해 오감, 감성, 감정, 지성, 그리고 자기 생명성이 담긴 지식을 대화적으로 창조한다는 점이다. 이 부분이 삶 중심 교육과정과 주입식 교육과정이 다른 점이다. 학생들은 드라마 속 인물에 대한 몰입과 이해를 바탕으로, 자신의 삶에서 경험한 유사한 사례를 떠올리고 당시 느꼈던 감정과 생각을 성찰하는 한편, 앞으로의 행동 변화를 다짐하는 모습을 보였다.

이처럼 학습 자료가 교사 또는 교과서로부터 일방적으로 주어지지 않을 때, 학생들의 자발성으로부터 발현하는 것일 때, 그리고 학습 자료에 대한 학생들의 다양한 생각을 자유롭게 표현하고 수용할 수 있는 긍정적인 학급 문화가 형성되었을 때 그 수업은 교실 내 또는 해당 수업 시간에 한정하여 매듭지어지는 것이 아니라 학생들의 삶 속에서도 확장되며 학생들이 성장할 수 있는 계기가 된다. 구체적이거나 실제적이지 않고 추상적인 형태의 인권교육은 학생들의 삶에 와닿지 않기 때문에 학생들이 친근하게 느낄 수 있는 일상적 소재를 활용하여 학생들 스스로 윤리적 문제에 대해 고민하고 겪어 낼 수 있도록 해야 한다.

5. 대화적 공동체 구성을 통해 보살핌의 문화를 형성하다

학기 초부터 한 학기 동안 수호천사 프로젝트를 수업뿐 아니라 학교에서 함께 삶을 누비는 전 과정에 접목함으로써 살아있는 교육을 경험할 수 있었다. 수업 시간에 이루어지는 교과, 비교과 중심의 프로젝트가 아닌 좀 더 유연하고 거시적인 관점에서 대화적 공동체 구성이라는 목표를 중심으로 프로젝트를 엮어나갔더니 삶과 교육, 교사와 학생들이 서로 더 면밀히 융합될 수 있었다. 아래는 프로젝트가 녹아들며 유의미하게 성장한 학생들 중 일부를 면밀히 관찰하여 변화 과정 및 분석과 함께 개별 플롯으로 담은 내용이다.

1) 나의 사소하지만 큰 변화

(1) 변화와 성장이 보이다

① 김유나

유나는 학기 초 어색하던 분위기에서도 늘 밝게 대답하고, 먼저 손을 들어 발표하고, 주변의 친구들에게도 관심을 갖고 잘 도와주는, 긍정적인 학급 분위기 형성에 많은 도움을 주는 학생이다. 수업, 놀이 등 다양한 활동에 적극적으로 참여하며 자신이 생각하는 기준에 부합하도록 열심히 하는 모습을 보인다. 또한 털털하고 솔직한 성격으로 여학생, 남학생 구분 없이 원만하게 잘 지내며 친구들에 대한 편견과 선입견도 없는 편이다. 특히 학급 내에서 다른 학생들이 재미있어하기는 하지만 편하게 다가가기는 어려워하는 친구에게 스스럼없이 다가가 장난을 치기도 하고, 도움이 필요한 친구가 있으면 먼저 다가가서 손을 내밀기도 한다. 모둠 활동에서도 적극적이고 협력적으로 참여하며 주도적인 리더십을 발휘하는 편이다. 교사인 내가 지치고 힘이 들어 하는 모습을 보였을 때에는 수업이 끝난 후 편지로 마음을 전하고 가기도 하는, 그런 따뜻한 학생이다. 이 프로젝트를 통해 스스로도 많이 성장했고 다른 학생들에게서도 긍정적인 변화를 찾으며 함께 성장했음을 느꼈다고 말하는 유나의 모습에서 고맙고 기특함을 느꼈다.

한편 학급 내 여학생들 7명 중 5명이 서로 무리를 지으려는 경향이 있는데, 유나는 5명의 무리에 속하기보다는 여러 학생들과 두루두루 어울리려고 하는 편이다. 그래서인지 일부 여학생들 사이에서 무리를 짓는 것을 불편해하는 것 같았다. 유나는 자신처럼 무리에 속하지 않은 희원이라는 친구와 특히 친하게 지내는 편이다. 유나와 희원이는 단짝 친구이며, 일반적으로 친한 사이일수록 부딪히거나 다투는 경우가 종종 있지만 이 둘은 평소의 대화에서도 서로 배려하는 마음이 잘 드러날 정도로 깊고 신뢰감 있는 관계를 유지하고 있다. 혹시 유나가 희원이랑만 친하게 지내고 다른 여학생들과의 사이는 좋지 않은 것이 아닐까 우려되어 지속적으로 관심을 갖고 관찰하였는데 희원이만큼 교류가 많은 것은 아니었지만 다른 여학생들에게도 곧잘 말을 걸고 필요한 경우 협력적으로 활동에 함께 참여하기도 하였으며 기꺼이 도와주는 모습을 보였다. 그러나 1학기 말, 유나와의 면담을 통해 희원이와의 친밀한 관계 이면에는 유나의 교우 관계 형성에 결핍과 요구가 있음이 드러났다.

> 유나: 선생님, 저도 다른 여자아이들이랑 친하게 지내고 싶은데, 애들이 너무 무리 지어 다녀요.
>
> 교사: 유나가 희원이랑 가장 마음이 잘 맞고 친하게 지내는 것처럼 느껴졌는데, 다른 친구들과도 친하게 지내고 싶었구나. 혹시 여자아이들과의 사이는 어때?
>
> 유나: 개별적으로는 괜찮은데, 우리 반에 여자애들이 7명인데 5명만 같이 다니니까 저는 희원이 말고 다른 여자애들이랑은 어울리기 힘들어요.
>
> 교사: 유나는 우리 반 남자아이들이든, 여자아이들이든 친근하게 잘 다가가고 이야기도 잘 나누니까, '무리'에 신경 쓰는 것보다 아이들 한 명 한 명과 좋은 관계를 맺는 건 어때?
>
> 유나: 네, 알겠어요.
>
> (2022. 7. 19, 면접)

초등학교 5학년 학생들에게서 자주 나타나는 행동이 있는데, 바로 '무리 짓기'이다. 특히 친한 친구들끼리 무리를 형성하여 무리 내에서 친밀감과 소속감을 느끼고 무리에 속하지 않은 학생들에 대해서는 상대적으로 배타적인 태도로 대하는 경향이 있는데, 이는 저학년보다는 고학년에서, 남학생들보다는 여학생들에게서 주로 나타나는 특징이다. 나 역시 초등학교 5학년 때 특정 관심사를 중심으로 학급에서 여학생 내 무리가 형성되었고, 그 무리에 속한 학생들은 학급 내에서 독자적인 존재감을 드러내며 그 무리에 속한 학생들과 그렇지 않은 학생들을 구분하였다. 겉으로는 뚜렷한 따돌림이나 괴롭힘 등의 표면적인 문제가 드러나지 않았으나, 무리에 속하지 않은 학생들은 그 무리에 속하지 않았다는 이유로 설명하기 어려운 이질감과 소외감을 느꼈다.

이 시기의 학생들이 친구 관계에서 무리를 지으려고 하는 이유에 대해 생각해 보았다. 미국 뉴멕시코 대학교의 진화심리학자 제이콥 비질(Jacob. M. Vigil)은 여자의 우정과 남자의 우정은 그 성격과 심리가 서로 다르다고 주장한다. 그에 따르면 여자 사이의 우정은 남자보다 훨씬 가깝고 친밀한 경향이 있다. 더 친밀하다는 의미는 여자가 남자보다 서로 개인적인 정보를 더 많이 공유하며 동일한 가치를 추구한다는 것을 의미한다. 또한 여자가 남자보다 서로에게 더 많은 시간을 투자하는 경향이 있다고 한다. 우리 반 여학생들의 모습을 관찰하였을 때, 무리를 형성하여 친밀한 관계를 유지하고자 하는 학생들은 쉬는 시간, 점심시간에 화장실을 함께 다녀오는 등의 모습을 보였으며, 주말에도 학교 밖 또는 집에서 만나 함께 시간을 보내는 모습을 보였다. 반면 남학생들의 경우, 점심시간이나 하교 후 자유 시간이 생기면 함께 약속을 잡아서 노는 모습을 관찰할 수는 있었으나 여학생들만큼 많은 시간을 사용하지는 않았다. 즉 여학생들 사이에서 관계를 형성하고 유지하기 위해 무리를 짓는 것은 학생들에게는 타인으로부터 이해받고 수용 받고자 하는 자연스러운 현상인 것이다.

그런데 앞서 말했듯이 이 무리 지음이 상호 배타적인 양상을 띠지 않기 위해서는 집단 내 서로 돕는 따뜻한 공동체 형성이 전제되어야 한다. 무리 소속 여부와 상관없이 개인과 개인으로도 긍정적인 관계 형성이 가능해야 한다. 무리에 속했다고 해서 관계의 우위를 점하고, 속하지 않았다고 해서 차별을 당한다고 느끼지 않을 때, 관계의 생태계가 평형을 이루며 상호 협력적으로 잘 유지되고 무리 형성에서 파생되는 여러 가지 부정적인 결과들에 대한 예방이 가능하다. 무리 지음의 부정적인 결과를 미리 예단하고 교사가 인위적이고 강압적인 개입을 할 경우, 학생들은 오히려 무리 속으로 더 깊게 파고들거나 부정적인 결과를 초래하는 경향이 있다. 그러므로 교사는 이미 형성되어 있는 학생들의 무리를 억지로 해체하기보다는 학생들이 무리 내에서, 또 학급 전체적으로 서로 어떠한 관계를 맺고 있는지 관심을 가지고 지켜보아야 하며, 필요한 경우에는 직·간접적으로 개입하여 적절한 도움을 주는 것이 중요하다.

필자의 학급 내에서는 여학생들 내 무리가 형성이 되어 있어 모둠 활동이나 소집단을 구성하는 활동이 있을 때는 종종 5:2로 나뉘는 경향은 있으나, 지속적인 관찰과 면담을 통해 무리의 소속 여부가 여학생들 사이의 친밀도와 관계성에 부정적인 영향을 주는 것은 아니며 개인적으로는 각각의 친구들과 원만하게 잘 지내는 편이라는 것을 확인할 수 있었다. 처음에는 여학생들끼리 무리를 구성하는 것이 염려스러웠으나 각자의 교우 관계를 관찰하였을 때 학생들은 무리에 속한 친구든, 속하지 않은 친구든 차별이나 구별 없이 서로서로 좋은 관계를 형성하고 있었다. 무리를 지음으로써 나타나는 부정적인 결과가 확실치 않은 상태에서 교사의 인위적인 개입으로 교우 관계를 조정하는 것에는 한계가 있고 오히려 역효과가 생길 수 있다고 판단하여 여학생들 간의 관계를 관조하면서도 무리끼리 배척하는 심리가 나타나지 않도록 더욱 신경 썼다. 이를 위해 공동의 놀이 활동 및 학생들 개개인이 서로에 대한 긍정적 경험을 공유할 수 있는 활동들을 통하여 전체적으로 따뜻한 학급 분위기가 형성될 수 있도록 힘썼다. 또한 사춘기에 접어들며 남학생과 여학생이 서로 어울리기를 불편해하거나 꺼리는 경향이 나타나기도 하는데, 그러한 분위기가 형성되기 시작해 고착화되면 남학생과 여학생의 지나친 성별 구분, 서로에 대한 차별 또는 부정적 인식이 생기며 학급 전체의 화합이 어려워질 수 있다. 이 때문에 학기 초부터 남녀 구분 없이 우리는 한 공동체의 소중한 구성원이며 서로를 배려하고 도와야 할 친구로 인식할 수 있도록 협동할 수 있는 전체 활동을 많이 하였다.

유나와의 면담 이후, 유나는 학생들에게 더 적극적으로 다가가는 모습을 보였다. 특히 다른 무리에 속한 여학생들과도 원만하게 대화하고 함께 어울리는 것을 보며, 학생들이 무리라는 언어 개념에 집착하여 배타적인 관계 형성을 하지 않는다면 무리 형성 자체가 문제 되지는 않는다고 생각하였다. 오히려 공동체 내 크고 작은 무리가 형성되는 것은 자연스러운 현상이라는 것을 인정하고 학급 전체가 상호우호적인 공동체를 유지하는 데 도움이 되는 방향으로 나아갈 수 있도록 개개인의 이타적 관계를 잘 형성하는 것이 중요하다.

① 우리가 한 활동 중 가장 의미 있었던(나와 친구들의 따뜻한 인권을 신장시키는 데 도움이 된) 활동과 그 이유는?

* 따뜻한 토의, 은우의 상황을 이해해 주고 모두가 조심해 주고 도와주는 것이 따뜻했습니다. 그리고 티볼을 하자는 소수의 의견도 존중하며 서로의 마음을 이야기해서 좋았습니다.
* 우리들의 블루스, 장애인에 대한 인식 변화와 장애인도 몸만 불편한 거지 우리들과 다르지 않다는 것을 알게 되었기 때문입니다.

② 학기 초의 우리 반의 모습과 친구에 대한 인식이 어떻게 바뀌었나요?

* 학기 초에는 시끌벅적하고 다투기도 했었지만 이제는 서로 친절해졌어요. 남자아이들은 장난을 많이 치고 사고도 많이 치는 아이들인 줄 알았는데 다정하고 착한 아이들도 있다는 것을 알았습니다.

③ 행복한 인권을 위한 수호천사 프로젝트의 활동 소감은?

* 따뜻한 인권을 배우며 저의 행동 또한 바뀌었습니다. 장애인에

대한 인식도 변했습니다. 어떤 친구와는 못 친해질 것 같고 친해질 것 같다가도 '사이가 나빠지면 어떡하지?' 하는 생각을 했었지만 이제는 '이 친구와 한 번 친해져 볼까?', '이 친구는 어떤 걸 좋아할까?' 하며 먼저 다가갈 수 있게 되었습니다.

(2022. 7. 19, 프로젝트 활동 노트)

② 김예준

예준이는 장난기가 많은 편이지만, 때때로 말 속에 타인을 깊이 배려하는 마음이 담겨 있어 예상치 못한 감동을 주곤 한다. 상대가 친구든, 교사든 진지한 상황에서는 타인에 대해 먼저 생각하고 타인의 마음이 상하지 않도록 고려해서 말과 행동을 하는 모습이 기특하고 대견하다. 친구가 실수를 하거나 잘못을 할 때도 비난하기보다는 "괜찮아~ 그럴 수 있지." 하며 웃으며 넘기기도 하고 학급에서 어떤 문제가 발생하여 교사로서 조금 곤란해하는 모습을 보이면 "선생님, 괜찮아요. 이렇게 하면 어떨까요?" 하며 먼저 나의 마음을 공감하고 배려하며 해결책을 제시하기도 하는 사려 깊은 학생이다.

예준이는 수호천사 프로젝트가 원활하게 진행되는 데도 많은 도움을 주었다. 예를 들어 국어 시간에 시 표현 활동 중 모둠 구성에 어려움을 겪어 학생들과 교사 모두가 심적으로 지쳐있는 상태였을 때 학급 분위기 회복을 위해 내가 제안한 기타 연주에 흔쾌히 응하여 학생들에게 기타 연주를 즉흥으로 들려주기도 하였고 못내 연주가 아쉬웠다며 다음에 5학년 전체 학생들을 대상으로 학급 버스킹을 열어 더 많은 학생들이 공연에 참여하여 함께 즐거운 시간을 보내는 것이 어떻겠냐고 제안하기도 하였다. 첫 번째 버스킹이 성공적으로 끝나고 두 번째 버스킹까지 잘 마무리하게 되면서 처음 버스킹을 제안했던 예준이가 "선생님, 저는 그냥 제안한 것뿐인데 이렇게 잘 되어서 신기하고 뿌듯하네요."라고 말한 것이 기억에 남는다. 그뿐 아니라 따뜻한 토의, 따뜻한 규칙 만들기, 따뜻한 인권 사전 만들기 등 여러 활동에 늘 적극적으로 참여해 주고, 나의 면담과 질문에도 늘 성실하게 답해준 예준이의 모습에서 이 프로젝트에 대한 책임감과 자발성을 가지고 있음을 느낄 수 있었고 고마운 마음이 들었다.

① 우리가 한 활동 중 가장 의미 있었던(나와 친구들의 따뜻한 인권을 신장시키는 데 도움이 된) 활동과 그 이유는?

* 버스킹 활동이 가장 좋았습니다. 왜냐하면 버스킹을 하고 난 후에 우리 반 친구들의 장점도 알게 되었고 더욱 친해졌기 때문입니다. 그리고 버스킹 활동은 제가 처음에 생각해 냈던 활동이기에 더 의미 있었습니다. 또 그레타 툰베리 스토리텔링도 좋았습니다. 왜냐하면 그 책을 읽고 더욱 인권에 대한 책임감과 인식이 높아졌기 때문입니다. 수호천사 프로젝트를 하면서 친구들에 대한 인식도 좋아졌고 우리가 직접 친구의 장점을 찾아서 미덕 통장을 만들어 준 것이 뿌듯하기도 했습니다.

② 학기 초의 우리 반의 모습과 친구에 대한 인식이 어떻게 바뀌었나요?

* 처음에는 친구 사이가 멀던 우리 반이었는데 시간이 지난 만큼 우리 사이가 가까워졌습니다.

③ 행복한 인권을 위한 수호천사 프로젝트의 활동 소감은?

* 우리가 했던 모든 활동이 제가 친구들과 친해지는데 큰 도움이 되었습니다. 그리고 인권 존중에 대해 더욱 가깝게 느끼게 되었고 친구들의 인권을 존중해 주는 변화가 생겼으며 인권 존중이 많이 중요하다는 것을 알았습니다.

(2022. 7. 19, 프로젝트 활동 노트)

③ 이은우

은우는 청력이 조금 약해 보청기를 착용하고 있으며, 시끄러운 소음에 예민한 편이어서 종종 소음으로 인한 두통과 스트레스를 호소하기도 한다. 학기 초 학생들이 떠드는 소리에 참다못해 소리를 지르며 물통을 바닥으로 던지는 사건이 있었는데, 학생들은 순간적으로 놀라 은우를 바라보았으나, 이해와 공감의 시선보다는 당황스러움과 의아함의 시선으로 바라보았다. 우선 은우와 학생들을 진정시키고 은우와는 따로 면담을 진행하였다. 사실, 이러한 일이 생기기 전에 은우에게 미리 동의를 구한 뒤 학생들에게 은우의 상황에 대해 이야기를 하고 양해를 구하는 것이 맞는지, 혹시 나의 섣부른 행동이 혹여 은우에게 상처를 주거나 학생들에게 선입견을 심어주는 것이 아닌지 고민이 많이 되었다. 그런데 이 일이 있고 나서, 은우와 학생들이 학급공동체에서 서로 존중하며 함께 행복하게 잘 지낼 수 있는 방법이 무엇인지 학생들에게서 답을 구할 수 있겠다는 생각이 들었다.

교사: 은우야, 혹시 어떤 부분이 속상했는지 이야기해 줄 수 있어?
은우: 안 그래도 오늘 머리가 아팠는데, 애들이 자꾸 시끄럽게 하니까 더 아프잖아요.
교사: 친구들이 시끄럽게 해서 머리가 많이 아팠구나. 혹시 친구들에게 조용히 해달라고 이야기 해봤어?
은우: 네, 조용히 해달라고 계속 말했는데 애들이 말을 안 들어요.
교사: 친구들에게 먼저 말로 부탁한 행동은 참 잘한 거야. 그런데 친구들이 은우가 부탁을 안 들어줘서 속이 상했겠구나.
은우: 그래서 짜증 났어요.
교사: 그렇구나. 그렇지만 은우가 갑자기 소리를 지르면서 물통을 던졌을 때 친구들은 기분이 어땠을 것 같아?

은우: 안 좋았을 것 같아요.

교사: 응, 물론 친구들이 은우의 마음을 알고 나면 이해할 수 있겠지만, 갑자기 그렇게 행동하면 당황스럽고 기분이 안 좋을 수 있겠지? 그럼 은우가 어떻게 하면 좋을까?

은우: 아까 일은 사과하고 다음에는 제 말을 친구들이 들어주면 좋겠어요.

교사: 은우가 괜찮다면, 친구들과 함께 이야기를 나눠보고 서로 약속도 하면 좋을 것 같아.

(2022. 5. 25, 면접)

면담 이후, 은우는 다른 학생들에게 자신의 행동에 대해 사과를 했고, 학생들 역시 은우의 상황과 행동의 이유를 알고 난 후에는 은우를 따뜻한 시선으로 이해하였으며, 더 조심하고 배려하려는 노력을 했다. 비슷한 상황이 발생하는 경우에도 은우는 이전과 같이 소리를 지르거나 물건을 던지는 행동은 하지 않았으며 시끄러울 경우 조용히 해달라고 말로 이야기하려 노력하는 모습을 보였다. 더 놀라운 변화는 학생들 역시 은우가 시끄러워하거나 두통으로 예민해져 있을 때 서로 더 신경 쓰고 조심하려는 모습을 보였다는 것이다. 이후 따뜻한 토의에서 은우의 동의하에 학생들 모두 은우의 불편함에 대한 이해와 공감, 그리고 우리가 할 수 있는 배려에 대한 이야기를 나누었고 그 이후에는 더더욱 학생들의 존중과 배려가 담긴 말과 행동이 은우에게 전해지는 모습이 보였다.

공동체 내에서 있는 그대로의 수용을 받고 배려와 보살핌을 나눈 학생들은 자신을 사랑하는 만큼 타인도 사랑할 줄 안다. 자신의 모습을 있는 그대로 타인에게 수용 받는 경험을 통해 관계성에 대한 신뢰감이 형성되며 상대에 대해 가지고 있었던 자신의 선입견에 대해서도 다시 생각해 볼 수 있게 된다. 학생들 역시 은우에 대해 이해하려 하고, 있는 그대로의 모습을 수용하려고 했기에 존중과 배려의 행동을 할 수 있었으며 은우에 대한 시선도 따뜻한 보살핌의 시선으로 바뀐 것이다.

① 우리가 한 활동 중 가장 의미 있었던(나와 친구들의 따뜻한 인권을 신장시키는 데 도움이 된) 활동과 그 이유는?

* 버스킹입니다. 왜냐하면 친구들과 무엇을 할지 정하는 것부터, 연습하고 버스킹 공연을 할 때까지 서로 도우며 함께 해서 친구들과 더 친해졌기 때문입니다.

② 학기 초의 우리 반의 모습과 친구에 대한 인식이 어떻게 바뀌었나요?

* 친구들이 처음에는 서로 대화도 좀 덜하고 안 친했지만 지금은 많이 친해졌습니다.

③ 행복한 인권을 위한 수호천사 프로젝트의 활동 소감은?

* 옛날에는 친구들과 좀 어색해서 대화를 잘 못했는데 지금은 공개수업과 따뜻한 토의, 버스킹 등 다양한 활동을 하면서 친구들이 도와주고 이해해 주고 배려해 줘서 더욱 친해져서 좋았습니다.

(2022. 7. 19, 프로젝트 활동 노트)

④ 윤지우

지우는 1학기 학급 회장으로, 어른스러운 태도와 친구들을 잘 챙기고 배려하는 성격 덕에 또래 친구들보다 더 성숙한 느낌이 드는 학생이다. 늘 자신의 일을 책임감 있게 해내고 시간을 허투루 사용하지 않으며 끊임없이 자기개발을 위해 노력하는 모범적인 학생이다. 지우의 모습을 보고 있으면 교사인 내 모습도 돌아보게 되고 배울 점이 많은 학생이라는 생각이 든다. 한편으로는 친구들의 흔한 어리광과 장난을 짜증이나 싫은 내색 없이 받아주는 모습을 보며 혹시 지우가 자기표현을 제대로 하지 못하는 것이면 어떡하나 하는 우려를 했는데, 지우는 또래 학생들에 비해 너그럽고 이해와 수용 범위가 더 넓은 것이었고, 만약 자신이 생각하기에 아니라고 판단이 들면 "싫어"라고 단호하게 거절하면서도 상대의 기분이 상하지 않도록 이야기할 줄 알았다. 그러자 학생들은 지우를 편하게 느끼고 신뢰하면서도 긍정적인 관계 유지를 위해서 더 조심하고 배려하는 모습을 보였고, 이는 상호 간에 더 성장할 수 있는 계기가 되었다. 특히 필자의 학급에서는 남학생들, 여학생들 할 것 없이 모두 지우와 긍정적인 유대 관계를 형성하고 있는데 이러한 관계가 서로 돕고 보살피는 학급 분위기 형성에 많은 영향을 끼쳤다고 생각한다.

① 우리가 한 활동 중 가장 의미 있었던(나와 친구들의 따뜻한 인권을 신장시키는 데 도움이 된) 활동과 그 이유는?

* 버스킹을 준비하면서 친구들과 협동하고 준비도 하고 같이 연습도 하면서 친구들과의 관계도 더욱 좋아지고 협동심도 키울 수 있어 뜻깊었습니다. 그리고 여러 사람들 앞에서 친구들과 함께 협동하여 열심히 노력한 것을 보여준 것이 너무 재밌고 좋았습니다. 특히 제가 준비한 피아노 공연을 다른 사람들 앞에서 보여줘서 보람을 느꼈습니다.

* 그레타 툰베리 스토리텔링을 하고 난 후에 나와 나이가 비슷한데도 기후 위기의 심각성을 알리기 위해 노력한 것이 대단하다고 느꼈습니다. '다른 사람이 하겠지'라는 생각이 아니라 '내가 먼저 나서야 해'라는 마인드를 가지고 '기후 위기를 위한 등교 거부'라

는 행동으로 기후 위기의 심각성을 알리고 계속해서 노력한 사람이라는 것이 대단하다고 생각했습니다. 저는 그레타 툰베리가 정말 멋지다고 생각합니다. 그레타 툰베리가 자신이 옳다고 생각하는 것을 다른 사람 앞에서 펼쳐 나갔듯이, 저도 제가 옳다고 생각하는 것을 다른 사람들 앞에서 행동으로 실천할 것입니다. 만약 다른 친구들 앞에서 내가 먼저 배려하는 것이 옳다고 생각하면 그것을 다른 친구들 앞에서 해낼 것입니다.

② 학기 초의 우리 반의 모습과 친구에 대한 인식이 어떻게 바뀌었나요?

* 학기 초에는 남자애들은 남자애들끼리, 여자애들은 여자애들끼리 놀았는데 이제는 여자, 남자 상관없이 모두 잘 어울려 놀고 이야기하는 것 같습니다. 그리고 예전에는 시끄럽게 떠들던 친구들이 이제는 많이 떠들지도 않고 오히려 서로 조심하고 배려하는 친구들도 있는 것 같아서 너무 보기 좋은 것 같아요.

③ 행복한 인권을 위한 수호천사 프로젝트의 활동 소감은?

* 이 프로젝트를 하면서 행복할 권리에 대한 여러 가지 활동(따뜻한 토의, 그레타 툰베리 스토리텔링, 티볼, 행복 우체통 등)을 하면서 몇 명의 친구가 아닌 여러 친구들과 친해져서 열심히 활동한 보람을 느꼈고 친구들에게 다가가기가 더욱 편해졌으며 친구들과 친해진 느낌이 들었습니다. 이 프로젝트를 하기 전에 어떤 친구들은 심한 말을 하기도 했는데 이 활동을 한 이후에는 친구들의 그런 행동이 많이 사라져서 좋았습니다.

(2022. 7. 19, 프로젝트 활동 노트)

⑤ 이우진

우진이는 중학생인 형의 영향으로 학기 초 말투나 언어 사용, 행동이 또래 친구들에 비해 다소 거친 부분이 있어 염려가 많이 되었고 그로 인한 선입견도 가지고 있었다. 그러나 이 프로젝트를 하면서 한 학기라는 짧은 시간 동안 정말 많은 긍정적인 변화와 성장을 보인 학생이라 더욱 대견하고 기특하게 느껴졌다. 재미있는 행동과 재치 있는 농담으로 또래 학생들에게 인기가 많아 1학기 남부회장을 했으나, 학급에서 부반장으로서의 역할 수행이나 두드러진 영향력을 크게 나타내지는 않았다. 평소에는 다른 학생들이 떠들면 같이 떠들거나 수업 시간에 관련 없는 이야기로 분위기를 흐리는 행동을 보이기도 했다. 그런데 7월 들어 우진이의 행동이 눈에 띄게 변화했다. 학생들이 수업 시간에 떠들거나, 수업과 관련 없는 이야기를 하거나 집중을 하지 않을 때 학생들에게 주의를 주며 수업에 집중하도록 부탁하였으며 자신 역시 수업에 더 적극적으로 참여하려는 모습을 보였다. 이러한 행동 변화가 놀랍기도 하고 한편으로는 이유가 궁금하기도 하여 우진이와의 면담을 진행하였다.

교사: 우진아, 요즘 선생님이 자주 칭찬했듯이 우진이가 굉장히 선생님도 잘 도와주고 수업에도 열심히 참여하는 것 같아. 혹시 어떤 마음으로 그렇게 행동한 거야?

우진: 제가 부반장이잖아요. 제가 할 도리는 해야죠.

교사: 응. 그런데 선생님이 느끼기엔 최근에 우진이의 모습이 더 성장한 것 같아서 말이야.

우진: 선생님이 수업하시는 데 방해가 안 되도록 도와드려야 하고 친구들과도 잘 지내고 싶어서요.

교사: 선생님이 보기엔 우진이를 좋아하는 친구들도 많고 친구들과

도 잘 지내는 것 같은데?

우진: 아니에요. 사실 애들한테 잘해주고는 싶은데 어떻게 해야 할지 잘 모르겠어요.

교사: 우진이는 재미있고 말도 재치 있게 잘해서 아이들이 우진이에 대해서 충분히 좋은 마음을 가지고 있는 것 같아. 우진이가 친구들에게 잘해주고 싶다는 마음이 있다면 충분해.

(2022. 7. 14, 면접)

면담 이후 우진이가 교우 관계에 전혀 고민이 없을 것이라는 나의 예상과 달리, 우진이 스스로도 부반장으로서의 자신의 역할과 책임에 대해 고민하고 있었으며 교우 관계도 더 잘 형성하고 싶어 하는 마음을 가지고 있음을 알게 되었다. 또한 학기 초 우진이의 거친 언어와 행동을 관찰하면서 우진이의 마음에도 상처가 있지 않을까 염려했던 나의 모습을 돌아보며 내가 우진이에게 많은 선입견을 가지고 있음을 깨닫게 되었다. 선입견 자체를 '좋은 것이다', '나쁜 것이다'로 규정지을 수는 없지만 적어도 내가 어떤 선입견을 가지고 있으며 그것이 객관적으로 옳은 것인지 아닌지는 인지하고 판단할 수 있어야 한다. 그래야만 자신의 선입견에 좌지우지되어 상대방에 대한 그릇된 생각과 편협한 시선으로 상대를 오해하는 일이 생기지 않기 때문이다. 특히 교사의 경우 학생들을 착한 학생, 나쁜 학생으로 구분 짓고 착한 학생의 프레임에 나쁜 학생을 끼워 맞추고 교정하는 것을 교사의 역할이자 책임이라고 생각하는 경우가 많다. 사실 학생의 잘못된 행동을 교정하는 것이 필요하기는 하지만 먼저 교사 자신이 그 학생에 대해 가지고 있는 선입견이 무엇인지를 인식한 후에 객관적인 시선에서 학생의 말과 행동을 관찰해야 학생의 입장을 이해하고 학생에게 진정으로 도움이 되는 방법을 권할 수 있을 것이다.

① 우리가 한 활동 중 가장 의미 있었던(나와 친구들의 따뜻한 인권을 신장시키는 데 도움이 된) 활동과 그 이유는?

* 버스킹, 우리가 모두 함께 힘을 합쳐 성공을 해서 의미가 있고 인상 깊었습니다.
* 우리들의 블루스, 장애인의 인권을 존중하는 법을 알 수 있었고 장애인도 우리와 똑같다는 생각을 갖게 되었습니다.

② 학기 초의 우리 반의 모습과 친구에 대한 인식이 어떻게 바뀌었나요?

* 학기 초는 장난을 많이 치고 선생님 말씀도 잘 안 듣고 남자와 여자 구별이 심했는데 요즘은 남녀 구별이 심하지 않고 서로 조화롭게 잘 어울려 노는 것 같아서 친구들이 마치 다른 사람처럼 달라졌다는 생각이 들고 친근하게 느껴집니다.

③ 행복한 인권을 위한 수호천사 프로젝트의 활동 소감은?

* 인권 운동가처럼 따뜻한 인권과 관련된 활동을 해서 좋았고 인권 활동이 재밌고 필요하다고 생각하게 되었습니다. 친구들이 예전보다 저와 다른 친구들을 더욱 존중하는 것 같아 좋았습니다. 우리 반이 확실히 변한 것 같아서 이번 수호천사 프로젝트가 매우 좋다고 생각합니다.

(2022. 7. 19, 프로젝트 활동 노트)

⑥ 윤다은

다은이는 다른 사람을 도와주는 것을 좋아하고 섬세한 배려심이 돋보이는 학생이다. 친구들을 자주 칭찬하고 보살펴주며 식물이나 인형(행복이)에게도 많은 관심과 애정을 드러내는 따뜻한 마음을 지니고 있다. 행복이가 학생들의 장난으로 찢어지고 오염이 되었을 때 선뜻 자신이 집에 가져가서 찢어진 부분을 수선하고 깨끗하게 세탁하여 가져오고 싶다고 이야기를 하는 모습과 학생들이 반에서 공동으로 키우는 식물의 잎이 누렇게 변색이 되거나 흙이 말라 있을 때 먼저 알아채고 세심히 돌보는 모습을 보며 다은이의 이러한 따뜻한 배려가 주변의 학생들과 교사인 나 자신에게도 선한 영향력을 주는 것 같아 참 보기 좋았다. 학생들과 나누는 대화, 교사와 나누는 대화 하나하나에도 타인을 배려하여 상처를 주지 않는 언어를 사용하고, 장난으로라도 친구에게 해가 되는 행동을 하지 않으려 노력하는 모습이 참 기특했다.

학기 초에는 친구와의 오해로 사소한 다툼이 있었으나, 면담을 통해 친구를 미워하는 마음보다는 친구가 잘못된 행동을 하지 않기를 바라는 마음이 컸지만 이를 표현하는 방식에 문제가 있었음을 인정하고 교우 관계를 회복하고 싶은 마음이 있다는 것을 확인할 수 있었다. 학생이 직접 마음을 털어놓으며 자신의 이야기를 하도록 하니, 학생 스스로 생각하고 성장할 수 있었으며 자신과 타인을 위한 더 나은 방향도 찾을 수 있게 되었다. 학생이 스스로 친구와 자연스러운 상황 속에서 대화를 통해 오해를 풀고 화해를 하고자 원했기 때문에 교사가 직접 개입을 하기보다는 학생의 생각을 존중하며 기다려 주었다. 이후 두 학생 간의 관계가 원만해지고 잘 지내는 것을 보고 때로는 학생이 자신에게 닥친 문제와 갈등, 아픔을 어떻게 받아들이고 대처하느냐에 따라 내면의 성장을 위한 밑거름이 되기도 한다는 것을 느꼈다.

① 우리가 한 활동 중 가장 의미 있었던(나와 친구들의 따뜻한 인권을 신장시키는 데 도움이 된) 활동과 그 이유는?

* 인권 버스킹, 그냥 버스킹이면 특별한 목적으로 한 게 아니어서 기억에 잘 안 남았겠지만 '인권'이라는 목적으로 하니 기억에 더 잘 남게 되었습니다. 첫 번째 버스킹은 그냥 친구들끼리 하는 장기자랑 정도로 느껴졌는데 두 번째 버스킹에서는 '인권'을 주제

로 하니 더 의미가 있고 기억에 오래 남았습니다.

② 학기 초의 우리 반의 모습과 친구에 대한 인식이 어떻게 바뀌었나요?
* 학기 초에는 우리 반 친구들이 나쁜 말도 좀 많이 쓰고 그랬지만 시간이 지나면서 친구들이 서로 잘 도와줘서 우리 반 친구들에 대한 인식이 더욱 좋게 바뀌었습니다.

③ 행복한 인권을 위한 수호천사 프로젝트의 활동 소감은?
* 인권과 미덕이 연결되어 있다는 것을 알게 되었습니다. 그리고 따뜻한 인권을 지킬 수 있는 여러 가지 미덕도 알게 되고 따뜻한 경험도 나눌 수 있어서 좋았습니다.

(2022. 7. 19, 프로젝트 활동 노트)

⑦ 서주원

주원이는 조용한 편이며 평소 자신의 감정이나 생각을 적극적으로 표현하지는 않지만 자신이 좋아하는 것(공룡, 동물 등)에 대해서는 열성적이며, 친구를 잘 배려하고 진정성 있는 태도를 보이는 학생이다. 필자의 학급 내에는 활발하고 의사 표현이 적극적인 학생들이 많은 편이라 다소 소극적인 주원이가 학급 분위기와 교우 관계 형성에 적응을 잘하지 못하는 것은 아닌지 걱정이 되기도 하였다. 그러나 주원이가 학교생활을 하는 데 크게 어려움을 느끼거나 불편함을 호소하지 않았고 지속적으로 관찰하였을 때 교우 관계에 문제가 될 만한 상황은 없었기에 학생이 천천히 자신의 속도에 맞게 적응하고 교우 관계를 형성할 수 있도록 기다려 주었다.

우리 반에서는 한 달에 한 번씩 학급 친구들이 돌아가며 편지를 써 주는 미덕 통장 활동을 하는데, 3월에는 주원이가 미덕 통장의 주인공이 되었다.

아직 학기 초반이어서 주원이에 대해 잘 알고 있지 않은 상태라 학생들이 주원이의 미덕을 잘 써줄 수 있을지 걱정이 되었다. 그런데 내가 생각했던 것 이상으로 학생들은 주원이를 관심 있게 관찰하고 주원이의 장점을 잘 찾아서 써주었다. 이후 주원이와의 면담에서 미덕 통장을 받았던 경험이 너무 소중하고 기억에 남는 경험이라는 말을 들었을 때 예상치 못했던 말이어서 그런지 더 감명 깊었고 가슴이 벅찼다.

그리고 학기 초와 달리 학기 말이 되어갈수록 주원이가 점점 학생들에게 먼저 다가가고, 자신이 좋아하는 것을 공유하며 긍정적인 교우 관계를 형성해 가는 것을 보며 학생들마다 저마다의 성장 속도가 있고 학생들 각자는 스스로 성장할 수 있는 힘을 지닌 존재이기 때문에 교사의 지나친 염려와 인위적인 개입은 주의해야겠다는 생각이 들었다. 내가 학기 초에 주원이에게 학생들과 어울리기를 재촉하거나 주원이의 의도와 상관없이 직・간접적인 도움을 주려고 했다면 주원이가 오히려 학생들을 천천히 관찰하고 자신만의 방법으로 다가가는 데 더 어려움이 있지 않았을까 하는 생각이 든다.

또한 주원이는 남을 배려하고 양보하는 성격이 매우 돋보였는데, 피구를 할 때 인원이 맞지 않아 한 명이 술래가 되어 게임 전에 먼저 상대편 쪽으로 나가 있어야 하는 상황이 발생할 때 다른 학생들이 술래를 하기 싫어할 경우 항상 자진하여 술래를 하곤 했다. 처음에는 주원이가 피구를 하는 것에 관심이 없고 술래를 하는 것이 더 편해서 그런 줄 알았지만 주원이와의 면담, 그리고 주원이의 혼잣말을 통해서 주원이 역시 피구에 참여하고 싶어 하며 매번 자신만 자진해서 술래를 하는 것 같다는 생각을 하고 있다는 것을 알게 되었다. 그래서 주원이에게 “친구를 먼저 배려하고 양보하는 마음은 너무 예쁘고 고맙지만, 주원이가 항상 양보해야만 하는 것은 아니야. 친구에게도 양보할 기회를 주자. 주원처럼 기꺼이 술래를 해주려는 친구가 있을 거야.” 라고 했더니 주원이는 훨씬 편한 마음으로 경기에 즐겁게 참여하는 모습을 보였다. 교사 자신의 선입견을 벗고 학생을 있는 그대로 바라보고자 할 때 비로소 보이는 부분들이 있다는 것을 다시금 깨달았던 순간이었다.

① 우리가 한 활동 중 가장 의미 있었던(나와 친구들의 따뜻한 인권을 신장시키는 데 도움이 된) 활동과 그 이유는?

* 버스킹, 우리의 재능과 창의력을 발휘해 우리가 만든 오딩이들의 버스킹이 진짜 재밌었고 우리의 힘을 열심히 쓴 것 같습니다.

② 학기 초의 우리 반의 모습과 친구에 대한 인식이 어떻게 바뀌었나요?

* 예전에는 남자는 남자끼리 놀고 여자는 여자끼리 놀았는데 지금은 차별 없이 모두가 친하게 지내고 거의 싸우지 않는 것 같습니다.

③ 행복한 인권을 위한 수호천사 프로젝트의 활동 소감은?

* 1학기 동안 다양한 프로젝트를 하면서 친구와 대화(소통)하고 서로 가까워진 걸 느끼고 있었습니다. 그래서 1학기 때 느낀 행복을 유지한 뒤 2학기에도 다 같이 행복할 권리, 인권과 관련된 다양한 프로젝트 활동을 하면 좋겠습니다. 2학기에도 우리 반 친구들이 행복할 권리를 지켜나가면 좋겠습니다.

(2022. 7. 19, 프로젝트 활동 노트)

⑧ 이서윤

서윤이는 학기 초에는 소극적이고 조용한 편이었으나 자신이 만든 캐릭터(찍순이)와 그림을 그리고 포스터를 만드는 데 소질이 있어 다른 학생들에게 관심과 칭찬을 받으면서 점점 교우 관계도 넓어지고 남학생, 여학생 모두와 두루두루 원만하게 잘 지내게 되었다. 서윤이는 미적인 창의성과 끈기가 있어 반 학생들을 대표하여 버스킹 포스터와 홍보 피피티를 만들기도 하고 모둠활동에서도 발표물을 만드는 데 큰 역할을 하였다. 그러자 학생들은 서윤이의 작품을 보면서 칭찬하기도 하고 부러워하기도 하고 궁금해하기도 하며 서윤이와 자연스럽게 대화를 하고 때로는 도움을 받기도 하면서 긍정적인 관계를 형성해 나갔다. 서윤이 역시 학생들 개개인에게 관심을 가지고 다가가기 시작하였으며 다른 학생들의 관심사는 무엇인지, 어떤 성향을 가지고 있는지를 파악하면서 자연스럽게 어울리기 시작하였다. 서윤이는 필자와도 긍정적인 관계를 유지하며, 학기 초에는 수업 시간에 캐릭터를 활용하는 필자의 수업 방식에 흥미를 보이며 자신이 직접 만든 캐릭터를 소개하는 등 공통의 관심사를 공유하였다. 학기 중반에는 반 전체를 위한 손 그림 작업이나 PPT 제작이 필요할 때 자발적으로 나서서 적극 협력하는 모습을 보이기도 하였다.

① 우리가 한 활동 중 가장 의미 있었던(나와 친구들의 따뜻한 인권을 신장시키는 데 도움이 된) 활동과 그 이유는?

* 버스킹, 포켓몬 빵을 구하는 사람, PPT를 만드는 사람, 간식을 준비하는 사람, 교실을 꾸미는 사람, 간식을 나눠주는 사람, 사회자, 발표자 등 친구들이 모두 힘을 합쳐서 버스킹을 했기 때문입니다.
* 공개수업, 국경 없는 의사회에 대해 같이 조사하고 협동해서 결과물을 만드니 모둠 활동이 좋아졌고 제가 부탁하는 것을 친구들이 잘해주었기 때문입니다.
* 행복이, 행복이를 괴롭힐 때 친구들이 말리고 진짜 살아있는 생명체처럼 소중히 대해 주었기 때문입니다.

② 학기 초의 우리 반의 모습과 친구에 대한 인식이 어떻게 바뀌었나요?

* 우리 반이 홀수여서 짝을 지으면 늘 1명이 혼자 남았는데 요즘은 혼자 남은 1명을 더 끼워서 3명이서 짝을 지으니 혼자 남는 친구가 없어서 좋았습니다.

③ 행복한 인권을 위한 수호천사 프로젝트의 활동 소감은?

* 선생님과 다른 친구들의 인권을 지키기 위해 노력하고 있습니다. 그리고 친구들이 시끄러울 때 힘들어하는 친구를 배려하기 위해 조용히 해달라고 부탁하였습니다.

(2022. 7. 19, 프로젝트 활동 노트)

(2) 아이들의 자발적 성장

학생들은 교사의 지시와 요구가 아닌 자발적 책임 의식과 배려의 마음으로 자신의 행동을 결정하고 실행할 때 행동의 전이가 잘 일어나고 내적 성장이 활발히 이루어진다. 한 학기 동안 학생들의 변화를 지켜보며 학생들이 많이 성장했음을 느꼈다. 학생들에게 관심을 갖고 가까이, 면밀히 다가갈수록 더 많은 것들이, 더 세부적인 것들이 보였다. 학기 초에는 서로 데면데면하고 어색해하던 학생들이 교실 내에서 자신의 있는 그대로의 모습을 교사에게서 수용 받는 경험이 많아질수록, 타인에게도 그렇게 하려는 경향을 나타냈다. 이러한 경험의 파생 능력은 필자의 대인관계 경험에서부터 상당 부분 그 효과성을 인지해 왔었고 나뿐만 아니라 학생들에게도 그 효과성이 비슷하게 나타남을 수년간의 관찰을 통해 견지해 왔다. 학생들은 타인과의 의견이 다르거나 가치관이 다를 때, '너는 왜 그래?', '쟤는 왜 저럴까?'라는 인식에서 '아, 그럴 수 있지.'라는 인식으로 변화하였음이 말과 행동에서 드러났다. 타인을 비난하고 '틀린' 존재로 인식하기보다는 이해하고 '다른' 존재로 존중할 수 있게 된 것이다.

학생들은 서로에 대해 알고 싶어 하는 순전한 관심으로부터 시작해 대화를 통해 서로를 이해하고 관계를 형성해 간다. 이러한 관계 형성은 학급 전체의 분위기에도 영향을 미친다. 서로 다른 존재를 이해하고 존중하려는 마음은 자신의 선입관에 매몰되어 상대를 편향된 시선으로 바라보도록 하는 것이 아니라, 나의 선입관을 다시 한번 돌아보고 상대의 선입관이나 행동도 이해하고 수용하려고 노력하도록 한다. 또한 이 과정에서 자신의 삶이 타인의 삶과 연관되어 있다는 것에 대한 깨달음은 이타적 행동에 대한 자발적 실천을 높이며 이러한 보살핌의 관계가 점점 더 형성되어 서로 얽혀 나간다면 개인과 개인 간의 관계에서부터 전체 공동체로의 확장이 가능해진다. '서로 돕는 공동체' 형성은 '있는 그대로의 수용'에서부터 시작한다. 구성원 각자가 서로에 대한 이해와 수용으로 긍정적인 경험이 쌓일수록 따뜻한 공동체의 모습이 나타나게 된다.

이때 교사의 일방적인 주입식 도덕교육이나 생활교육, 또는 일회성의 캠페인식 교육으로는 자연스러운 공동체 형성이 어려우며 학생들이 서로서로 장기간에 걸쳐 긍정적으로 엮여가는(weaving) 관계 형성이 필요하다. 학생들은 자신의 있는 그대로의 모습을 자연스럽게 나타내고, 존중받고, 다른 부분은 서로 이해해 가려는 노력과 경험을 통해 자아존중감이 높아지게 되며 이때 타인을 배려하고 존중하려는 자발성이 발현된다. 이러한 자발성이 학생들 내부에서 발현되어야 비로소 진정한 내적 성장과 함께 삶 중심 인권교육의 출발점이 되는 것이다.

틀에 박힌, 그리고 학생들의 삶과 유리된 교과서의 사례를 통한 교육보다 이러한 활동이 오히려 학생들의 삶을 중심으로 한 살아있는 교육이라는 느낌이 들었다. 학생들의 삶에서 발현한, 즉 자발성을 기초로 한 교육은 힘이 있다. 학생이 스스로 잘 살아갈 수 있는 힘 말이다. 학교가 진정으로 학생들의 내적 성장을 목표로 한다면 교육이 삶과 자발성을 기초로 하여 내실 있게 운영되어야 한다. 다음은 공동체적 삶 속에서 서로에 대한 보살핌을 실천하고자 하는 학생들의 자발성이 나타난 사례이다.

교사: 얘들아, 오늘 밖에 나가서 놀고 싶었을 텐데 교실에 남아 교실을 청소해 준 모습이 참 고맙고 기특했어요. 청소를 한 이유가 무엇인지 궁금해요.

우진: 제가 말한 공약도 있고요. 교실을 보니 우리 반이 너무 더러워 보여서 좋은 마음으로 치웠어요. 하민이랑 지훈이랑 은우에게 고맙다고 이야기하면 좋겠어, 얘들아. 우리가 얼룩까지 다 지우고 깨끗하게 했어.

은우: 저는 친구를 돕고 싶다는 마음으로 청소했어요. 원래는 회장, 부회장이 되어서 하고 싶었는데, 당선이 못돼서 아쉬운 마음이 있었지만 이렇게라도 친구들을 돕고 싶었어요.

하민: 밖이 너무 더워서 나가는 것보다 친구들이랑 교실을 청소하는 것이 더 좋겠다는 생각이 들었어요.

지훈: 배가 아파서 교실에 있었는데 친구들이 청소하는 것을 보고 돕고 싶다는 생각이 들었어요.

유나: 공약으로 제가 우리 반을 위해서 열심히 책임을 다하겠다고 말했는데, 아직 1학기지만 지금부터 시작하고 싶어서 청소했어요.

희원: 유나를 기다리면서 같이 청소했어요.

교사: 청소하고 나니 기분이 어땠어요?

유나: 열심히 고생해서 반 친구들을 위해 교실을 깨끗하게 청소하고 나니 뿌듯했어요. 이런 많은 쓰레기들을 선생님 혼자 치우신다면 힘드실 것 같다는 생각이 들어서 치우게 되었는데 청소가 끝나고 나니 뿌듯했어요.

은우: 청소할 때 재미있었고, 다하고 나니 뿌듯했어요.

교사: 그러면 여러분들은 청소를 해준 친구들에게 어떤 마음이 들었나요?

하은: 우리는 청소를 안 했는데 먼저 청소를 해주는 것을 보니 고마웠어요.

주원: 다들 놀고 싶었을 텐데 우리를 대신해서 청소를 해줘서 고마웠어요.

도윤: 친구들이 공약 때문에 했다고 하더라도, 청소를 할 때 친구들이 우리 반 친구들을 얼마나 배려하는 마음으로 했을지가 느껴졌어요. 저도 친구들을 대신해서 청소를 하고, 교실을 깨끗하게 하기 위해 노력해야겠다는 생각이 들었어요.

건우: 금요일은 놀지 말고 친구들이랑 함께 의자를 밀고 열심히 대청소를 하고 싶어요.

유나: 앞으로도 청소를 열심히 하면서 친구들을 돕고 싶어요.

승하: 평소에도 하교 후에 시간이 남을 때 교실 청소를 하곤 했는데 반 전체를 돕고 싶다는 마음에서 그렇게 했어요.

(2022. 7. 15, 면접)

이처럼 도덕이 학생들의 내면에서부터 파생되지 않으면 도덕적 판단이나 규범의 주입만으로는 실천성을 담보하기 어렵다. 학생들이 타인을 위한 배려의 마음을 말과 행동으로 표현했듯이, 도덕성과 관계 윤리의 형성은 대화적 만남으로부터 시작한다. 타자와의 관계적 삶을 위해서는 대화가 필수적이며 서로 이해하고 삶을 누벼가는 과정에서 성장과 변화를 겪어나가면서 윤리적 존재로 거듭나게 된다. 학생들 역시 학급 친구들을 돕고자 하는 순전한 원함과 내재적 동기로부터 스스로 자신이 할 수 있는 일을 찾아 실천하였으며 이러한 자발성을 통해 학생들 내면의 성장이 구체적이고 표면적으로 드러났다는 것이 느껴졌다.

2) 보살핌의 관계

(1) 이해로 꿰어진 우리

일반적으로 수업 활동을 위한 모둠을 구성할 때는 교사가 학생들의 성향, 특징, 성취도 등을 고려하여 적절하게 구성을 하거나 주변에 앉은 학생들끼리 구성하는 경우가 많다. 그러나 학생들은 효율성을 고려한 교사의 일방적인 모둠 구성 대신 자신이 선호하는 학생들끼리 모둠을 구성하고 싶어 하는 경향이 있다. 학생들이 선호하는 모둠 구성원의 특징은 자신과 친한 친구, 혹은 모둠 구성원들을 잘 이끌거나 표현 또는 발표 능력이 좋은 학생이다. 또한 모둠 활동에 비협조적이거나 방해하는 학생은 선호하지 않는 편이다. 그렇다면 학생들은 왜 친한 친구들을 선호하는 것일까? 친한 관계를 형성하는 학생들은 평소 긍정적인 유대 관계를 형성하고 있을 가능성이 높으며, 대화와 소통이 원활한 편이다. 즉 학생들은 자신이 긍정적인 모둠 구성원으로서 인정받기 위해서는 상대방과 의사소통을 원만하게 하고 협력적인 태도를 가지며 자신의 행동에 책임을 져야 한다는 것을 인지하고 있으며 그와 반대되는 행동을 할 경우에는 모둠 구성원으로서 긍정적으로 수용 받기 힘들다는 것을 알고 있다.

학기 초 국어 시간에 시 표현활동을 위해서 모둠 구성을 학생들이 자율적으로 하도록 하였을 때, 친한 친구들 혹은 같은 성별끼리만 모둠을 형성하려는 경향이 강했다. 이러한 경향은 자신이 원하는 활동 중심으로 학생들이 모여 모둠을 편성하는 것이 바람직하다고 생각했던 교사의 의도와는 어긋난다고 생각하였기 때문에 이후의 활동에서는 모둠 구성 시 학생들에게 자율성을 주는 것을 염려하였다. 그러나 시간이 지나면서 학생들은 자율적인 환경에서 스스로 모둠을 구성하고 좋은 관계를 맺으며 공동의 목표를 이루기 위해 어떤 태도가 필요한지 스스로 깨닫고 실천할 수 있다는 것을 알게 되었다. 학생들이 자발적으로 모둠 구성을 하는 것을 심히 우려할 필요가 없는 이유도 이 때문이다. 그리고 학기 초에 비해 학생들의 유대 관계가 소수에서 점차 전체로 확대되어 감에 따라 학생들이 평소에 친하게 지내던 친구와 모둠 활동을 함께 하는 것도 좋지만, 관심이 있었으나 친해질 기회가 많지 않던 친구와 모둠을 함께 함으로써 얻게 되는 장점 또한 많다는 것을 스스로 인식하며 교사의 개입 없이도 각자의 장점을 살리고 단점을 보완할 수 있는 다양한 모둠 구성을 할 수 있음을 관찰할 수 있었다(수업관찰, 2022. 06. 03).

모둠 구성에 대한 학생들의 인식 변화는 다음 사례에서도 드러난다. 지난 프로젝트 활동에서 학생들의 따뜻한 경험을 친구들과 공유하고 떠오르는 미덕을 찾아본 후에 이러한 미덕들이 따뜻한 인권을 표현하는 말들이 될 수 있음을 느껴보고 그 후속 활동으로 어떠한 활동을 이어서 하면 좋을지를 학생들과 함께 토의하였다. 학생들은 '역할극을 하자', '생활 속에서 지속적으로 실천할 수 있도록 하자', '우리의 이야기들을 책에 담자' 등 다양한 의견을 내었는데, 그중에서도 이야기책을 함께 만들어 보자는 의견에 흥미를 보이는 학생들이 많았다(수업관찰, 2022. 06. 20). 책을 어떻게 만들지를 고민하던 중 참고할 수 있는 도서를 발견하였다. 학급 문고에 있던 "아홉 살 마음사전"이라는 책인데 감정과 관련된 다양한 예시와 아기자기한 그림들이 있어 평소 학생들이 좋아하던 책이었다. 익숙하고 친근한 책이기도 하고 일상적인 경험과 관련된 소재가 많다 보니 학생들도 부담을 느끼지 않고 흥미롭게 참여하였다.

교사: 이렇게 이 책에서는 여러 가지 감정과 관련된 단어들을 일상생활에서 경험할 수 있는 상황으로 표현했는데요, 우리가 일반 사전에 쓰인 뜻을 읽을 때랑 어떤 점이 다른 것 같나요?

건우: 사전에 쓰인 뜻을 읽을 때는 잘 이해되지 않고 어려워요.

지우: 단어를 그림과 상황으로 설명하니까 더 공감이 되었어요.

교사: 그러면 우리는 따뜻한 인권을 표현한 단어들로 어떤 활동을 해 보면 좋을까요?

유나: 우리가 찾은 표현들이 책에도 있는지 찾아보고 싶어요.

도윤: 따뜻한 인권을 실천할 수 있는 방법을 소개하고 싶어요.

건우: 우리도 단어들로 책을 예쁘게 만들어 보는 것은 어떨까요? 따뜻한 인권을 느낀 상황을 적어서요.

예준: 따뜻한 인권을 표현하는 단어, 미덕으로 인권 사전을 만들었으면 좋겠어요.

도윤: 단어들의 설명을 자신의 경험과 관련지어 표현하면 좋겠습니다.

교사: 좋아요. 그러면, 우리만의 책이니까 제목도 우리가 정해볼까요?

예준: 인권 사전이요. 인권에 관한 사전을 만드는 것이기 때문입니다.

도윤: 따뜻한 인권 사전이요. 인권 사전이라고 할까 생각했는데, 따뜻함을 더 강조하고 싶어서 따뜻한 인권 사전이라고 정하고 싶습니다.

유나: 행복한 감정 사전이요. 기존의 책도 감정과 관련이 되어 있고, 우리가 하는 프로젝트도 행복한 권리를 위한 프로젝트이기 때문에 둘을 합쳐 행복한 감정 사전이라고 정했습니다.

건우: 미덕 경험 사전이요. 미덕과 관련된 경험을 넣고 싶어서입니다.

교사: 우리 반 친구들의 의견을 반영하여 '따뜻한 인권 사전'으로 결정했어요. 혹시 여러분들이 '따뜻한 인권 사전'을 선택한 이유를 이야기해 줄 수 있나요?

지훈: 저희가 하는 활동과 가장 적합하다고 생각해서입니다.

지우: 저희가 하고 있는 활동이 따뜻한 인권에 대한 것이라서 이 제목이 가장 활동과 어울릴 것 같습니다.

(2022. 6. 24, 면접)

학생들이 프로젝트 과정에서 이전 활동에 이어 다음 활동으로 어떠한 활동을 할지 정하고 구체적으로 활동 내용을 협의하는 것까지는 수월하게 진행이 되었으나, 활동 방법을 이야기하는 과정에서 우리가 함께 풀어가야 할 문제가 있다는 것이 보였다.

교사: 그러면 따뜻한 인권 사전을 어떤 방법으로 만들면 좋을까요?
도윤: 미리캔버스로 만들면 좋을 것 같습니다. 미리캔버스로 만들면 더 만들기 쉽기 때문입니다.
우진: 종이에 직접 그리고 싶습니다. 제가 생각하는 것을 자유롭게 표현할 수 있기 때문입니다.
예준: 파워포인트로 하고 싶어요.
서윤: 저번 활동에서 국경 없는 의사회 모둠 발표를 준비한 것처럼 모둠을 나눠서 친구들과 함께 미리캔버스로 만들고 싶어요.
도윤: 저는 개별로 하고 싶어요. 모둠끼리 했을 때 협동이 안 됐을 때 힘들었어요.
서연: 저는 모둠으로 하고 싶어요. 모둠끼리 하면 더 창의적인 생각이 나고 아이디어가 많아지기 때문입니다.
승하: 저도 모둠활동으로 하고 싶어요. 부족한 부분에 대해서 서로 보완해 줄 수 있기 때문입니다.
교사: 다양한 의견들이 나왔는데, 그럼 개별로 하면 좋은 점에는 무엇이 있을까요?
유나: 개별로 하면 모둠별로 상의할 필요 없이 자신의 생각대로 진행할 수 있으니 편리합니다.
교사: 그렇다면 모둠으로 하면 좋은 점에는 무엇이 있을까요?
건우: 혼자서는 잘하지 못하는 친구를 도와줄 수 있습니다.
서윤: 모둠끼리 같이 하니까 혼자 하는 것보다 더 좋은 결과가 나타날

수 있습니다.

예준, 하민: 저번에도 함께 역할 나눠서 잘하고 잘 맞춰 갔으니 이번에도 같이 마음 맞춰서 잘할 수 있을 것 같아요.

서윤: 그런데 저번에 모둠 구성원 중 한 명이 활동에 참여는 하지 않고 게임을 하며 비협조적으로 행동해서 힘들었습니다.

교사: 모둠으로 할 때 힘든 부분이 있었나요?

서윤: 모둠활동 때 아무것도 안 하고 가만히 있는 것보다 딴짓을 하는 게 더 나빠요. 가만히 있으면 방해를 안 받지만 친구들이 다른 행동을 하면 괜히 신경 쓰이고 하지 말라고 이야기해야 할 것 같아서 불편해요.

유나: 모둠활동을 할 때 돌아다니거나 다른 모둠으로 가서 이야기를 하는 친구가 있어서 불편했어요. 자기 스스로 자료를 찾아주고, 양심적으로 자신의 역할을 해 주었으면 좋겠는데 놀기만 해서 속상했어요.

지우: 그런데 평소에는 장난이 많은 친구도 막상 모둠활동을 시작하고 역할을 분담해 줄 것을 부탁하니 잘해주었어요.

교사: 만약 모둠별로 협동이 잘 안 되는 경우에는 어떻게 하면 될까요?

서연: 서로 의견을 말해서 같이 하려고 노력하고 싶어요.

교사: 그렇다면 어떻게 모둠활동을 하면 좋을까요?

건우: 친한 친구가 있더라도 떠들지 않고 진지하게 참여했으면 좋겠어요.

우진: 장난치지 않으면 좋겠어요.

유나: 건우가 했던 말처럼 원하는 친구들끼리 모둠을 만들더라도 떠들지 않고 했으면 좋겠어요.

예준: 모둠 구성원에 상관없이 자신의 행동에 책임을 졌으면 좋겠어요. 그리고 자신이 원하는 친구들끼리만 하면 안 친한 친구들

끼리는 친해질 기회가 적고, 친한 친구들끼리 장난을 많이 쳐서 진행이 잘 안 될 수도 있어요.

은우: 맞아요.

교사: 모둠은 어떻게 구성하는 것이 좋을까요?

유나: 원하는 사람끼리 모둠을 구성하는 대신에 남녀 비율이 골고루 섞이도록 하면 좋을 것 같아요.

승하: 원하는 친구들끼리 하면 서로 친하기 때문에 시끄럽게 떠들거나 놀면서 활동을 열심히 안 하는 경우가 생겨서 좋지 않을 것 같습니다.

유나: 친한 친구들끼리 하든, 안 친한 친구들끼리 하든 열심히 안 하는 친구가 생길 수 있으니까 모둠 내에서 그 친구에게 관심을 많이 가지고 할 수 있도록 도와주면 좋을 것 같아요.

예준: 친한 친구들'끼리'라는 말이 따뜻한 인권과 반대되는 말인 것 같아요.

유나: 원하는 친구들로 구성을 하면 저도 그 모둠에 들어가고 싶은데, 이미 친한 친구들끼리 인원수가 다 찼다고 거절하면 차별당하는 느낌이 들 것 같아요. 그래서 원하는 친구를 정하는 기준을 다르게 하면 좋을 것 같아요. 친한 친구들만 선택하는 것보다는 평소에 덜 친한 친구들을 선택해서 서로 친해질 기회를 가지면 좋겠어요.

서윤: 선생님이 정해주시면 좋겠어요. 선생님이 정해주시면 편하기도 하고 남녀가 너무 편향되지도 않고 골고루 구성될 수 있는 것 같아요.

교사: 선생님이 정해주었을 때 평소에 친하지 않았던 친구들과도 이야기하고 친해졌던 좋은 경험이 있었나요?

유나: 모둠원인 예준이랑 승하, 하민이랑 안 친했는데 모둠활동을 하

며 이제 서로 사이가 가까워졌다고 느꼈어요.
도윤: 저희가 원하는 모둠 친구들을 선택하고 난 뒤 선생님께서 조율해 주시면 좋겠어요.
교사: 원하는 모둠 구성원을 선택하는 기준은 무엇으로 하면 좋을까요?
유나: 이때까지 같은 모둠을 안 해 본 친구랑 해 보고 싶어요.
예준: 평소에 친하지 않던 친구들이랑 함께 했으면 좋겠어요.
교사: 모둠 활동 시 어려웠던 부분이 있었는데, 친구들에게 어떤 부분을 약속해 줄 수 있나요?
도윤: 장난을 치거나 떠들지 않겠습니다.
건우: 친한 친구가 있더라도 진지하게 참여하겠습니다.
유나: 진지하고 충실하게 참여하겠습니다.

(2022. 6. 28, 면접)

학생들은 서로 이야기를 나누는 과정에서 우리가 더 좋은 방향으로 나아가기 위해서는 함께 해결해 나가야 할 문제가 있다는 것을 인식하고 이를 이해의 시선으로 바라보고자 노력하였으며 서로에게 배려와 책임의 실천을 부탁하였다. 또한 관계의 시야를 나와 친한 '친구'에서 '우리 반'으로 확장하였으며 단순히 친밀도에 따라 모둠을 정하는 것보다 더 좋은 방법이 있음을 인지하고 이를 제시하였다. 이는 학생들이 학급의 흥미로운 문제 해결 소재를 함께 찾고, 대화의 장으로 가져와 논의하고, 학생들 스스로 협의를 통해 결정하게 함으로써 자연스럽게 나타난 결과이다. 학생들에게 의사결정의 권리를 넘겨주면 처음에는 다소 좌충우돌할 수 있지만 교사 중심으로 의사결정이 이루어지는 것보다 학생들이 훨씬 자율적으로 문제를 해결하며 대화 공동체를 구성해 가는 능력을 기를 수 있다. 이처럼 학생들은 점차 우리가 속한 공동체를 위해서는 보다 상위의 가치가 있음을 인식하고 전체의 맥락에서 문제를 헤아려 볼 수 있는 존재로 성장하였다는 것을 알 수 있었다.

(2) 보살핌의 전이

우리 반에서 따뜻한 토의가 여러 번 이루어지면서 점차 더 나은 방향으로 토의가 이루어질 수 있도록 다양한 방안을 모색하게 되었다. 기존의 방식은 주로 정면의 칠판을 바라보며 자신의 의견을 전달하는 형태였기 때문에 학생들 간에 대화와 소통이 어려운 부분이 있었다. 따뜻한 토의를 어떻게 개선하면 좋을지에 대해서 학생들과 상의하다 책상에 앉아서 토의를 하면 서로를 볼 수 없고 불편하다는 의견이 많아 책상을 뒤로 밀고 교실 한가운데에 원형으로 둘러앉아 편하게 이야기를 나누자는 결정을 하게 되었다. 그리고 친구들에게 자신의 속마음을 이야기하는 자리다 보니, 긴장하지 않고 편안하게 이야기할 수 있는 분위기가 마련되면 좋겠다는 의견이 나왔다. 마침 우리 반에는 인형이 놓여있었는데, 그 인형을 토킹 피스로 활용하면 어떨까 하는 생각이 들어 학생들에게 제안했더니, 학생들은 관심을 보이며 인형의 이름을 직접 지어주고 싶다고 하였다. 여러 가지 의견이 있었지만, 그중 우리 반 모두가 함께 행복했으면 좋겠다는 뜻을 담은 행복이로 결정되었다.

행복이는 평소에는 크게 관심을 받지 못하고 교실 한쪽 구석에 방치되어 있었는데 학생들이 이름을 지어주고 의미를 부여하면서 학생들은 쉬는 시간마다 행복이를 만지거나 장난을 치거나 꾸며주는 등 관심을 보이기 시작하였다. 때때로 학생들이 행복이를 던지는 장난을 칠 때는 다른 학생들이 그렇게 하지 말라며 부탁하기도 하는 모습을 보였으며, 행복이가 더럽혀지고 찢어지는 일이 발생했을 때는 학생들이 마음 아파하며 서로 깨끗하게 수선해오겠다고 했다. 이러한 학생들의 모습을 보며 친구들 사이에 형성된 서로 돕는 따뜻한 관계가 무생물인 인형(행복이)에게도 전이가 되는 것을 보며, 학급에서의 보살핌과 배려가 학급 밖에서도 전이가 될 것이라는 확신이 들었다. 자연스럽게 학생들 간에도 보살핌과 배려의 관계가 더 깊게 형성되었으며 교우 관계도 더 넓어지고 깊어졌다. 순간순간의 정서적 성장이 학생들의 삶 속에 투영되는 것을 보며 학생들이 자신들이 만들어 가는 학급 공동체를 대변할 수 있는 물건, 활동, 공간, 시간을 소중하게 가꾸며 '함께 하는 것'으로 확장해 나간다는 것을 알 수 있었다. 다음은 행복이에 대한 학생들의 행동을 관찰한 내용이다.

> 우진: (인형을 품에 소중하게 안으며) 행복이 이즈 마이 브라더.
> 유나: 선생님, 행복이 만져도 돼요?
> 다은: 행복이를 깨끗하게 세탁해 오고, 찢어진 곳도 고쳐주고 싶어요.
> 은우: 처음에는 그냥 인형이라고 생각했는데, 우리가 이름도 붙여주고 우리 반의 이야기가 담긴 인형이라고 생각하니 더 소중하게 느껴져요.
>
> (2022. 7. 8, 관찰)

3) 대화와 토의의 문화

(1) 스토리텔링의 재조명

스토리텔링은 그 자체만으로도 교육적 의미가 있지만 함께 책을 읽어나가며 학생들과 나누는 대화 과정에서 책이 전하는 메시지와 학생들의 삶이 엮일 때 내적 동기가 발현하고 실천적 의미를 지니게 된다. 처음에는 흥미와 호기심으로 이야기를 시작하더라도 학생들이 나와 관련 없는 제3자의 이야기라고 인식한다면 그 시간은 스토리텔링 수업에 그치게 된다. 그러나 그 이야기가 자신에게 의미가 있고 영감을 주는 모델링의 대상이 된다면 이야기가 전하는 메시지가 스토리텔링을 하며 대화를 나누는 과정에서뿐만 아니라 이후의 삶의 태도에까지도 이어질 수 있다.

학생들과 함께 대화를 나눌 수 있는 이야기를 선정할 때는 학생들이 자신의 삶의 문제로 인식하여 공감하고 자기화할 수 있는 이야기인지를 우선적으로 고려해 보아야 한다. 이는 학생들이 주로 고민하고 있는 삶의 문제를 다룬 이야기가 될 수도, 학생들의 관심사와 흥미를 반영한 소재가 담긴 이야기가 될 수도 있다. 또한 이야기의 인물, 소재, 또는 주제를 바탕으로 대화 및 토론을 할 때는 이야기에 제시된 피상적인 내용들에 대해 다루는 것에서 그치지 않고 학생들이 자신의 경험과 삶의 문제와 관련지어 생각해 볼 수 있도록 교사가 구체적인 발문을 하고 학생들 간에 깊이 있는 이야기가 오갈 수 있도록 적절한 피드백을 제시하는 것이 좋다. 스토리텔링 시간이 수업이 아닌 자신의 삶의 이야기를 공유하는 자유로운 대화의 공간으로 인식할 수 있도록 교실에 원형으로 둘러앉아 서로를 마주 보며 이야기를 나누는 경험은 학생들에게 의미 있는 경험으로 기억될 것이다.

(2) 마지막 활동으로 선택한 따뜻한 토의

학생들에게 한 학기 동안의 프로젝트를 마무리하며 어떤 활동을 하고 싶은지 물어보았다. 한 학기 동안 우리 반에 많은 변화가 있었고, 친구들에게 하고 싶은 말이 있다며 따뜻한 토의를 하자고 한 학생들의 제안은 뜻밖이었다. 이전에는 주로 함께 해결해야 할 문제가 있거나 결정해야 할 일이 있을 때 토의를 하였는데, 이번에는 서로에게 하고 싶었던 따뜻한 말을 전하는 것이 목적인 토의여서 그런지 감회가 새로웠다. 학생들은 책상을 뒤로 밀고 교실 가운데에 원형으로 둘러앉아 서로를 바라보며 한 명씩 이야기를 했고, 서로의 이야기를 들어주었다. 이야기를 하고 싶은 학생은 행복이(인형)를 품에 안은 채 이야기를 하고, 다음 순서로 이야기를 하고 싶은 학생에게 건네주도록 하니 훨씬 더 편안하고 부드러운 분위기가 형성이 되었다. 처음에는 머뭇머뭇 부끄러워하던 학생들이 시간이 지나면서 자신이 하고 싶었던 속 깊은 이야기를 꺼내기 시작하였고 이를 듣는 학생들의 눈빛도 점점 따뜻해지는 것이 느껴졌다.

학생들의 모습을 보며 학급 내에서 따뜻한 대화 공동체의 형성이 얼마나 중요한지를 느낄 수 있었다. 자신이 하고 싶은 주장을 하기 위한, 내 생각을 상대에게 설득하기 위한 토의와 상대방을 이해하고 공감하기 위한, 상대방에게 따뜻한 마음을 전하기 위한 토의는 분명히 다르다. 그리고 후자가 가능하기 위해서는 평소 서로에 대한 있는 그대로의 수용과 존중을 통한 긍정적인 학급 분위기 형성이 필요하다. 이러한 학급 공동체에서는 학생들에게 인위적인 도덕교육과 덕목 주입은 필요하지 않다. 평소 삶 속에서 자연스럽게 형성되는 것이다. 다음은 학기 말 마지막 따뜻한 토의에서 학생들이 나눈 대화이다.

유나: 희원아, 3년 동안 서로 이해하면서 같이 친구를 해줘서 고마웠어. 나도 보답하는 의미에서 잘 대해주고 싶고 이야기도 맨날 같이 하자. 사랑해.

우진: 지훈아. 1학기 동안 친구여서 고마웠다. 처음에는 너랑 싸운 적도 있었지만, 너랑 지내면서 재미있던 적도 많았어. 앞으로도 잘 지내자.

은우: 얘들아, 1학기 동안 배려해 준 게 고마웠고 2학기 때도 열심히 하자!

유나: 은우야, 이번 학기 동안 그래도 짜증 내지 않고 부탁하는 말로 이야기하려는 노력이 보여서 너무 보기 좋았어. 앞으로도 그런

모습을 보여주길 바라. 사랑해(아이들끼리 '사랑해'라고 이야기 하며 웃음).

건우: 우리 반이 처음에는 어색하고 서로 말을 잘 못 걸었는데, 이제는 남학생, 여학생 구분 없이 친구들끼리 서로서로 다 말하고 친하게 지내서 좋아. 그리고 우리에게 가장 의미 있었던 활동은 버스킹이야. 우리가 우리의 개인기를 친구들에게 잘 보여주었기 때문이고, 우리가 처음으로 함께 이루어 냈던 것이기 때문이야.

예준: 나도 버스킹 활동이 좋았어. 친구들의 장점과 잘하는 것을 알 수 있었고 더 친해질 수 있었어.

하민: 도윤아, 너가 버스킹 공연을 할 때 너무 재미있었는데 특히 연습할 때부터 설레면서 준비하던 모습이 인상적이었어. 막상 실전에서는 긴장하고 부담스러워하는 모습이었지만 덕분에 즐거웠어.

우진: 버스킹이 좋았던 이유는 우리들의 실력을 마음껏 표현할 수 있어서 좋았고, 즐거웠었어.

유나: 나는 평소에 친하지 않았던 친구들과도 협력해서 인권 사전을 만든 경험이 우리에게 굉장히 의미가 있었다고 생각해. 그리고 행복 우체통을 하면서 친구들의 속마음을 알 수 있었고 나도 친구들에게 좋은 말을 전할 수 있어서 좋았어.

하민: 우진아, 너가 친구들에게 재미있는 이야기를 실감 나게 해주면서 더 친해질 수 있어서 너무 좋았어.

승하: 지훈이가 예전보다 더 배려하면서 말하고 행동해 주는 것 같아.

예준: 도윤이는 어릴 때부터 알고 지냈는데, 어릴 때는 별로 친하지 않았는데 5학년이 되니 도윤이에게 관심을 많이 가지면서 친해지게 되었고, 착하고 좋은 친구라는 것을 알게 되었어.

하민: 도윤아, 버스킹을 통해 네가 랩을 잘한다는 것을 알게 되었어.

예준: 승하랑 4학년 때 처음 만났는데, 그때는 승하가 조금 조용해 보였어. 그런데 5학년이 돼서 같이 놀면서 친해지다 보니, 생각했던 것과 달리 밝은 친구라는 것을 알게 되었어.

유나: 우진아, 내가 너와 마주치면 그냥 웃음이 나와. 항상 우리 반을 즐겁고, 재미있게 해줘서 고마워.

지우: 다은이랑 건우랑 지훈이랑 모둠활동을 같이 하면서 우크라이나 자료를 조사할 때 다은이는 원래 열심히 잘하는 것을 알고 있었지만, 건우랑 지훈이한테는 사실 조금 놀랐어. 찾아 달라고 부탁한 것을 너무 열심히 찾아주었고 열심히 참여해 줘서 너무 고마웠어.

도현: 도윤아, 내가 저번에 실수로 요구르트 튀겨서 미안했어. 그 당시에 사과 제대로 못 해서 미안해.

하은: 서윤이랑 1년 반 동안 친구를 해서 좋았고, 서윤이가 심하게 장난칠 때는 속상했지만 같이 이야기하면서 화해해서 다행이야.

서윤: 2학년 때는 하은이랑 많이 싸웠는데 하은이가 잘못한 점을 진심으로 사과하면서 친해졌어.

다은: 얘들아, 나에게 먼저 다가와 줘서 고마웠어. 우리 앞으로 더 노력해서 최고의 5학년 a반이 되자, 화이팅!

지우: 얘들아, 우리 처음보다 많이 발전했고 모두 노력하고 있는 것 같아. 그래서 너무 좋고 고마워. 우리 앞으로도 모두 친하게 지내자!

(2022. 7. 11, 집단토의)

일반적으로 토의는 어떠한 문제를 해결하기 위해서, 즉 '필요'와 '목적'을 위한 수단으로서의 성격이 강하나 한 학기 동안 우리 반에서 행해진 따뜻한 토의는 일반적인 토의와는 달리 함께 대화하는 공간으로서의 특징을 가지고 있다. 그래서 학생들은 서로에 대한 이해와 소통에 집중하며 편안한 마음으로 마음 속 이야기를 나눌 수 있었다. 로페즈(Lopez)는 이야기가 관계적 보살핌에 미치는 긍정적인 영향에 대해 다음과 같이 말한다.

> 사람들이 말하는 이야기는 그들을 보살피는 방법을 지니고 있다. 만약 이야기를 듣게 되면, 그 이야기를 즐겨라. 그리고 그 이야기를 필요한 곳에 나누어주는 것을 배워라. 때때로 사람은 삶을 유지하기 위한 음식보다 이야기가 더 필요하다. 그래서 우리가 서로의 기억에 이러한 이야기들을 놓아두는 것이다. 이러한 방법으로 사람들은 그들 자신을 돌본다.
>
> (Lopez, 1990: 60)

대화는 자발적 의지로 상대방의 삶에 들어가는 것이며 이를 통해 공동체가 구성된다. 학생들은 서로에게 대화적으로 반응하며 소통하는 공간으로서의 공동체 문화를 형성해 나갔다. 그리고 이러한 상호 이해가 바탕이 된 보살핌의 공동체 속에서 자신의 이야기들을 서로 누벼가며 함께 어울려가고 관계를 맺어나갔다.

6. 삶 중심 인권교육과 인권의식 성장의 관계성을 찾다

삶 중심 인권교육을 통해 대화적 보살핌의 공동체 문화 형성과 인권의식 성장에 이르기까지, 그 과정 속에서 학생들을 어떻게 바라보아야 하고, 삶 중심 교육과정 통합 재구성을 어떻게 해야 하며, 대화와 보살핌의 문화는 어떻게 형성해야 하는지에 대해 이야기하고자 한다. 또한 삶 중심 인권교육을 위한 수호천사 프로젝트를 실시하면서 학생들의 변화를 알아보기 위한 사전, 사후 설문조사 결과를 문항별로 비교·분석하여 그 결과가 시사하는 교육적 가치와 의미를 살펴보면 다음과 같다.

1) 학생 이해

(1) 교사라는 틀에서 벗어나 대화자로 학생들을 만나기

필자가 학교에서 교사로 근무하며 교사라는 직업에 보람과 긍지를 느끼는 원동력은 바로 관계성이다. 물론 개인의 업무 능률, 적성, 환경적 요인 등 여러 가지 요인이 있을 수 있겠지만 나의 경험상 교직 생활의 만족도에 영향을 미치는 가장 큰 요인은 인간관계라고 생각한다. 특히 초임 발령받은 해에 이러한 깨달음을 가장 크게 얻었는데, 당시 첫 학교에 발령받으며 학교에서 가장 어려운 학년과 돌봄 업무를 담당하게 되었다. 학년 업무, 수업, 생활 지도 등과 같은 기본적인 업무도 익숙치 않은 상태에, 코로나19로 인한 긴급 돌봄 업무까지 가중되며 하루하루 이리저리 발로 뛰며 일을 겨우 해결해 나가기도 벅찬 상태였다. 그러나 지금 어느 정도 연차가 쌓인 후 돌아봤을 때 그 시절이 마냥 힘들었다기보다는 오히려 따뜻하고 좋았던 기억으로 남아있는 건 업무가 아닌, 함께 했던 선생님들 덕분이다.

당시 4학년 네 개 반에 전입교사 3분과 신규교사인 내가 배정되었는데, 의기투합하여 학년을 문제 없이 아주 협력적이고 선도적으로 잘 이끌어 나갔다. 마음을 맞추어 서로 돕고 이해하고 배려하는 과정과 온정을 나누는 분위기 자체가 일의 어려움, 적응의 어려움을 눈 씻듯 사라지게 해주었으며 학생들과의 관계를 잘 형성해 나가는 데도 큰 도움이 되었다. 전년도에 학교 생활에 어려움을 겪었던 몇몇 학생들의 경우에도 그 원인이 학생들에게만 있다기보다는 학생과 선생님 간의 관계 형성과 소통의 어려움에서 파생된 경우가 많았다. 이에 학생들에 대한 선입견 없이 학생과 새롭고 안정된 관계를 형성해 가고자 노력했고, 학생들과의 관계가 긍정적으로 형성되자 학급 운영을 큰 어려움 없이 잘해 나갈 수 있었다.

이처럼 관계 맺음은 원만한 학교생활을 위해 다른 요인들보다 더욱 중요하기도 하면서, 그만큼 어렵기 때문에 많은 노력이 필요하기도 하다. 학교에는 크게 관리자와의 관계, 동료 선생님과의 관계, 그리고 학생들과의 관계가 있다. 이러한 관계 형성의 바탕은 신뢰이다. 대화와 이해를 통해 신뢰 관계를 형성하면 상대방과 긍정적인 유대감을 쌓고 수용 받는 경험을 주고받을 수 있다. 신뢰성 있는 관계를 바탕으로 안정감과 존중감을 느끼게 되면 자신의 삶(일)에 대한 긍지, 자신감, 책임감, 자율성 등이 자연스럽게 형성된다. 관계 맺음 또는 회복에 어려움을 겪어 학교생활에 큰 보람을 느끼지 못하는 일부 교사들의 모습에서 위와 같은 관계 형성의 중요성을 찾을 수 있다.

한편 타인과의 관계 형성 이전에 먼저 자신과의 건강한 관계 맺기가 더 근본적이고 중요한데, 자신과의 관계 형성은 자기 자신에 대한 이해와 사랑에서부터 시작한다. 자신이 먼저 자신의 있는 그대로의 모습을 올바르게 인지하고 이해하지 못한다면 힘들거나 갈등을 겪는 상황에서 끊임없이 자기 부정을 하게 된다. 또한 자신에 대한 올바른 인식을 바탕으로 자신의 모습을 인정하지 않는 경우, 타인과의 관계 맺기와 수용에서도 어려움을 겪는다. 필자 역시 학창 시절부터 필자가 지향하는 모습과 현재 자신의 모습에 차이가 있어 끊임없이 고민하고 격차를 줄이기 위해 지속적인 노력을 했으나 쉽게 변하지 않았고 나에게 맞지 않는 가면을 쓴 듯한 불편한 느낌이 들었다. 그리고 이내 타고난 본성이나 성격은 인위적으로 변화시키기 어렵다는 점을 받아들여야 했다. '누구나 그렇다. 그래도 괜찮다. 부족한 부분이 있을 수도 있다.'라는 것을 수용하고 나서야 마음속의 짐이 조금 가벼워지며 스스로를 보듬어 줄 수 있게 되었다. 특히 내가 숨기고 싶던 부분을 타인으로부터 이해받거나 내가 걱정했던 것과 달리 아무렇지 않다는 듯이 받아들여졌을 때는 자신의 장점이든 단점이든 과장하거나 숨기지 않고 객관적이고 담담하게 바라볼 필요가 있다는 것을 느꼈다. 스스로를 그대로 수용하고 보듬어 주었을 때 자존감이 높아지며 타인의 시선에도 크게 흔들리거나 부정적인 영향을 받지 않는다. 그리고 이것이 가능할 때 비로소 타인의 모습 역시 있는 그대로 수용할 수 있는 여유 있는 마음이 생긴다.

필자가 학생들과 관계를 맺을 때 학생들을 있는 그대로 바라보고 받아들이려는 마음에서 출발한 것도 이러한 이유에서이다. 지속적이고 관심 어린 대화를 통해 서로에 대해 탐색하고 이해하며 포용의 시선으로 받아들이는 과정 속에서 상호 간에 보살핌의 관계가 형성된다. 이러한 관계적 분위기가 형성되면 교실 내에는 배려와 존중, 양보, 협동, 사랑과 같은 가치들이 자연스럽게 자리 잡게 되며 소외되는 학생 없이 학급 구성원 모두가 각각의 존재적 의미를 지니게 된다.

2) 교육과정 구성

(1) 삶 중심 교과교육과정 구성을 통해 공동체문화 형성하기

삶은 흥미를 목적화하는 것이다. 학생 스스로 붙들리며 삶과의 연계성을 갖는 소재를 찾는 것에서부터 출발해야 학생이 수업자가 되는 학생 중심 교육, 나아가 삶 중심 교육이 가능하다. 자신이 하고 싶은 공부와 활동을 스스로 정해서 할 수 있는 선택권이 학생에게 주어지지 않는다면 학생 중심 교육이라고 할 수 없다. 그렇다면 기존의 교육과정의 틀을 깨고 학생의 흥미와 삶이 담긴 교육과정을 실현하려면 어떻게 해야 할까?

1	학생들의 흥미와 개별적 차이를 존중할 수 있도록 성취기준을 구체적, 획일적으로 설정하기보다는 넓고 유동적인 범위로 설정한다.
2	과정 중심 평가와 사전, 사후 설문을 통해 학생들의 성취 수준을 파악하고 공유함으로써 다음 코스를 함께 협의한다.
3	학생들에게 자율성과 선택의 기회를 주어, 각자의 수준에 맞는 성취를 이끌어낼 수 있도록 한다.

삶 중심 교육에서는 성취기준의 범위를 넓게 설정하며 주로 영역으로 제시를 한다. 성취 기준과 수준을 너무 구체적으로 정하게 되면 학생들이 자신의 흥미를 목적화할 수 없게 되며, 그들은 교사가 미리 정해놓은 코스를 일방적으로 따라갈 수밖에 없다. 그렇기 때문에 될 수 있으면 교사는 성취기준을 범위의 측면에서 해석을 하면서 선택과 변화의 가능성을 열어두고 과정중심평가와 사전, 사후 설문을 통해 학생들이 어디까지 도달했는지, 어떻게 변화했는지를 파악하고 학생들과 공유하면서 다음 코스를 절충해 나가야 한다. 이제는 모든 학생들에게 동일한 성취기준을 획일적이고 일률적으로 동일하게 적용하였던 것에서 벗어날 필요가 있다. 성취기준을 보다 유연하고 폭넓게 설정하여 학생 삶 중심의 교육을 실현함으로써, 각 학생의 수준이 이전보다 향상되고 목표 성취 수준에 더욱 효과적으로 도달할 수 있음이 입증된다면, 우리는 현재의 교육 방식에 변화를 도모해야 한다.

특히 삶 중심 수업을 하면 6대 역량은 그 결과로 나타나게 된다. 학생들은 자신이 원하고 붙들리는 소재를 가지고 학습을 하므로 자기관리 능력, 의사소통 능력, 창의성 등이 학습 과정에서 자연스럽게 향상된다. 6대 역량 프로그램을 만들어서 인위적으로 학생들에게 주입하려고 하는 것보다 삶 중심 수업을 하면 학생들이 길러야 할 역량이 수업의 결과로 따라오게 되는 것이다. 따라서 교과교육을 할 때 학생들의 자율성과 창의성이 더욱 중요하게 요구되는 초등교육에서는 성취기준의 범위는 정하되 수준만큼은 명시화하지 않는 편이 좋다. 일체형 교육과정의 형태로 나아가는 것은 바람직하지 않은데, 이러한 교육과정의 틀 안에서는 교사와 학생이 선택할 수 있는 것이 제한적이기 때문이다.

또한 수업을 할 때는 교사가 다음 시간에 무엇을 할지에 대한 여러 가지 대안을 제시할 수는 있으나, 결정은 학생들이 할 수 있도록 해야 한다. 학생들이 자신이 갈 코스를 스스로 정할 수 있도록 항상 수업의 마지막에는 이전에 교사와 학생들이 함께 정하였던 전체적인 프로젝트의 흐름을 고려하며 차시 협의를 해야 한다. 그렇게 해야 학생들이 주체가 되고, 소재를 개별화한 아동 중심, 삶 중심 교육과정이 될 수 있다. 이 프로젝트를 처음 계획할 때는, 학생들의 인권 의식 함양이 실제 누군가의 삶의 맥락에 대한 이해와 공감에서 출발해 점차 실천적 삶으로 이어질 것으로 예상하며, 프로젝트도 그런 방향으로 진행하고자 의도하였다. 그러나 실제로는 학생들과의 역동 속에서 매 순간 새로운 아이디어를 반영하고 그 당시에 우리에게 필요하고 붙들리는 소재를 선택하는 방식으로 거듭 수정을 거쳐 진행되었다. 일체형 교육과정은 살아있는 교육이 되기 어려움을 깨닫고 프로젝트의 방향 역시 언제든 유동적으로 변형할 수 있도록 활동 중심으로 변경하였다.

그렇다면 기존의 수업 방식과 삶 중심 수업은 어떤 점이 다른가? 삶 중심의 수업은 자기 흥미에서 출발한다. 소재를 개별화하여 자율성을 부여하되 개별적인 소재들을 궁극적으로는 공동의 관심사로 가져올 수 있도록 할 때 문화 학습 역량 및 역동이 일어나며 상호 호혜적인 분위기가 형성된다. 학생들이 자신이 흥미 있는 소재에 대해 서로 자유롭게 주고받을 수 있는 상황을 만들어 주면 활발한 상호작용이 일어난다. 즉 다음에 어떤 활동을 할지에 대한 선택과 기회를 학생들에게 넘겨주었을 때 적극적인 참여가 이루어지며 주체적인 태도가 생성되는 것이다. 그렇게 했을 때 학생들은 단순히 교과 수업을 받는 것에서 그치는 것이 아니라 공동체 내에서 역동적인 문화를 형성하는 역량을 갖추게 된다.

3) 문화교육

(1) 대화와 보살핌의 문화 형성을 통해 인권교육의 길 열기

학급의 문화 형성은 인권교육의 측면에서도 중요성을 지닌다. 학급이라는 공동체 내에서 학생들이 서로의 인권을 지켜주기 위해서는 정을 바탕으로 하여 학생들이 자발적으로 문화와 규범을 만들어 가야 한다. 이것을 기본적인 토대로 유지하면서 필요한 경우 학생들이 서로의 권리를 지켜줄 수 있는 최후의 보루로서 법이 사용되어야 한다. 즉 교실 내에서부터 학생들이 '우리'라는 따뜻한 공동체를 만들어 가는 역동 속에서 정과 규범이 우선시되고 법은 최후의 수단으로 존재할 수 있도록 하는 것이 본 프로젝트의 목표이자, 필자가 학급 경영을 통해 추구하는 궁극적인 이상향이다. 이러한 문화 속에서 학생들은 인권의식을 몸과 대화를 통해서 배우고 이를 교실 밖에서도 전이시켜 나간다.

인권 개념 및 인권의식에 대한 사전·사후 설문을 비교한 결과 본 프로젝트 진행 후에 문화적 측면에서의 유의미한 변화가 있음이 드러났다. 학생들의 개별적인 변화뿐 아니라 학급 공동체 내에서도 변화가 일어났고 이러한 학급 분위기가 학생들에게 다시 영향을 주는, 쌍방향적이고 순환적인 효과가 있음이 학생들의 경험과 생각이 담긴 응답에서 드러났다. 아래는 각 문항별로 사전·사후 설문 문항과 응답에 대하여 보다 세밀하게 분석을 한 후 학생들의 지식, 기능, 태도의 변화 양상을 기록한 것이다. 각 문항별 구체적인 내용과 세부 응답은 앞서 제시된 설문조사 자료에 함께 수록되어 있다.

첫째, 학생들에게 인권과 관련된 개념을 떠올리도록 했을 때 사전설문에서는 11가지의 개념들을 연상하였는데, 사후 설문에서는 총 26가지로, 사전 설문에서는 드러나지 않았던 새로운 개념들이 추가되었다. 인권과 관련된 여러 가지 체험을 통해 기존에 학생들이 지니고 있었던 인권에 대한 개념이 확장되었다는 것을 알 수 있다. 사전, 사후 설문 모두에서 '권리'에 대한 응답률이 가장 높았으나, 아래 2번 문항에서 권리로 범주화하였던 세부적인 응답들을 살펴보면, 사전설문에서는 학생들이 콜버그식의 형식적이고 탈맥락적인 개념으로 권리를 인식하고 있음을 알 수 있다. 반면, 사후 설문에서는 인권에 대하여 권리 자체보다는 존중, 행복, 관계 등을 더 중요하게 인식하고 있음이 나타나며 배려, 협동, 격려, 친절, 도움, 함께 등 실천적이고 관계 지향적인 성격의 개념들과 관련짓고 있음을 알 수 있다.

둘째, 사전설문에서 학생들은 인권을 추상적인 권리 개념으로 이해하고 있었으며, 이를 법적인 권리나 내가 마땅히 받아야 할 것으로 인식하는 경향이 있었다. 그러나 프로젝트 후 사후 설문에서는 인권을 서로에 대한 존중, 인간의 행복, 관계, 미덕 등 구체적이고 맥락적인 요소로 변화시켰다. 학생들은 인권을 더 이상 추상적인 권리로만 이해하지 않고, 일상적인 경험과 상황 속에서 어떻게 실현될 수 있는지에 대해 인식하게 되었다. 또한, 인권의 필요성에 대한 문항에서 사전 설문과 사후 설문 모두 '행복'이 가장 많이 언급되었으나, 체험을 통해 인권이 학생들의 삶에 더 가까워지면서, 학생들은 인권의 필요성에 대해 보다 넓고 구체적인 관점으로 생각할 수 있게 되었다.

셋째, 사전설문에서 학생들은 인권을 가설적인 개념으로, 주로 법적 권리나 이론적 측면에서 이해하고 있었다. 그러나 프로젝트를 진행하면서 학생들은 인권을 단순한 추상적인 이론이 아니라, 서로 존중하고 관계를 맺는 실천적인 가치로 받아들이게 되었다. 사후 설문에서는 인권을 '우리 반', '모두가'라는 공동체적 가치로 확장하며, 인권이 관계 지향적인 개념임을 깨달았다. 학생들은 콜버그의 가설적 개념에서 벗어나 나딩스의 상호 관계적이고 체험적이며 실천적인 개념으로 인권을 이해하게 되었다.

> 다른 윤리들과의 관계에서 배려윤리가 중요한 주체적 자리를 얻는 중요한 차이점은 관계에 기반을 둔다는 것이다. … 관계에 뿌리를 둔 우리의 관점은 즐거움을 인간의 기본적인 정서로 인식한다. 나는 내 아이를, 심지어 다 자란 아이들 중 한 명을 바라보면서 우리 각자에게 주어진 운명을 근본적인 관계로 인식할 때, 종종 깊고 압도적인 기쁨을 느낀다. 우리 윤리의 토대를 형성하는 것은 바로 관계성에 대한 인식과 갈망이며, 우리의 배려가 충족될 때 느끼는 기쁨은 우리를 '돌보는 존재(one-caring)'로 지속시켜 주는 윤리적 이상에 대한 우리의 헌신을 강화시킨다.
>
> (Noddings, 1984: 6)

넷째, 사전설문에서 학생들은 인권을 자신의 권리로 인식하며, 인권 존중의 필요성을 주로 자신의 관점에서 추상적이고 소극적인 측면에서 바라봤다. 반면, 사후 설문에서는 '서로를', '모두가', '모든 사람들'로 표현하는 등 공동체에 대한 이타적인 태도로 인식이 확장되었다. 학생들은 인권을 존중하는 것이 단순히 자신을 보호하는 것이 아니라, 다른 사람과의 상호작용을 함에 있어 중요한 의미를 지닌다는 것을 인식하게 되었다. 즉 보살핌의 상호호혜적 관계를 이해하며, 자신의 권리뿐만 아니라 타인의 권리도 중요하다는 인식을 공유하게 된 것이다.

다섯째, 인권을 존중받았던 경험에 대한 문항을 살펴보면, 사전설문에 비해 사후 설문에서 훨씬 구체적이고 다양한 답변이 나타난다. 이는 체험이 학생들에게 도덕적 의미를 자기구성적으로 형성하게 하고, 인권 개념을 개인의 삶의 경험에 맞게 재구성하도록 돕기 때문이다. 학생들은 교실에서 겪은 일들을 통해 인권을 추상적 개념에서 자신만의 경험과 관련지어 구체적으로 재개념화하며, 이 과정에서 인권은 단순한 이론을 넘어 자기 의미화되고 체화된다. 이러한 체험을 통해 학생들은 맥락적이고 관계 지향적인 차원에서 인권을 이해하며, 상호 호혜적인 방식으로 서로를 존중하는 태도를 발전시킨다. 이렇게 형성된 인권의 의미는 더 오래 기억에 남고, 학생들의 도덕적 인식에 깊이 자리 잡게 된다.

여섯째, 사전실문에서는 내가 타인으로부터 받은 것, 즉 '나'의 관점에서 존중받음을 인식하는 경향이 높게 나타나지만, 사후 설문에서는 '관계'로부터 얻은 가치들에서 존중받음을 인식하는 경향이 높게 나타났다. 나의 관점에서 타인의 관점, 전체의 관점으로 인식이 확장되면서 학생들은 보살핌의 주고받음을 통해 서로 돕는 공동체 문화를 형성해 나갔다. 한편 기존에는 자신의 권리를 침해받는 것이라고 인식하지 못했던 사건이나 상황에 대해서 사후에는 민감성이 높아졌으며 좀 더 세심하게 인지하기 시작했다. 또한 기존에는 인권을 존중받지 못했다고 느낀 부분을 해결하기 위한 적극적인 노력의 시도가 크게 나타나지 않거나 상대의 감정을 고려하지 않은 표현 등으로 갈등이 생기는 경우가 많았으나, 프로젝트를 진행하면서 자신이 존중받지 못했다고 인지할 경우, 대화를 통해 상대에게 자신의 의사를 적절한 방법으로 표현하면서 더 나은 관계를 형성하고자 하였다. 인권존중 의식에 대한 민감도가 높다는 것은 상호 호혜성이 높다는 것과 동일하며, 자신이 존중받거나 침해받는다고 인지하는 만큼 상대에게도 세심한 주의와 노력을 할 수 있음을 의미한다.

일곱째, 인권을 존중하고 보호할 수 있는 방법을 묻는 문항에서 역시 사후 설문 응답 내용이 구체적이고 현실적으로 나타났다. 이는 학생들의 문제 해결력이 높아졌다는 것을 의미한다. 뿐만 아니라 타인의 관점에서 생각하고 감정을 이입할 수 있는 공감 능력 또한 상승하였음을 알 수 있다. 학생들은 인권존중과 보호를 삶 속에서 실천하기 위한 구체적인 방법들을 제시하였는데, 이는 학생들이 자신의 경험으로부터 해결책을 도출할 수 있는 인지적 능력이 충분히 형성되었으며, 그러한 인지적 능력이 행동의 실천으로 이어진다는 것을 보여준다.

여덟째, 사전·사후 설문에서 모두 인권을 존중하고 보호하는 적절한 방법으로 법을 선택한 학생들이 의외로 적었다. 인권이라고 하면 보통 인간으로서 마땅히 누려야 할 권리를 떠올리는데, 지나치게 법 위주의 교육을 통해서가 아니라 서로 상호 호혜적인 문화를 만들어 가는 과정에서 정과 규범을 바탕으로 학생들의 인권의식이 싹트도록 해야 한다. 외부의 인위적인 교육에 의해서가 아닌, 학생들이 자발적이고 자연적인 마음으로 인권에 대해 고민하고 실천해야 한다는 것이 본 문항의 사후 응답에서 잘 드러나며 사전·사후 응답의 비교를 통해 알 수 있는 학생들의 변화 역시 앞서 말한 내용을 지지해 준다.

아홉째, 타인의 인권을 존중해 주었던 경험을 묻는 문항에서도 사전 설문 응답은 굉장히 추상적이나 사후 설문 응답은 구체적이다. 구체적이라는 것은 민감성이 있고 문제를 실제로 해결했으며 실천 속에서 학생들이 인권에 대한 개념화를 했다는 것을 의미한다. 보통 도덕 수업은 실천까지 가지 못하는 경우가 많다. 수업 시간에 지식, 이해를 통해 태도를 형성한 뒤 실천의 영역은 학생들의 자율성에 맡기는 경우가 많다. 그러나 삶 중심 수업은 처음부터 실천으로 시작한다. 수업이 자신의 삶의 문제를 해결하는 것에서부터 시작하기 때문이다. 실천과 태도와 지식은 분리가 되지 않고 하나가 되어야 한다. 응답 문항을 살펴보면 학생들은 자신의 삶의 체험으로부터 느끼고 인식한 것을 토대로 학습이(혹은 개념화가) 이루어지고 체화된다는 것이 드러난다. 인위적이고 피상적인 수업 자료와 덕목 주입식 교육보다 삶으로서의 교육이 학생들에게 얼마나 유의미한 교육적 효과를 보이는지는 사전·사후 응답의 비교를 통해 알 수 있다.

앞선 서술형 문항들에 이어 인권존중에 대한 객관형 문항의 사전・사후 인식 결과를 표로 도식화하고 분석하였다. 인권존중에 대한 객관형 문항의 유의미도를 분석함으로써 수업의 효과성을 검증할 수 있는데, 1번 문항은 지식의 측면을 묻는 문항, 2번 문항은 태도의 측면을 묻는 문항, 3~4번 문항은 실천의 측면을 묻는 문항이다. 즉 3~4번 두 문항은 모두 이해와 태도 형성에 그치지 않고 실천까지 이루어졌을 때 긍정적으로 응답할 수 있는 문항이다. 만일 학생들에게 지식, 태도, 실천이 자연스럽게 어우러진 삶 중심 교육을 하지 않고 일반적인 형태의 교육, 즉 지식과 태도를 가르치고 마지막에 실천을 하도록 했을 때는 일반적으로 응답의 비중이 하위 단계로 한 칸씩 낮아지는 경향을 보인다. 삶 중심 수업을 통해 소재를 개별화하고 자기 목적화할 수 있도록 하면 지식, 태도, 실천의 일련의 인위적인 순서대로 행해지는 것이 아니라 처음부터 행동화가 이루어짐으로써 실천성이 높아지게 된다. 또한 교사의 교육 방식 역시 하향식이 아닌 상향식이 되어야 하는데, '이러한 개념이 인권이야', '중요하니까 실천해야 해'라는 식으로 접근하면 학생들의 삶과 동떨어지며 자기 목적성이 없기 때문에 흥미와 필요성을 느끼지 못하고 실천에 대한 강요로 인식되어 버린다. 그러면 자발적 실천성 역시 낮아지게 된다.

수호천사 프로젝트가 끝난 후 본 프로젝트에 대한 활동 소감과 학생들의 태도와 행동의 변화를 구체적으로 살펴보기 위해서 사후 설문 문항을 추가적으로 구성하여 학생들에게 질문하였다. 학생들의 응답에서 나타나는 결과를 살펴보니 대화적 보살핌의 공동체 내에서 다른 친구들과 함께 어울리는 삶의 과정에서 겪은 내용들이 많았다. 학생들의 내적인 변화와 성장이 드러나는 구체적 경험과 깨달음이 학생들의 글에 생생하게 녹아 있었는데 이를 통해 학생들은 활동을 그 자체로만 인식한 것이 아니라 그 속에 내재된 의미를 찾고 윤리적 가치들을 내면화하였다는 것을 알 수 있었다. 이어서 학생들이 프로젝트 활동 과정 중 따뜻한 인권 신장 및 보살핌 문화에 특별한 의미를 지녔다고 언급한 활동들의 효과성을 하나씩 논해보고자 한다.

〈따뜻한 토의〉

학생들은 일반적으로 의사결정 또는 문제해결을 위해 꼭 필요할 경우에만 토의를 한다고 생각하며 일상적인 상황에서는 토의를 선호하지 않는 경우가 많다. 그러나 사후 설문 문항의 응답을 보고 학생들이 자발적으로 토의를 하고 싶어 하며 토의에 대해 긍정적으로 인식하는 모습이 꽤 놀랍고 인상적이었다. 그렇다면 학생들은 왜 토의를 하고 싶어 하는 것일까? 그리고 어떻게 토의를 잘하게 되었을까?

학생들에게 말할 수 있는 기회를 많이 줄 수 있었다는 것은 들을 수 있는 사람이 존재하였기 때문이다. 즉 토의는 학급 내 듣는 분위기가 형성이 되어 있기 때문에 가능한 것이다. 한 사람이 말을 할 때 다른 사람이 듣는다는 것은 이해와 수용이 이루어진다는 것이다. 이해와 수용이 있어야 서로를 존중할 수 있으며, 자신과 대화하는 상대가 어떤 사람인지 알아야 상대에게 오감으로, 온몸으로 반응할 수 있고 상대의 아픔과 고민을 자신의 것으로 가져올 수 있는 것이다. 즉 이해와 공유의 경험 속에서 인권이 발화된다.

이때 발표와 토의를 잘하기 위해서는 단순히 반복적인 연습과 훈련을 잘 시키면 되는 것이 아니라 학생들 간에 공동의 관심사가 일어날 수 있도록 수업을 맥락화해야 한다. 학생들의 개별 관심사가 공동의 목적으로 모아질 때 학생들은 자발적으로 토의에 참여하며 자신의 의견을 적극적으로 낸다. 이러한 환경에서는 학생들이 토의를 형식적으로 인식하기보다는 함께 이야기를 나누고 서로에 대해 알아가고 맞추어 나가는 과정으로 인식하게 된다. 또한 자신의 의견을 상대에게 설득하는 것 자체에 집중하기보다는 대화를 나누는 과정에서 타인을 이해하고 배려하고 양보하며 더 나은 문화를 만들어 가는 것의 가치를 체감하면서 보다 성장하게 된다.

〈미덕 통장〉

미덕 통장 활동의 핵심은 상대의 장점을 찾아서 반응해 주는 것이다. 이는 바로 나딩스의 '배려' 개념과도 유사한데 나딩스의 배려 윤리는 덕목 교육을 의미하는 것이 아니다. 배려를 덕목으로 가르치는 것이 아니라 이해와 공감의 경험을 통해 학생들에게 자연적인 보살핌의 마음이 형성됨으로써 자발적으로 행동을 실천하고 상대에게 반응하도록 도와야 하는 것이다. 서로에게 진정으로 반응할 줄 아는 존재가 공동체 속에서 함께 누벼질 때 보살핌의 문화가 자연스럽게 형성된다.

〈버스킹〉

우리 반 학생들에게 버스킹은 특별한 의미를 가지고 있는데 그 이유는 처음부터 끝까지 교사 또는 외부의 개입 없이 100% 학생들로부터 자발적으로 만들어진 것이기 때문이다. 학생들은 '함께'라는 목표를 위해서 공연을 준비하고 서로 돕고 배려하고 인내하며 버스킹을 진행해 갔다. 특히 두 번째 버스킹에서는 학생들 스스로 인권의 중요성을 인식하고 인권을 주제로 하여 다른 반 학생들에게도 메시지를 전하고 싶어 하는 모습을 보며 학생들의 인권의식이 확장되었다는 것을 느꼈다. 또한 버스킹을 준비하고 진행하는 과정에서 학생들은 각자 자신을 돌아보거나 알아가는 의미 있는 시간을 가졌고 친구들과의 협력과 소통이 늘었으며 겉으로 드러나는 행동의 변화뿐 아니라 내적으로도 크게 성장했음이 보였다.

〈스토리텔링〉

학생들과 함께 책을 읽으면서 단순히 책의 내용만 읽어주는 것이 아니라 책을 읽는 과정에서 그때그때 떠오르는 생각들을 자유롭게 공유를 하였기 때문에 학생들에게 더욱 의미를 지니는 활동이 될 수 있었다. 교사의 스토리텔링만 듣고 끝나는 것이 아니라 이야기를 들으면서 떠오르는 생각이나 감정을 친구들과 소통하고 자신의 경험도 나누면서 삶과 이야기가 함께 엮였기 때문에 학생들에게 기억에 남는 활동이 될 수 있었던 것이다. 학생들은 친구들의 이야기를 듣거나 자신의 이야기를 하는 과정에서 자기 자신, 또는 타인과 만나게 되며 떠오르는 감정과 생각을 친구들과 공유할 때 그 활동은 더욱 깊은 의미를 가진다.

〈수호천사, 행복 우체통〉

수호천사 활동과 행복 우체통 활동은 공통적으로 학기 초에 학생들끼리 유대감이나 친밀도 형성이 덜 되어있는 상태에서 서로에 대해 탐색하고 관심을 가지고 알아가는 데 도움이 되는 활동이다. 친구와 대화를 하는 과정에서 공통의 관심사를 발견하고 서로의 장점을 알아가기도 하며 익명의 편지라는 형태로 친구에게 용기 내어 자신의 마음을 전함으로써 새로운 관계 또는 보다 깊은 관계를 형성해 나갈 수 있었다. 5학년이 되면서 학생들은 자신이 기존에 형성해 온 교우 관계에 집착하는 경향을 보이거나 새로운 관계를 맺어나가는 데 어려움을 겪기도 하는데, 서로에게 긍정적인 영향이나 관심을 주고받는 활동을 통해서 자연스럽게 관계의 틀을 벗어날 수 있는 기회가 되었다.

〈나의 변화 = 개인의 변화〉

학생들의 응답을 통해 학생들은 스스로 문제 해결을 할 줄 아는 존재로 성장하였다는 것을 알 수 있다. 또한 학생들이 자발적으로 실천을 함으로써 행동과 태도에 변화가 나타났음을 알 수 있다. 실천을 하였다는 점과 문제 해결을 할 줄 알게 되었다는 점이 학생들의 응답에서 공통적으로 드러난다. 보통 현장에서 도덕 수업을 할 때는 실천까지 나아가지 않는 경우가 많고, 주어진 수업 시간 내에 학생들이 실천 능력을 형성하기 힘들다. 그런데 학생들은 인권에 대해 민감성을 가지고 문제를 찾는 것부터 시작해서 함께 문제를 해결해 나가는 것, 그리고 지식을 발견하고 태도를 형성하는 것까지 모두 경험했음이 드러난다. 즉 학생들은 타인과 함께 누벼가는 삶 속에서 서로의 인권을 위해 해결해야 할 문제를 파악한 뒤 실천을 하고, 성과를 이루었으며 이를 통해 문제해결 능력을 갖추게 되었다는 것을 알 수 있다.

〈전체의 변화＝문화의 변화〉

학생들의 태도가 변화하면서 학급 내 인권을 존중하는 문화가 형성되었고 그러한 공동체적 분위기 속에서 학생들은 타인의 권리를 보호하고 보살필 줄 아는 존재로 성장하게 되었다. 즉 서로 이해하고 소통함으로써 정이 바탕이 된 문화가 자리 잡게 되고 그 속에서 인권존중과 관련된 문제 해결력이 생기며 실천을 하게 되는 것이다. 인권교육은 '인권은 이런 것이다, 약자를 보호해라, 타인을 함부로 대하지 마라, 자신의 권리를 이러한 방법으로 지켜라, 서로 존중해라' 등 타의적이고 지시적인 형태로 이루어져서는 안 된다. 학생들에게 자발성을 불러일으키고 내면화될 수 있는 교육을 해야 한다. 인권교육과 자신의 삶이 분리되지 않고, 자신의 삶 속에서 체화하는 것이 중요하다. 또한 개개인의 실천도 중요하지만 공동체의 문화를 만들어 가는 것 역시 중요하다. 학생들이 학급 내에서 자발적으로 문화를 만들어 갈 줄 알아야 학생들이 학교를 벗어나 가정 또는 직장, 사회 등의 더 큰 공동체 속에서도 그러한 문화를 만들어 갈 수 있으며 향후에도 그러한 삶을 지속적으로 살아갈 수 있게 되는 것이다. 즉 인권교육은 수업에서 그치는 것이 아니라 학생들의 삶에서도 전이가 일어나야 한다.

프로젝트를 의미 있게 경험하고 심도있게 내면화하는 과정에서 학생들은 인권에 대한 의식이 발달함으로써 민감성이 높아지게 되었으며 자신과 타인의 행동을 반성적으로 돌아보고 비슷한 상황에 처했을 때에도 보다 성숙하게 대처하는 태도를 지니게 되었다. 사후 설문 결과에서 나타나는 학생들의 인식과 태도, 그리고 수업 활동과 평소 생활에서 관찰되는 행동들은 본 프로젝트를 통해 학생들이 삶 속에서 체험한 인권에 대해 스스로 재개념화를 하였으며, 사전에 목표한 성취기준에 도달하였음을 보여주었다. 이와 더불어 프로젝트를 실시하기 전에 조사하였던 학생들의 6대 역량이 프로젝트 실시 후에 어떻게 변화되었는지 비교・분석한 결과를 살펴보면 다음과 같다.

6대 역량 비교 · 분석 결과

1. 분석 절차
   본 연구가 핵심역량에 미치는 효과를 알아보기 위하여 분석한 절차를 요약하면 [그림 VI-5]와 같다.

단계	내용
설문 계획	핵심역량 설문문항 수집 및 분석
▼	
설문문항 선정	설문문항 선정
▼	
설문문항 수정 및 확정	설문문항 수정 및 최종 확정
▼	
설문조사	지원자를 대상으로 설문 조사
▼	
자료수집 및 분석	설문조사 내용 분석 및 통계처리
▼	
연구결과 작성	연구결과 분석 및 정리

[그림 VI-5] 연구 분석의 절차

2. 연구 대상

연구를 위하여 5학년 a반 17명의 학생들을 대상으로 하였다. 학생들에게 연구의 목적, 필요성, 과정, 용도를 성실히 설명하였으며 동의를 얻었다. 연구에 참여한 17명의 학생을 대상으로 사전, 사후에 각각 17명의 자료를 통계처리 하였다.

3. 연구 도구

설문지는 이연수, 박세원 교수가 대구영선초등학교 연구학교 수행결과를 측정하기 위해 개발한 '6대 역량 검사'를 활용하였다. 설문 문항에 대한 응답은 SPSS 26 통계 프로그램을 활용하여 분석을 하였다.

4. 연구 결과

가. 핵심역량 점수에 대한 기술적 분석

연구 대상을 통계 처리한 기술적 분석 결과는 다음과 같다. 즉 각 영역별 사전, 사후 대응표본 통계량은 〈표 Ⅵ-19〉과 같다.

〈표 Ⅵ-19〉 연구 대상의 대응표본 통계량

핵심역량 \ 구분		평균	N	표준화 편차	표준오차 평균
대응 1	사후전체	114.94	17	11.530	2.796
	사전전체	105.00	17	11.347	2.752
대응 2	사후자기관리	17.06	17	2.249	.546
	사전자기관리	15.18	17	2.038	.494
대응 3	사후창의적사고	16.06	17	2.410	.585
	사전창의적사고	14.29	17	3.496	.848
대응 4	사후지식정보처리	19.82	17	2.378	.577
	사전지식정보처리	18.41	17	2.895	.702
대응 5	사후의사소통	21.88	17	2.497	.606
	사전의사소통	21.24	17	2.773	.673
대응 6	사후심미적감성	17.88	17	2.058	.499
	사전심미적감성	16.12	17	2.759	.669
대응 7	사후공동체	22.24	17	2.705	.656
	사전공동체	19.76	17	2.751	.667

나. 핵심역량에 미치는 효과 분석

본 연구가 핵심역량의 증진효과가 있는지 분석하기 위하여 t 검정통계 처리한 결과는 다음 〈표 VI-20〉과 같다.

〈표 VI-20〉 핵심역량 전체 및 하위영역 대응표본 검정

핵심역량 \ 구분		평균	표준화 편차	표준 오차 평균	차이의 95% 신뢰구간		t	자유도	유의확률 (양측)
					하한	상한			
대응 1	사후전체-사전전체	9.941	10.686	2.592	4.447	15.435	3.836	16	.001**
대응 2	사후자기관리-사전자기관리	1.882	2.176	.528	.764	3.001	3.567	16	.003**
대응 3	사후창의적사고-사전창의적사고	1.765	3.251	.788	.093	3.436	2.238	16	.040**
대응 4	사후지식정보처리-사전지식정보처리	1.412	3.465	.840	-.370	3.193	1.680	16	.112
대응 5	사후의사소통-사전의사소통	.647	2.644	.641	-.713	2.007	1.009	16	.328
대응 6	사후심미적감성-사전심미적감성	1.765	2.278	.553	.593	2.936	3.193	16	.006**
대응 7	사후공동체-사전공동체	2.471	2.853	.692	1.004	3.937	3.570	16	.003**

** $p<.05$

본 연구가 핵심역량에 미치는 효과를 검정하기 위하여 측정시기(사전/사후)에 따라 6대 핵심역량 검사의 전체 점수와 하위요인 점수에서 통계적으로 유의한 차이가 있는지 알아보기 위하여 paired t검증을 한 결과는 〈표 VI-19〉와 같다. 우선, 6대 역량 검사 전체 점수에서 통계적으로 유의미한 차이가 있었다($t(16) = 3.836$, $p < .05$). 하위영역에서는 〈표 VI-19〉에서 보는 바와 같이, 자기관리($t(16) = 3.567$, $p < .05$), 창의적 사고($t(16) = 2.238$, $p < .05$), 심미적 감성($t(16) = 3.193$, $p < .05$), 공동체($t(16) = 3.570$, $p < .05$)에서는 통계적으로 유의미한 효과가 있었으나, 지식정보처리($t(16) = 1.680$, $p > .05$)와 의사소통($t(16) = 1.009$, $p > .05$)에서는 통계적으로 유의미한 차이가 없었다.

5. 결론

본 연구가 초등학생의 핵심역량에 어떤 영향을 주는지 알아보기 위하여 분석한 연구 결과를 토대로 결론을 도출하면 다음과 같다.

① 〈표 VI-19〉에 나타난 바와 같이 본 연구는 초등학생의 6대 역량 전체를 향상시키는 것으로 나타났다.

② 6대 역량 전체에서는 증진 효과가 있었으나 하위 영역에서는 차이가 있었다. 즉 6대 영역 하위 영역인 자기관리, 창의적 사고, 심미적 감성, 공동체에서는 통계적으로 유의미한 효과가 있었으나, 지식정보처리와 의사소통 영역에서는 통계적으로 유의한 효과가 확인되지 않았다. 비록 지식정보처리와 의사소통 영역에서 통계적으로 유의미한 효과가 확인되지 않았지만 사전, 사후 평균점수에서 평균이 향상되었음을 확인할 수 있었는데 이는 본 연구가 좀 더 지속되었더라면 충분히 효과가 나타났을 것으로 예상된다.

Ⅶ. 대화적 보살핌 공동체로 한 걸음 더 나아가기

본 프로젝트를 진행한 한 학기 동안, 그리고 이 글을 쓰고 있는 한 해의 마무리를 향해 달려가는 이 시점까지 학생들과 함께 하면서 대화와 이해가 삶과 교육의 본질이며 수업 역시 분절적이고 일방적인 형태로 이루어지는 것이 아니라 학습 소재와 방법이 학생들로부터 발현되어야 한다고 느꼈다. 처음에 프로젝트를 계획할 때는 프로젝트의 형식적이고 표면적인 부분만이 보였고 기존의 틀과는 다른 흐름으로 구성하는 것이 막막하게 느껴졌다. 그러나 특정 형식에 얽매이지 않고 학생들과 함께 학급 속에서 삶을 누벼가며 그들의 삶을 관찰하고 연구를 진행해 갈수록 인권의식뿐 아니라 도덕성, 배려윤리, 책임감, 보살핌 등의 내면적 가치들이 자연스럽게 발달되어 감을 알 수 있었고 그러한 과정들은 학생들의 흥미와 자발성으로부터 파생되어야 한다는 것을 깨달았다. 이를 바탕으로 하여 대화적 보살핌 공동체 형성을 위한 교사의 역할은 무엇이며 인권교육이 기존의 틀에서 벗어나 삶 중심으로 이루어질 수 있는 방법은 무엇인지에 대해 본 장에서 논의하고자 한다.

1. 자신의 삶 속에서 인권의 문제를 해결하다

전년도에 이어 연속으로 5학년을 맡았고, 두 해 모두 공개수업으로 사회 인권 단원인 2. '인권존중과 정의로운 사회'의 한 차시를 선택했다. 이전 해에는 5차시, 인권이 침해된 사례를 찾아보고 인권의 중요성 알기를 학습 목표로 설정했으며 올해는 6차시, 인권의 중요성을 알고 생활 속에서 실천하기를 학습 목표로 설정하였다. 겉보기에는 인권 존중이라는 학습 목표와 [6사 02-02] 생활 속 인권 보장이 필요한 사례를 탐구하여 인권의 중요성을 인식하고, 인권 보호를 실천하는 태도를 기른다는 성취기준이 동일해 보인다. 그러나 전년도에는 단일 차시 수업으로 진행된 반면, 다음 해에는 수호천사 프로젝트의 일부로 도덕 교과와 융합한 차시라는 점에서 차이가 있으며 학습 목표와 성취기준에 대한 접근 방식도 전혀 다르다.

그 차이의 본질은 작년에는 차가운 인권(인권 차별에 대한 저항 및 권리 보호)의 측면에서 접근했다면 올해는 따뜻한 인권의 측면에서 접근했다는 점이다. 전자는 학생들에게 인권이 침해된 사례를 제시하고, 모둠별로 어떤 인권 침해 문제가 있는지, 문제를 해결할 수 있는 방법은 무엇인지 찾아보도록 한 뒤 학급 전체에서 이를 공유하는 형식으로 수업을 진행하였으며, 후자는 학생들이 먼저 따뜻한 인권에 대한 자신의 경험을 나눌 수 있는 시간을 충분히 주고, 학생들이 관심 있는 주제를 선택하여 자발적으로 모둠을 구성하고 사전에 전시회 구상 및 준비를 자율적으로 한 뒤 다른 모둠 친구들에게 전시회를 소개하고 서로 느낀 점을 공유하는 형태의 수업을 진행하였다. 즉 두 수업 모두 학생들의 활동이 중심이 되는 수업이기는 하지만, 전자는 교사 중심의 하향식 수업이었다면 후자는 학생 중심의 상향식 수업인 것이다.

하향식 수업보다 상향식 수업을 진행하였을 때 학생들의 자발성과 참여도, 수업 활동에 대한 책임 의식이 더 돋보였으며 자신의 삶의 문제로 가져오는 모습을 보였다. 또한 교사의 개입이 줄어든 만큼 학생들끼리 소통하고 공유하는 시간이 더 늘어났다. 예를 들어 학생들은 따뜻한 인권에 대한 경험을 나누는 활동에서 자신이 알고 있거나 겪었던 이야기를 공유하고 서로 공감하며 자신의 삶에서 학습 소재를 찾아 적극적으로 수업에 활용하는 모습을 보였다. 그리고 수업을 하며 학생들이 느낀 점을 관찰하였을 때에도 전자의 경우에는 알게 된 점, 또는 피상적인 형태의 느낀 점이 주를 이루었으나, 후자의 경우에는 학생들의 삶과 관련된 진정성 있는 느낀 점과 깨달음이 주를 이루었다. 예를 들어 후자의 경우 학생들의 학습 결과물을 살펴보았을 때 "러시아의 우크라이나 침공 역시 욕심과 이기심으로 인해 발생한 것이다. 따라서 사람들 사이의 관계에서도 욕심이나 이기심보다는 타인을 존중하는 마음을 갖는 것이 중요하다."라는 글을 발견할 수 있었으며, 수업 소감을 발표할 때에도 "인권은 생각보다 가까이에 있다는 것을 알게 되었고, 생활 속에서 이미 실천하고 있었던 작고 소소한 미덕들도 인권존중이었음을 깨달았다."라는 이야기를 들을 수 있었다. 이러한 결과물을 통해 학습이 학생들의 삶의 태도에 전이가 되었음을 알 수 있다.

또한 학생들은 일상의 크고 작은 부분에서의 갈등 상황이 생겼을 때 자신의 입장에서만 생각하기보다는 보다 거시적인 관점에서 생각해 보고 더 상위의 가치에 초점을 두며 따뜻한 인권을 실현하고 있었다. 수업 활동에서뿐만 아니라 일상에서도 학생들은 자신의 언어와 행동을 인권과 관련지어 생각해 보게 되었으며 인권이 단순히 피상적이거나 인위적인 노력을 요하는 것이 아니라 삶 속에서 자연스럽게 실천하고 더 나은 관계를 위해 서로에게 필요한 부분이라고 생각하게 되었다. 그렇기 때문에 학생들은 자발적으로 따뜻한 토의를 열어 다른 친구들의 목소리에 귀를 기울이고 각자의 원함과 신체성을 존중하며 자신이 먼저 양보하고 보살핌을 실천하려는 모습을 보일 수 있었던 것이다. 이처럼 인권교육이 진정으로 학생들에게 의미를 가지려면 학생들이 자신의 삶 속에서 인권의 문제를 인식하고 해결하려는 노력이 필요한데 이는 학생 주체의 자발적 학습으로부터 가능하다.

주입식 교육은 학생 스스로 사고하는 힘을 잃어버리게 만들고 수동적으로 만들어 버린다. 학생 스스로 깨닫는 교육이 진정한 배움의 필수조건이다.

학생이 관심과 호기심을 가지고 자발적으로 탐구하고 배우고자 하는 태도를 가질 때까지 교사는 때로는 관찰자로, 때로는 조력자로, 때로는 직접적인 교수자로 위치하며 기다릴 필요가 있다. 학생들에게 효과가 있다고 알려지거나, 유명하거나, 전통적으로 인정받아 온 교수법을 적용하여 가르치는 것보다 더 중요한 것은 학생들의 자발성에서 비롯된 학습이 가능하도록 허용적인 분위기를 조성하는 것이다.

2. 학생들의 개별 관심사와 공동의 관심사를 조율하다

학습에서 자발성이 일어난다는 것은 자신이 붙들린 소재를 가지고 시작할 때 가능하다. 공통의 관심사를 공유하고 있는 친구들과, 자신이 원하는 소재로 공부를 해야 한다는 것이다. 학생들이 자신이 원하는 소재를 가지고 있고 그것을 활용하여 공부를 할 경우 보다 적극적으로 참여하고 이야기하고 싶어 한다. 이때 자신의 이야기도 하고 싶어 하지만, 다른 친구들은 어떻게 말하려는지 궁금해하기도 한다. 따라서 소재는 개별화 할수록 공동의 관심사를 가지고 교류할 수 있는 공동의 장을 열어주면 자습(자율적인 공부와 학습)이 일어난다. 교사는 인위적이고 직접적으로 무엇인가를 해주는 것보다는 이렇게 간접적이면서도 기저적인 역할을 해야 한다.

이를 위해서는 먼저, 학생들이 각자 자신의 관심사를 적극적으로 찾고 이를 수업에 활용할 수 있도록 자유롭고 허용적인 분위기를 만들어 주어야 한다. 단순히 교과서의 내용을 잘 전달하는 것이 아니라 각자가 원하는 소재를 찾을 수 있도록 도와주고 수업의 방법과 활동을 직접 선택할 수 있도록 해주는 것이 자발적 학습의 첫 번째 필요조건이다.

다음으로, 학생들이 서로 모여서 대화하고 교류할 수 있도록 해주어야 한다. 앞서 찾은 개별 학습 소재와 활동 방법을 바탕으로 공통의 관심사를 가진 학생들이 함께 모여서 이를 서로 공유할 수 있도록 해주어야 하며, 서로의 존재성을 상대에게 펼쳐 열고 온전히 이해하면서 공유적 삶의 의미로 수용할 수 있도록 상호작용의 장을 마련해 주는 것이 교사의 역할이다.

앞서 논의하였던 사후 설문 응답에서도 나타나듯, 학생들은 서로 배운 것을 공유할 수 있는 활동에 대한 선호가 높다는 것을 알 수 있다. 전통적 수업에서는 자신이 원하지 않는 수업 소재를 가지고 공부를 하는 경우가 많았는데, 이러한 수업 환경에서는 학생들에게 문제의식이나 학습 동기 자체가 크지 않기 때문에 학생들이 자신의 이야기를 하고 싶어 하지 않는 경우가 많다. 이때는 토의와 협력 학습 등이 학생들에게 큰 의미를 갖지 못한다. 협력학습의 기본은 소재에 대한 개별화가 이루어진 다음에 그것을 바탕으로 하여 공동의 관심사와 목표로 나아가도록 하는 것이므로 이러한 환경이 조성될 경우에 협력이 자연스럽게 일어난다. 아이들에게서 흥미와 동기가 일어날 때 자발적 학습으로 이어질 수 있는 것이다.

두 번의 버스킹, 따뜻한 토의와 여타의 활동들은 대화를 통해 개인의 관심사를 공동의 관심사로 모아가는 과정이었다. 대화를 바탕으로 한 공유적 삶의 구성을 통해 발견할 수 있는 의미는 다음과 같다. 첫째, 개인의 관심사에 미적으로 몰입한 학생들은 이것이 공동의 목표와 연결된다는 것을 인식하게 되고 공동의 목표를 자신의 목표로 인식하며 최선을 다하려는 모습을 보였다. 이러한 과정에서 학생들은 서로 이해하고 배려하고 돕고 양보하고 존중하고 협동하면서 가치·덕목들을 자연스럽게 내재화하였으며 결과보다는 그 과정에 의미를 두고 함께 성취했다는 보람을 느꼈다.

둘째, 이해와 공감을 바탕으로 한 대화는 학생들에게 단순히 의사소통의 수단이 아니라 보살핌을 실천하는 바탕이 되었다. 개별 관심사가 타자와의 소통과 공감을 통해 공동의 관심사로 나아가는 과정에서 발생하는 오해와 갈등을 조율과 합의의 대화로 해결해 나가며 서로에게 관계적으로 몰입해 나갈 수 있게 되었다. 관계적 몰입은 학생들로 하여금 자발적으로 보살핌의 윤리를 실천해 나갈 수 있는 토대를 마련해 주었으며 어떤 선택이 가장 좋은지 판단하고 결정하는 기준을 타자와의 관계 속에서 고려하도록 하기 때문에 도덕적 판단력과 자율성을 길러주었다.

3. 대화 공동체 형성으로서의 삶 중심 인권교육을 실현하다

학생들은 상호교류의 경험을 통해 상대를 있는 그대로 온전하게 이해하고 수용하려는 마음을 지니게 되며 보살핌을 실천하고자 하는 의지가 생긴다. 루소가 에밀을 있는 그대로 사랑했듯, 학생들에게는 타인으로부터 존재 그대로 수용 받는 경험이 필요하다. 그래야만 자연스럽게 자신의 원함과 신체성을 발현할 수 있는 것이다. 이러한 상호교류의 경험은 '대화'에서부터 시작하는데 진정한 대화는 나의 모습을 상대에게 온전히 내보이고 상대의 모습을 통해 자신의 모습을 되돌아보고 서로를 존재로 인식하며 삶을 함께 엮어가는 과정이다. 즉 대화는 타자와의 관계적 삶을 영위하도록 하는 근거가 된다.

자유롭게 자신의 의견을 내고 서로 다른 의견을 조율하고 합의하는 과정에서 학생들은 공동체로부터 자신을 수용 받는 경험을 하고, 따뜻한 존중의 경험을 타인에게도 기꺼이 베풀려는 모습을 보였다. 물론 처음부터 조율과 합의의 과정이 원활하게 이루어진 것은 아니었으나 자신의 주장만을 내세우며 일방적인 태도로 자신의 원함을 타인에게 강요하는 것보다는 '우리'와 '함께'의 의미와 가치를 찾게 되면서 학생들의 태도에 변화가 생겼다. 의사를 결정할 때에도 단순히 다수의 의견에 따르는 것이 아니라 구성원 개개인의 의견을 모두 반영하려고 하였으며 모두가 주체적인 태도로 참여하고자 하는 의지를 보였다. 또한 그 과정에서 발생하는 의견 차이는 당연한 것이며 갈등의 해결을 통해 우리가 더 나은 방향으로 나아가기 위해서는 대화가 중요하다는 것을 깨닫고 언어의 무게를 인식하게 되었다. 학생들이 서로에게 대화적 존재가 되기 위해서는 교사가 먼저 학생들에게 대화적 품을 내어줄 수 있는 존재가 되어야 하는데, 이를 위한 방법을 다음과 같이 제안한다.

먼저, 교사 스스로가 있는 그대로의 자신의 모습을 학생들에게 내어 보이며 학생들 역시 있는 그대로 바라보고 이해하고자 하는 태도를 지녀야 한다. 교사라는 역할, 위치, 의무에 지나치게 매여 있고 의식할 경우 교사는 존재와 존재로 학생들과 만나기 어렵다. 교사는 학생들을 기호언어로 판단하고 교정하려고 하게 되며 학생들 역시 그러한 기호 언어적 상황 속에서 교사를 어려워하고 불편해할 가능성이 크다. 이는 교사와 학생들 간의 관계뿐만 아니라 학생들 간의 관계 증진 역시 더디게 만들며 건강하고 진정성 어린 관계 형성을 어렵게 한다. 교사가 먼저 교사라는 직책보다는 자신의 존재 그대로 학생들에게 다가갈 때 그러한 진심 역시 학생들에게 전해지며 학생들도 자신의 모습을 타인에게 그대로 내보이고 서로를 이해하고 수용할 수 있는 깊이 있는 관계적 분위기가 형성될 수 있다.

다음으로, 학생들 각자가 지닌 자기 생명성을 발현할 수 있도록 도와야 한다. 앞서 말했듯 교사가 먼저 자신을 열어 보일 때 학생들 역시 자신의 원함과 생명성을 자유롭게 발현할 수 있다. 이때 교사는 지속적이고 관심 어린 대화를 통해 학생들의 삶을 그들의 관점에서 이해하고 공감하고 존중함으로써 학생들이 스스로 자신이 원하는 삶이 무엇인지에 대해 탐구하고 자신의 삶을 주체적이고 건강하게 살아갈 수 있도록 조력자가 되어주어야 한다. 학생을 언어적 의미의 학생 그 자체로 바라본다면 교사가 가르쳐야 할 존재, 행동을 교정해야 할 대상이라고 여기며 수동적으로 인식하게 되지만 학생을 하나하나의 개별적 존재로 바라본다면 교사는 학생 내면의 더 많은 잠재력과 가치를 발견할 수 있을 것이다.

마지막으로, 학생들의 삶에 대한 관찰을 대화의 소재로 가져오며 인권교육 역시 그 안에서 자연스럽게 이루어져야 한다. 학생들의 생명성이 발현되는 모습은 수업 시간에 관찰할 수 있기도 하지만 수업 외의 자연스러운 상황(놀이, 대화, 쉬는 시간, 방과 후 등)에 관찰할 수 있는 경우가 많다. 최대한 다양한 일상적인 장면들에서 학생들을 관찰하면서 궁금한 점을 물어보기도 하고 반 학생들과 함께 공유하고 싶은 부분을 나누기도 하며 삶이 곧 인권교육이 될 수 있도록 하는 것이 바람직하다. 사소한 부분이라도 학생들에게 관심을 가지고 대화를 하고 함께 시간을 보낼수록 서로 공유할 수 있는 추억이 쌓이고 관계가 깊어진다. 이때 교사가 관계적 가치와 인권존중의 덕목에 의미를 두고 학생들을 격려하며 이러한 가치・덕목에 대해 스스로 긍정적인 인식을 가질 수 있도록 돕는다면 학생들이 자신의 삶에서 인권을 발견하고 자연스럽게 내재화할 수 있을 것이다.

이를 바탕으로 이해와 공감이 바탕이 된 대화가 공동체 내에 자리 잡게 되자 학생들은 자신의 입장에서 바라보던 시야를 '우리'라는 공동체로 확대하여 나갔고 따뜻한 보살핌의 공동체를 만들어 나가기 위해 타인의 입장에서 문제를 인식하고 더 나은 해결 방안을 찾기 위해 노력하는 모습을 보였다. 따뜻한 공동체적 학급 문화 속에서 학생들은 상호주체적으로 만나며 공유적 삶을 형성해 나갔다. 이러한 공유적 삶을 통해 대화와 보살핌의 관계를 형성할 수 있으며 나아가 삶 중심 인권교육을 실현할 수 있는 것이다.

4. 삶 중심 인권교육의 구성 및 실현 방법을 그리다

앞서 살펴본 바와 같이 인권교육은 학생들의 삶을 중심으로 구성되고 나아갈 때 자발적으로 실천되며 대화적 보살핌의 문화를 공유하는 공동체로 확대되어 나간다. 그렇다면 교사는 삶 중심 인권교육을 어떻게 실현해 나가야 할 것인가?

먼저 학생들이 자신의 신체성을 자유롭게 발현하면서도 다른 학생들과의 대화와 소통을 통해 개개인의 관심사가 공동의 관심사로 나아갈 수 있도록 열린 교육과정을 구성하는 것이 필요하다. 학생들의 발현성에 기초한 교육과정 구성을 위해서는 먼저 학생들이 해당 단원에 흥미와 필요성을 느낄 수 있도록 이야기나 경험 등 구체적인 자료를 활용하여 학생들을 동기화한 후 단원의 학습 목표와 성취기준을 설명한다. 그런 다음에 단순히 교사용 지도서에 제시된 차시별 흐름을 안내하는 것이 아니라 활동 주제와 차시별 주제를 함께 살펴보며 어떠한 플롯으로 단원을 구성해 나갈지 협의를 통해 결정해야 한다. 차시별 학습 흐름에 대해 학생들과 사전 협의가 되어 있고 매 차시 학습의 정리 단계에서 다음 차시 수업에 대한 간단한 의논으로 마무리한다면 매 차시 교사가 이전 차시와는 분절된 새로운 동기유발 자료를 활용하여 수업을 일방적으로 제시하거나 안내해야 할 필요가 없이 이전 차시와 연속된 학습이 가능하다.

틀에 갇혀있고 여러 가지 제약이나 개입이 많은 상황에서는 일률적이고 정형화된 형태의 교육과정이 정착될 가능성이 높으며 이 경우 학생들의 개별성이나 흥미는 고려하기 어려운 경우가 많다. 이 때문에 교육과정을 계획할 때 설문을 활용하는 것이 효과적인데, 설문은 교육과정 구성 전과 운영 후에 각각 실시하는 것이 좋으며 필요할 경우 교육과정 운영 중에도 실시하여 반영할 수 있다. 지나치게 단순한 답변을 요구하는 문항, 척도를 묻는 객관형 문항들로만 구성된 설문은 학생들의 사고를 자세하게 파악하기 어렵다는 단점이 있으므로, 구체적으로 서술할 수 있는 문항을 단계별로 깊이 있게 구성하는 것이 좋다. 설문 결과를 분석하여 이해가 잘되지 않는 부분 또는 추가 질문이 필요한 부분의 경우에는 개별 면접 등을 통해 학생들에 대해 파악을 하고, 이를 바탕으로 교육 과정에 반영을 해야 한다. 학생들 각각을 중심으로 한 교육과정 구성 방향을 학생들에게 소개해 주면서 학생들의 의견은 어떤지 물어보고 절충하는 것이다. 학생들 각자에 대한 이해를 바탕으로 하여 그들의 삶의 소재를 학습의 주제로 삼은 교육과정은 교사가 아닌 학생들이 주체가 되어 배움을 이끌어 나간다.

이처럼 수업 방법에서 전체적인 방향성과 영역은 잡아 주되 학생들이 개별 소재는 선택할 수 있도록 해야 한다. 소재를 개별화할수록 다양성이 높아지며 학생들이 주어진 시간 동안 접할 수 있는 학습의 범위가 넓어진다. 이를 위해서는 교육과정 구성에 있어 필수적으로 학생들이 달성해야 하는 성취기준을 기준으로 하되, 교사의 자율성을 높임으로써 학생들의 삶의 맥락을 교육과정에 담아낼 때 가능하다. 삶과 교육과정이 유리될 경우 학생들은 학습 내용을 의미 있게 받아들이기 어려우며 내면화와 실천으로 이어지기 어렵다. 학생들의 삶과 관련된 소재, 삶에서 겪는 문제를 교육과정에 녹여낼 때 학생들은 배움의 과정에서 끊임없이 자신 및 타자와의 대화와 상호작용을 겪으며 성장해 나간다. 또한 이 과정에서 학생들의 발현성, 자율성뿐 아니라 창의성, 심미성, 의사소통능력 등 여러 가지 역량들이 발달할 수 있다.

이때 교육 방법 역시 체험 위주의 교육을 함으로써 실천력을 높이고 타자와 함께 삶을 누벼가는 과정에서 도덕적 가치를 자연스럽게 배울 수 있도록 해야 한다. 또한 수업 방식도 더 이상 주입식 교육이 아닌 대화식 교육이 되어야 한다. 교사로부터의 하향식 교육이 아닌 학생들로부터 발현되는 상향식 교육이 이루어져야 학생들이 교육 내용과 방법을 스스로 구성하는 과정에서 개념을 인식하고 삶에서 이를 실천해 나갈 수 있다. 학생들이 함께 만들어 갔던 수호천사 프로젝트에도 학생들의 삶의 맥락이 구체적으로 담겼기 때문에 인권 개념을 깊이 있게 형성하고 학생들의 삶에서 자발적으로 발현된 것이다.

또한 현재 교사용 지도서에서 제시되거나 일반적으로 흔히 사용되는 차시 수업보다는 제재 전체를 새롭게 구성해야 한다. 특히 실천성을 목표로 하는 도덕 교과의 경우 개인의 실천뿐만 아니라 문화를 만들어 가는 것이 중요하기 때문에 개별 소재에 대한 흥미 있는 탐구에서 그치는 것이 아니라 어떻게 하면 학생들이 공동체 속에서 공동의 관심사를 가지고 실천할 수 있을지를 함께 고민해 가야 한다. 인권교육은 학생들의 삶에 녹아들어야 의미가 있으며 피상적이거나 단기간의 교육으로는 변화가 나타나기 어렵기 때문에 지속적이고 안정감 있는 문화를 만들어 갈 수 있도록 해야 한다. 그 문화를 만들어 가기 위해서 따뜻한 토의를 하고, 수호천사 활동과 행복 우체통 활동을 하고, 버스킹 활동 등을 하면서 대화와 보살핌의 공동체를 형성하고 그 속에서 자신과 타인을 각각의 존재로서 이해하고 존중하며 서로 배려하는 관계를 만들어 간 것이다. 이처럼 교사가 일방적으로 콘텐츠를 다 가르칠 필요는 없으며 소재를 개별화해 주고 발표회, 전시회 등을 통해 학생들 간에 교류를 많이 하도록 해주면 학생들은 대화적 존재가 되면서 이해로 누벼진다. 그것이 바로 보살핌 공동체이다.

다음으로, 협력 활동을 위해 모둠을 구성할 때 역시 교사가 개입하여 일방적으로 구성하는 것은 바람직하지 않으며 자발적인 모둠 구성이 이루어져야 한다. 특히 중 · 장기간에 걸친 프로젝트 수업을 할 경우 모둠을 구성할 때는 편의상 바로 옆에 앉은 친구들과 구성하는 방법보다는 보다 유의미하고 교육적인 방법을 고안하는 것이 옳다. 일반적으로는 프로젝트에 속한 수업과 속하지 않은 수업의 흐름이 끊기기 때문에 수업의 효율성을 위해서 근처에 앉은 친구들끼리 모둠을 구성하는 경우가 많은데 시간이 조금 소요되더라도 책상을 옮겨가며 자유롭게 수업을 해도 괜찮다. 수업을 할 때는 자신이 원하는 소재를 선택하여, 자신이 원하는 친구들과 하도록 하면 된다. 모둠 구성도 다양하게 할 수 있는데, 모둠별로 꼭 동일한 인원일 필요는 없고 다섯 명이 될 수도, 두 명이 될 수도 있으며, 혼자서 해도 괜찮다. 학생들은 자신의 흥미로 동기화가 된 상태이기 때문에 교사의 지나친 개입 없이도 자발적으로 활동을 진행해 나갈 수 있으며 교사는 도움이 필요한 학생들만 도와주면 된다. 이제는 수업의 방식이 형식적인 측면에서도 많이 바뀌어야 한다.

예를 들어 인권 프로젝트에서 진행했던 것을 토대로 논의해 보자면 첫 차시는 자신이 추구하고자 하는 가치를 실현하기 위해 용기를 냈던 그레타 툰베리의 이야기를 가지고 도입을 하되, 핵심적인 교육 자료는 기본적으로 교사가 만들거나 제공하는 것이 아니라 학생들의 내러티브를 반영하여 구성하고자 하였다. 물론 학생 주체의 활동 중심 교육과정을 시도한 것이 처음이었기 때문에 사전에 본 프로젝트의 전체적인 흐름도와 차시 구성을 개략적으로 해두었으나, 막상 학생들과 첫 차시를 함께 하면서 기존에 계획했던 것과는 다른 방향으로 길이 새롭게 열리는 느낌이 들었다. 학생들은 교사가 생각하는 것 이상으로 역동적이며 신체성이 뛰어나며 수업을 주체적으로 만들어 갈 수 있는 존재이다. 따라서 수업의 모든 차시를 교사가 혼자서 구성하여서는 안 되며 사전에 계획된 흐름대로 진행되어야 하는 것 역시 아니다. 교육과정은 교사와 학생이 함께 대화로 만들어 나가는 것이어야 한다. 수업을 할 때는 다음 차시를 교사가 일방적으로 안내하지 말고 학생들이 그때그때의 상황과 필요에 맞게 토의하면서 정할 수 있도록 해야 한다. 그래야 수업이 우리의 삶의 맥락과 비슷하게 다가온다. 그리고 수업의 형태 또한 버스킹, 전시회, 토의, 놀이 등 다양하게 활용함으로써 학생들이 보다 자연스러운 상황 속에서 다른 학생들과 상호작용하고 대화적 보살핌의 관계를 형성해 나갈 수 있도록 돕는 것이 바람직하다. 이를 위해서는 교사가 먼저 학생들에게 수업의 주도권과 선택권을 위임하는 자유로움과 용기가 필요하다. 루소의 교육관이 그랬듯, 학생들은 자율성을 부여하면 스스로 성장할 줄 아는 존재이기 때문이다.

삶 중심 인권교육의 실현 방법 중 가장 중요한 부분은 바로 대화이다. 인간은 타인과의 대화 관계에서 자기를 표현하면서 주체적으로 존재한다. 교실에서 교사의 발문과 피드백은 문화적 역동을 통한 대화적 보살핌 공동체 형성에 큰 역할을 한다. 개별적 소재와 관심사를 대화를 통해 공동체 내의 도덕적 삶의 문제로 가져옴으로써 자신과 타자의 다름을 존중하고 서로 조율해 가며 가치 · 규범을 자연스럽게 체득해 갈 수 있다. 즉 교사는 학생들이 스스로 대화의 과정에서 타자와 함께 살아가는 방법을 깨닫고 도덕적 판단력을 기르며 타자와의 관계 속에서 자신의 존재를 정의해갈 수 있도록 학생들의 이야기에 귀 기울이고 그 이유를 물어보며 상황에 맞는 피드백을 적시에 제공해야 한다. 자신의 이야기를 관심 있게 들어주는 대상이 있을 때 학생들은 그 대상으로부터 수용 받는다는 느낌을 받게 되고 이는 또 다른 보살핌의 전이로 이어지기 때문이다.

또한 평가 역시 자연스러운 흐름 속에서 진행되어야 하며 변화의 과정이 살아있는 형태로 누적이 되어야 한다. 교사가 일방적으로 평가 기준을 마련해 두고 매 차시마다 상 · 중 · 하의 형태로 학생들에게 일괄적으로 적용한다면 교육과정을 재구성하는 것 자체가 불가능하며 의미를 갖지 못한다. 모든 학생들을 동일한 성취기준에 도달하도록 관철시키는 것이 교육의 목표는 아니다. 학생들이 자기 목적을 가지고 수업 활동에 참여하는 과정에서 스스로의 모습을 객관적으로 돌아보고 내면의 성장과 변화를 자기 평가와 상호 평가를 통해 점검할 수 있어야 한다.

이제는 평가가 대화의 개념으로 바뀌어야 한다. 이를 위해서는 포트폴리오를 활용하는 것이 좋은데, 활동의 과정을 그때그때 모아두고 그 당시 자신의 생각이나 느낌, 친구들의 피드백을 기록해 둠으로써 시간이 지난 후 그 내용을 다시 보거나 분석할 때에도 생생하게 기억할 수 있도록 하는 것이다.

교사는 학생들의 사전, 사후 설문 결과를 비교하거나 포트폴리오의 활동 과정들, 그리고 그 활동 과정에 대한 자기 평가와 상호 평가를 종합적으로 살펴보며 학생들이 각자가 설정한 목표에 도달하였는지를 점검하면 된다. 또한 필요한 경우 대화와 질문하기를 통해 학생이 수업을 통해 자신이 배우고 변화한 것을 살피고 이를 명료화하여 평가에 반영하면 된다.

한편 포트폴리오는 학생들뿐만 아니라 교사 역시 평소에 저널 형태로 기록해 두는 것이 좋다. 학생들의 변화 과정에 대한 교사의 성찰을 기록해 두면 교사 역시 스스로 성장하는 것이 보이기 때문이다. 교사 저널의 형태는 정해진 양식이 있는 것이 아니라 수필, 일기, 그림, 시 등 자신이 표현하고자 하는 생각과 느낌을 잘 나타낼 수 있는 형태로 자유롭게 선택 가능하다. 마지막 평가는 사전 설문과 사후 설문 결과를 바탕으로 학생들의 성장이 얼마나 이루어졌는지를 비교 · 분석함으로써 최종적으로 이루어지는데 일반적으로 사전 설문과 사후 설문 문항은 동일하며 사후 설문 문항에서는 활동 후의 소감을 묻는 문항이 추가되는데, 문항의 형태에 상관없이 객관적인 척도로 수치화하여 분석이 가능하다. 학생들이 서술형으로 답한 문항들의 경우 유사한 것끼리 범주화를 시킴으로써 도식화할 수 있으며 객관형으로 답한 문항은 쉽게 수치화된 비교가 가능하다.

본 프로젝트가 기존의 인권교육과 차별성을 가지는 점은 인권에 대한 교육 자체에 초점을 두기보다는 문화적 토대를 바꾸는 데 초점을 두었다는 점이다. 학생들이 서로 진솔한 대화를 나누고 생명성을 교류하면서 서로에 대한 친밀함과 사랑이 바탕이 된 학급 분위기 속에서 인권교육이 자연스럽게 발화되어야 한다. 식물을 잘 키우기 위해서는 토양에 거름을 잘 주고 식물이 잘 자랄 수 있는 비옥한 환경을 만들어 주는 것이 본질적이다. 그러한 환경이 마련되지 않은 상태에서 비료만 많이 투입하여서는 식물이 온전하게 자라기 어렵다. 기존의 인권교육은 토양에 영양분은 없는 상태에서 여러 가지

비료에 의존하여 식물을 키우려고 하는 상황인 것이다.

학생들 사이에서 '우리'라는 개념, '정'이라는 개념을 토대로 하여 인권에 대한 규범과 규칙을 학생들 스스로 만들어 가도록 해야 한다. 앞서 언급하였듯 핵심은 '대화'이다. 학생들끼리 삶의 대화를 해야 한다. 표면적이고 피상적인 대화가 아니라 학생들이 자기를 내보이는 삶의 대화를 해가면서 정과 친밀성, 서로에 대한 존중이 쌓이며 이러한 관계가 엮여갈수록 학생들은 교육과정에서 가르치고자 하였던 여러 가지 핵심적인 도덕적 가치들의 필요성을 자연스럽게 인식하고 행동하게 된다.

앞서 제시한 내용들을 요약하자면, 학생들이 자신의 삶을 수업에 가져오려면 개별화가 되어야 하며 자신이 흥미로운 소재를 가지고 대화를 통해 삶을 나눌 때 구성원 간에는 서로에 대한 이해와 정이 생긴다. 이를 바탕으로 학생들은 상호적인 생명성을 담보할 수 있는 규범과 규칙을 만들고 문화를 형성해 나간다. 인권교육은 더 이상 형식적이거나 인위적인 형태로 이루어져서는 안 되며 정을 바탕으로 한 대화 공동체를 구성하고 그 속에서 자연스럽게 요구되는 규범과 규칙을 자발적으로 만드는 것으로 바뀌어야 한다.

본 프로젝트를 한 학기 동안 진행하면서 학생들은 기존에는 인권교육을 인권이라는 개념과 행동 양식을 다루는 형식적이고 딱딱한 것으로 인식하였지만 점차 자신의 삶 속에서 인권과 관련된 문제 해결을 할 줄 아는 존재로 성장하였다는 것이 보였다. 학생들은 대화적 보살핌의 관계 속에서 대화의 중요성을 깨닫고 자신의 선입관을 상대에게 펼쳐 열며 서로를 이해의 시선으로 바라볼 수 있게 되면서 자신의 도덕적 삶을 타자의 삶, 그리고 공동체가 추구하는 가치와 함께 엮어갔다. 앞으로는 인권교육이 학생들의 신체성과 대화성을 기반으로 한 삶 중심의 교육으로 나아갈 수 있기를, 그리고 그 과정에서 대화적 보살핌의 공동체 문화가 형성되어 학생들에게 다시 따뜻한 영향력을 줄 수 있기를 희망한다.

Ⅷ. 인권교육에 관한 성찰

1. 연구의 과정에서 만난 도전들

앞서 그려낸 삶 중심 인권교육의 여러 모습들은 필자가 만난 학생들과의 수호천사 프로젝트 및 연구 결과를 바탕으로 한 것이다. 연구의 끝자락에 지금까지의 과정들을 다시 되돌아보며 본 연구를 진행하기에 앞서 바람직한 수업의 모습에 대해 내가 가지고 있었던 인식은 무엇인지, 나는 그동안 어떠한 수업을 했었는지에 대해 돌이켜보았을 때 나의 이상과 현실에 다소 괴리감이 있다는 것이 느껴졌다. 교사 중심의 주입식 수업은 일방적이고 생명성이 없다고 느꼈기에 학생 중심, 배움 중심 수업에 초점을 두고 수업을 하려고 하였으나, 코로나19로 인한 비대면 수업의 지속, 효율성과 진도에 쫓겨 다소 진정성이 부족한 수업을 하지는 않았는가 하는 의문이 들었다. 연구를 진행하기 앞서 지난 2년간의 수업을 돌아보며 고민하였던 부분은 다음과 같다. 교과서나 교사용 지도서에 안내된 방법과 소재에 지나치게 의존하여 수업을 진행하면 학습과 배움에 학생들의 삶이 담기지 못하고 겉핥기식 수업에 그친다. 교과서와 지도서는 안내용 지침서로서의 역할을 할 뿐이지 이를 너무 맹신하여 그대로 따를 필요는 없다. 학생들이 도달해야 할 핵심 성취기준만 달성할 수 있다면 그 외의 부분에 대해서는 학생들에게 자율성과 선택권을 주어야 한다. 자신이 흥미가 있고 탐구하고 싶은 소재, 하고 싶은 활동을 할 때는 학생들의 눈이 반짝이며 수업 시간에 이전과는 다른 활력이 도는 것이 느껴졌다. 이러한 수업에서는 교사의 역할과 개입이 최소화되며 자연스럽게 학생들 중심으로 수업이 전개된다. 수업의 차이는 학생들이 가장 잘 느끼고 인식하며, 학생들의 변화에도 영향을 미치기 때문에 수업을 바라보고 대하는 교사의 태도는 매우 중요하다. 그러나 이러한 부분을 인지하고 있었음에도 특정 교과의 일부 수업에서만 학생들에게 일부 권한을 위임하였다는 점, 학생들의 진정한 변화를 지속적으로 관찰하지 못했다는 점에서 아쉬움이 남아 교과 수업과 생활지도 등 학교생활의 전반적인 부분을 인권의 측면에서 아우르며 한 학기에 걸친 장기적인 프로젝트를 진행하기로 하였다.

본 연구를 진행하면서 처음에는 해당 프로젝트 자체가 연구의 과정이고 탐구의 대상이라는 인식을 가지고 시작했기 때문에 그 과정에서 겪는 시행착오들을 자연스러운 것으로 인식하기보다는 내가 예상한 범위 밖의 일들로 여겨 당황스러워하고 인위적인 개입이 필요한 것으로 느꼈다. 학생들의 긍정적 변화가 꾸준히 우상향 그래프로 나타나야 프로젝트를 진행한 효과가 있고 결과적 의미가 있다고 생각했기에 그럼에도 불구하고 나타나는 갈등 상황, 예기치 못한 변수 등에 대해 관대하고 유연하게 대처하기 힘들었다. 그래서 프로젝트 초반에는 이러한 일들이 발생했을 때 활동을 잠시 멈추거나 교사가 개입하여 중재하기도 하였으나 본 프로젝트가 갖는 의의는 학생들의 삶 속에서 대화와 이해를 중심으로 보살핌의 관계를 형성해 가면서 변화하는 자연스러운 모습을 담아가는 과정이기 때문에 이러한 문제 상황 또한 학생들이 직접 겪으면서 배우고 성장해 가야 한다고 느꼈다.

이를 위해서는 교사가 먼저 한 발짝 물러서서 학생들이 스스로 할 수 있도록 지켜보는 관조적인 태도로 바뀔 필요가 있다고 느꼈는데, 이는 교사의 역할과 책임을 내려놓는 것을 의미하는 것이 아니다. 교사는 첫째로 학생들과 지속적으로 대화하며 학생들이 자신의 이야기를 표현하고 타자와 대화하는 방법을 익힐 수 있도록 대화자, 둘째로 학생들에게 관심을 갖고 그들의 삶의 모습을 이해의 시선으로 지켜보며 학생들이 타자에 대한 따뜻한 관심으로부터 생겨나는 배려와 보살핌의 힘을 느낄 수 있도록 관찰자, 셋째로 지나치게 인위적이고 일방적으로 계획된 교육과정보다는 학생들의 자발성과 흥미, 필요성에 따라 함께 겪어가는 삶의 자연스러운 흐름대로 교육과정을 학생들이 구성할 수 있도록 자율성을 부여하되 필요한 경우 학생들에게 조언과 가르침을 줄 수 있는 조력자가 되어주었을 때 학생들 본래의 신체성이 더 잘 드러났으며 성장하는 모습 역시 더 잘 관찰할 수 있었다. 좋은 프로젝트 학습은 학생이 활동한 탐구의 수준이 얼마나 높은지보다는, 학생이 그 주제에 대해 얼마나 깊게 이해하고 사고하는지에 초점을 두어야 한다.

인권은 중요한 핵심 가치이며 2022 교육과정의 10대 범교과 주제 중 하나로서 사회, 도덕 등의 교과와 창의적 체험활동 등 교육활동 전반에 걸쳐 다뤄지고 있으나 사실 학교 현장에서 내가 학생들에게 제대로 교육을 하고 있는지, 학생들의 모습에서 인권이라는 것이 발현되고 있는지에 대해서는 자신 있게 말하기 어려웠다. 인권교육 자체를 가르쳐야 할 덕목, 지켜야 할 법적인 개념으로 바라보았기 때문이다. 전년도에 맡았던 5학년 학생들에게는 인권을 주입식으로 가르치거나 가설적인 상황을 설정하여 설명하는 등 학생들의 삶과는 동떨어진 방식으로 가르쳤는데, 그로 인해 학생들 역시 인권이 자신의 삶과 밀접한 관련이 있다는 것을 느끼고 중요성과 필요성을 인식하기보다는 '마땅히 지켜야 할 것' 또는 '내가 보호받기 위한 권리' 등으로 인식하며 법적인 측면과 개인적인 차원에서 접근하는 경향이 있었다.

그러나 학생들은 늘 자신의 있는 그대로의 생명성을 가지고 현재를 충실히 살아가려는 존재이기 때문에 배우고자 하는 것에서 스스로 의미를 찾을 때 진정한 학습과 내면화가 일어난다. 따라서 학생들에게 인권을 직접적으로 가르치려 하기보다는 서로 대화하고 개별의 관심사를 공동의 관심사로 나아가도록 함으로써 그 속에서 이해, 협동, 존중, 배려 등의 가치를 체험적으로 배우도록 해야 한다. 이를 통해 정이 바탕이 된 공동체를 형성함으로써 자신과 타인, 우리 모두를 위한 규범과 규칙의 필요성을 스스로 인지하고 만들어 나가고 자발적으로 지키고자 하는 변화가 일어나는 것이 궁극적인 목표이다. 단지 성취기준에 도달하였는지 아닌지의 여부보다는 대화 공동체를 만들고 보살핌 관계를 맺어본 경험을 통해 얻은 가치들과 인권에 대한 인식이 학생들에게 얼마나 지속적으로 몸과 마음에 깊이 남아있느냐가 중요하다. 프로젝트를 진행하면서 학기 초에 비해 학기 말로 가면서 학생들의 대화, 관계 맺음, 미소, 깨달음 등 관찰 가능한 모습 하나하나에서 크고 작은 변화가 분명하게 일어나고 있음이 보였다. 이러한 변화는 인권교육이 기존의 주입식, 획일적 방식에서 벗어나 학생 중심, 삶 중심 방향으로 나아가야 함을 시사한다.

2. 인권교육에 대한 앞으로의 도전들

이번 존재론적 탐구를 통해 대화와 이해를 바탕으로 한 인권교육이 학생의 삶에 기초할 때 수업이 어떤 모습으로 그려지는지, 그리고 학생들 개개인과 그들이 속한 공동체의 문화를 어떻게 변화시키는지 살펴볼 수 있었다. 학생들은 보살핌의 관계로 엮인 공유적 삶을 통해 자신과 타자를 있는 그대로 만남으로써 배려와 존중, 책임, 정의 등의 가치를 내면화하고 자신의 삶의 태도로 구현해 나갔다. 이러한 삶 중심 인권교육을 통해 도덕적 가치를 삶의 구성으로 목적화한 학생들은 자신의 삶 속에서 어떻게 살아가야 하는지에 대해 끊임없이 묻고 답하며 일상에서도 도덕적 실천을 이어 나갈 수 있다. 본 프로젝트는 1학기에 걸쳐 실시되고 마무리되었으나 한 학기 동안 형성된 학생들의 태도와 문화는 2학기에도 계속 이어졌다. 1학기의 프로젝트가 만족스러웠고 한 학기로 마무리하는 것이 아쉬워 2학기에도 계속 프로젝트를 진행하고 싶다는 학생들의 의견이 많아 내년에 만나는 학생들과는 이번 연구를 통해 겪었던 시행착오들을 반영하여 보다 긴 호흡으로 프로젝트를 진행해 보고자 한다.

연구를 진행하면서 가장 의미 있게 느껴진 것은 학생들과 진정으로 만나고 진심을 교류할 수 있었다는 점이다. 학생들과 전체적으로도, 개별적으로도 지속적으로 만나면서 이야기를 나누다 보니 학생들의 모습과 존재가 더 가까이 다가왔다. 학생들과 관계 맺기의 첫걸음이자 가장 중요한 요소는 대화이다. 교사가 학생들의 이야기를 잘 들어주고 반응했을 때 학생들은 교사로부터 자신을 온전히 수용 받는다는 느낌을 받게 되며 자신을 긍정적인 가치를 지닌 존재로 인식하게 된다. 교사와의 대화가 많아질수록 자신의 이야기를 더 하고 싶어 하며 밝고 적극적으로 변화된 모습에서 이를 확인할 수 있었다. 이러한 경험을 한 학생들은 타인에게도 기꺼이 그러한 대화자가 되어줄 수 있다.

지금까지 학생들을 대할 때 교사로서의 역할과 책임이라는 형식적 틀보다는 존재와 존재로 만나고 싶다는 생각으로 학생들에게도 나의 있는 그대로의 모습을 보여주었고 학생들의 모습 역시 있는 그대로 바라보고 수용하고자 하였다. 교사든 학생들이든 사회적 잣대나 기준으로 서로를 인식할 경우 개별 존재가 지닌 고유의 생명성은 느낄 수 없다. 교사와 학생들이 서로 만나고 함께 하는 시간과 공간은 서로에게 의미가 있고 온기가 있어야 한다. 따라서 학생들도, 교사도 자신의 모습을 온전히 드러내고 생명성을 발현하되, 대화와 이해의 경험을 통해 타인 역시 존중하고 배려하는 보살핌의 문화가 형성된 공동체 내에서 얻을 수 있는 가치들을 스스로 깨달을 수 있는 교육을 실현하고자 하였다. 그러자 학생들도 자율성이 존중되는 분위기 속에서도 자신의 책임과 서로에 대한 예의는 스스로 지키고자 노력했다.

앞으로도 교사로서만이 아닌 함께 삶을 누벼가는 대화자로서 학생들에게 어떻게 다가가고, 어떤 존재가 되어줄 것인지에 대해 끊임없이 탐구할 것이며 학생들의 삶의 경험을 도덕교육의 소재로 가져옴으로써 학생들이 스스로 자신의 존재 의미와 도덕적 가치를 구성하여 타인과 소통할 수 있도록 돕는 방법을 찾아갈 것이다. 삶 중심 교육을 통해 형성된 대화적 보살핌의 공동체에서 학생들이 마음속에 쌓아온 도덕적 가치와 따뜻한 경험들이 앞으로의 삶 속에서도 지속적으로 이어지기를 바란다.

참고문헌

박세원(2013). 학생 이해에 기초한 교과교육과정 통합 재구성 전략: 도덕과를 중심으로. 초등교육연구, 57-77.

박세원(2020). 통섭적 탐구방법으로서의 존재론적 탐구. 파주: 교육과학사.

Dewey, J. (1938). *Democracy and Education*. 민주주의와 교육. (이홍우 역). 파주: 교육과학사, 2007.

Dewey, J. (1938). *Experience and Education: an introduction to the philosophy of education*. 경험과 교육. (엄태동 편역). 서울: 원미사, 2001.

Gadamer, H-G. (1960). *Wahrheit and methode*. Tübingen: J. C. B. Mohr. G. Barden, & J. Cumming (Trans. & Eds.). (1984). *Truth and method*. New York: The Crossroad Publishing Company.

Jacob, M. V., Lauren, N., Rowell, S. C., Alexandre, C., Elisa, J., Michael, N., & Waid, D. (2013). Sex Differences in How Social Networks and Relationship Quality Influence Experimental Pain Sensitivity. *PLOS ONE, 8*(11).

Lopez, B. (1990). *Crow and weasel*. New York: North Point Press.

Noddings, N. (1984). *Caring: A Feminine approach to ethics and moral education*. Berkeley & Los Angeles: University of California Press.

Rousseau, J. J. (1762). *Émile, ou De l'éducation*. 에밀. (김중현 역). 서울: 한길사, 2010.

Rousseau, J. J. (1762). *Emile ou de l'deucation*. 에밀. (민희식 역). 서울: 육문사, 2012.

Warnke, G. (1987). *Gadamer: Hermeneutics, Tradition, and Reason*. 가다머(해석학, 전통 그리고 해석). (이한우 역). 서울: 민음사, 1999.

저자 약력

박세원

캐나다 University of Alberta에서 초등교육 전공으로 철학박사 학위를 받고, 현재 대구교육대학교 교수와 존재론적탐구연구소 소장으로 재직 중입니다. 최근에는 학생들이 자신의 삶을 공동의 관심사와 목적으로 공유하는 과정에서 대화공동체를 형성할 수 있는 교육 및 수업 방법론에 집중하여 연구와 집필을 하고 있습니다. 대표 저서로는 『공부와 삶이 하나되는 수업 어떻게 할 것인가?(공저, 2024)』, 『자연과의 대화, 내 살에 퀘렌시아를 수놓다(공저, 2022)』, 『통섭적 탐구방법으로서의 존재론적 탐구(2020)』, 『이해의 선물(공저, 2013)』, 『존재의 성장과 교육(2009: 대한민국학술원 우수학술도서)』 등이 있습니다.

장하영

대구교육대학교에서 초등교육 전공으로 교육학사를 받고, 동 대학원 윤리인성교육전공에서 '대화 공동체 형성을 통한 삶 중심 인권교육'이라는 제목의 논문으로 교육학석사 학위를 받았습니다. 현재 대구광역시교육청 공립초등학교 교사로 재직 중이며 삶과 교과교육을 융합한 교육과정 구성과 교수방법에 관심을 가지고 연구를 수행하고 있습니다. 국어 교과 연구회를 비롯한 다양한 연구회 활동에 참여하며 수업의 깊이와 전문성을 쌓아 가고 있으며 삶 중심 수업의 자료 개발에도 꾸준히 힘을 쏟고 있습니다.

공동체와 삶을 함께 일구는 교과교육
- 인권교육을 중심으로 -

2025년 7월 5일 1판 1쇄 인쇄
2025년 7월 10일 1판 1쇄 발행

공저자: 박세원 · 장하영
발행인: 한정주
발행처: 교육과학사

주소: 경기도 파주시 광인사길 71
전화: (031) 955-6956~8 팩스: (031) 955-6037
Home-page: www.kyoyookbook.co.kr
E-mail: kyoyookbook@daum.net
등록: 1970년 5월 18일 제2-73호

정가 23,000원

ISBN 978-89-254-1917-6
Printed in Korea.